刘总监解车热线书系

汽车底盘维修

轻松入门700问

刘汉涛　编著

机械工业出版社
CHINA MACHINE PRESS

《汽车底盘维修轻松入门 700 问》是“刘总监解车热线书系”之一。本书是将复杂的底盘构造与原理以一问一答的形式展现在您的眼前，以底盘四大系统为主线，以底盘维修人员应知应会为重点，详细讲解了底盘基础知识、传动系统、行驶系统、转向系统和制动系统，提出的问题具有较强的普遍性和针对性，给出的解答和采取的措施具有较强的实用性和可操作性。本书突出理论与实践相结合，强调即学即用，是底盘维修人员贴身的“专业老师”，问您所想、答您所问是本书的最大特点。

本书的读者对象是底盘的初学者以及从事底盘维修的社会各界人士。因此，本书在编写过程中力争做到通俗易懂、形象直观、图文并茂和全面翔实。初学者可以通过学习本书达到入门提高的效果；有基础的读者也可获得更多的技巧和更专业的技术知识，从而以一种更加从容不迫的心态笑傲职场。

汽车底盘维修轻松入门 700 问

图书在版编目（CIP）数据

汽车底盘维修轻松入门700问 / 刘汉涛编著. —北京：机械工业出版社，2015.12
（刘总监解车热线书系）
ISBN 978-7-111-52426-7

Ⅰ.①汽… Ⅱ.①刘… Ⅲ.①汽车—底盘—车辆修理—问题解答 Ⅳ.①U472.41-44

中国版本图书馆CIP数据核字（2015）第301281号

机械工业出版社（北京市百万庄大街22号 邮政编码100037）
策划编辑：李 军 孙 鹏　　责任编辑：李 军 孙 鹏
责任校对：闫玥红　　责任印制：乔 宇
北京画中画印刷有限公司印刷
2016年3月第1版第1次印刷
184mm×260mm · 12.25印张 · 393千字
0001—4000册
标准书号：ISBN 978-7-111-52426-7
定价：66.00元

凡购本书，如有缺页、倒页、脱页，由本社发行部调换
电话服务
服务咨询热线：010-88361066
读者购书热线：010-68326294
010-88379203
网络服务
机工官网：www.cmpbook.com
机工官博：weibo.com/cmp1952
金书网：www.golden-book.com
教育服务网：www.cmpedu.com

前言

问您所想，答您所问

底盘作为汽车上一个看得见摸得着的重要组成部分，它也像人一样，也是有“生命”之物，能行走、能转弯、能站立不动。只有敢于接近，才能对它真正了解。底盘的作用是支承、安装发动机和部分电器设备与附件，以形成汽车的整体造型，它接受发动机输出的动力，通过各机构传送给驱动轮，使汽车运动，保证正常行驶。

本书是将复杂的底盘构造与原理以一问一答的形式展现在您的眼前，以底盘四大系统为主线，以底盘维修人员应知应会为重点，详细讲解了底盘基础知识、传动系统、行驶系统、转向系统和制动系统，提出的问题具有较强的普遍性和针对性，给出的解答和采取的措施具有较强的实用性和可操作性。突出理论与实践相结合，强调即学即用，是底盘维修人员贴身的“专业老师”，问您所想、答您所问是本书的最大特点。

本书的读者对象是底盘的初学者以及从事底盘维修的社会各界人士。因此，本书在编写过程中力争做到通俗易懂、形象直观、图文并茂和全面翔实。初学者可以通过学习本书达到入门提高的效果；有基础的读者也可获得更多的技巧和更专业的技术知识，从而以一种更加从容不迫的心态笑傲职场。

由于本书涉及的知识面广、讲解内容新，书中提出的问题、给出的解答均是作者个人的看法，不当与疏漏之处在所难免，恳请广大读者给予谅解与宽容。

刘汉涛

目　　录

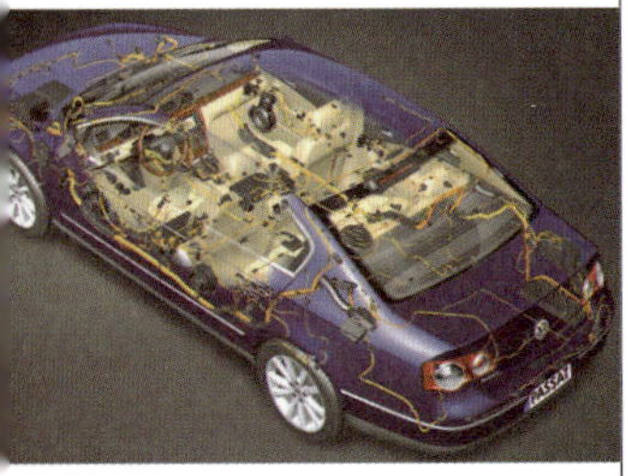

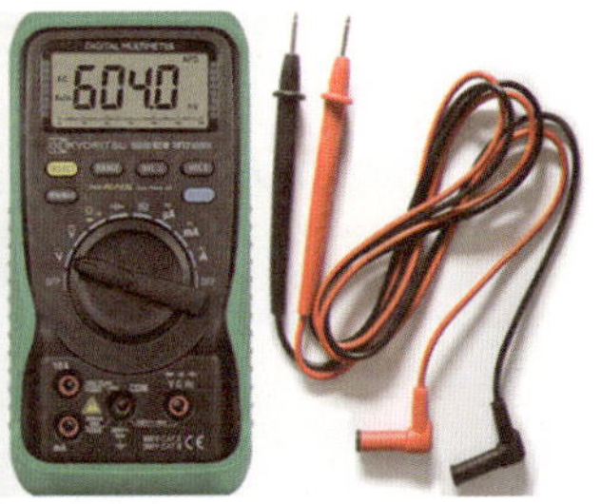

CONTENTS

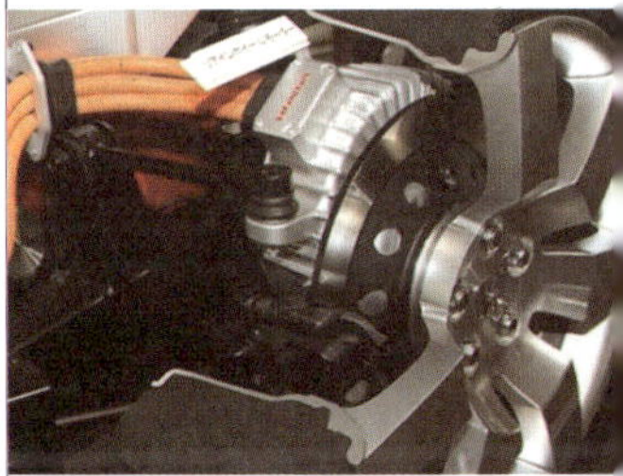

目　录

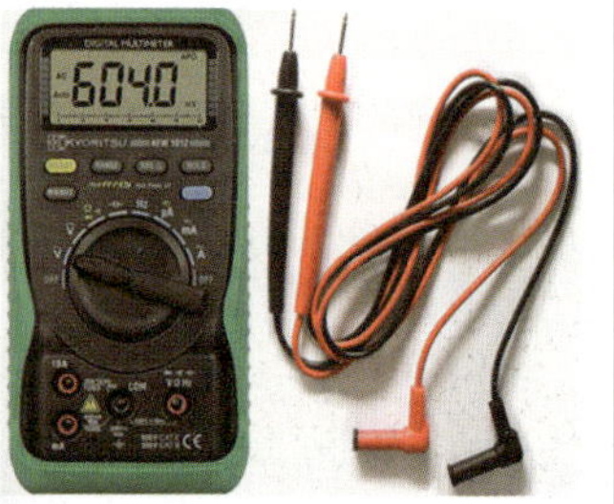

ECON
AUTO
LO

ODYSSEY
ODYSSEY

目　录

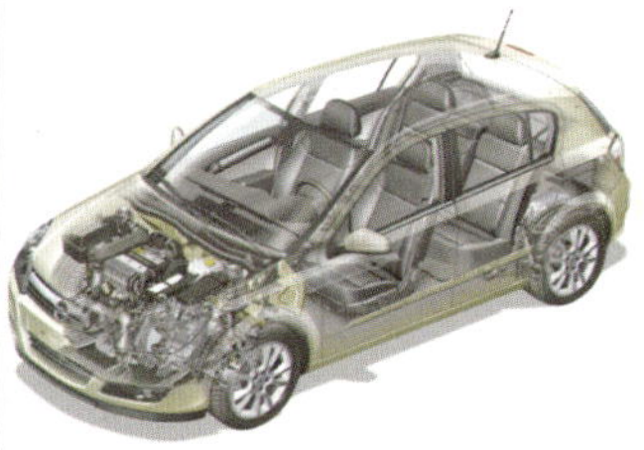

AUTO
LO
ECON
ON/OFF

ODYSSEY
ODYSSEY

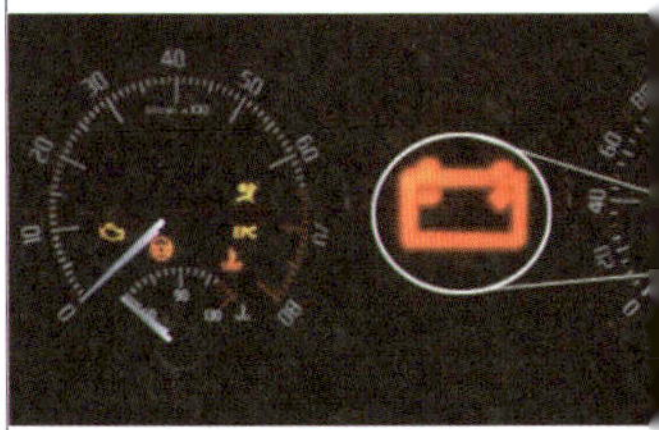

目　录

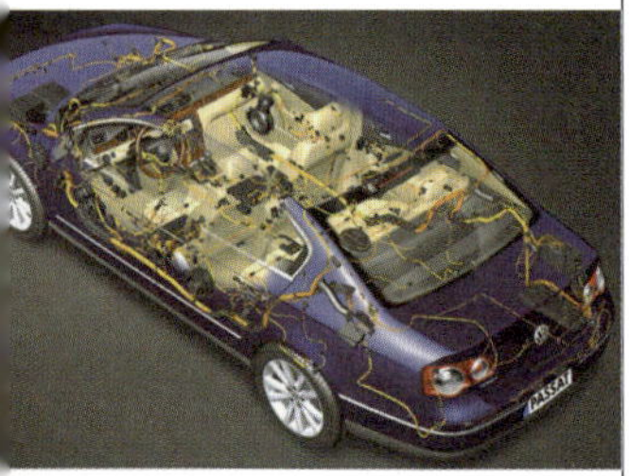

第五章 制动系统 153

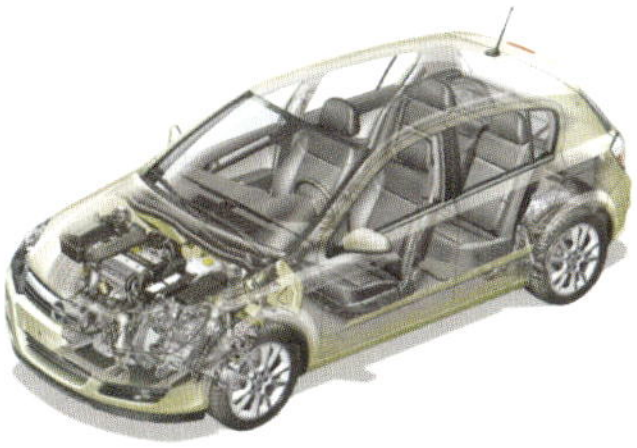

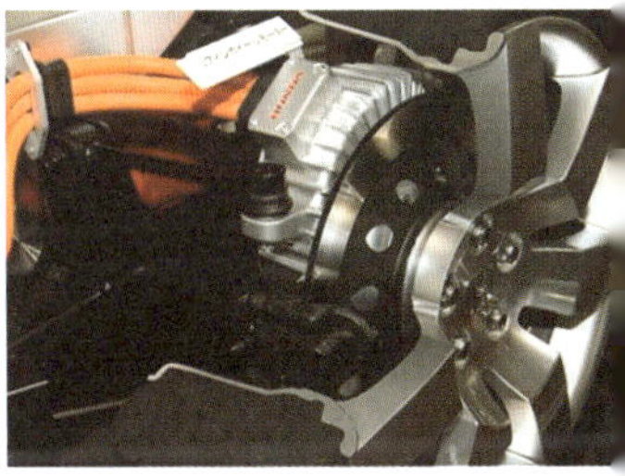

目　录

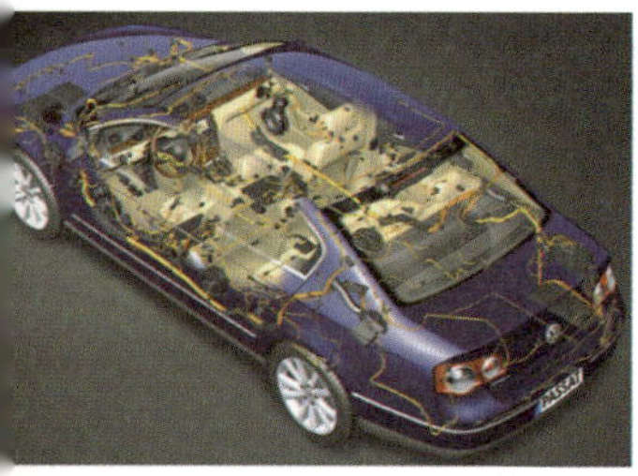

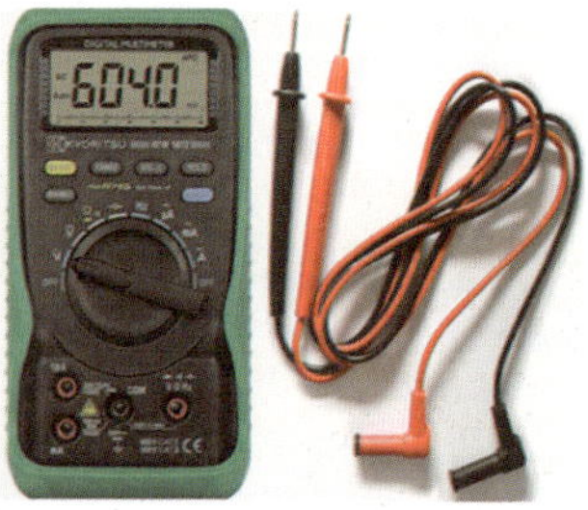

第一章 底盘基础知识

1. 汽车驱动力是怎么产生的?

当汽车行驶时，发动机的输出转矩 M_e 通过传动系统传给驱动轮，使驱动轮得到一个转矩 M_t，由于汽车轮胎与地面接触，在转矩的作用下，接触面上轮胎边缘对地面产生一个向后的圆周力 F_o，它的方向与汽车的行驶方向相反。根据作用力与反作用力的关系，地面对轮胎边缘施加一个向前的反作用力 F_t，其大小与 F_o 相等，但方向相反。则 F_t 为驱动汽车的外力，称为汽车的驱动力，其大小为：$F_t = M_t/R$。

驱动力的产生

2. 车轮半径有几种?

汽车的驱动力 F_t 与发动机的输出转矩 M_e 成正比，与车轮半径 R 成反比。充气轮胎的车轮，在不同状态下有不同的半径：

1）自由半径 R_o：指车辆处于无载状态下的车轮半径。

2）静力半径 R_s：在车重状态下，轮心到地面的距离。

3）滚动半径 R_r：在满载行驶状态，根据车轮滚过的圈数 n_w 和汽车驶过的距离 s（m），由下式计算滚动半径，即 $R_r = \dfrac{s}{2n_w}$ 。

3. 什么是附着力?

附着力是指由路面提供的切向反作用力的最大值。其大小取决于轮胎与地面的附着系数和轮胎所受的载荷。影响附着力的因素有轮胎气压、花纹、运动状态、道路质量、载荷等。通常轮胎的气压降低、车速减慢、越野花纹、干燥水泥或柏油路面以及增加载荷质量等都能使附着力增大。

车轮

4. 路况对制动距离有影响吗？

一辆汽车制动距离的长短除受制动器影响外，路面状况对制动距离的影响也很大。大家都明白，轮胎与路面的摩擦系数越大，制动距离就越短。如果是下过雨的路面，或者有石子、沙砾的路面，摩擦系数大大减小，制动距离就会变长。有试验显示，在刚刚测试的柏油路面上洒上水，结果制动距离至少增加 10m 以上。如果是冰雪路面，制动距离会更大。

5. 轮胎能影响到制动距离吗？

汽车制动时是轮胎与路面的摩擦力使汽车停止的，所以，轮胎质量的好坏以及轮胎的款式也直接影响着制动距离。如果是正常路面，宽胎制动效率更佳。由于宽胎与路面接触充分，而且宽胎的刚性有所提高，所以，在制动时轮胎所产生的变形度较小，制动稳定性提升，制动效果能更完整地传递到路面，制动距离因而缩短。如果是干燥的路面，宽胎附着力超强，大大缩短了制动距离。但如果在雨天，就需要更换具有排水花纹的轮胎。

6. 汽车有哪些行驶阻力？

汽车在水平道路上等速行驶时，必须克服来自地面的滚动阻力 F_f 和来自空气的空气阻力 F_w；当汽车在坡道上上坡行驶时，还必须克服重力沿坡道的分力，称为上坡阻力 F_i；汽车加速行驶时，还需要克服其惯性力，称为加速阻力 F_j。因此，汽车行驶的总阻力为

$$\sum F = F_f + F_w + F_i + F_j$$

刘总监提示：滚动阻力和空气阻力是汽车在任何行驶条件下都存在的。上坡阻力和加速阻力仅在一定行驶条件下存在。例如汽车在水平路面上等速行驶时就没有加速阻力和上坡阻力。

7. 滚动阻力是如何产生的？

滚动阻力主要是由于车轮滚动时路面与轮胎的变形以及车轮轴承内的摩擦所引起的阻力。它包括道路塑性变形损失；轮胎弹性迟滞损失；其他损失，如轴承、油封损失，悬架零件间摩擦和减振器内损失等。例如汽车在松软路面上行驶时，滚动阻力主要是由路面变形引起的；汽车在硬路面上行驶时，滚动阻力主要是由轮胎变形引起的。

空气阻力

8. 影响滚动阻力的因素有哪些?

滚动阻力的大小与轮胎结构、轮胎气压、路面性质、行驶速度及汽车总质量有关。

1）轮胎的结构、帘布层及橡胶品种对滚动阻力都有影响。在保证轮胎有足够的强度和寿命的前提下，减少帘布层数，可以使胎体变薄而减小滚动阻力系数。子午线轮胎帘布层数少，其滚动阻力系数较一般轮胎的滚动阻力系数小，而且随车速的变化小。胎面花纹磨损的轮胎比新轮胎的滚动阻力系数小。

2）轮胎气压对滚动阻力影响很大。气压降低时，汽车在硬路面上行驶轮胎变形大，因此，滚动阻力增大；气压过高，汽车在松软路面上行驶时，路面产生很大的塑性变形，将留下车辙，同样使滚动阻力增大。

3）路面的种类和状况不同，会使滚动阻力在很大范围内变化。坚硬、平整而干燥的路面，滚动阻力最小。路面不平，滚动阻力将成倍增加，这是因为路面不平引起轮胎和悬架系统的附加变形及减振器内产生的阻力要成倍地消耗能量。松软路面由于塑性变形很大，因而使滚动阻力增加很多。

4）行车速度对滚动阻力影响很大。车速在 100 km/h 以下时，滚动阻力变化不大；车速在 100 km/h 以上时，滚动阻力增加较快；车速达到某一高速时，如 150 ~ 200 km/h，滚动阻力迅速增加，因为这时轮胎将发生驻波现象，即轮胎周缘不再是圆形而呈现明显的波浪状。出现驻波后，滚动阻力显著增加，而且轮胎的温度也很快增加，胎面与轮胎帘布层会产生脱落，出现爆胎现象，这对高速行驶车辆很危险。

5）汽车总质量对滚动阻力影响很大。这是由于汽车总质量越大，路面的塑性变形和轮胎的弹性变形将越大，从而引起滚动阻力增加。

冰雪路面

9. 什么是空气阻力?

空气阻力是汽车在行驶时，其表面与空气相摩擦，同时，车身前部受到迎面气体压力及车身后部因空气涡流而产生真空度所引起的阻力。

空气阻力

10. 空气阻力包括哪几部分?

空气阻力包括摩擦阻力和压力阻力两大部分。

1）摩擦阻力是空气的黏性在车身表面产生切向力的合力在行驶方向的分力。摩擦阻力与车身表面粗糙度及表面积有关。

2）压力阻力是作用在汽车外形表面上法向压力的合力在行驶方向的分力，它包括以下 4 部分：

①形状阻力：汽车行驶时，空气流经车身，在汽车前方空气相对被压缩，压力升高；车身尾部和圆角处空气压力较低，形成涡流而引起负压。由于汽车前后部压力差所引起的阻力称为形状阻力。形状阻力的大小与车身主体形状有很大关系，例如，车头、车尾的形状及风窗玻璃的倾角等因素都会影响形状阻力。

②干扰阻力：凸出于车身表面的部分所引起的空气阻力为干扰阻力，如门把手、后视镜等引起的阻力。

③诱导阻力：汽车上下部压力差在水平方向的分力称为诱导阻力。

④内循环阻力：发动机冷却系统、车身内通风等需空气流经车体内部时形成的阻力为内循环阻力。

刘总监提示：空气阻力的大小与汽车迎风面积、汽车与空气的相对速度、汽车外廓形状和表面摩擦系数有关。

11. 什么是上坡阻力？

上坡阻力是指汽车上坡时，由于汽车重力和坡度所引起的阻力，其大小与汽车总质量和道路纵向坡度角有关。当汽车下坡时，上坡阻力变为汽车行驶的动力。

12. 什么是加速阻力？

加速阻力是指汽车在起步和加速时由于惯性所引起的阻力，其大小与飞轮的转动惯量、车轮的转动惯量以及传动系统的传动比有关。

13. 汽车行驶的驱动条件是什么？

汽车必须有一定的驱动力以克服各种行驶阻力，才能正常行驶。表示汽车驱动力与行驶阻力之间关系的等式，称为汽车的驱动力平衡方程，即汽车的行驶方程：

$$F_t = F_f + F_w + F_i + F_j$$

上式说明了汽车行驶过程中驱动力与各行驶阻力的平衡关系，其平衡关系不同，则汽车的运动状态也不同。

当 $F_t > F_f + F_w + F_i$ 时，汽车将加速行驶。

当 $F_t = F_f + F_w + F_i$ 时，汽车将等速行驶。

当 $F_t < F_f + F_w + F_i$ 时，汽车将无法起步。

所以，汽车行驶的第一个条件为

$$F_t \geqslant F_f + F_w + F_i$$

上式被称为汽车的驱动条件，但还不是汽车行驶的充分条件。

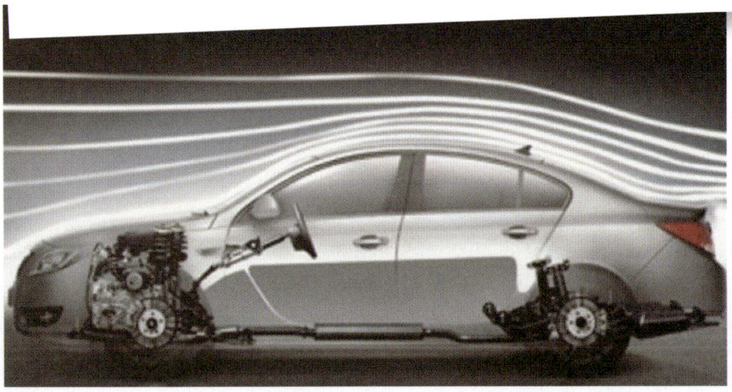

空气阻力

14. 汽车行驶的附着条件是什么？

要提高汽车的动力性，可以采用增加发动机转矩、加大传动系统的传动比等措施以增大汽车的驱动力来实现。但是，这些措施只有在驱动轮与路面不发生滑转现象时才有效。如果驱动轮在路面滑转，则增大驱动力只会使驱动轮加速旋转，地面切向反作用力并不会增加，汽车仍不能行驶。这种现象说明：地面作用在驱动轮上的切向反作用力受地面接触强度的限制，并不能随意加大，即汽车行驶除受驱动条件制约外，还受轮胎与地面附着条件的限制。

地面对轮胎切向反作用力的最大值称为附着力，记作 F。在硬路面上附着力取决于轮胎与路面间的相互摩擦，它与驱动轮法向反作用力 F_z 成正比，常写成：

$$F = F_z$$

显而易见，地面切向反作用力不能大于附着力，否则，会发生驱动力滑转，汽车将不能行驶，即 $F_t \leqslant F = F_z$

式中：F_t 是汽车驱动力；F 是附着力；F_z 是地面作用在所有驱动轮上的法向反作用力。

此即为汽车行驶的第二个条件——附着条件。将汽车的驱动条件与附着条件联立，得：

$$F_f + F_w + F_i \leqslant F_t \leqslant F$$

这就是汽车行驶的必要与充分条件，称为汽车行驶条件。

刘总监提示：汽车行驶条件归纳为：驱动力必须大于各阻力之和且小于附着力。

15. 汽车底盘的作用是什么?

汽车底盘的作用是支承、安装发动机和部分电器设备与附件，以形成汽车的整体造型，它接受发动机输出的动力，通过各机构传送给驱动轮，使汽车产生运动，保证正常行驶。

汽车底盘

16. 汽车底盘由哪几个系统组成?

汽车底盘由传动系统、行驶系统、转向系统及制动系统四部分组成。

（1）传动系统。 传动系统的功用是将发动机的动力传递给驱动轮。普通传动系统由离合器、变速器、万向传动装置和驱动桥等部分组成。

（2）行驶系统。行驶系统的功用是支承汽车的质量，承受并传递路面作用在车轮上的各种力；接受传动系统传来的转矩并转化为汽车行驶的驱动力；缓和冲击，减少振动，保证汽车平顺行驶。行驶系统一般由车架、车桥、车轮和轮胎、悬架等部分组成。

（3）转向系统。 转向系统的功用是保证汽车能够按照驾驶人选定的方向行驶。转向系统一般由转向操纵机构、转向器、转向传动机构等部分组成。

（4）制动系统。 制动系统的功用是根据驾驶人的要求使汽车减速或停车，确保行车安全和汽车可靠停放。制动系统一般由行车制动装置和驻车制动装置等部分组成。

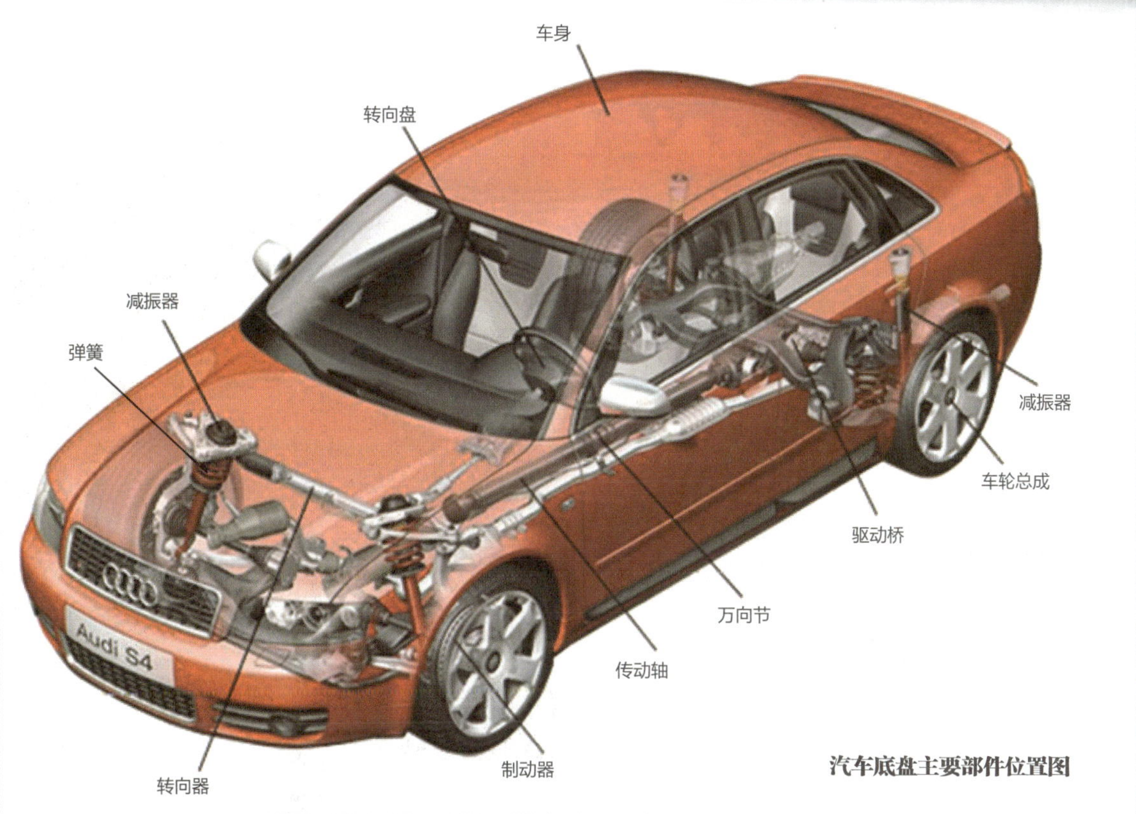

汽车底盘主要部件位置图

17. 档位与档有何区别?

档位一般分为前进档位和倒档位两大类。挂前进档位时，汽车前行；挂倒档位时，汽车后退。

接触过手动变速器轿车的驾驶人都知道，在变速杆上通常标有 1-2-3-4-5-6-R 等几个档位。而我们所说的变速器挂入 1 档或 2 档等，实际上就是变速杆上标示的 1 档位或 2 档位。因此，手动变速器的档位和档可以认为就是一个。

变速杆上标示的档位

18. 档位数越多越好吗?

档位能调节汽车行驶的快慢和牵引力（转矩）的大小。档位越低，车速越慢，但汽车牵引力越大；档位越高，车速越快，但汽车牵引力越小。

理论上讲，汽车档位越多越好，价格也越贵，但也要看什么车。一般的车 60km/h 时就可以挂入 5 档，如没有更高的档位，只能靠提高发动机转速来提高车速了，这样油耗就会增大。

四档手动变速器

19. 带档制动更安全吗?

有些车主为了省油，在汽车下坡时挂空档滑行，仅以车轮制动来控制速度，这样做不但危险而且会增加制动距离。应当根据车速挂上合适的档位，让发动机自身产生制动，同时辅以车轮制动，尤其在遇到陡坡或盘山公路时，依靠档位制动很重要。因为有了发动机“协助”制动，带档制动的制动距离要小于空档制动距离，这一点对于高速行驶或者满载的车辆尤其重要。

20. 车轮跑偏有哪些征兆?

车轮跑偏一般有三种征兆：一是轮胎气压不足；二是车轮出现异常磨损；三是四轮定位的数据有所变化。如果驾驶人发现汽车在行驶中出现以上三种情况，应该立即停车，仔细检查，避免出现车轮跑偏的现象。

驾驶人还可以通过听声音和自身感觉来判断前轮还是后轮出现跑偏征兆。一般情况下，后轮跑偏的征兆不是很明显，汽车在行驶中，驾驶人注意听后轮钢圈的声音，如果出现间隔的磨损声，就应该立刻检查。前轮跑偏的征兆相对容易感知，一般是车辆左轮或右轮出现不同程度的倾斜，同时出现比较大的噪声，那就应该立刻下车检查前轮了。

车轮

底盘装甲

21. 底盘装甲有什么作用?

俗话说“烂车先烂底”，终年不见阳光、历经无数坎坷的汽车底盘，腐蚀和损坏的隐患是很大的。

汽车底盘装甲的学名是汽车底盘防撞防锈隔声涂层，它是在底盘的下面喷涂一层 2 ~ 4mm 厚的弹性密封材料，快速干燥后形成一层牢固的弹性保护层，犹如给底盘穿上一层厚厚的铠甲，底盘装甲是对这一技术进行的形象描述。底盘装甲可以有效防护路面砂石对底盘的击打，防止轻微的托底磨擦；预防酸、碱、盐对底盘铁板的腐蚀；防止底盘螺栓的松脱；降低行驶时噪声的传导，增加驾驶宁静感；阻止底盘铁板热传导，使驾驶室内冬暖夏凉。

22. 如何进行底盘装甲?

1）清洗底盘，必须用洗车高压喷枪将底盘或车厢等需喷涂部位彻底清洗干净，如果新车有蜡或旧车有锈皮，则要铲除、磨光，达到无水、无尘、无油、无蜡迹，保证无油污、无污垢、无沥青等。

2）遮挡非施工区。用防护纸遮挡车身周围的裙部和轮毂，并将发动机油底壳、变速器、排气管、消声器、传动轴等非施工区用防护纸进行遮挡。

3）将汽车停放于施工现场的汽车举升机上，并将 4 个车轮拆下。

4）喷涂基础层。在翼子板和底盘上喷涂基础层涂料，喷涂时一定要均匀，尤其是翼子板附近。

5）喷涂添加材料。为了提高隔声、防水、防腐和防撞的效果，正规汽车美容店会对汽车底盘进行二次喷涂处理，即喷涂添加材料，它具有稳定和延长保护期的作用。两次喷涂中间要间隔 20min，待基础层干燥后再进行喷涂。

底盘装甲胶

第二章 传动系统

23. 传动系统包括哪些部件？

发动机所发出的动力靠传动系统传递给驱动轮。传动系统具有减速、变速、变向、中断动力、轮间差速和轴间差速等功能，它与发动机配合工作，能保证汽车在各种工况条件下的正常行驶，并使汽车具有良好的动力性和经济性。

传动系统一般由离合器、变速器、万向传动装置和驱动桥（包括主减速器、差速器和半轴）等组成。

24. 传动系统各部件分别有何作用？

1）离合器：按照需要适时地切断或接合发动机与变速器之间的动力传递。

2）变速器：改变发动机输出转速的高低、转矩的大小以及输出轴的旋转方向，也可以切断发动机的动力传递。

3）万向传动装置：将变速器输出的动力传递给主减速器，并适应两者之间距离和轴线夹角的变化。

4）主减速器：降低变速器的转速，增大其转矩，改变动力的传递方向。

5）差速器：将主减速器传来的动力分配给左、右半轴，从而允许左、右驱动轮以不同的速度旋转，以满足左、右驱动轮在行驶过程中差速的需要。

6）半轴：将差速器传来的动力传递给驱动轮，使驱动轮获得旋转的动力。

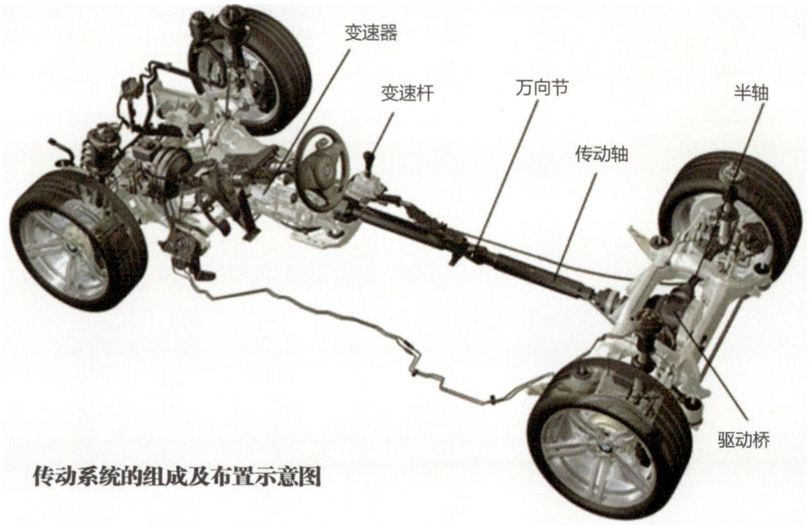

传动系统的组成及布置示意图

25. 传动系统有哪几种布置形式？

汽车传动系统的布置形式主要与发动机的安装位置及汽车的驱动形式有关。汽车的驱动形式通常用汽车车轮总数 × 驱动轮数来表示。现代轿车多采用 4 个车轮，其中只有 2 个驱动轮，其驱动形式可表示为 4×2。越野汽车的 4 个车轮全部为驱动轮，其驱动形式可表示为 4×4。

传动系统的布置形式主要有发动机前置前轮驱动、发动机前置后轮驱动、发动机后置后轮驱动和发动机前置四轮驱动几种形式。

26. 什么是发动机前置前轮驱动?

发动机前置前轮驱动是指发动机和变速器放置在车前部，并采用前轮驱动（Front engine Front wheel drive，简称 FF）。现在大多数中小型轿车都采用了这种驱动形式，将变速器和驱动桥做成一体固定在发动机旁，将动力直接输送到车辆的前轮，用比较形象的话来说，就是“拉”着整个车辆前进。

发动机前置前轮驱动的布置形式根据发动机安装方向的不同又可分为发动机横置前驱和发动机纵置前驱两种形式。

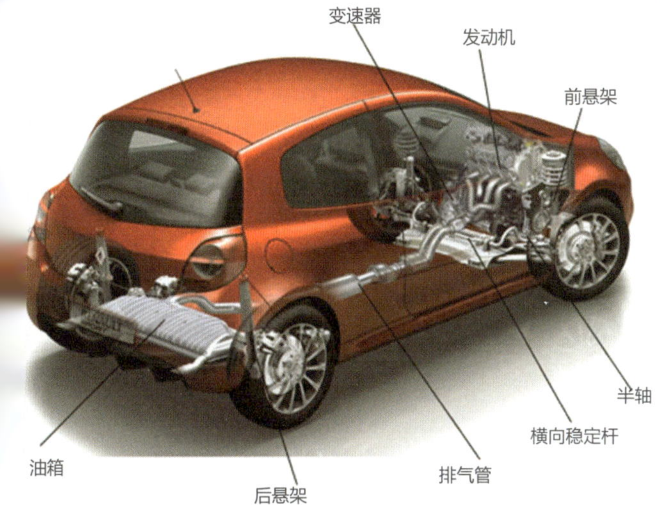

发动机前置前轮驱动布置形式示意图

27. 发动机前置前轮驱动有什么特点?

发动机前置前驱不需要像后轮驱动那样，通过一根长长的传动轴把动力传递到后轮上，所以它的传动系统结构紧凑，能量传递效率比后驱车高得多。动力性能的充分发挥以及燃油经济性的提升就不言而喻了。由于没有传动轴通过车内驾驶舱，所以车内驾驶舱空间非常宽阔，可以提供有效的乘坐空间。

这种布置形式在重心较低的微型、普通级和中级轿车上广泛采用，如捷达、奥迪、速腾、迈腾、富康等大多数轿车均采用此类形式。

28. 为什么发动机前置前驱车容易产生转向不足?

发动机前置前驱车容易产生转向不足的原因就是前轮既要提供驱动力又要提供转向时必须的横向力，因而导致负荷过大，容易产生打滑，而前轮打滑又会损失很多横向力，这样也会在很大程度上导致车辆不能按照既定轨迹运动而是沿转向圆周的切线方向运动。不过这都是在特殊情况下才会产生的现象，而且随着现在悬架和轮胎技术的进步，前驱车的转向极限也越来越高，日常驾驶几乎碰不到这些情况。而发动机前置前驱有一个很大的优点就是在雨雪天气路滑的情况下，靠前轮驱动车身能够易于保证方向的稳定性，不至于由于驱动轮打滑而导致汽车失控。

29. 什么是发动机前置后轮驱动?

发动机前置后轮驱动是指发动机和变速器放置在车前部，并采用后轮驱动（Front engine Rear wheel drive，简称 FR）。其中前轮负责转向，后轮来承担整车的驱动工作。在这种驱动形式中，发动机输出的动力由一根传动轴全部输送到后驱动桥，驱动后轮使汽车前进，也就是说，实际的行进中是后轮“推动”前轮，带动车辆前进。

30. 发动机前置后轮驱动有什么特点？

发动机前置后轮驱动方式相比 FF 车型有更合理的重心分布，由于发动机和变速器的安装位置有些靠后，再加上传动轴和驱动桥，使得整车的重心比 FF 车型更趋于前后车轴之间，虽然它不能像中置发动机那样达到完美的前后 50 ∶ 50 的效果。但是比起 FF 车的重心位置要合理很多。当然，这还不算它最主要的优点，FR 车最大的好处就是能提供更大的有效驱动力。这个道理跟 FF 车一样，车辆在加速时重心是会后移的，那么前轮负荷减小而后轮负荷增大，这样给作为驱动轮的后轮带来好处。由于正压力的增大，它能产生更大的附着力及摩擦力来驱动车身，所以打滑的机会更小。

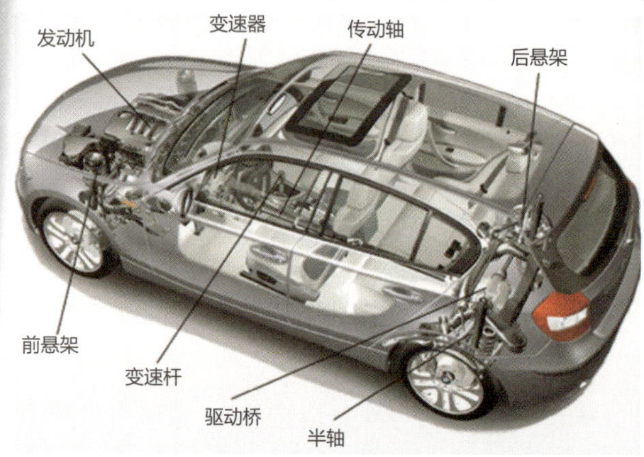

发动机前置后轮驱动布置形式示意图

31. 发动机前置后驱车容易产生转向过度吗？

发动机前置后驱车有着先天的缺点，由于驱动轮变成了后轮，在高速转弯时，一旦后轮失去附着力，后果则非常严重，很有可能发生我们所说的甩尾。产生甩尾的直接后果就是转向过度，它与 FF 车的转向不足正好相反，此时整车会向既定圆弧的内侧运动，严重时甚至会做一个 180 度的原地掉头，所以对于驾驶经验不够丰富的人来说是非常危险的。不过对于驾驶经验丰富的人来说，恰好可以利用这个转向过度来提高转弯速度，也就是我们常说的甩尾过弯。

32. 什么是发动机后置后轮驱动？

发动机后置后轮驱动是指发动机和变速器放置在车后部，并采用后轮驱动（Rear engine Rear wheel drive，简称 RR）。它似乎是 FF 车的翻版，只不过是将车前的“五脏六腑”移到车后。此种车辆保持了 FF 车的优点，也消除了 FF 车的缺点，由于车内布置趋于合理，且对车内噪声和温度有所改善，这种车辆以其独特的结构和良好的使用性能受到用户的欢迎。

发动机后置后轮驱动最早由保时捷的创始人费迪兰德·保时捷设计，并且只有保时捷一个厂家把这种传动方式沿用至今，成为保时捷的特有技术。所谓后置发动机，就是把发动机放置在后轴之后，而并不是有些人认为的放在驾驶座后面。像法拉利 F430 的发动机就放置在驾驶座后面，但发动机重心是在后轴之前的，所以 F430 为中置发动机。而后置发动机则只有保时捷 911 系列，且独此一家。

33. 发动机后置后轮驱动有什么特点？

发动机后置后轮驱动的传动系统结构紧凑，重心有所降低，前轮不易过载，后轮附着力大，并能更充分地利用车厢面积。由于发动机后置，因而散热条件差，但却有利于减轻发动机的高温和噪声对驾驶人的影响。另外，发动机、离合器和变速器的远距离操纵使操纵机构变得复杂，造成维修调整不便。这种驱动形式除多在大型客车上采用外，某些微型车或轿车也采用这种布置形式，如桂林大客、奥迪 R8 等。

中置发动机示意图

34. 发动机后置后轮驱动有什么好处？

发动机后置后轮驱动最直接的好处就是传动系统的效率高，因为发动机离驱动轮近且省去了前置后驱车型上那根长长的传动轴。有了高效的传动系统，发动机的动力就能发挥得淋漓尽致。

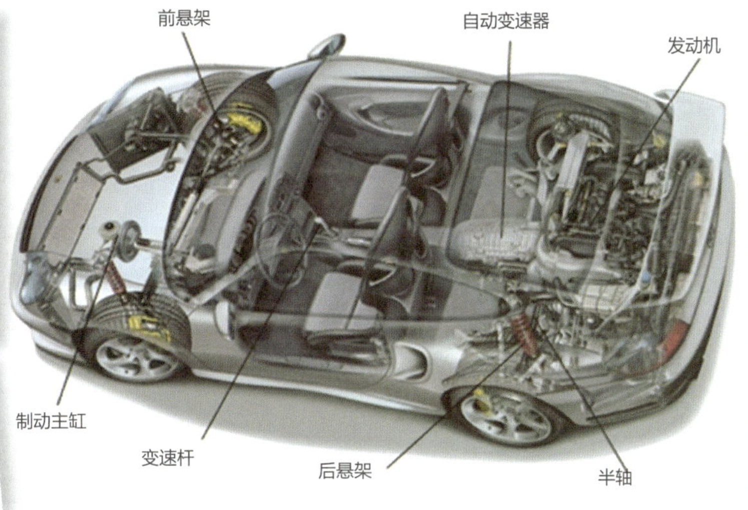

后置后轮驱动布置形式示意图

35. 什么是四轮驱动？

四轮驱动就是用四个车轮作为驱动轮，英文为 4Wheel Drive，简称为 4WD，四轮驱动汽车按照发动机和变速器的安装位置可分为前置四驱、中置四驱和后置四驱三种形式，而按照分动器的控制方式又可分为分时四驱、适时四驱和全时四驱三种形式。

当初创造四轮驱动（或称全轮驱动）的目的很简单，就是要在恶劣的路面环境下保证汽车拥有足够的牵引力。现如今这个理念已经发展到包括普通干燥路面在内的各种路面，以提高汽车的牵引力。

36. 四轮驱动有什么特点？

在很多时候，四驱车都给人四平八稳的操控感觉。通过对前后轮驱动力分配比例的调整，厂家可以令一款四驱车表现出前驱或者后驱的个性，既有易控的一面又有追求操控的一面。如此，四驱车就天下无敌了？当然不是，它还是有不少缺点。

四驱车的传动系统复杂，生产成本偏高。由于四驱系统增加了车重，且其动力损耗较大，因而导致油耗上升，小排量发动机配四驱更是得不偿失的组合。此外，在维修保养上，四驱车也将花费更多金钱和时间。这些都是四驱车不能在乘用车尤其是普通家用车领域普及的原因。

四轮驱动形式为越野车和部分工程车辆所广泛采用，目前，一些高档轿车上也有采用这种形式的，如大众 4Motion、奥迪的 Quattro、切诺基、三菱 SUV 以及某些国产军用车辆等的传动系统。

37. 全时四驱、分时四驱和适时四驱有何不同？

1）分时四驱：驾驶人可以通过驾驶室内的四驱选择手柄来自由切换四驱或两驱模式。越野时就选择四驱模式；当在公路上行驶时，则可以选择两驱模式。这种分时四驱的形式在一些老式的 JEEP 车上可以见到，但在新式车型上已经淘汰。

2）适时四驱：在不需要四轮驱动的时候就采用两轮驱动，需要四轮驱动的时候汽车会自动采用四轮驱动，它与分时四驱最大的区别就是这一切都是系统自动完成切换的，不需要人为控制。

3）全时四驱：英文简称 AWD，指四个车轮时刻都能提供驱动力，无论是直线行驶还是转弯。为了避免转向干涉问题，全时四驱设置了一个中央差速器来调节前、后驱动桥的转速差。

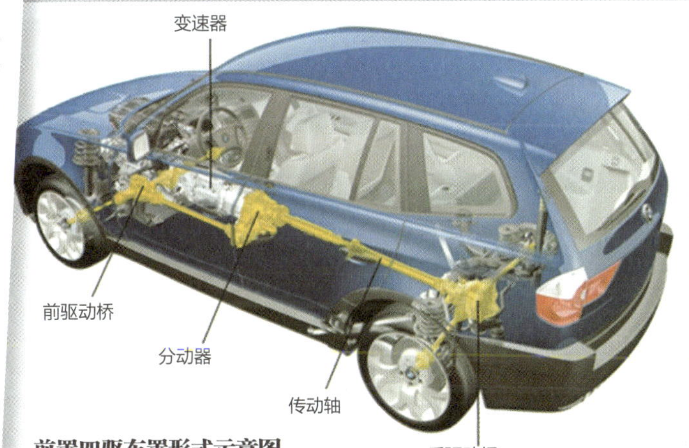

前置四驱布置形式示意图

38. 为什么要有离合器?

在传动系统中，第一个关键部件就是“承前启后”的离合器了。离合器能够帮助你顺利换档，并且无须在等红灯时将发动机熄火。发动机一直在运转，曲轴也就一直在转，为了满足换档和停车这两项最基本的功能，驾驶人需要一个能将持续运转的曲轴和变速器断开的装置，于是，离合器便应运而生了。

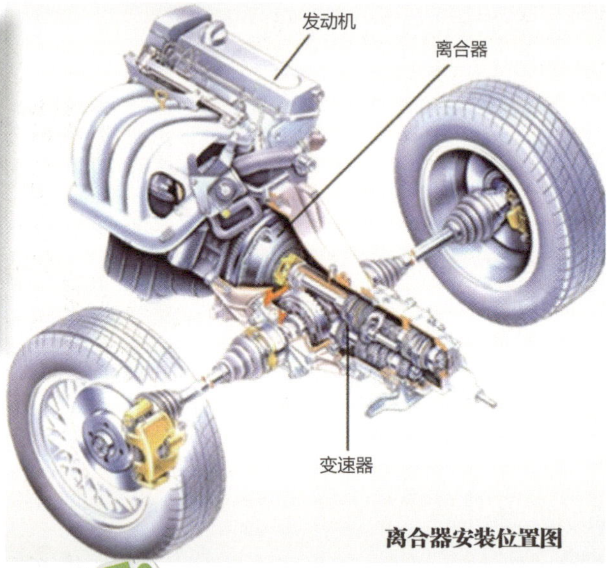

离合器安装位置图

39. 离合器有什么作用?

1）储存发动机的能量。由于离合器安装在发动机的飞轮上，且离合器本身质量也很大，所以，它也起到发动机飞轮的作用，可以储存发动机做功行程多余的能量，用于克服其他三个行程所产生的阻力，从而使发动机运转平稳。

2）传递发动机的转矩。在汽车机械式传动系统中，发动机的转矩利用离合器的摩擦力矩传递给变速器，再通过万向传动装置及驱动桥使驱动轮获得转动的力矩。

3）保证汽车平稳起步。在起步时，驾驶人用左脚踩下离合器踏板使离合器分离，暂时切断发动机与变速器之间的联系。然后，驾驶人通过变速杆将变速器挂入所需档位，左脚缓慢松开离合器踏板，同时，右脚逐渐踩下加速踏板使发动机发出的动力增加。于是，发动机的转矩便可由小变大地传给传动系统。

4）保证变速器换档平顺。如果没有离合器或离合器分离不彻底使动力不能完全中断，原有齿轮副之间会因压力大而难以脱开，而待啮合齿轮副之间因圆周速度不同而难以进入啮合，勉强啮合也会产生很大的冲击和噪声，甚至会打齿。

5）防止传动系统过载。有了离合器，当传动系统承受载荷超过离合器所能传递的最大转矩时，离合器会通过主、从动部分打滑，从而起到对传动系统的过载保护作用。

40. 对离合器有哪些要求?

要保证离合器正常工作，起到以上作用，它应满足以下要求：

1）既能可靠地传递发动机的最大转矩，又能防止传动系统过载。

2）接合时应平顺柔和，保证汽车平稳起步，减小冲击。

3）分离时应迅速彻底，保证变速器换档平顺。

4）具有良好的通风散热能力，保证离合器工作可靠。

5）从动部分质量尽可能小，以减轻换档冲击。

6）操纵轻便，以减轻驾驶人的疲劳。

离合器

41. 离合器如何分类?

汽车机械式传动系统中所用离合器都是利用摩擦来传递动力的，按从动盘、压紧机构、操纵机构的不同离合器可分为以下类型：

1）按从动盘的数目不同可分为：单片式、双片式和多片式三种。

2）按压紧弹簧的形式和布置不同可分为：膜片弹簧式、中央弹簧式、螺旋弹簧式和斜置弹簧式 4 种。

3）按操纵机构不同可分为：机械式、液压式和气压式三种。

螺旋弹簧式离合器

42. 离合器安装在什么位置?

离合器位于发动机和变速器之间，用螺栓将其固定在飞轮的后平面上，它负责将发动机的动力传递给变速器。目前，与手动变速器相配合的绝大多数离合器为膜片弹簧干摩擦式离合器。

43. 离合器包括哪些部件?

平时，离合器处于接合状态，可以看似为一个常闭开关，它主要由以下 5 部分组成：

1）主动部分：飞轮、压盘、离合器盖。

2）从动部分：从动盘，即离合器片。

3）压紧机构：膜片弹簧。

4）分离机构：分离套筒、分离轴承、分离拨叉。

5）操纵机构：离合器踏板及调节装置。

44. 传动片有什么作用?

离合器盖通过螺栓固定在飞轮上。为了保证离合器拆装后不失去平衡，用定位销确保离合器盖与飞轮之间的安装位置。压盘和离合器盖之间是通过圆周均布的 3 组或 4 组传动片来传递转矩的。

传动片是用弹簧钢片制成的，每组两片，其一端用铆钉铆在离合器盖上，另一端用螺钉与压盘相连接，这样，在离合器接合与分离的过程中，依靠传动片产生的弯曲变形，压盘相对于离合器盖可作轴向平行移动。

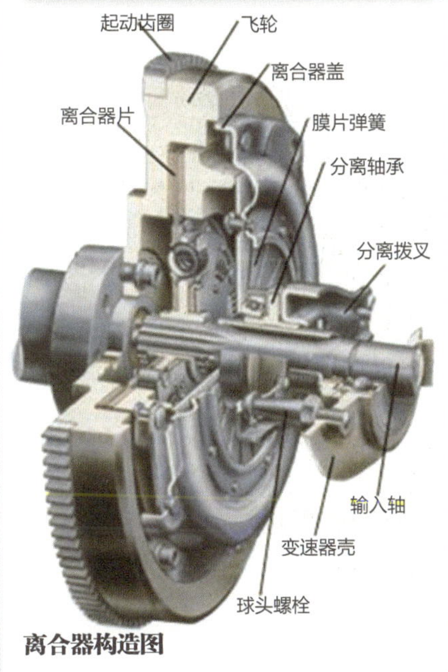

离合器构造图

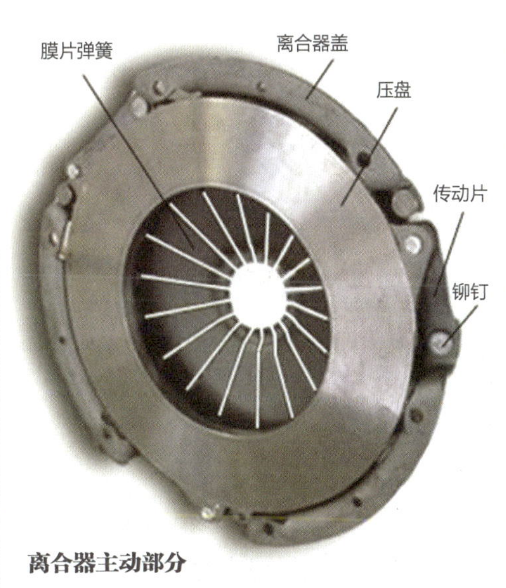

离合器主动部分

45. 如何检修离合器压盘？

压盘在使用中常见的损伤形式有工作面磨损不均，磨损过甚变薄，产生沟槽、翘曲及发蓝等。

离合器打滑或分离不彻底容易使压盘受热产生翘曲变形或不均匀磨损。压盘平面度误差的检查方法如下：将钢直尺放置在压盘工作面上，用塞尺在其缝隙处测量。压盘工作面平面度误差不得超过0.12mm。摩擦片铆钉头外露擦伤压盘表面，使压盘表面磨出沟槽，其沟槽深度不得超过0.30mm。压盘的翘曲或沟槽可在平面磨床上磨平或在车床上车平。但加工后的压盘厚度应不小于标准厚度2mm。

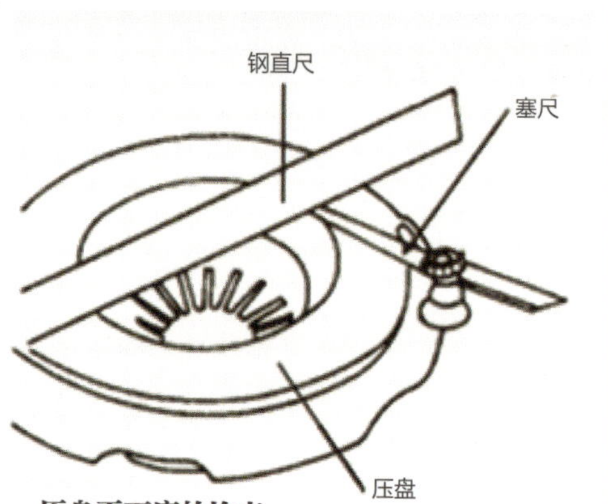

压盘平面度的检查

46. 如何检修离合器盖？

离合器盖应平整无凹陷变形，平面度误差不得大于0.5mm，否则，应更换。

47. 如何检查飞轮？

飞轮与从动盘摩擦片相接触的工作面不应有润滑油和润滑脂。当出现严重磨损、沟槽、烧伤、破裂或失去平衡时应更换。飞轮与定位销配合应紧密。

48. 从动盘的结构如何？

从动盘由从动盘钢片、摩擦片、扭转减振器和从动盘毂等组成。

发动机传到传动系统的转速和转矩是周期性变化的，这样会使传动系统产生扭转振动，传动系统的零部件受到冲击性交变载荷，会造成寿命下降、零件损坏的后果。采用扭转减振器可以有效地防止传动系统的扭转振动。

从动盘钢片外圆周上铆接波浪形弹簧片，摩擦片分别铆接在弹簧片上，从动盘钢片与扭转减振器盘铆接在一起，这两者之间夹有从动盘毂。从动盘钢片、从动盘毂和扭转减振器盘上都有四个或六个圆周均布的窗孔，扭转减振器的弹簧装在窗孔中。特种铆钉将从动盘钢片和扭转减振器盘铆接成一体，但铆钉中部和从动盘毂上的缺口存在一定的间隙，从动盘毂可相对从动盘钢片和扭转减振器盘作一定量的转动。

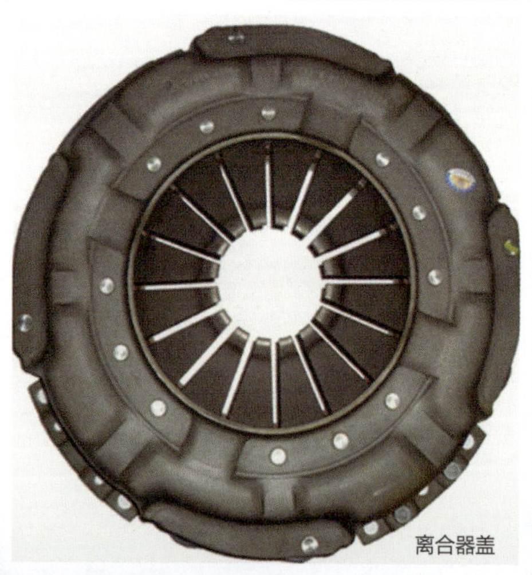
离合器盖

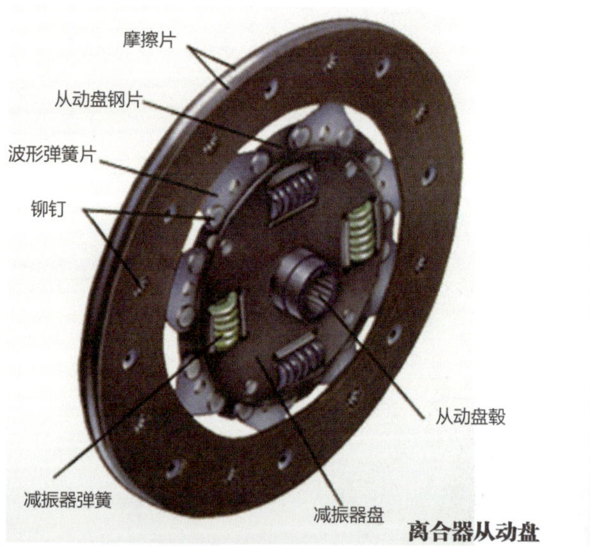

离合器从动盘

49. 从动盘常见损伤形式有哪些?

从动盘是离合器的主要部件，也是离合器中最易损坏的部件，其常见损伤有花键的磨损，减振器弹簧过软或折断，钢片与花键毂铆钉松动，钢片翘曲破裂，摩擦片磨损、烧蚀、硬化和破裂，以及铆钉松动等，其检修主要包括对摩擦片、从动盘毂和钢片的检修。

50. 如何检修从动盘?

1）目视检查摩擦片，如有严重烧蚀、破裂、铆钉松动等现象均应更换新摩擦片。

2）摩擦片磨损的检查可用游标卡尺测量铆钉头的深度来确定。铆钉头部的埋入深度不得小于0.3mm，否则，应更换新摩擦片。

3）若摩擦片有轻微油污，可用喷灯火焰烧去或用酒精清洁，表面的轻微烧焦可用砂纸打磨。如摩擦片磨损超过使用限度、有裂纹与脱落、烧焦面积大而深或有严重油污时，则需更换新摩擦片。

4）从动盘毂和钢片的检修。用小锤轻轻敲击从动盘毂与钢片连接的铆钉以检查铆钉有无松动，若松动应更换离合器片；若铆钉孔磨损失圆，应更换离合器片。在从动盘钢片半径120～150mm处，用百分表测量钢片端面圆跳动公差应不大于0.7mm，若超过应更换新离合器片。从动盘花键与变速器输入轴花键齿的配合间隙最大应不超过0.6mm。否则，应更换新摩擦片。

5）减振器弹簧的检修。其弹簧有裂纹或折断时应更换新摩擦片。钢片与减振器弹簧接触的部位，如有磨损应及时更换新摩擦片。

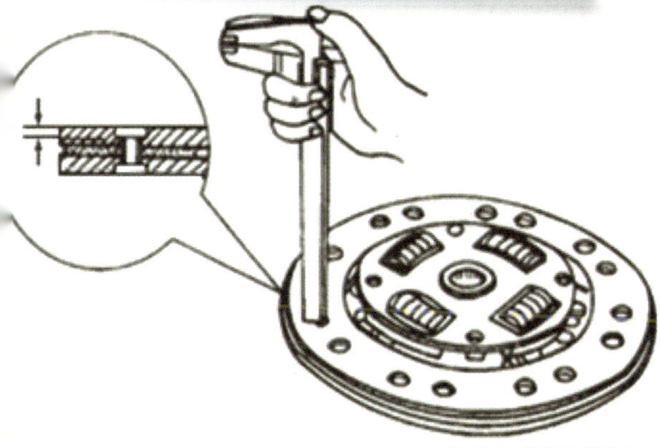

摩擦片磨损的检查

51. 扭转减振器如何工作?

当从动盘（离合器片）不受转矩作用时，减振器弹簧在从动盘毂与从动盘钢片和扭转减振器盘之间不起传动作用；当从动盘受转矩作用时，由摩擦片传来的转矩，首先传到从动盘钢片，再经减振器弹簧传给从动盘毂，这时弹簧被进一步压缩。因而，由发动机曲轴传来的扭转振动所产生的冲击会被弹簧缓和以及被摩擦片吸收，而不会传到离合器以后的总成部件上。这样，发动机曲轴的转矩经从动盘毂的中间花键传递给变速器的输入轴。

安装离合器从动盘时，应具有方向性，以避免从动盘毂花键的连接长度不足、摩擦片悬空、顶分离轴承等现象，其安装方向因车型而异。

扭转减振器盘

52. 什么是膜片弹簧?

膜片弹簧位于压盘和离合器盖之间，它将压盘和从动盘压向飞轮，使压盘、从动盘和飞轮三元件压紧在一起。

膜片弹簧用优质弹簧钢板制成，形状像一个碟子，在其具有锥形面的钢圆盘上，开有许多径向切槽，形成一圈有弹性的杠杆。在切槽的根部钻有圆孔以防止应力集中，真正产生压紧力的仅是圆孔以外的部分。膜片弹簧通过铆钉和支承环支承在离合器盖上，支承环为膜片压紧和分离的支承点。

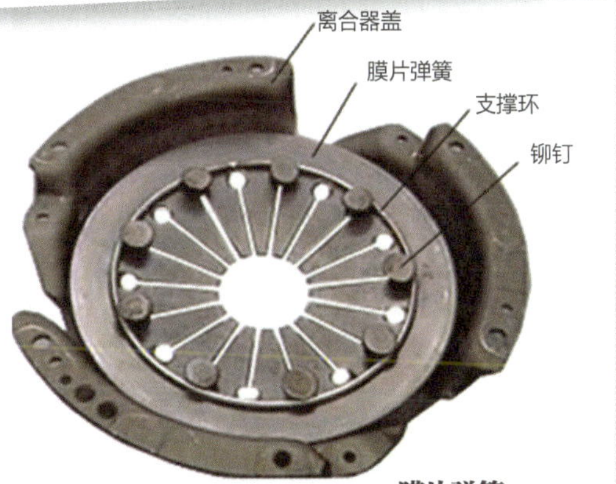

膜片弹簧

53. 如何检修膜片弹簧？

1）膜片弹簧磨损的检查。用游标卡尺测量膜片弹簧与分离轴承接触部位磨损的深度和宽度。深度应小于 0.6mm；宽度应小于 5mm。否则，应更换。

2）膜片弹簧变形的检修。用专业工具盖住弹簧分离指内端（小端），然后用塞尺测量弹簧内端与专用工具之间的间隙。弹簧内端应在同一平面内，间隙不应超过 0.5mm。否则，用维修工具将变形过大的弹簧分离指撬起以进行调整。

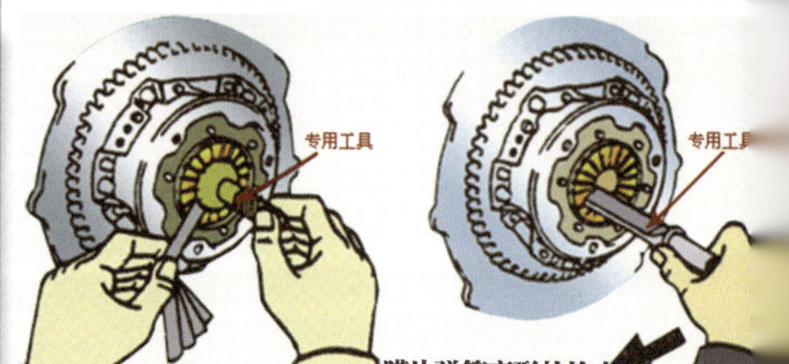

膜片弹簧变形的检查

54. 离合器是如何工作的？

依靠接触面间的摩擦作用，离合器的主、从动部分可以暂时分离，又可逐渐接合，在传动过程中又允许两部分相互转动，具体工作原理如下：

1）安装前状态。当离合器盖未固定到飞轮上时，膜片弹簧不受力，处于自由状态。此时，飞轮安装面与离合器盖之间有一定距离。

2）安装后状态。当离合器盖固定到飞轮上时，由于膜片弹簧发生弹性变形，这样膜片对压盘和从动盘产生压紧力，使飞轮、从动盘和压盘三者压紧在一起，离合器处于接合位置。发动机的转矩经飞轮及压盘，通过摩擦面的摩擦力矩传到从动盘，再经从动盘毂的中间花键传递到变速器输入轴。

3）分离过程。踩下离合器踏板，分离拨叉推动分离套筒左移，通过分离轴承使膜片弹簧内端左移，膜片弹簧外端便拉动压盘右移，使其在进一步压紧膜片弹簧的同时，解除对从动盘的压力。于是，离合器的主、从动部分处于分离位置而切断动力传递。

4）接合过程。当需要恢复动力传递时，缓慢抬起离合器踏板，分离轴承减小对膜片弹簧内端的压力，压盘便在膜片弹簧作用下逐渐压紧从动盘，并使所传递的转矩逐渐增大。当所能传递的转矩小于汽车起步阻力时汽车不动，从动盘不转。当所能传递的转矩达到足以克服汽车开始起步的阻力时，从动盘开始旋转，汽车开始移动，但仍低于飞轮的转速，即摩擦面间存在打滑现象。随着压紧力的不断增加和汽车的不断加速，主、从动部分的转速差逐渐减小，直到转速相等打滑现象消失，离合器完全接合为止，接合过程结束。由此可知，汽车平稳起步是靠离合器逐渐接合过程中滑磨程度的变化来实现的。

55. 什么是离合器的自由间隙？

由离合器的工作原理可知，当摩擦片磨损变薄后，为了保证离合器能处于接合状态，传递发动机转矩，压盘必须向飞轮方向移动。此时，膜片弹簧的外端和压盘一起向飞轮方向移动，其内端则向分离轴承方向移动。如果膜片弹簧内端与分离轴承之间没有间隙，由于机械式操纵机构的干涉作用，压盘最终无法移向飞轮，即导致离合器不能完全接合，出现打滑现象。为此，在膜片弹簧内端与分离轴承之间需预留一定的间隙，称为离合器的自由间隙，一般为几毫米。

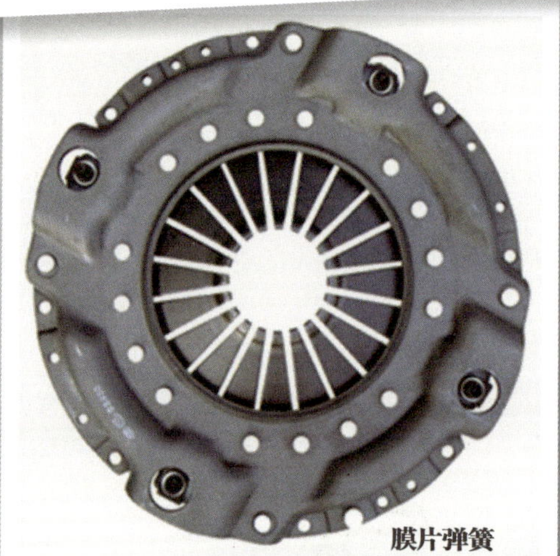
膜片弹簧

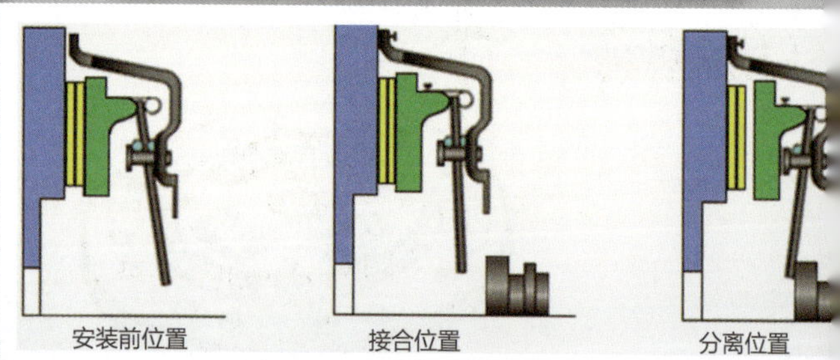

离合器工作原理图

56. 什么是离合器踏板的自由行程？

离合器分离时，为消除离合器自由间隙和分离机构、操纵机构零件的磨损及变形所需踩下的踏板行程称为离合器踏板的自由行程。

57. 如何检查离合器踏板的自由行程？

离合器踏板自由行程一般为 15 ～ 20mm，检查时，用一个直尺抵在驾驶室底板上，先测量踏板完全放松时的高度，再用手轻按踏板，当感到阻力增大时再测量踏板高度，两次测量的高度差即为离合器踏板的自由行程。

刘总监提示：离合器踏板的自由行程过小将引起离合器打滑；自由行程过大将引起离合器分离不彻底。

58. 如何检修离合器的分离轴承？

分离轴承应转动灵活，无尖锐响声或卡滞现象。其轴向间隙不得超过 0.60mm，内座圈磨损不超过 0.30mm。分离轴承为封闭式的，不能拆卸清洗或加润滑剂，在装车前，将轴承放在融化的润滑油（采用钙基润滑脂和齿轮油各半的混合油）中浸透，待冷凝后才能装用，若损坏应更换新件。

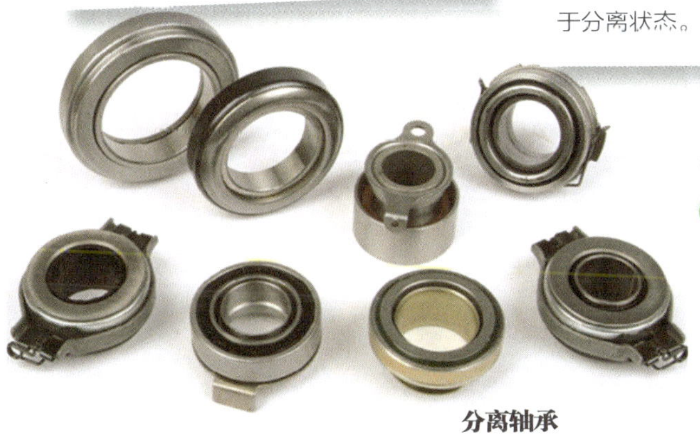

分离轴承

59. 推式离合器和拉式离合器有何区别？

推式膜片弹簧离合器从曲轴开始依次安装着飞轮→从动盘→压盘→膜片弹簧→离合器盖；而拉式膜片弹簧离合器的结构形式与推式的大体相同，从曲轴开始依次安装着离合器盖→膜片弹簧→压盘→从动盘→飞轮。我国一汽大众生产的捷达、高尔夫等轿车离合器即为拉式膜片弹簧离合器。

拉式膜片弹簧离合器中的离合器盖用螺栓固定在发动机曲轴的法兰盘上，离合器压盘通过传动片与离合器盖相连，离合器盖和压盘中间安装的是膜片弹簧。其膜片弹簧支承点和力的作用点的位置相对于推式有所改变，支承点由原来的中间支承环处移到膜片弹簧大端外径的边缘处，支承在离合器盖上。

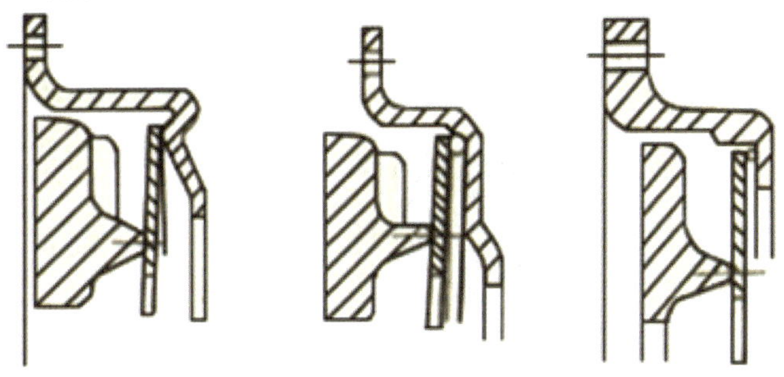

拉式膜片弹簧离合器的支承结构形式

60. 拉式离合器如何工作？

发动机飞轮通过螺栓固定到离合器盖上，离合器压盘和飞轮工作面之间是离合器从动盘，离合器分离盘通过卡环固定在膜片弹簧分离指上，离合器分离推杆安装在变速器输入轴的中心，一端作用在分离盘中部的凹坑内，另一端作用于安装在变速器壳体内的分离轴承端面上。

离合器分离时，变速器壳体内的分离轴承带动推杆前移，推杆将作用力传到分离盘并使其同样前移。此时，分离盘上的力作用在膜片弹簧的小端，膜片弹簧以大端为支承点使小端前移，则膜片弹簧拉动压盘前移，从而使压盘、从动盘和飞轮三者处于自由状态，离合器处于分离状态。

61. 什么是离合器的操纵机构？

离合器操纵机构是离合器系统的重要组成部分，驾驶人可以使离合器分离，也可使之柔和接合，它起始于离合器踏板，终止于分离轴承。

62. 操纵机构如何分类?

按照操纵离合器的能源划分，离合器操纵机构分为人力式和助力式两种。前者是以驾驶人的人体作为唯一的操纵能源；后者则是以助力源为主要操纵能源，以人体作为辅助和后备的操纵能源。人力式操纵机构按所用传动装置的形式又分为机械式和液压式两种，而机械式操纵机构又分为杆系传动和绳索传动两种形式。

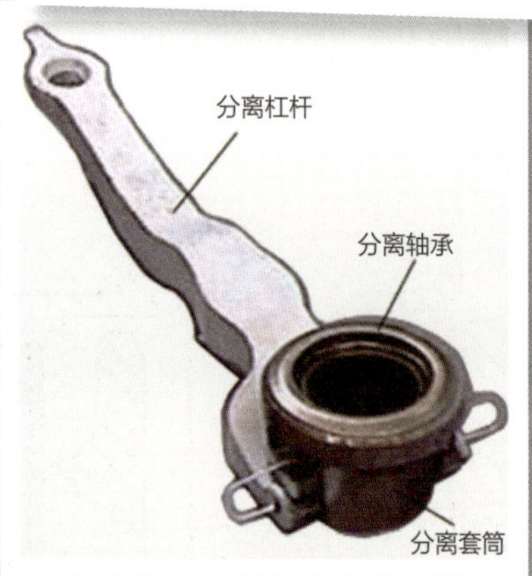

63. 对离合器操纵机构有什么要求?

1）操纵力要合理。

2）踏板行程在一定范围之内。

3）踏板行程有调节校正机构。

64. 杆系操纵机构有什么特点?

杆系操纵机构的结构简单，工作可靠，广泛应用于各种汽车上。但杆系传动中杆件间铰接多，摩擦损伤大，车架或车身变形以及发动机位移时会影响其正常工作。

65. 绳索操纵机构有什么特点?

绳索式操纵机构可消除杆系传动形式的一些缺点，并能采用便于驾驶人操纵的吊挂式踏板，但绳索寿命较短，拉伸刚度较小，故只适用于轻型、微型汽车和轿车。例如，桑塔纳、捷达轿车离合器的操纵机构中，采用了绳索传动形式。

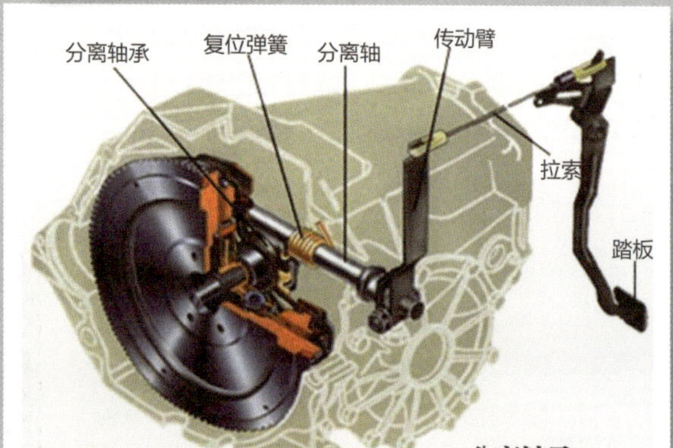

分离轴承

66. 如何排出离合器液压系统中的空气?

1）将主缸储液罐中的制动液加至规定高度，升起汽车。

2）在工作缸的放气阀上安装一软管，接到一个盛有制动液的容器内。

3）排空气需要两个人配合工作，一人慢慢地踏离合器踏板数次，感到有阻力时踏住不动，另一人拧松放气阀直至制动液开始流出，然后再拧紧放气阀。

4）连续按上述方法操作几次，直到流出的制动液中没有气泡为止。

5）空气排除干净后，需要再次检查及调整踏板自由行程，并添加制动液。

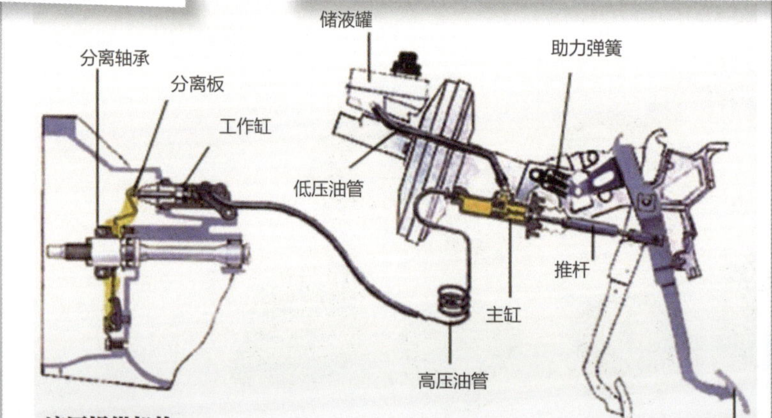

液压操纵机构

67. 离合器有哪些常见故障？

汽车在使用过程中，经常需要踩下和抬起离合器踏板，使离合器分离或接合而处于滑转状态，加上日常操作不当都会使离合器的技术状况逐渐变坏，造成离合器打滑、分离不彻底、发抖和异响等常见故障。

68. 如何诊断与排除离合器打滑故障？

（1）故障现象

1）汽车起步时，放松离合器踏板后，汽车不能起步或起步困难。

2）汽车加速行驶时，车速不能随发动机转速的提高而提高，汽车行驶无力。

3）汽车负载上坡时，会从离合器内散发出焦糊味或出现冒烟等现象。

（2）故障原因

1）离合器踏板的自由行程太小或没有，分离轴承压在膜片弹簧上，使压盘处于半分离状态。

2）从动盘摩擦片、压盘或飞轮工作面磨损严重；离合器盖与飞轮的连接松动，使压紧力减弱。

3）从动盘摩擦片油污、烧蚀、表面硬化、铆钉外露、表面不平，使摩擦系数下降。

4）膜片弹簧疲劳或开裂，使压紧力下降。

5）分离杠杆弯曲变形，出现运动干涉，不能回位。

（3）故障诊断与排除

1）检查离合器踏板的自由行程，如不符合规定应予以调整。

2）如果自由行程正常，应拆下变速器总成，检查离合器盖与飞轮连接螺栓是否松动，如松动则需拧紧。

3）如果离合器仍然打滑，应拆下离合器，检查从动盘摩擦片的状况。如果有油污，一般可用酒精清洗并烘干，然后找出油污来源并设法排除。如果摩擦片磨损严重或有铆钉外露，应更换从动盘。

4）如果从动盘完好，则应分解离合器，检查压紧弹簧，如果弹力过软则应更换。

膜片弹簧

69. 如何诊断与排除离合器分离不彻底故障？

（1）故障现象

1）发动机怠速运转时，踩下离合器踏板，挂档有齿轮撞击声，且难以挂入。

2）汽车勉强挂上档，但离合器踏板尚未完全放松时，汽车就起步或发动机熄火。

3）汽车在行驶过程中，换档困难，且仍伴有齿轮撞击声。

（2）故障原因

1）离合器踏板的自由行程过大。

2）膜片弹簧或分离杠杆弯曲变形，使其内端不在同一平面内。

3）从动盘钢片翘曲变形、摩擦片破裂或铆钉松动。

4）新换的从动盘太厚或从动盘正反面装错。

5）从动盘毂花键孔与变速器输入轴上的花键轴卡滞，使从动盘移动困难。

6）离合器液压操纵机构漏油、有空气或油量不足。

7）膜片弹簧弹力不均匀或个别弹簧折断。

8）发动机支承磨损或损坏，发动机曲轴与变速器输入轴不同心。

（3）故障诊断与排除

1）检查离合器踏板自由行程，如果自由行程过大则进行调整。对于液压操纵机构需检查储液罐油量是否不足或管路中是否有空气，并进行必要的排除。如果不是上述问题应继续检查。

2）检查分离杠杆内端高度，如果分离杠杆不在同一平面，则需进行调整。否则，应检查从动盘是否装反、从动盘是否过厚，如过厚，可在离合器盖与飞轮间增加适当厚度的垫片予以调整。如果都没问题则继续检查。

3）检查是否存在从动盘翘曲变形、铆钉脱落，从动盘轴向运动卡滞等问题，如果存在则需进行更换或修理。

70. 如何诊断与排除离合器起步发抖故障？

（1）故障现象

汽车用低速档起步时，按操作规程逐渐放松离合器踏板并缓慢踩下加速踏板，离合器不能平稳接合且产生抖振，严重时整车都会产生抖振现象。

（2）故障原因

1）分离杠杆内端高度不处在同一平面内。

2）从动盘或压盘翘曲变形，飞轮工作面的端面圆跳动过大。

3）从动盘摩擦片厚度不均匀、油污、烧焦、表面不平整、表面硬化、铆钉头露出、铆钉松动或折断、波浪形弹簧片损坏。

4）膜片弹簧的弹力不均、疲劳或个别折断，膜片弹簧疲劳或开裂。

5）扭转减振器盘上的减振弹簧疲劳、折断。

6）发动机支架、变速器、飞轮等的固定螺栓松动。

（3）故障诊断与排除

1）检查离合器踏板、分离轴承等回位是否正常，如果正常则继续检查。

2）检查发动机支架、变速器、飞轮等的固定螺栓是否松动，如果松动则需紧固螺栓，否则应继续检查。

3）检查分离杠杆的内端是否在同一平面，如果不是则继续检查。

4）检查压盘、从动盘是否变形，铆钉是否松动、外露，膜片弹簧的弹力是否不在允许范围内，如果是则更换或修理。

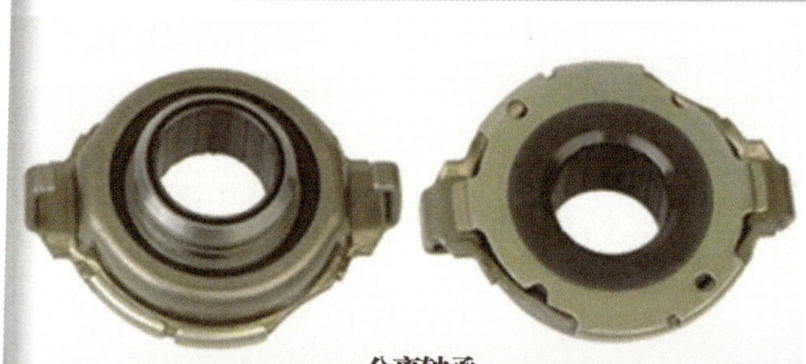

分离轴承

从动盘

71. 如何诊断与排除离合器异响故障？

（1）故障现象

离合器在分离或接合时发出不正常的响声。

（2）故障原因

1）分离轴承缺少润滑剂，造成干磨或轴承损坏。

2）分离轴承与分离杠杆内端之间无间隙。

3）分离轴承套筒与导管之间油污、尘腻严重或分离轴承回位弹簧与踏板回位弹簧疲劳、折断、脱落，使分离轴承回位不佳。

4）从动盘花键孔与其花键轴配合松旷。

5）扭转减振器盘上的减振弹簧退火、疲劳或折断。

6）从动盘摩擦片铆钉松动或铆钉头外露。

（3）故障诊断与排除

1）轻踩离合器踏板，使分离轴承与分离杠杆接触，如果有“沙沙”响声则为分离轴承响，应更换。

2）踩下、抬起离合器踏板，如果出现间断的碰撞声，说明分离轴承前后有窜动，应更换分离轴承回位弹簧。

3）连踩离合器踏板，如果离合器刚接合或刚分离时有响声，说明从动盘铆钉松动或外露，应更换从动盘。

4）汽车在起步或加、减速过程中，发出异响，故障原因为减振弹簧疲劳或断裂，从动盘毂花键孔与轴配合松旷。

72. 为什么安装变速器?

汽车是速度的象征，而变速器是改变速度的装置。它与发动机配合工作，保证汽车具有良好的经济性和动力性。目前汽车上广泛采用的是往复活塞式发动机，一旦发动机制造出来后，其排量大小是不变的，可燃混合气的成分也基本不变。因此，发动机输出的转矩和转速的变化范围较小，但汽车在起步和上坡时，需要较大的转矩；而在平坦路面上高速行驶时，则只需较小的转矩。假如将发动机与驱动轮直接作用，那就是对应发动机的最高转速，如果不把发动机输出的转矩和转速进行调整，汽车可能无法起步、上坡或高速行驶。此外，所有发动机的曲轴始终是向同一方向转动，而汽车实际行驶过程中常常需要倒车。为了解决这些矛盾在汽车传动系统中设置了变速器。

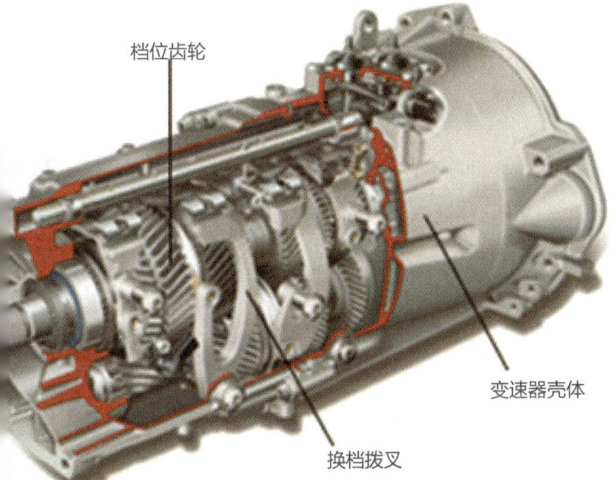

途锐 08D 六速手动变速器

73. 变速器有什么作用?

为了大范围改变发动机的转矩和转速，在传动系统中安装了变速器，其具体作用是：

1）变速器可以增大发动机传到驱动车轮上的转矩和调整转速的变化范围，以使汽车适应在各种情况下的行驶要求（前进档位）。

2）变速器能在保持发动机原转动方向不变的情况下，使汽车实现倒车功能（倒档位）。

3）变速器还能暂时切断发动机与传动系统之间的动力传递，使发动机处于空转的怠速状态（空档位）。

4）利用变速器作为动力输出装置驱动其他机构，如自卸车的液压举升装置等。

74. 对变速器有哪些要求?

根据变速器的作用，它应满足下列主要要求：

1）具有合理的档位数和适当的传动比。

2）具有倒档位和空档位。

3）传动效率高、操纵轻便、工作可靠、无噪声。

4）结构简单、体积小、质量轻、维修方便。

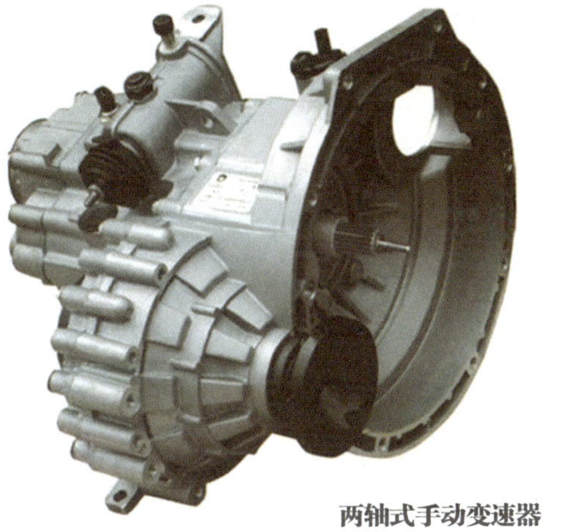
两轴式手动变速器

75. 变速器按操纵方式可分为几种?

1）手动变速器。 手动变速器的英文缩写为 MT，即 Manual Transmission 的缩写。驾驶人通过用手操纵变速杆来选定档位，并直接操纵变速器的换档机构进行档位变换，变速杆的每一个位置对应一个档位。

2）自动变速器。自动变速器的英文缩写为 AT，即 Automatic Transmission 的缩写。自动变速器在驾驶室内没有离合器踏板，驾驶人只需操纵转向盘、加速踏板和制动踏板，变速器的控制系统就会根据发动机的负荷信号和车速信号来实现前进档位传动比的自动变化。

3）手自动一体式变速器。 这种变速器既可以按自动变档方式运行，也可以以手动换档方式运行。如下页左上图所示，途锐 09D 自动变速器其变速杆除了有 P–R–N–D–S 外，在另一侧还有两个操纵档位“+”和“–”。通常中间缺口可以将变速杆在自动换档 D 档位和手动换档之间互相转换。在手动换档位置，向“+”位推动变速器时升档，向“–”位拉动变速杆时降档。手自动一体换档已成为 20 世纪 90 年代自动变速器 AT 发展的一个新特点。

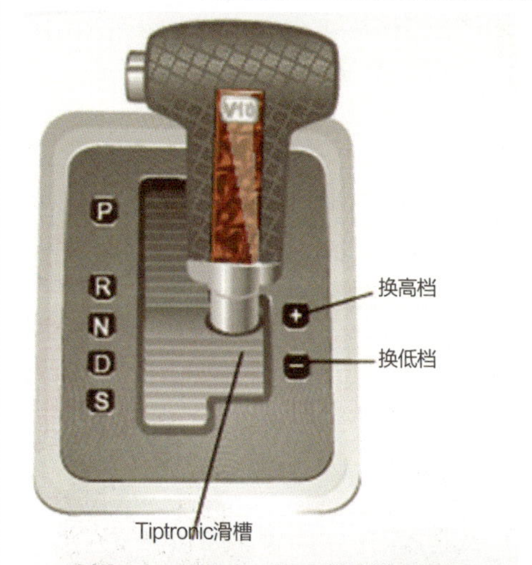

途锐 09D 手自动一体式变速器变速杆

76. 变速器按变速方式可分为几种?

1）有级变速器。采用齿轮传动，具有有限几个固定传动比（各档的传动比是个定值，也就是所谓的“级”）的变速器，称为有级变速器，手动变速器 MT、液力式自动变速器 AT、电控机械式自动变速器 AMT、双离合器变速器 DCT、直接换档变速器 DSG 等均属于有级变速器。比如，一档传动比是 3.454，三档是 1.370，再到五档的 0.85，总共只有 5 个值（即有 5 级），所以说它们是有级变速器。其根据所采用的齿轮传动机构不同又分为：普通斜齿轮变速器和行星齿轮变速器两种。通常，手动变速器采用普通斜齿轮，而自动变速器采用行星齿轮。

2）无级变速器。传动比在一定范围内连续变化的变速器，称为无级变速器，它的传动比不是间断的点，而是一系列连续的值，譬如可以从 3.454 一直变化到 0.85。奥迪 01J 无级变速器 CVT、锥环式无级变速器 KRG 即是这类变速器。

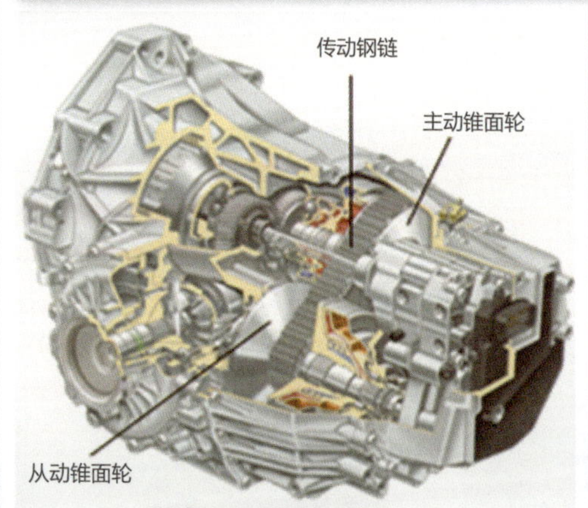

奥迪 01J 无级变速器

77. 手动变速器按所用轴的数目可分为几种?

按变速器所用轴的数目不同可分为两轴式手动变速器和三轴式手动变速器两种。

1）两轴式手动变速器。两轴式手动变速器通常与发动机前置前轮驱动的布置形式相配合。

2）三轴式手动变速器。三轴式手动变速器通常与发动机前置后轮驱动的布置形式相配合。

78. 手动变速器按档数可分为几种?

按变速器的前进档数不同可分为四档手动变速器、五档手动变速器、六档手动变速器等。

79. 手动变速器由哪几部分组成?

虽然各厂家生产的手动变速器结构有所不同，但其基本组成仍可分为以下 4 个部分：变速器操纵机构、变速器传动机构、变速器换档装置、变速器壳体和盖。

1）变速器操纵机构。变速器操纵机构的结构变化较大，主要和车身及底盘结构的形式和布置有关。根据其变速杆和变速器的相对位置不同有两种结构形式：直接操纵式和远距离操纵式。

2）变速器传动机构。变速器传动机构是变速器的主体，主要由齿轮、轴以及轴承等组成，其作用是改变齿轮传动比及旋转方向。

3）变速器换档装置。现代汽车手动变速器所采用的换档装置主要是同步器，它安装在两个浮动齿轮的中间，用来改善换档质量。

4）变速器壳体和盖。变速器壳体和盖用来安装传动机构、换档装置和部分操纵机构，同时储存润滑油。

手动变速器构造图

80. 为什么倒档噪声比前进档大?

变速器内部靠不同的齿轮组合来获得不同的传动比，而齿轮最基本的形式是在圆柱体上加工出能够彼此啮合的牙状凸起。

齿轮最简单的形式就是直齿轮，顾名思义直齿轮的齿面沿直线切出，轮齿与齿轮轴线相平行。齿宽更大或希望啮合更平稳的齿轮在轮齿加工时通常都与其轴线成一定角度，这就是斜齿轮的由来。由于轮齿与齿轮轴线成一定角度，斜齿轮的轮齿在相互啮合时更为渐进，因此，斜齿轮在工作时要比直齿轮平稳、安静得多。正是因为这个原因，采用直齿轮的倒档要比采用斜齿轮的前进档噪声大。

直齿传动

斜齿传动

81. 什么是传动比?

在手动变速器内，主动齿轮（即输入轴）的转速与从动齿轮（即输出轴）的转速之比称为传动比，但在实际中，我们一般很难获取转速，传动比通常用从动齿轮的齿数与主动齿轮的齿数之比来表示。

82. 倒档传动比如何计算?

变速器在倒档时是 3 个齿轮啮合传动，其传动比如何计算呢？我们以图为例进行说明。3 个齿轮的齿数依次为 10、20 和 30，第 1 个齿轮到第 2 个齿轮间的传动比为 2:1，即转速降低了一半。第 2 个齿轮到第 3 个齿轮间的传动比为 3:2，因此，这个倒档的总传动比为 (2/1) × (3/2) = 2 × 1.5 = 3，也就是说，主动齿轮旋转 3 圈，从动齿轮才能旋转 1 圈。

倒档传动比的计算

83. 手动变速器如何变速与变矩?

普通斜齿轮式手动变速器是利用不同齿数的齿轮啮合传动来实现转矩和转速的改变。

例如,两个齿数分别为 20 和 10 的齿轮相啮合,20 齿的齿轮每旋转一圈,10 齿的齿轮就会旋转两圈。我们在此称输入动力的 20 齿的齿轮为主动齿轮。主动齿轮和从动齿轮上的每一个轮齿一一啮合。由于主动齿轮有 20 个轮齿而从动齿轮只有 10 个,因此,主动齿轮每转一圈,从动齿轮将会旋转两圈,这就是齿轮加速传动原理。齿轮减速传动原理与之相同,只需将上述的主、从动齿轮对掉即可,主动齿轮变为齿数较少的齿轮,从动齿轮变为齿数较多的齿轮,即主动齿轮每转一圈,从动齿轮只旋转半圈。

齿轮传动的转矩与其转速成反比。由此可知,手动变速器在改变转速的同时,也改变了输出转矩。档位越低,传动比越大,输出转速越低,则输出转矩越大;反之,档位越高,传动比越小,输出转速越高,则输出转矩越小。手动变速器就是通过变换不同的齿轮组来改变输出转速和转矩,以适应汽车行驶条件的变化。

齿轮加速传动

齿轮减速传动

84. 手动变速器如何变向?

齿轮传动的旋转方向与齿轮的啮合方式和啮合个数有关,普通斜齿轮式手动变速器采用的是外啮合齿轮传动,其两个齿轮传动时的旋转方向相反。因此,只要改变外啮合齿轮的个数,就可以在不改变发动机曲轴旋转方向的条件下实现汽车的前进或倒退。

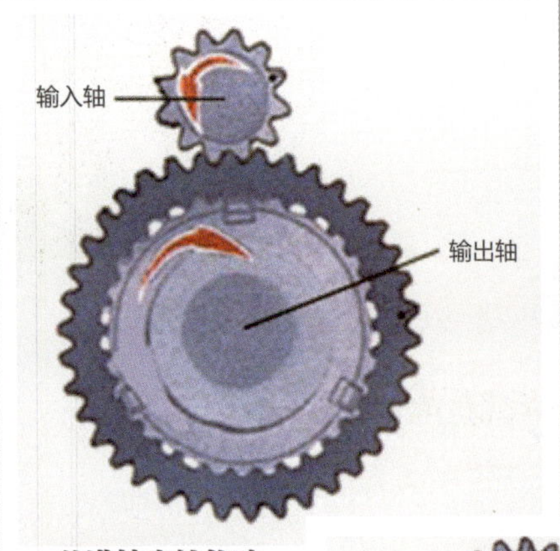

前进档齿轮传动

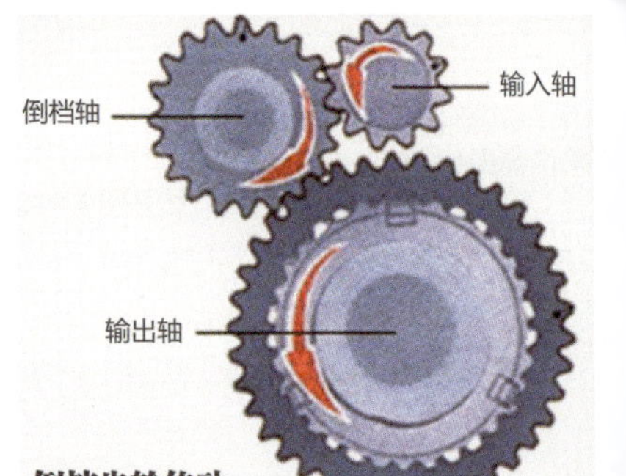

倒档齿轮传动

85. 手动变速器如何切断动力?

汽车在行驶过程中,手动变速器传递动力时都是在齿轮啮合的状态下进行的,因此,要切断动力就只有将原先啮合的齿轮退出啮合状态,即可实现切断动力传递的目的。

86. 变速器操纵机构有什么作用?

变速器操纵机构的作用是保证驾驶人能准确可靠地使变速器挂入所需要的任一档位工作,并可随时使之退入空档。操纵机构包括外操纵部分和内操纵部分,内操纵部分中的每一根拨叉轴最多实现 2 个档位,档位越多,换档操纵机构越复杂。

87. 什么是直接操纵式？

根据变速杆和变速器的相对位置不同，变速器操纵机构可分为直接操纵式和远距离操纵式两种类型。直接操纵式变速器操纵机构的变速杆设置在变速器盖上，驾驶人可直接操纵变速杆来拨动变速器壳体内的换档拨叉机构。

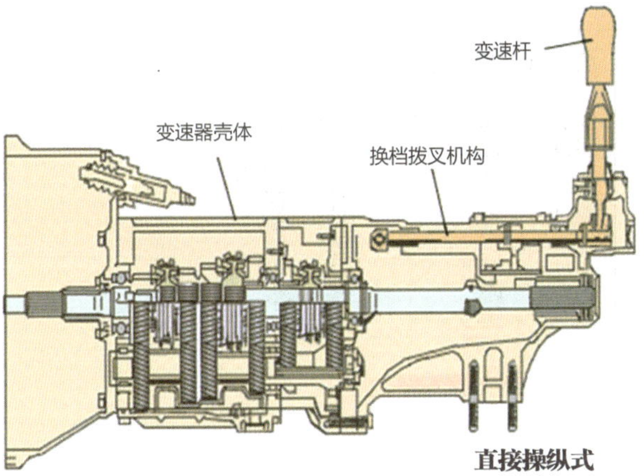

直接操纵式

88. 什么是远距离操纵式？

由于变速器的安装位置离驾驶人座椅较远，为此在变速杆和变速器之间加装了一套传动杆件或钢索，构成远距离操纵的形式。

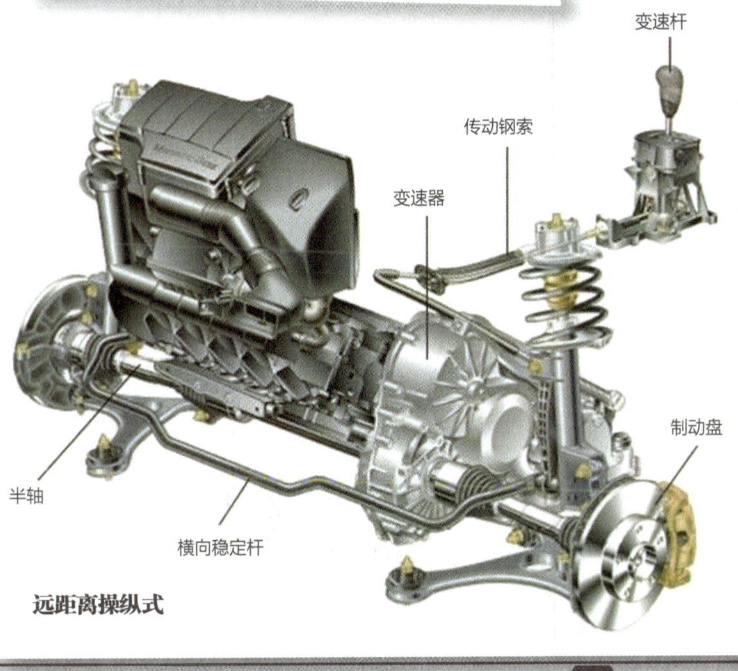

远距离操纵式

89. 换档拨叉机构包括几部分？

换档拨叉机构包括变速杆、拨叉及拨叉轴三部分。驾驶人通过拨动变速杆来带动变速器壳体内的拨叉轴移动，安装在拨叉轴上的拨叉便带动变速器换档装置（即同步器），挂入驾驶人预先选定的档位。

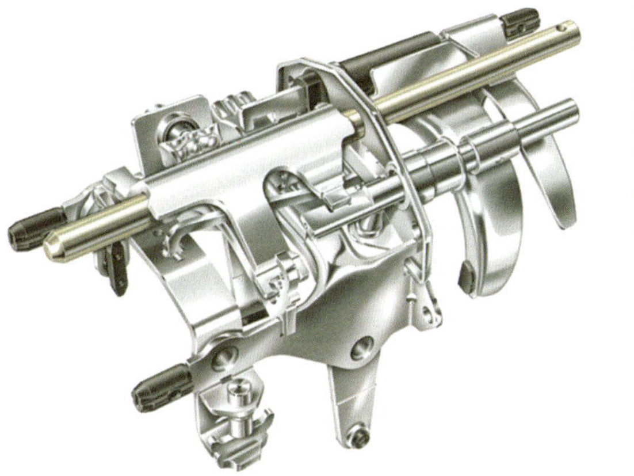

换档拨叉机构

90. 什么是定位锁止装置？

为了保证变速器在任何情况下都能可靠地在所选档位上工作，变速器操纵机构都设有定位锁止装置，包括自锁装置、互锁装置和倒档锁装置。通常自锁装置和互锁装置设置在变速器盖或换档拨叉机构上，倒档锁装置与变速杆位置有关。

91. 自锁装置有什么作用？

自锁装置是对各档拨叉轴进行轴向定位锁止，以防止其自动产生轴向移动而造成变速器自动挂档或自动脱档，保证全齿长啮合，使驾驶人具有手感。大多数变速器的自锁装置采用定位钢球对拨叉轴进行轴向定位锁止，其主要由拨叉轴上的凹槽、自锁钢球、自锁弹簧组成。

92. 自锁装置如何工作?

在变速器盖凸起部钻的小孔内设置自锁装置，孔中装有自锁弹簧及自锁钢球，其位置处于拨叉轴的正上方，拨叉轴对着钢球的表面沿轴向设有三个凹槽，凹槽的深度小于钢球的半径。中间的凹槽对正钢球时为空档位置，前边或后边的凹槽对正钢球时则处于某一工作档位置，相邻凹槽之间的距离保证齿轮处于全齿长啮合或完全退出啮合。

凹槽对正钢球时，钢球便在弹簧的压力作用下嵌入该凹槽内，拨叉轴的轴向位置便被固定，其拨叉及相应的接合套和接合齿圈被固定在空档位置或某一工作档位置，而不能自动挂档或自动脱档。当需要换档时，驾驶人通过变速杆对拨叉轴施加一定的轴向力，克服弹簧的压力而将钢球从拨叉轴凹槽中挤出并推回孔内，拨叉轴便可滑过自锁钢球进行轴向移动，并带动拨叉及相应的接合套轴向移动。当拨叉轴移到另一凹槽与钢球对正时，钢球又被压入凹槽，此时，拨叉所带动的接合套便拔入空档或另一工作档位置。

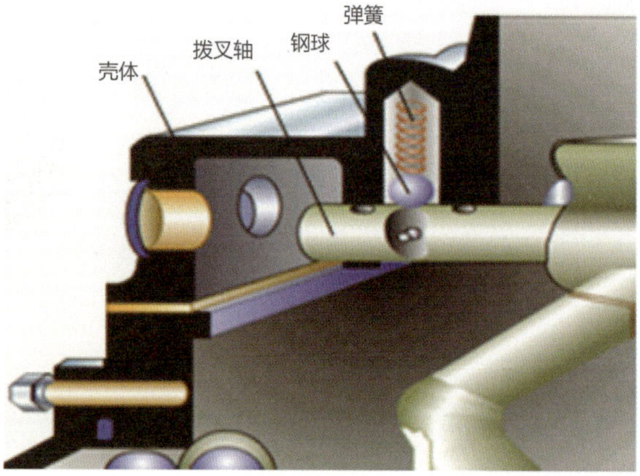

自锁装置原理图

93. 互锁装置有什么作用?

互锁装置是防止两个拨叉轴同时移动，即当拨动一个拨叉轴轴向移动时，其他拨叉轴都被锁止，从而防止同时挂入两个档位而造成乱档。互锁装置主要由拨叉轴上的凹槽、互锁钢球及互锁销组成。其中互锁销尺寸长 = 拨叉轴直径 − 1 个凹槽深度，相邻 2 个互锁钢球总尺寸长 = 两个相邻拨叉轴表面间距 + 1 个凹槽深度。

94. 互锁装置如何工作?

当移动中间拨叉轴时，由于尺寸保证，两侧互锁钢球会分别落入上面拨叉轴和下面拨叉轴的凹槽内，从而防止上面拨叉轴和下面拨叉轴挂入工作档位置，即起到了防止同时挂入两个档位的设计目的。当需要移动另一拨叉轴时，则中间拨叉轴先退回空档，这也为互锁钢球空出了一个凹槽位置，上面或下面的拨叉轴即可挂入某一工作档位置。

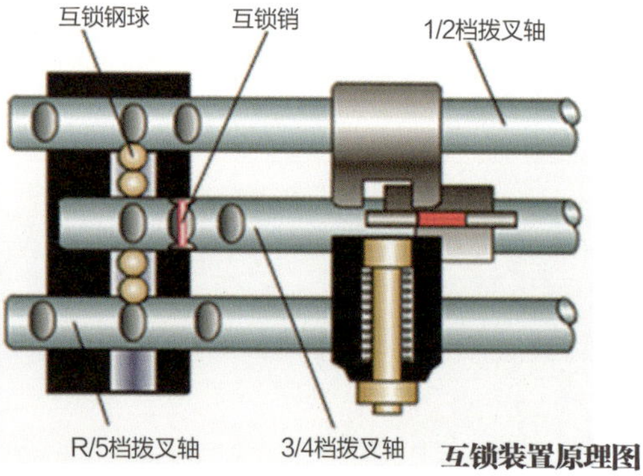

互锁装置原理图

95. 倒档锁装置有什么作用?

为防止驾驶人误挂倒档，变速器上都设有倒档锁装置。现代汽车的倒档锁是采用变速杆在倒档时与前进档位置在空间错开，挂倒档需将变速杆压下方可挂入，以防误挂倒档。

96. 倒档锁装置如何工作?

驾驶人想挂倒档时，必须用较大的力使变速杆下端向倒档拨叉轴移动，此时，变速杆下端顶动锁销，锁销克服弹簧弹力退入锁销孔内，变速杆下端进入拨块凹槽中进行换档。当倒档拨叉轴移动挂档时，另外两个拨叉轴被互锁装置锁止。由此可见，倒档锁装置的作用是使驾驶人必须对变速杆施加更大的力，才能挂入倒档，起到警示注意作用，以防误挂倒档。

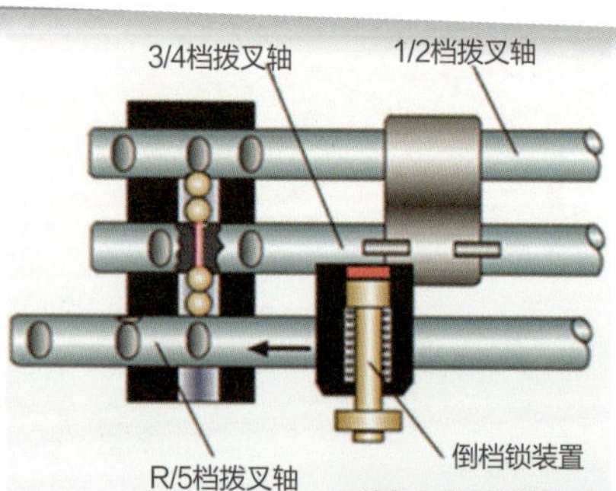

两轴式变速器构造示意图

97. 如何检修操纵机构?

变速器操纵机构工作频繁，其损伤常表现为：磨损、变形、连接松动、弹簧失效等。

1）检查变速器操纵机构各零件的连接情况，如有松动应及时紧固。

2）检查变速杆、拨叉轴、拨叉等变形情况，如有变形应校正。

3）检查拨叉与接合套、拨叉与拨叉轴、换档轴等处的磨损，如磨损应更换。

4）检查复位弹簧、锁止弹簧的弹性，如失效应更换。

汽车变速器随着行驶里程的增加，以及不正常的操作，其零件的磨损、变形随之增加，这样会出现自动脱档、乱档、挂档困难、异响及漏油等变速器常见故障。

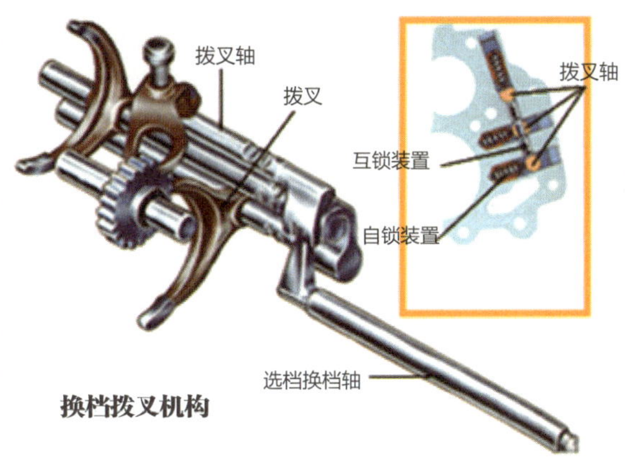

换档拨叉机构

98. 变速器传动机构有什么作用?

变速器传动机构是变速器的主体，主要由齿轮、轴以及轴承组成，其作用是在变速器操纵机构的控制下改变齿轮传动比及旋转方向。按工作轴的数量（不包括倒档轴）传动机构可分为两轴式变速器和三轴式变速器两种。

99. 什么是两轴式变速器?

两轴式变速器用于发动机前置前轮驱动的汽车，一般与驱动桥合称为变速驱动桥，主要包括输入轴、输出轴、倒档轴、各档齿轮以及轴承等。其特点是输入轴、输出轴及倒档轴相互平行，且无中间轴。目前，国内常见的轿车均采用这种变速器，如迈腾、捷达、宝来、奥迪等。

前置发动机有纵向布置和横向布置两种形式，与其配用的两轴式变速器也有两种不同的结构形式。发动机纵置时，主减速器为一对圆锥齿轮，如桑塔纳轿车；发动机横置时，主减速器为一对圆柱齿轮，如捷达轿车。

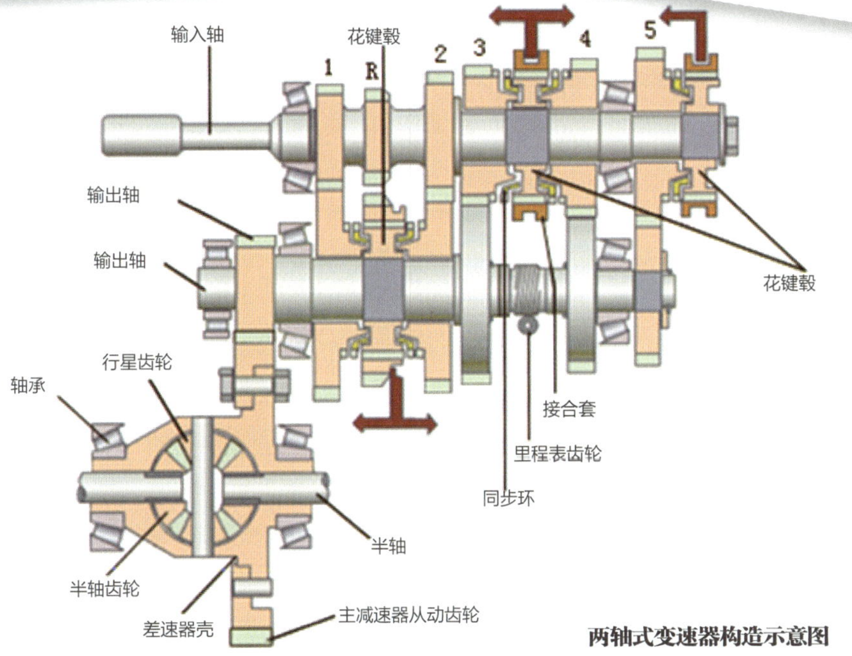

两轴式变速器构造示意图

100. 三轴式变速器什么样?

三轴式手动变速器通常与发动机前置后轮驱动的布置形式相配合。三轴式变速器广泛用于发动机前置后轮驱动的汽车上，主要包括输入轴、输出轴、中间轴、倒档轴、各档齿轮以及轴承等。其特点是输入轴与输出轴轴线同心，且都与中间轴和倒档轴平行，传动比的变化范围大，因而使传动效率得到提高。

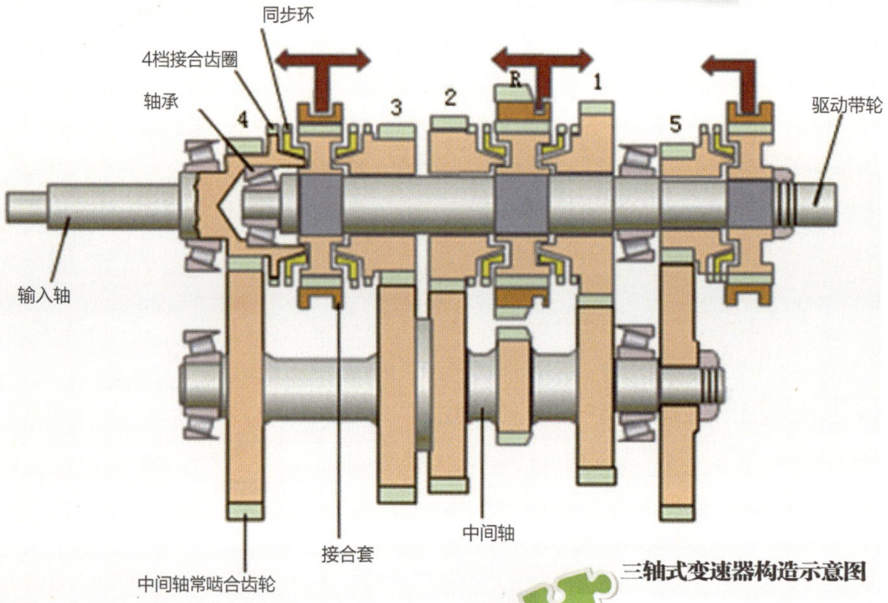

三轴式变速器构造示意图

101. 变速器为什么会打齿?

变速器打齿其实就是两个金属质地的齿轮之间的硬碰硬，它加速了齿轮的磨损，最终导致的结果就是大修变速器。

变速器打齿是由于操作失误造成的变速器齿轮损坏的现象，对于手动变速器来说，在换档时一定要将离合器踏板踩到底，然后进行变档操作，松开离合器踏板，完成换挡。什么情况下容易打齿呢？往往是离合器没有彻底分离就进行变档操作，换档时不仅出现齿轮响声，还容易造成打齿；如果变速器里齿轮油杂质较大，比如长期磨损的铁屑，在齿轮转动中如果夹在了传动齿轮中间，也容易造成打齿；另外，手动变速器的结构内部有一个非常重要的设备——同步器，如果没有同步器，肯定会发生打齿的现象。

102. 换档装置有几种?

目前，汽车手动变速器的换档装置有两种：一是采用直齿齿轮滑动式，如宝来倒档的换档方式；二是采用同步器式，这种方式应用最广泛，几乎所有的变速器都是采用同步器进行换档。

103. 同步器分为哪几种类型?

同步器安装在两个浮动齿轮的中间，它可分为常压式、惯性式和自增力式三种类型。目前，广泛采用的是惯性式同步器。

惯性式同步器是依靠摩擦作用实现同步的，其作用是保证接合套与待接合齿圈迅速达到同步，并阻止二者在未达到同步时进入啮合，从而消除换档冲击，改善换档质量。惯性式同步器按结构不同又可分为锁环式和锁销式两种。锁环式同步器结构紧凑，但传递转矩小，故多用于轿车和轻型车辆的变速器中；锁销式同步器结构尺寸大，传递转矩大，故多用于中、重型车辆的变速器中。

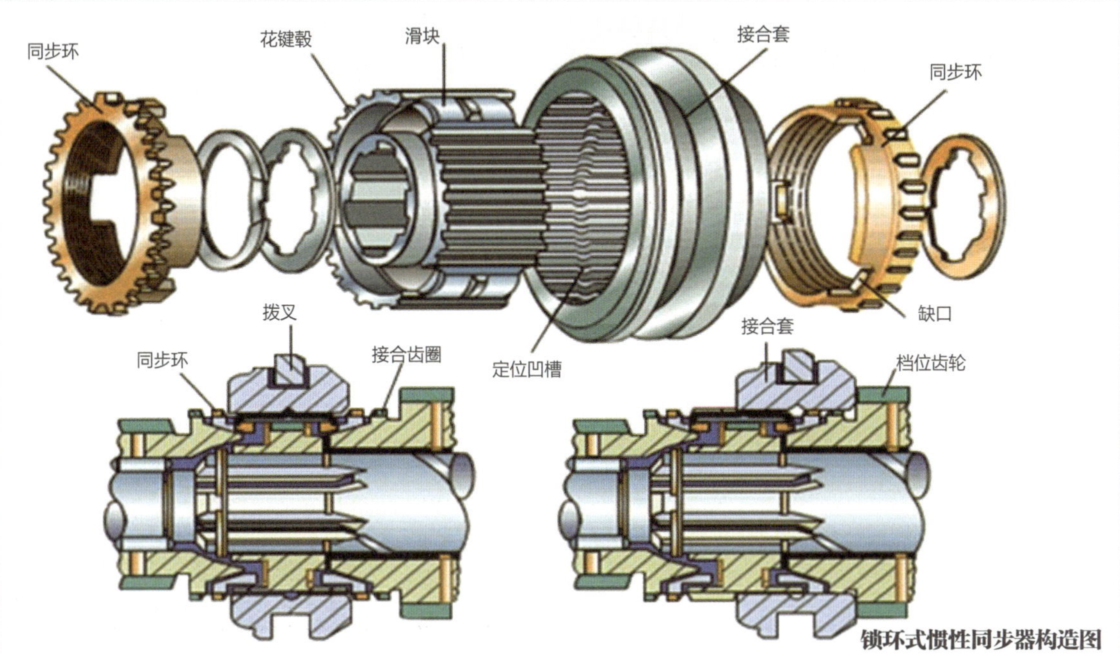

锁环式惯性同步器构造图

104. 锁环式惯性同步器构造如何?

锁环式惯性同步器由花键毂、接合套、锁环(也称同步环)、滑块、弹簧圈等组成。花键毂以其内花键套装在相应轴的外花键上，并用卡环轴向固定，而且花键毂上制有三个均布的轴向槽，用于安装滑块。两个锁环分别装在花键毂与接合齿圈之间。锁环具有内锥面，接合齿圈则具有相同的外锥面，两者之间通过锥面相接触。为了增加接触锥面之间的摩擦力，在锁环内锥面上车有细密的螺纹槽，以使两锥面接触后能够破坏锥面间的油膜，提高摩擦系数。锁环上有断续的短花键齿，其短花键齿的断面形状和尺寸与接合齿圈上的外花键齿均相同。接合齿圈和锁环上的花键齿，在对着接合套的一端都制有倒角，称为锁止角，且与接合套内花键齿齿端的倒角相同。锁环的端部沿圆周相间均布着三个缺口。三个滑块分别装在花键毂上三个均布的轴向槽内，沿槽可以轴向移动。安装在三个滑块下面的两个弹簧圈将滑块压向接合套，滑块中部的凸起部位压嵌在接合套中部的凹槽内，其作用是保证接合套在空档处于中间位置。滑块两端伸入锁环的缺口中，滑块窄缺口宽，两者之差等于锁环上的花键齿宽。锁环相对于滑块顺转和逆转都只能转动一个齿宽，且只有当滑块位于锁环缺口的中央时，接合套与锁环才能接合。

105. 防止自动脱档的措施有几种?

在手动变速器中，除了自锁装置可以防止自动脱档外，部分变速器的同步器也采取了一些防止自动脱档的措施，其结构形式有：减薄齿式和齿端倒斜面式。

106. 减薄齿如何防止自动脱档?

减薄齿式防止自动脱档机构的同步器花键毂外齿圈的两端，齿厚各减薄 0.3 ~ 0.4mm，使得齿中部形成一个凸台。当同步器的接合套左移与接合齿圈接合时，接合齿圈的转矩传给接合套的一侧，再由接合套的另一侧传给花键毂。由于接合套的后端被花键毂中部的凸台挡住，在接触面上作用一个力 N，其轴向分力 P 即为防止自动脱档的阻力。

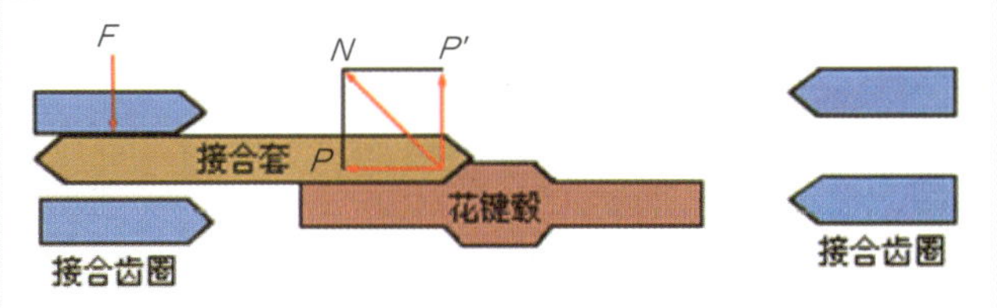

减薄齿防脱档结构图

107. 齿端倒斜面如何防止自动脱档?

齿端倒斜面式防止自动脱档机构是将接合套内花键齿两侧齿端及接合齿圈的齿端都制有相同斜度的倒斜面。当同步器的接合套左移与接合齿圈接合时，接合齿圈将转矩传到接合套的一侧，再经过接合套的另一侧传给花键毂。由于接合齿圈与接合套齿端部都为斜面接触，于是产生一个垂直斜面的正压力 N，其分力分别为 F 和 P，其轴向分力 P 即为防止自动脱档的阻力。

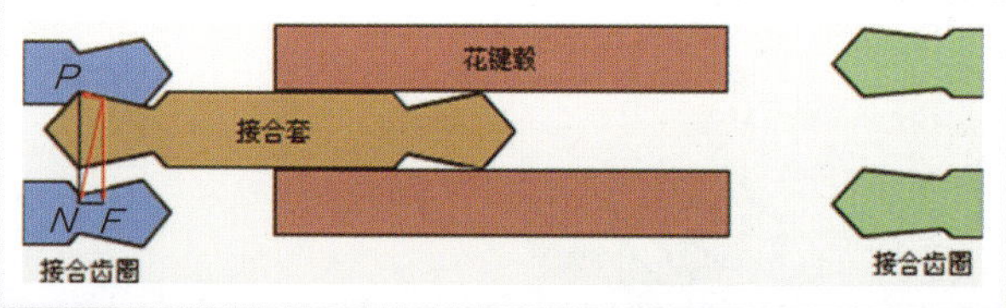

齿端倒斜面防脱档结构图

108. 三件式同步器有何优势?

宝来 02T 变速器内的同步器有两种形式，一种形式为三件式同步器，另一种形式为单件式同步器。

所谓的三件式同步器相对于单件式同步器而言，只不过是多了 2 个同步环。三件式同步器主要由内同步环、中间同步环和外同步环组成。而单件是指同步器只有一个同步环。三件式同步器与单件式同步器相比，所提供的摩擦面要大很多，由于传热面积大，因此，可以大大提高同步效率。

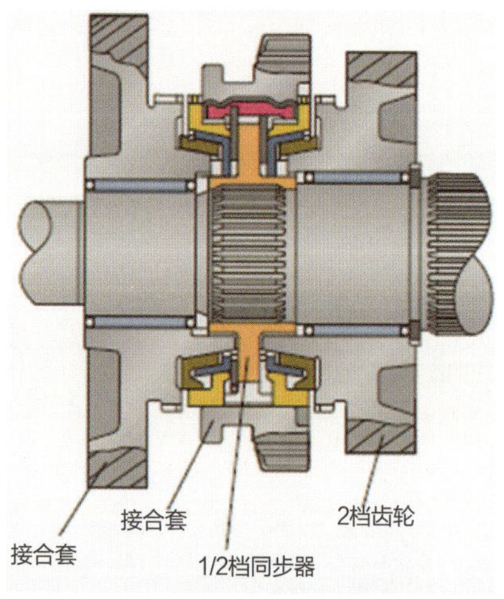

三件式同步器的安装位置

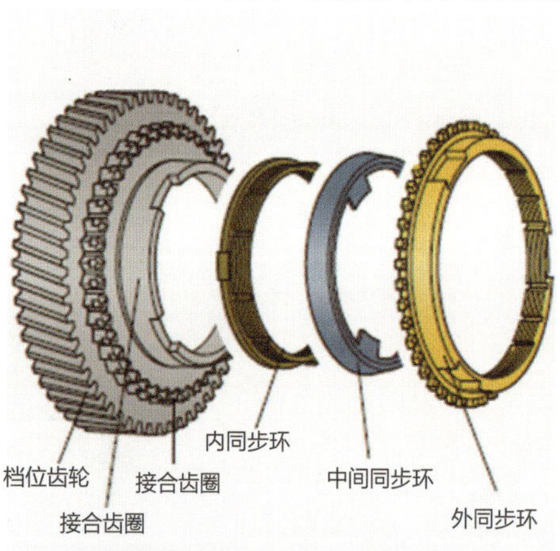

三件式同步器构造图

109. 如何检修锁环式同步器?

锁环式同步器的损伤表现在锁环、滑块、接合套、花键毂和花键齿的损伤。锁环内锥面和滑块凸台的磨损都会破坏换档过程的同步作用；锁环、接合套锁止角的磨损，会使同步器失去锁止作用，导致换档困难，并发出机械撞击声。

锁环的检验方法是将同步器锁环压在换档齿轮的端面上，检查摩擦效能，并用塞尺测量锁环和换档齿轮接合齿圈之间的间隙，如图所示。同步器滑块顶部凸台磨损出现沟槽，必须更换，否则，也会使同步作用减弱。

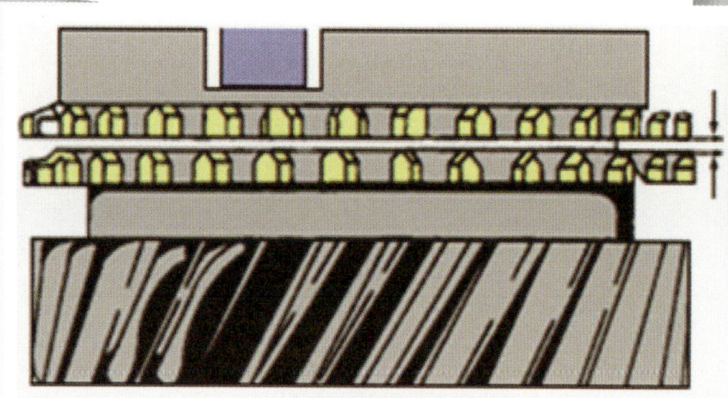

同步器间隙的检查

110. 锁销式惯性同步器构造如何?

锁销式惯性同步器主要是由定位销、锁销、摩擦锥环、摩擦锥盘、接合套和花键毂等元件组成。

锁销式惯性同步器和锁环式惯性同步器相比，具有摩擦力矩大，体积也较大的特点，故常用于中、重型车辆的变速器中。

111. 锁销式惯性同步器有何结构特点?

锁销式惯性同步器的结构特点是：两个带有内锥面的摩擦锥盘以其内花键分别固装在带有齿圈的斜齿轮上，随齿轮一起转动。与之相配合的两个带有外锥面的摩擦锥环（锥环上有螺纹），通过 3 个均布的锁销和定位销与接合套连接。定位销与接合套的相应孔为滑动配合，接合套可沿定位销轴向移动。定位销的正中间切有一小段环槽，相应的接合套上钻有斜孔，内装弹簧、钢球。钢球在弹簧作用下落入定位销的环槽中，起到空档定位作用。定位销的两端伸入两个锥环的内侧面，并留有间隙，可使锥环相对于接合套能转过一定的角度。锁销中间一段也制有环槽，其直径变化处切有倒角，接合套相应孔的两端也切有同样的倒角，故只有当锁销与接合套的相应孔对准时，接合套才能沿锁销轴向移动。锁销两端与锥环铆接，从而使 2 个摩擦锥环、3 个锁销、3 个定位销及 1 个接合套构成一个整体。

112. 锁销式惯性同步器如何工作?

以变速器挂入 5 档为例进行说明。当要挂入 5 档时，驾驶人通过变速杆、拨叉轴、拨叉推动接合套向左移动，接合套便通过定位钢球和定位销推动左侧摩擦锥环向左移动，使之与左侧的摩擦锥盘相接触。由于此时的摩擦锥环和摩擦锥盘转速不同，所以，两者一接触，便在其摩擦锥面摩擦力矩的作用下，使摩擦锥环连同锁销一起相对于接合套转过一个角度，使锁销中部倒角与接合套销孔端倒角的锥面互相抵触，从而使锁销产生锁止作用，阻止接合套向左移动（见锁销放大图）。与锁环式同步器一样，在锁止倒角上的切向分力也形成一个拨环力矩而力图使锁销以及锥环倒转，但在锥环与锥盘未达到同步前，由左侧锥盘所形成的摩擦力矩总是大于拨环力矩，因而可以阻止接合套与接合齿圈在同步之前进入啮合。而只有达到同步后惯性力矩消失，拨环力矩便可拨动锁销及摩擦锥环、锥盘和 5 档接合齿圈等一起相对于接合套转过一个角度，使锁销重新与接合套的销孔对中，接合套便在轴向推力的作用下，压入定位钢球而沿定位销和锁销向左移动，与 5 档接合齿圈进入啮合，即完成挂入 5 档的换档过程。

113. 如何检修锁销式同步器?

锁销式同步器的主要损伤有锥盘的变形，锥环锥面、锁销、定位销磨损等。

锥盘的变形是由于换档操作不当、冲击过猛，使锥盘外张，摩擦角变大造成同步效能降低。锥环锥面上的螺纹槽的磨损严重，使摩擦系数过低，甚至两者端面接触，使同步作用失效。同步器的锁销、定位销松动或有散架，锁止角异常磨损，都会使同步器失效，应换用新同步器。

114. 变速器壳体和盖有何作用?

变速器壳体和盖用来安装传动机构、换档装置和部分操纵机构，同时储存润滑油。为了减轻汽车的自身重量，轿车的变速器壳体和盖常采用铝合金或镁合金制造。中、重型车辆的变速器壳体和盖一般用铸铁制造，以保证其强度要求。

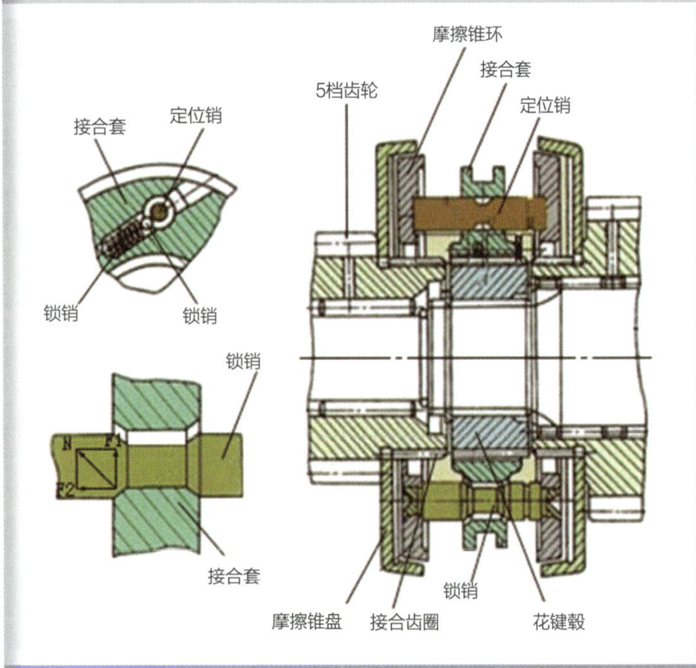

锁销式惯性同步器构造图

115. 如何检修变速器壳体?

变速器壳体的主要损伤表现为：壳体的变形，螺纹、定位销孔、轴承孔、螺纹孔磨损等。

1）变速器壳体不得有裂纹。对受力不大的裂纹，可用环氧树脂粘接或焊接修复。如轴承、座孔、定位销孔、裂纹孔等重要部位出现裂纹时必须更换壳体。

2）变速器壳体的变形将破坏齿轮的正常啮合，引起变速器故障。检查时，对于三轴式变速器要用专用量具检查以下项目：

① 上下两孔轴线间的距离。

② 上下两孔轴线的平行度。

③ 上孔轴线与上平面间的距离。

④ 前后两端面的平面度。

两轴式变速器壳体由前、后两部分组成，其变形主要是检查输入轴与输出轴的平行度、前后壳体接合面的平面度。超过规定时要进行修复。

当变速器轴承孔磨损超限、变形时，可采用镶套、刷镀的方法修复或更换；当壳体平面度误差超限时，可采用铲、刨、锉、铣等方法修复或更换。

3）壳体上所有连接螺孔的裂纹损伤不得多于 2 牙。裂纹孔损伤可用换加粗螺栓或焊补后重新钻孔的方法修复。

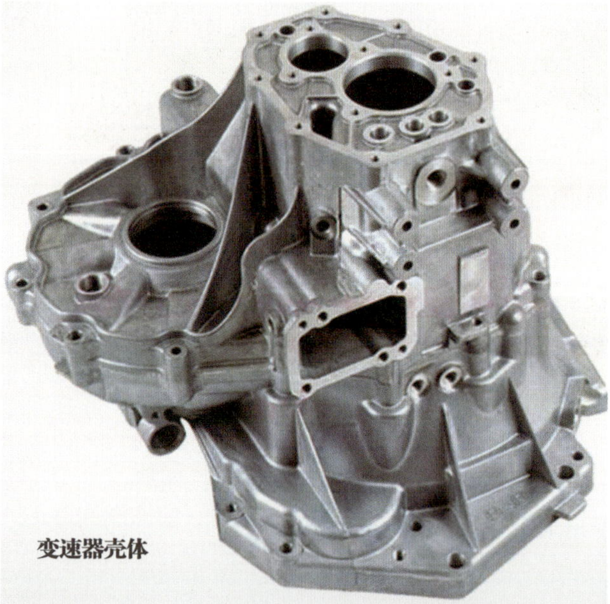

变速器壳体

116. 齿轮油有什么作用?

齿轮油是指汽车手动变速器和驱动桥的润滑油。它是以精制润滑油为基础油，加入抗氧化、防锈、消泡、耐压抗磨等多种添加剂调合而成，因此，具有良好的润滑性能。它与其他的润滑油一样，具有润滑、减摩、冷却、清洗、密封、防锈和降低噪声等作用，但其工作条件与发动机机油不一样。因此，对二者性能的要求也不一样。

117. 齿轮油如何分类?

我国车辆齿轮油按 100℃时的动力黏度和低温动力黏度达到 150000MPa · s 时的最高温度，分为 70W、75W、80W、85W、90、140、250 七个标号。带 W 字母的为冬季用油。同时符合两个黏度级的齿轮油称为多级齿轮油。如 SAE80W/90，即表示其低温黏度符合 SAE80W 的标准，而高温黏度又符合 SAE90 的要求，可以在某一地区全年使用，也可以根据当地温度选用。

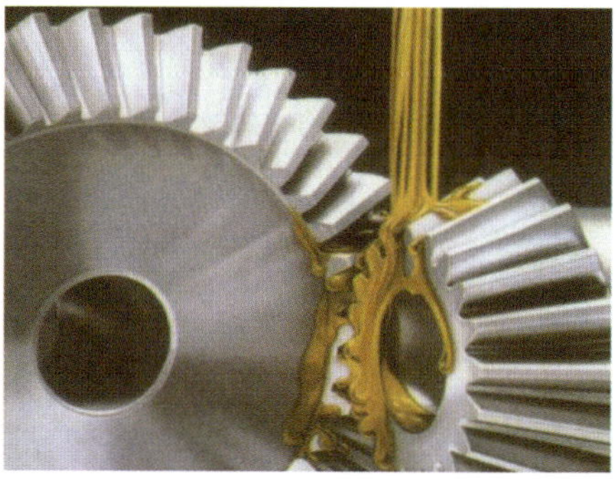

齿轮油润滑

118. 齿轮油的选用原则有哪些?

通常按说明书的要求，选择相应标号的齿轮油，还可以参照下列原则选油。

1）根据季节选择齿轮油的标号（黏度级）。齿轮油的标号 70W、75W、80W、85W、90、140、250 号分别适用于最低气温为 − 55℃、− 40℃、− 26℃、− 14℃、− 12℃、− 10℃、− 8℃的地区，应对照当地最低气温适当选择。

2）根据齿轮类型和工况选择齿轮油的标号（使用级）。对于一般工作条件下的螺旋锥齿轮主减速器、变速器和转向器可选用普通车辆齿轮油；主减速器是准双曲面齿轮的，必须根据工作条件选用中负荷车辆齿轮油或重负荷车辆齿轮油。

119. 选择齿轮油应注意哪些问题?

1）不要混淆发动机机油和齿轮油的 SAE 黏度分类标号。为避免混淆，规定高的黏度标号用在齿轮油上，低的黏度标号用于发动机润滑油。但旧牌号齿轮油的分级号较低。应注意齿轮油和发动机机油黏度级别并无联系，同型号不能互用。切不可将齿轮油当发动机机油使用，否则，发动机将会出现烧瓦、拉缸和烧活塞顶等严重事故。

2）不能降级使用或升级使用齿轮油。必须根据齿轮传动的特点，选用性能与使用级别合适的齿轮油，否则，会造成变速器齿轮的腐蚀性磨损和不必要的经济损失。

3）不要误认高黏度齿轮油的润滑性好。使用黏度标号太高的齿轮油，将会使燃油消耗显著增加，特别是对高级轿车影响更大，应尽量使用合适的多级齿轮油。

4）加油量应适当。油量应适当，不能过多也不能过少。过多不仅会增加搅油阻力和燃油消耗，而且齿轮油有可能经后桥壳混入制动鼓造成制动失灵；过少会使润滑不良，温度过高，加速齿轮磨损。齿轮油面一般应与变速器加油口下缘平齐，且应经常检查各处是否渗漏，并保持各油封、垫片的完好。

5）合理使用齿轮油。齿轮油的使用寿命较长，如使用单级齿轮油，在换季维护时换用不同的黏度标号。放出的旧油如不到换油期限，可在再次换油时使用。旧油应妥善保管，严防水分、机械杂质等污染。

6）适时换油。应按汽车制造厂推荐的换油期限换用新油，一般为 30000 ~ 50000km。换油时，应趁热放出旧油，按标准加入新油。

7）齿轮油使用禁忌。在使用中，严禁向齿轮油中加入柴油等进行稀释，也不要在冬季起动困难时烘烤变速器及驱动桥壳体，以免齿轮油严重变质。如果出现这种情况，应用低黏度的多级齿轮油。

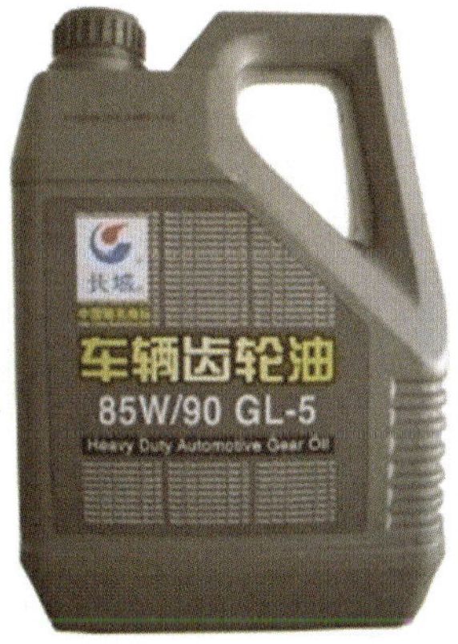

齿轮油

120. 齿轮油和机油为何不能混加?

齿轮油主要是指变速器和后桥的润滑油。它和机油在使用条件、自身成分和使用性能上均存在着差异。齿轮油主要起润滑齿轮和轴承，防止磨损和锈蚀，帮助齿轮散热等作用。而机油需要在高温、温度变化较大、含有杂质等条件下工作，因此要求机油要有良好的抗磨性、在高温条件下不易老化变质、不易生成积炭，有良好的黏温性能，在温差较大的条件下能够保持相对稳定的黏度，如果将二者加混，变速器或后桥内的齿轮极易受损，致使寿命大减。

变速器油

121. 变速器如何润滑?

普通齿轮变速器大都采用飞溅润滑，只有少数重型汽车变速器采用压力润滑。采用飞溅润滑的变速器，其壳体内加入一定量的齿轮油，依靠齿轮自身旋转将齿轮油甩到各运动零件的工作表面。变速器壳体一侧有加油口，通常齿轮油液面高度应保持与加油口下缘平齐。壳体底部有放油螺塞。为了润滑前轴承和各个空套齿轮的衬套或滚针轴承，有的齿轮钻有径向油孔，以便使齿轮油进入各衬套或滚针轴承。

122. 变速器如何密封?

为了防止齿轮油泄漏，变速器盖与壳体以及各轴承盖与壳体的结合面装有密封垫或用密封胶进行密封，有的部位则用自紧油封或回油螺纹密封。为了防止变速器工作时由于温度过高，使壳体内压力过大而造成润滑油渗漏，在变速器壳体上装有通气塞。

123. 变速器在装配时有哪些注意事项?

1）装配前必须对零件进行认真的清洗，除去污物、毛刺、磨屑等。尤其要注意齿轮上润滑油孔的畅通。

2）装配轴承时，应使用质量优良的润滑油进行预润滑。总成修理时，应更换所有的滚针轴承。

3）对零件的工作表面不能用硬金属直接锤击，避免齿轮轮齿出现运转噪声。

4）注意同步器锁环的装配位置。装配过程中，如有旧件时应原位装复，以保证两元件的接触面积。因此，在变速器解体时，应对同步器各元件做好装配标记，以免装错。

5）组装输入轴、中间轴和输出轴时，应注意各档齿轮、同步器花键毂、止推垫圈的方向及位置，以保证齿轮的正确啮合。

6）安装轴承时，只允许用压套垂直压在轴承的内圈上，禁止施加冲击载荷，轴承内圈圆角最大的一侧必须朝向齿轮。

7）装入油封前，需在油封的刃口涂少量的润滑脂，要垂直压入，并注意安装方向。

8）变速器装配后，要检查各齿轮的轴向间隙和各齿轮副的啮合间隙及啮合印痕。常啮合齿轮的啮合间隙为 0.15 ~ 0.40mm；滑动齿轮的啮合间隙为 0.15 ~ 0.50mm。输入轴的轴向间隙 ≤ 0.15mm，其余各轴的轴向间隙 ≤ 0.30mm，各齿轮的轴向间隙 ≤ 0.40mm。

9）装配密封衬垫时，应在密封衬垫的两侧涂以密封胶，以确保密封效果。

10）安装变速器盖时，各齿轮和拨叉均处于空档位置。必要时，可分别检查各个常用档的齿轮副是否处于全齿长啮合。

11）按规定的力矩拧紧各部位的螺栓。

变速器装配

124. 如何检修齿轮和花键?

齿轮损伤表现为：齿面、齿顶、齿轮中心孔、花键齿的磨损，齿面疲劳脱落、点蚀，严重时会出现轮齿断裂、破碎等现象。

1）齿轮的齿面上出现明显的疲劳斑点、划痕或阶梯形磨损时，应更换；斑点小时可用油石修磨后继续使用。

2）齿轮端面的磨损长度不允许超过齿长的 15%，否则应更换。

3）齿轮的啮合面应在齿高的中部，接触面积不得小于齿轮工作面的 60%。

4）齿轮与齿轮、齿轮与轴及花键的啮合间隙要符合原厂的规定。

变速器传动机构

125. 如何检修变速器轴?

轴的损伤通常表现为：轴颈、花键齿的磨损，轴的变形，轴的破裂。

1）轴的弯曲变形用百分表来测量，如图所示，超过标准时应校正或更换。

2）轴齿、花键齿损伤达到前述损伤的程度时应更换。

3）用千分尺检查轴颈的磨损程度，其磨损达到规定值时，可堆焊后修磨、镀铬修复或更换。

4）检查轴上定位凹槽的磨损，最大磨损量为 0.5mm，超过应更换。

5）轴出现任何形式的裂纹和破碎时，应更换。

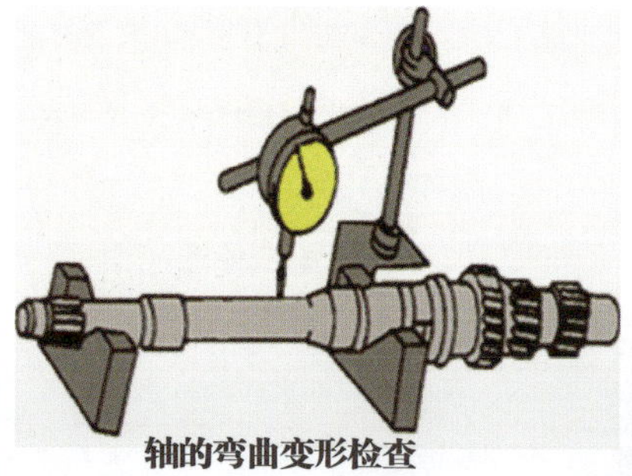

轴的弯曲变形检查

126. 如何检修轴承？

轴承应转动灵活，滚动体与内外圈不得有麻点、麻面、斑痕和烧灼等，保持架完好，否则应更换。

127. 手动变速器有哪些常见故障？

随着汽车行驶里程的增加，以及平日不正常的操作，变速器零件的磨损、变形也随之增加，会出现自动脱档、乱档、挂档困难、异响及漏油等变速器常见故障。

128. 如何诊断与排除变速器自动脱档故障？

（1）故障现象

汽车在加速、减速、爬坡或剧烈振动时，变速杆自动跳回空档位置。

（2）故障原因

1）操纵机构变形松旷导致挂档后齿轮未达到全齿长啮合。

2）接合齿圈与接合套磨损过量，沿齿长方向磨损成锥形。

3）自锁装置的钢球未进入拨叉轴凹槽内。

4）自锁装置的钢球或凹槽磨损严重，自锁弹簧疲劳过软或折断。

（3）故障诊断与排除

先确知脱档档位：走热全车后，采用连续加、减速的方法逐档进行路试便可确定。将变速杆挂入脱档档位，发动机熄火，小心分解变速器，观察脱档齿轮的啮合情况。

1）未达到全齿长啮合，故障一般是由操纵机构变形松旷所引起。

2）达到全齿长啮合，应继续检查。

3）检查啮合部位磨损情况：磨损成锥形，故障可能是由接合齿圈与接合套磨损过量引起。

4）检查自锁装置，若自锁装置的止动阻力很小，甚至钢球未进入凹槽，则故障为自锁效能不良。

变速器

129. 如何诊断与排除变速器乱档故障？

（1）故障现象

在离合器技术状况正常的情况下，所挂档位与需要档位不符或同时挂上两个档位。

（2）故障原因

1）互锁装置失效：如拨叉轴、互锁销或互锁钢球磨损过甚等。

2）接合套上的凹槽磨损过大。

3）变速杆球头定位销折断或球孔、球头磨损过于松旷。

（3）故障诊断与排除

1）挂需要档位时，结果挂入了别的档位：摇动变速杆，检查其摆转角度，若超出正常范围，故障是由操纵机构各球头、球孔磨损过大引起。

2）如摆转角度正常，仍挂不上或摘不下档，故障是由拨叉从接合套凹槽中脱出引起。

3）同时挂入两个档：故障是由互锁装置失效引起。

刘总监提示：乱档的主要原因是变速器操纵机构失效。

130. 如何诊断与排除变速器挂档困难故障？

（1）故障现象

离合器技术状况良好，但挂档时不能顺利挂入档位，常发生齿轮撞击声。

（2）故障原因

1）同步器耗损或有缺陷。

2）拨叉轴弯曲、锁紧弹簧过硬、钢球损伤等。

3）变速器轴弯曲变形或花键损伤。

（3）故障诊断与排除

1）检查同步器是否散架、锁环内锥面螺旋槽是否磨损、滑块是否磨损、弹簧弹力是否过软等。

2）如果同步器正常，检查变速器轴是否弯曲、花键是否磨损严重。

3）检查拨叉轴是否移动正常。

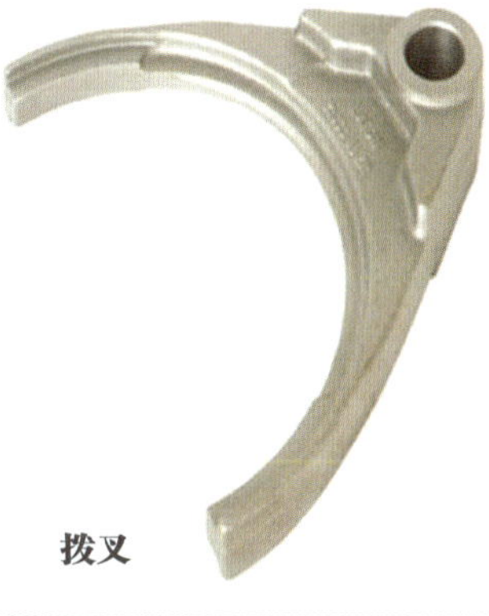

拨叉

131. 如何诊断与排除变速器异响故障？

变速器的异响是由于轴承磨损松旷或齿轮间不正常的啮合而引起的噪声。其大致表现在空档发响和挂档后发响。

（1）空档发响

1）故障现象：发动机怠速运转，变速器处于空档位置有异响，踩下离合器踏板时响声消失。

2）故障原因：

① 变速器与发动机安装时曲轴与变速器输入轴轴向不同心或变速器壳体变形。

② 变速器常啮合齿轮磨损，齿侧间隙过大或个别齿牙破裂。

③ 常啮合齿轮未成对更换，啮合不良。

④ 轴承松旷、损坏、齿轮轴向间隙大。

⑤ 拨叉和接合套间隙过大。

（2）挂档后发响

1）故障现象：变速器挂入档位后发响，且车速越高，声响越大，汽车滑行或低速行驶时响声减小或消失。

2）故障原因：

① 变速器轴弯曲变形。

② 齿轮啮合不当或轴承松旷。

③ 操纵机构各连接处松动。

④ 主从动锥齿轮配合间隙过大。

（3）故障诊断与排除

变速器产生异响是由于齿轮或轴的振动及其他声源开始，然后扩散到变速器壳体产生共振而形成的。

1）发动机怠速运转，变速器空档有异响，踩下离合器踏板后异响消失，多为常啮合齿轮啮合不良。

2）变速器各档均有异响，多为轴、齿轮、花键磨损使位置超限。

3）挂入某档异响严重，则说明该档齿轮磨损严重。

4）起动后尚未挂档就产生异响，且在汽车行驶中车速变化时异响严重，说明输出轴前后轴承磨损严重。

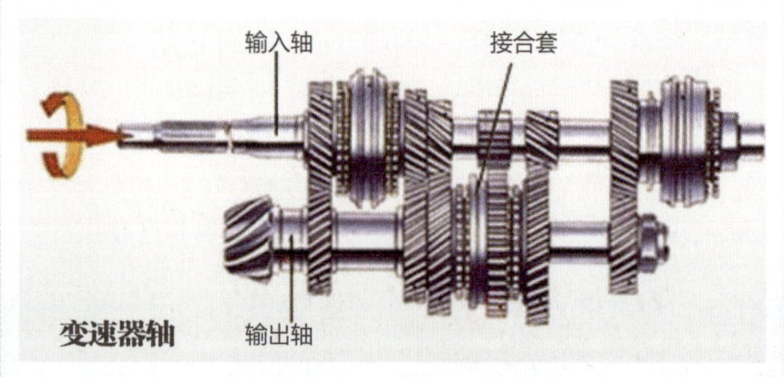

变速器轴

132. 如何诊断与排除变速器漏油故障？

（1）故障现象

变速器周围出现齿轮油或油泥，变速器内的油量减少，则可判断为齿轮油泄漏。

（2）原因及排除方法

1）齿轮油选用不当，产生过多泡沫，或齿轮油太多。此时，需更换齿轮油或调节齿轮油面。

2）侧盖太松，密封垫损坏，油封损坏。密封垫和油封损坏应更换新件。

3）放油螺塞和变速器壳体及盖的固定螺栓松动，应按规定力矩拧紧。

4）变速器壳体破裂或延伸壳油封磨损而引起的漏油，必须更换。

5）里程表齿轮限位器松脱破损，必须锁紧或更换。

133. 宝来 02T 五速两轴式变速器有何特点？

02T 手动变速器是一个 5 速前轮驱动的紧凑型变速器，它是一个两轴式变速器，并带有附加的倒档齿轮轴。前进档齿轮是螺旋槽齿轮并连续啮合，1 档和 2 档齿轮在输出轴啮合，3 档、4 档和 5 档齿轮在输入轴上啮合。倒档齿轮是直齿，当选择了倒档，倒档换向齿轮啮合到一个在输出轴和输入轴之间的独立的倒档轴上，输出轴的转动方向被改变。该变速器是通过换档拉索进行操纵的，离合器是液压控制的。变速器能够传递达 200N · m 的转矩并可以与 A00 系列到 A 系列的各种发动机组合使用。

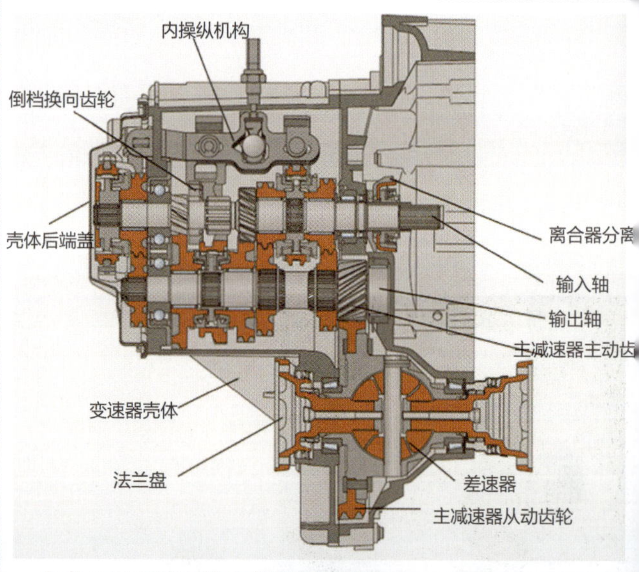

宝来 02T 五速两轴式变速器构造图

134.02T 变速器有哪些主要部件?

02T 变速器内有三根相互平行的轴：一根输入轴、一根输出轴和一根倒档轴。在每根轴上都适当地安有齿轮，相应在齿轮与齿轮之间还适当地安装有同步器。通过换档操纵机构的控制，可以实现 5 个前进档和 1 个倒档。

1）输入轴。输入轴连同位于变速器壳体内的一个滚柱轴承和一个开槽滚珠轴承安装在变速器壳体内的一个轴承总成上。为减小质量，输入轴有一个很深的钻孔。1 档、2 档、R 档齿轮与输入轴制成一体。3 档、4 档和 5 档齿轮是浮动的并套在滚针轴承上转动。3、4 档同步器和 5 档同步器是通过纵向键槽与输入轴主动连接的。

2）输出轴。与输入轴一样，输出轴支承在变速器壳体中的轴承上，为减小质量，输出轴也有一个很深的钻孔。3 档齿轮、4 档齿轮、5 档齿轮和 1、2 档同步器是通过纵向键槽与输出轴主动连接的。1 档和 2 档齿轮是浮动的并套在滚针轴承上转动。

3）倒档轴。倒档轴的两端直接插入变速器的壳体内，因此，倒档轴既不转动也不轴向移动。在倒档轴上只安装有直齿式倒档惰轮，它空套在倒档轴上。在倒档过程中，倒档拨叉拨动倒档惰轮轴向移动，使其分别与输入轴上的 R 档直齿轮和 1、2 档同步器接合套上的直齿相啮合。

135.02T 变速器 1 档如何工作?

当预挂入 1 档时，驾驶人左脚将离合器踏板踩下，此时，离合器处于分离状态。驾驶人右手将变速杆置入 1 档位置，1、2 档同步器的接合套向左移动，将输出轴 1 档齿轮的接合齿圈与花键毂连接，1、2 档同步器处于工作状态。随后，左脚缓慢放松离合器踏板，当离合器接合后，发动机的动力经离合器传递到变速器内的齿轮传动机构上。

动力传递路线：发动机曲轴→飞轮→离合器→输入轴→输入轴 1 档齿轮→ 1、2 档同步器已工作→输出轴 1 档齿轮→输出轴→主减速器主动齿轮→主减速器从动齿轮→差速器→半轴→驱动轮，汽车前进行驶。

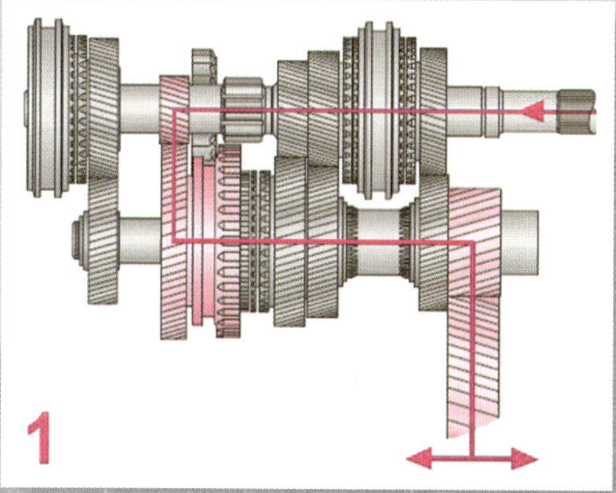

02T 变速器 1 档动力传递路线图

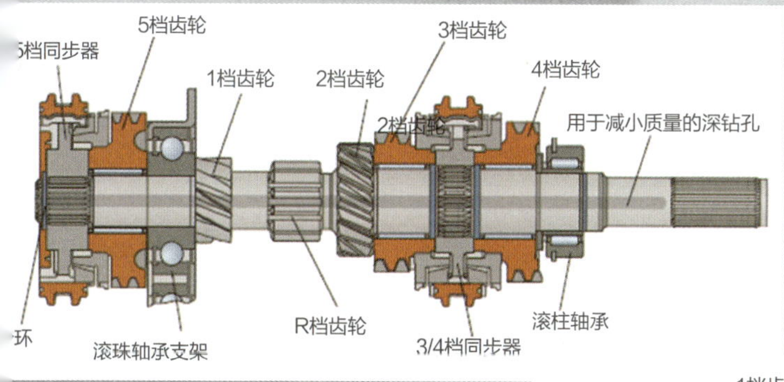

输入轴构造图

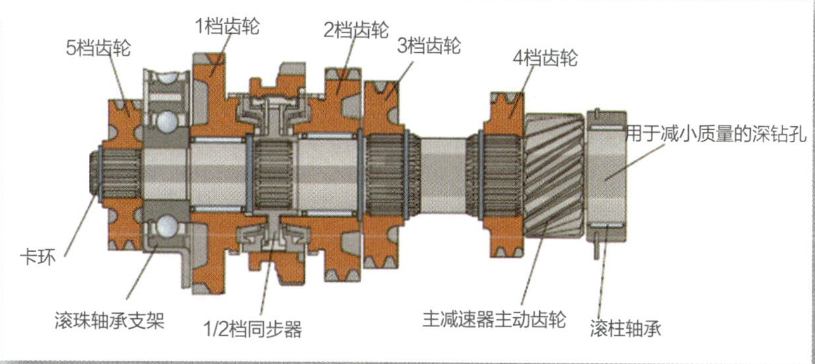

输出轴构造图

136. 02T 变速器 2 档如何工作？

2 档时，1、2 档同步器的接合套向右移动，将输出轴 2 档齿轮的接合齿圈与花键毂连接，1、2 档同步器处于工作状态。

动力传递路线：发动机曲轴→飞轮→离合器→输入轴→输入轴 2 档齿轮→1、2 档同步器已工作→输出轴 2 档齿轮→输出轴→主减速器主动齿轮→主减速器从动齿轮→差速器→半轴→驱动轮，汽车前进行驶。

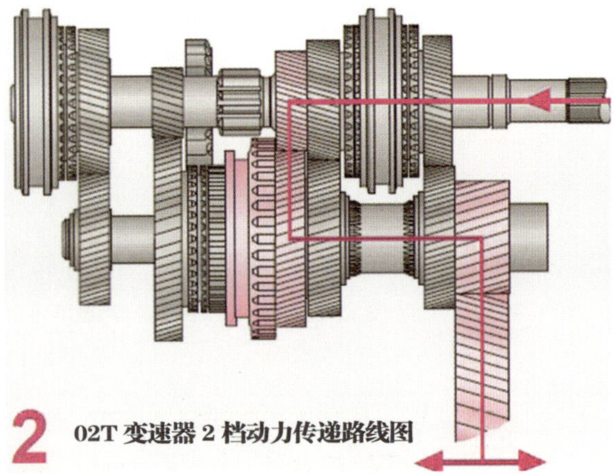

2　02T 变速器 2 档动力传递路线图

137. 02T 变速器 3 档如何工作？

3 档时，3、4 档同步器的接合套向左移动，将输入轴 3 档齿轮的接合齿圈与花键毂连接，3、4 档同步器处于工作状态。

动力传递路线：发动机曲轴→飞轮→离合器→输入轴→3、4 档同步器已工作→输入轴 3 档齿轮→输出轴 3 档齿轮→输出轴→主减速器主动齿轮→主减速器从动齿轮→差速器→半轴→驱动轮，汽车前进行驶。

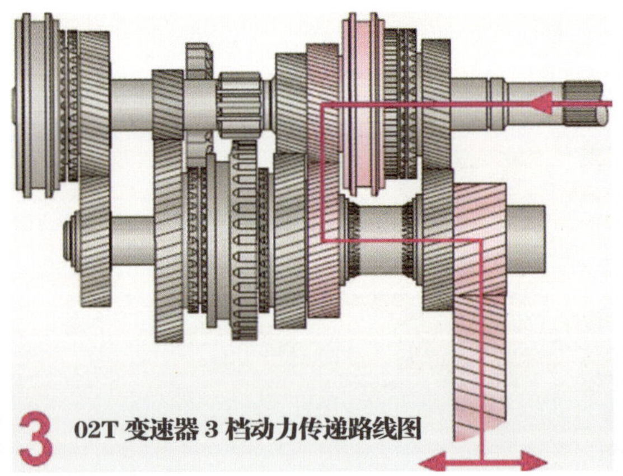

3　02T 变速器 3 档动力传递路线图

138. 02T 变速器 4 档如何工作？

4 档时，3、4 档同步器的接合套向右移动，将输入轴 4 档齿轮的接合齿圈与花键毂连接，3、4 档同步器处于工作状态。

动力传递路线：发动机曲轴→飞轮→离合器→输入轴→3、4 档同步器已工作→输入轴 4 档齿轮→输出轴 4 档齿轮→输出轴→主减速器主动齿轮→主减速器从动齿轮→差速器→半轴→驱动轮，汽车前进行驶。

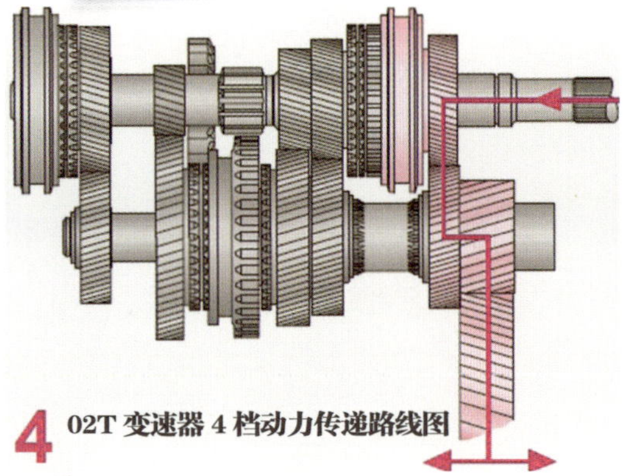

4　02T 变速器 4 档动力传递路线图

139. 02T 变速器 5 档如何工作？

5 档时，5 档同步器的接合套向右移动，将输入轴 5 档齿轮的接合齿圈与花键毂连接，5 档同步器处于工作状态。

动力传递路线：发动机曲轴→飞轮→离合器→输入轴→5 档同步器已工作→输入轴 5 档齿轮→输出轴 5 档齿轮→输出轴→主减速器主动齿轮→主减速器从动齿轮→差速器→半轴→驱动轮，汽车前进行驶。

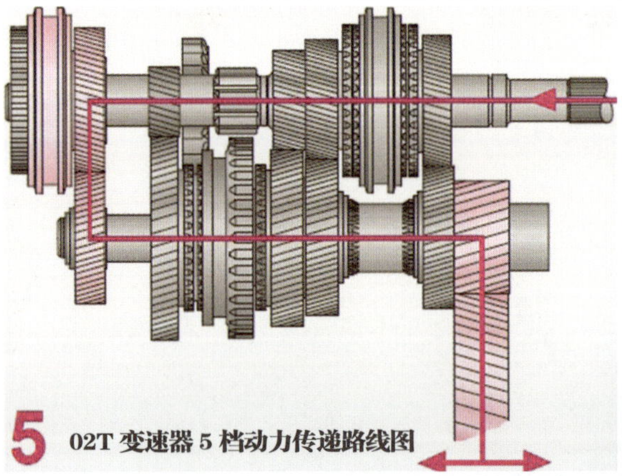

5　02T 变速器 5 档动力传递路线图

140.02T 变速器 R 档如何工作？

当预挂入 R 档时，驾驶人左脚将离合器踏板踩下，此时，离合器处于分离状态。驾驶人右手将变速杆左移并将其压下以挂入 R 档位置。此时，R 档拨叉将倒档轴上的倒档惰轮向右移动，此时，倒档惰轮分别与输入轴上的 R 档直齿轮和 1、2 档同步器接合套上的直齿相啮合，以改变输出轴的旋转方向。随后，左脚缓慢放松离合器踏板，当离合器接合后，发动机的动力经离合器传递到变速器内的齿轮传动机构上。

动力传递路线：发动机曲轴→飞轮→离合器→输入轴→输入轴 R 档直齿轮→倒档惰轮→ 1、2 档同步器接合套上的直齿→输出轴→主减速器主动齿轮→主减速器从动齿轮→差速器→半轴→驱动轮反转，汽车倒向行驶，实现倒车功能。

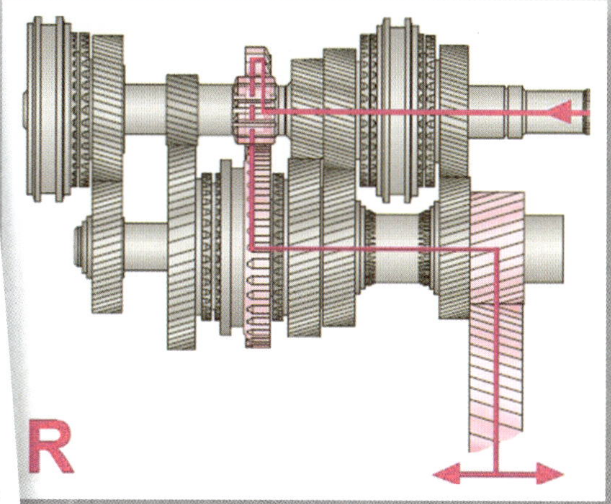

02T 变速器 R 档动力传递路线图

141. 途锐 08D 六速三轴式变速器有哪些主要部件？

途锐 08D 六速三轴式手动变速器有四根轴：一根输入轴、一根输出轴、一根中间轴以及一根倒档轴。其中输入轴和输出轴拥有共同的轴线，因此，两者均与中间轴和倒档轴平行。在每根轴上都适当地安有齿轮，相应的在齿轮与齿轮之间还适当地安装有同步器。通过换档操纵机构的控制，可以实现 6 个前进档和 1 个倒档，其中 5 档为直接档，6 档为超速档。

（1）输入轴。输入轴前端通过滚珠轴承支承在变速器壳体上，后端则通过滚柱轴承和输出轴支承在变速器壳体上，并进行轴向定位。输入轴前面花键部分安装离合器的从动盘，以接受发动机的动力。后端的齿轮为常啮合齿轮并与轴制成一体，它与中间轴常啮合齿轮常啮合，将动力传递给中间轴，作为变速器除直接档以外的各档的第一级齿轮传动。因此，只要发动机运转，离合器接合，常啮合齿轮就一直转动。

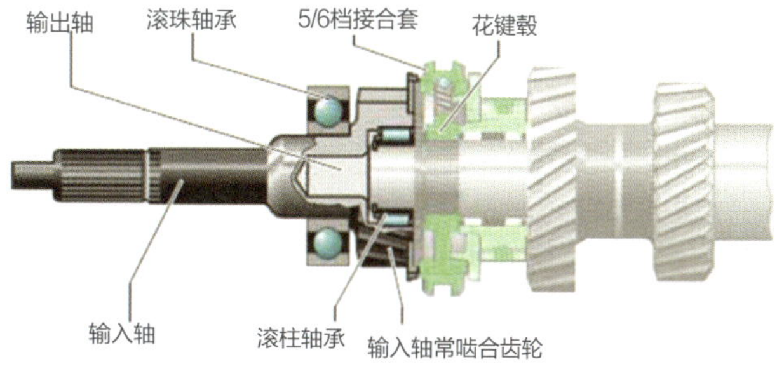

输入轴构造图

（2）输出轴。输出轴前端轴颈通过滚柱轴承支承在输入轴后端的轴承孔内，后端轴颈则通过滚珠轴承支承在变速器壳体上。输出轴上的 3 档齿轮和 4 档齿轮与输出轴制成一体，而 1 档齿轮、2 档齿轮、6 档齿轮和 R 档齿轮则通过滚针轴承空套在输出轴上。在输出轴上安装有 3 个同步器，同步器是通过纵向键槽与输出轴主动连接的。其中在 6 档齿轮左侧安装有 5、6 档同步器，在 1 档齿轮和 2 档齿轮之间安装有 1、2 档同步器，在 R 档齿轮右侧安装有 R 档同步器。

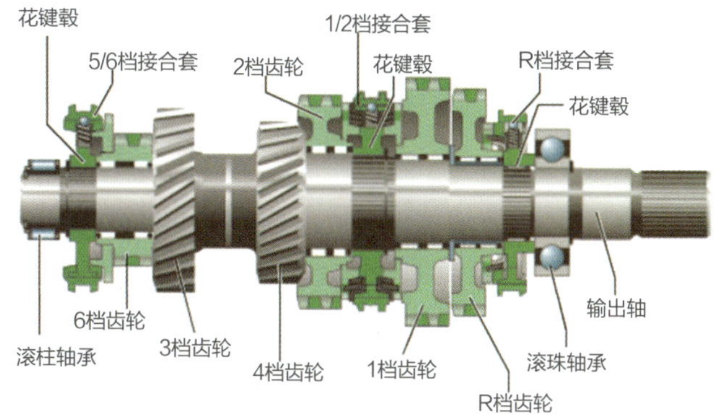

输出轴构造图

（3）中间轴。中间轴的前端通过双滚珠轴承支承在变速器壳体的前部，其后端通过滚柱轴承支承在变速器壳体的后部。中间轴上的 2 档齿轮和 1、R 档齿轮与中间轴制成一体，而 3 档齿轮和 4 档齿轮则通过滚针轴承空套在中间轴上。中间轴常啮合齿轮及 6 档齿轮通过花键与中间轴连接。在 3 档齿轮和 4 档齿轮之间安装有 3、4 档同步器并通过纵向键槽与中间轴主动连接。除常啮合齿轮外，中间轴上的其他齿轮都为主动齿轮，与输出轴上相应的齿轮啮合，构成变速器各档的第二级齿轮传动。

（4）倒档轴。除了上述三根主要轴外，在中间轴的一侧还装有一根很短的倒档轴。在倒档轴上空套有倒档斜齿轮，它只能在倒档轴上转动而不能轴向移动。倒档斜齿轮同时与输出轴上的倒档齿轮和中间轴上的倒档齿轮常啮合。它作为惰轮可使输出轴的旋转方向与输入轴方向相反，即实现倒车行驶。

142.08D 变速器 1 档动力如何传递？

当预挂入 1 档时，驾驶人左脚将离合器踏板踩下，此时，离合器处于分离状态。驾驶人右手将变速杆置入 1 档位置，此时，1、2 档同步器的接合套向右移动，将输出轴 1 档齿轮的接合齿圈与花键毂连接，1、2 档同步器处于工作状态。随后，左脚缓慢放松离合器踏板，当离合器接合后，发动机的动力经离合器传递到变速器内的齿轮传动机构上。

动力传递路线：发动机曲轴→飞轮→离合器→输入轴→输入轴常啮合齿轮→中间轴常啮合齿轮→中间轴中间轴 1 档齿轮→ 1、2 档同步器已工作→输出轴 1 档齿轮→主减速器主动齿轮→主减速器从动齿轮→差速器→半轴→驱动轮，汽车前进行驶。

08D 变速器 1 档动力传递路线图

143.08D 变速器 2 档动力如何传递？

2 档时，1、2 档同步器的接合套向左移动，将输出轴 2 档齿轮的接合齿圈与花键毂连接，1、2 档同步器处于工作状态。

动力传递路线：发动机曲轴→飞轮→离合器→输入轴→输入轴常啮合齿轮→中间轴常啮合齿轮→中间轴→中间轴 2 档齿轮→ 1、2 档同步器已工作→输出轴 2 档齿轮→主减速器主动齿轮→主减速器从动齿轮→差速器→半轴→驱动轮，汽车前进行驶。

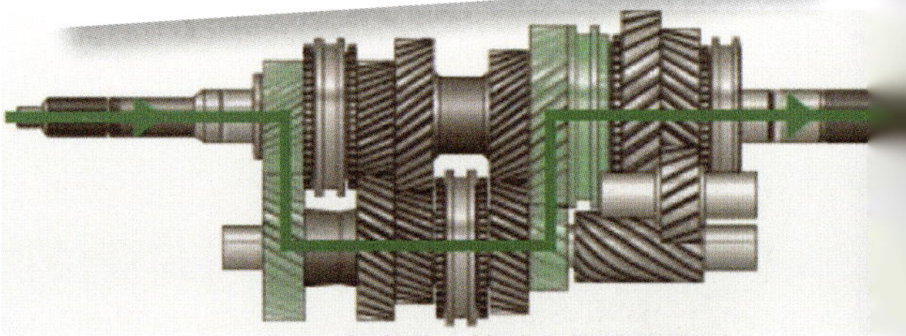

08D 变速器 2 档动力传递路线图

144.08D 变速器 3 档动力如何传递？

3 档时，3、4 档同步器的接合套向左移动，将中间轴 3 档齿轮的接合齿圈与花键毂连接，3、4 档同步器处于工作状态。

动力传递路线：发动机曲轴→飞轮→离合器→输入轴→输入轴常啮合齿轮→中间轴常啮合齿轮→中间轴→中间轴 3 档齿轮→ 3、4 档同步器已工作→输出轴 3 档齿轮→主减速器主动齿轮→主减速器从动齿轮→差速器→半轴→驱动轮，汽车前进行驶。

08D 变速器 3 档动力传递路线图

145.08D 变速器 4 档动力如何传递?

4 档时，3、4 档同步器的接合套向右移动，将中间轴 4 档齿轮的接合齿圈与花键毂连接，3、4 档同步器处于工作状态。

动力传递路线：发动机曲轴→飞轮→离合器→输入轴→输入轴常啮合齿轮→中间轴常啮合齿轮→中间轴→中间轴 4 档齿轮→3、4 档同步器已工作→输出轴 4 档齿轮→主减速器主动齿轮→主减速器从动齿轮→差速器→半轴→驱动轮，汽车前进行驶。

08D 变速器 4 档动力传递路线图

146.08D 变速器 5 档动力如何传递?

要挂入 5 档，使 5、6 档同步器的接合套向左移动与接合齿圈接合，此时动力从输入轴经常啮合齿轮、接合齿圈、接合套和花键毂直接传递给输出轴，而不再经过中间轴齿轮传动，故此档称为直接档，传动比等于 1。

动力传递路线：发动机曲轴→飞轮→离合器→输入轴→输入轴常啮合齿轮→5、6 档同步器已工作接合齿圈→接合套→花键毂→输出轴→主减速器主动齿轮→主减速器从动齿轮→差速器→半轴→驱动轮，汽车以直接档前进行驶。

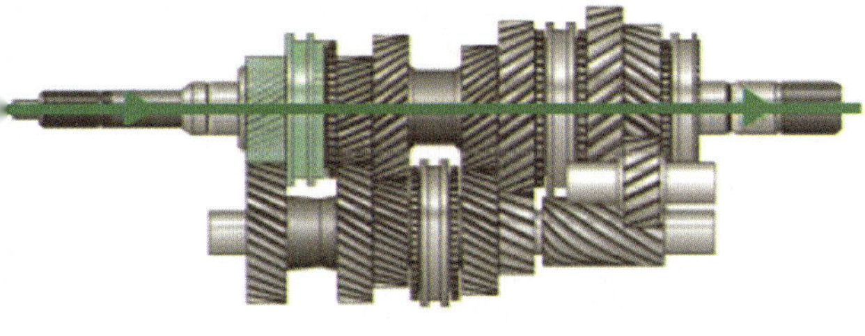

08D 变速器 5 档动力传递路线图

147.08D 变速器 6 档动力如何传递?

6 档时，5、6 档同步器的接合套向右移动，将输出轴 6 档齿轮的接合齿圈与花键毂连接，5、6 档同步器处于工作状态。

动力传递路线：发动机曲轴→飞轮→离合器→输入轴→输入轴常啮合齿轮→中间轴常啮合齿轮→中间轴→中间轴 6 档齿轮→5、6 档同步器已工作→输出轴 6 档齿轮→主减速器主动齿轮→主减速器从动齿轮→差速器→半轴→驱动轮，汽车以超速档前进行驶。

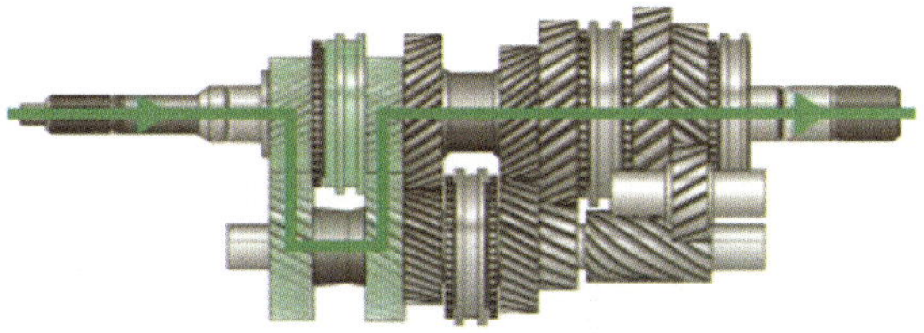

08D 变速器 6 档动力传递路线图

148.08D 变速器 R 档动力如何传递?

R 档时，R 档同步器的接合套向左移动与接合齿圈接合，R 档同步器处于工作状态。此时动力从输入轴依次经过输入轴常啮合齿轮、中间轴常啮合齿轮、中间轴 R 档齿轮、倒档斜齿轮、输出轴 R 档齿轮、接合齿圈、接合套、花键毂传到输出轴。由于增加了一个倒档斜齿轮，故输出轴的旋转方向与输入轴相反，汽车便倒向行驶。

动力传递路线：发动机曲轴→飞轮→离合器→输入轴→输入轴常啮合齿轮→中间轴常啮合齿轮→中间轴→中间轴 R 档齿轮→倒档斜齿轮→R 档同步器已工作→输出轴 R 档齿轮→接合齿圈→接合套→花键毂→主减速器主动齿轮→主减速器从动齿轮→差速器→半轴→驱动轮反转，汽车倒向行驶，实现倒车功能。

08D 变速器 R 档动力传递路线图

149. 什么是两输出轴式变速器？

为了适应现代汽车对驾驶舒适性、环保性能的要求，变速器技术有了进一步的改进。为了使变速器能更平稳地运行，变速器内添加了更多的齿轮组。这样，变速器能更好地适应各种发动机的特点，它也间接地利用了转矩降低来减少废气排放量。

六速手动变速器 02M 是一款新产品，这是一款适应横置发动机的六速两输出轴式变速器。严格意义上来说没有两输出轴式变速器这种称谓，但是，随着 02M 变速器的出现，两输出轴这个名字被越来越多的人所熟悉，我们也就姑且把这种变速器称为两输出轴式变速器。

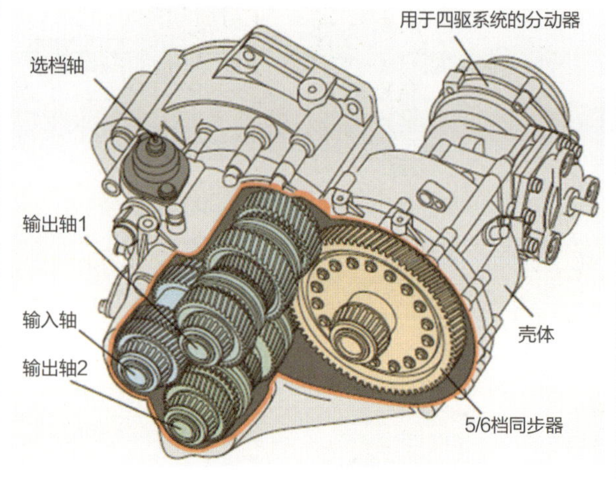

02M 六速两输出轴式变速器构造图

150.02M 两输出轴式变速器有何优势？

在传统的手动变速器上，一根输入轴将动力传递给一根输出轴，档位越多，变速器输入轴和输出轴上的齿轮就越多，其结果是变速器的轴向尺寸变长。而 02M 变速器使用了两根输出轴，这样所有档位的变速齿轮就布置在两根输出轴而不是一根输出轴上。用两根输出轴取代传统的一根输出轴来实现短的、紧凑的变速器是不够的，它仍然需要找到一种方法——在不需要更多组件的情况下将转矩传递给两根输出轴。这个问题是由单齿轮双传动来解决的，即输入轴上一个固定的齿轮可以驱动输出轴 1 和输出轴 2 上的两个滑动齿轮。

为了实现不同的传动比，各档位的滑动齿轮拥有不同的直径，因此，也就有了不同齿数的滑动齿轮。通过换档操纵机构的控制，可以实现 6 个前进档和 1 个倒档。

151.02M 变速器有哪些主要部件？

（1）输入轴。02M 变速器输入轴前面花键部分安装离合器的从动盘，以接受发动机的动力。输入轴上的齿轮设计为固定齿轮，即它们永久地连接在输入轴上，这些齿轮包括 1/R 档主动齿轮、2 档主动齿轮、3 档主动齿轮、4/6 档主动齿轮和 5 档主动齿轮。只要发动机运转，所有档位的主动齿轮就一直转动。

（2）输出轴。02M 变速器有两根输出轴。在每根输出轴上，除输出齿轮固定在输出轴上外，其他的档位齿轮均通过滚针轴承空套在输出轴上，并可以自由旋转，因此，它们也被称为滑动齿轮。同步器中的接合套可通过接合齿圈将滑动的档位齿轮刚性地连接到输出轴上，这样，便可在输入轴相应齿轮的带动下形成我们所需要的档位。

两根输出轴的滑动齿轮安装情况如下：

1）输出轴 1:1 档从动齿轮、2 档从动齿轮、3 档从动齿轮和 4 档从动齿轮。

2）输出轴 2:5 档从动齿轮、6 档从动齿轮和 R 档从动齿轮。

（3）倒档轴。两个旋向相反的倒档惰轮 1 和倒档惰轮 2 安装在一根倒档轴上。

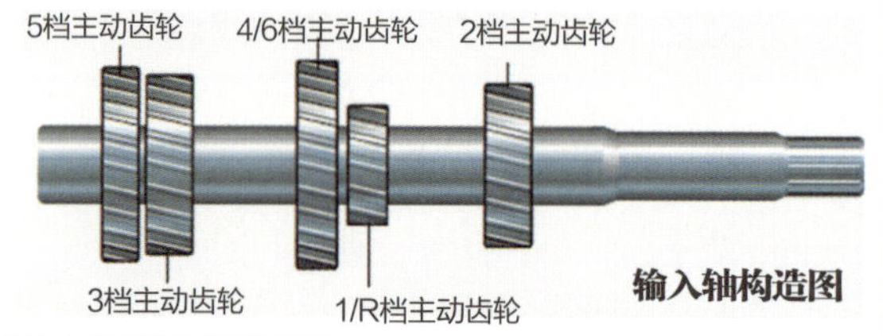

输入轴构造图

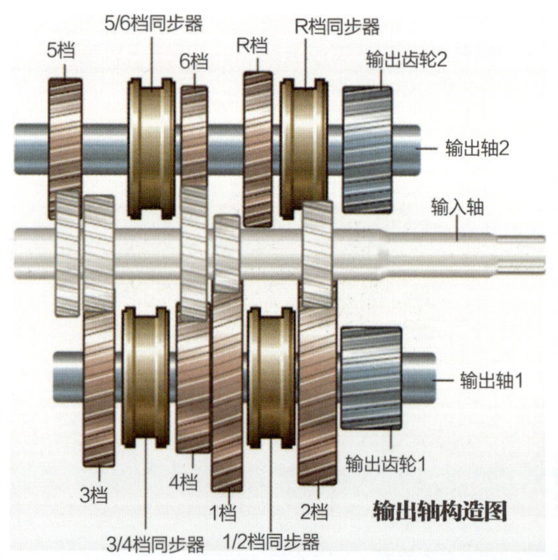

输出轴构造图

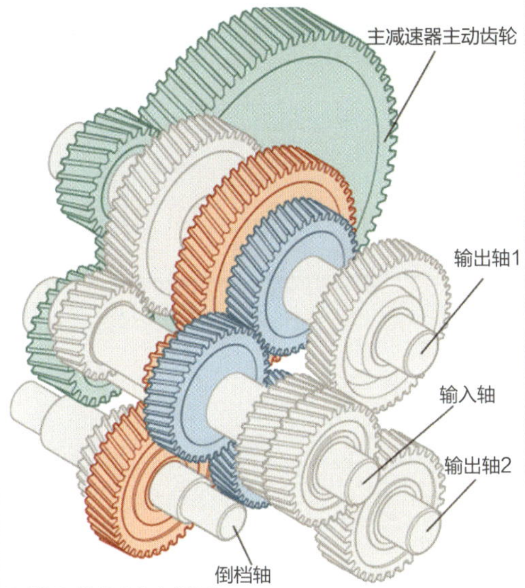

各轴安装位置示意图

152.02M 变速器 1 档如何工作?

当预挂入 1 档时，驾驶人左脚将离合器踏板踩下，此时，离合器处于分离状态。驾驶人右手将变速杆置入 1 档位置，此时，1/2 档同步器的接合套向左移动，将输出轴 1 上的 1 档从动齿轮的接合齿圈与花键毂连接,则 1 档从动齿轮与输出轴 1 刚性连接，1/2 档同步器处于工作状态。随后，左脚缓慢放松离合器踏板，当离合器接合后，发动机的动力经离合器传递到变速器内的齿轮传动机构上。

动力传递路线：发动机曲轴→飞轮→离合器→输入轴→输入轴 1/R 档主动齿轮→输出轴 1 上的 1 档从动齿轮→ 1/2 档同步器已工作→输出轴 1 →输出齿轮 1 →主减速器主动齿轮→主减速器从动齿轮→差速器→半轴→驱动轮，汽车前进行驶。

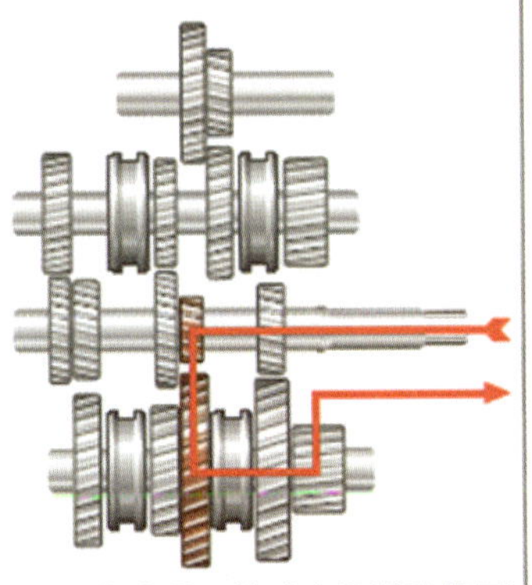
02M 变速器 1 档动力传递路线图

153.02M 变速器 2 档如何工作?

2 档时，1/2 档同步器的接合套向右移动，将输出轴 1 上的 2 档从动齿轮的接合齿圈与花键毂连接，则 2 档从动齿轮与输出轴 1 刚性连接，1/2 档同步器处于工作状态。

动力传递路线：发动机曲轴→飞轮→离合器→输入轴→输入轴 2 档主动齿轮→输出轴 1 上的 2 档从动齿轮→ 1/2 档同步器已工作→输出轴 1 →输出齿轮 1 →主减速器主动齿轮→主减速器从动齿轮→差速器→半轴→驱动轮，汽车前进行驶。

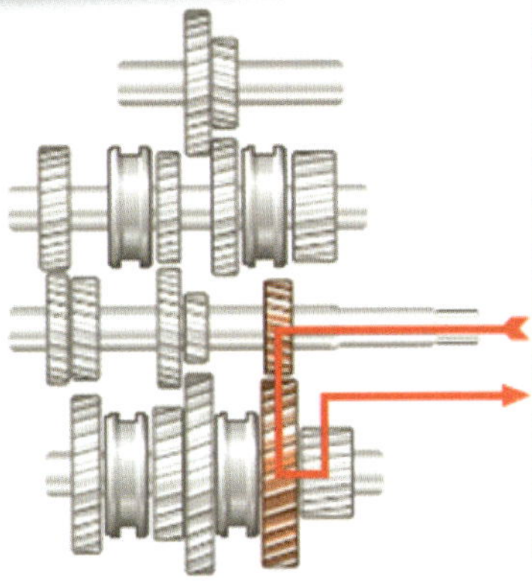
02M 变速器 2 档动力传递路线图

154.02M 变速器 3 档如何工作?

3 档时，3/4 档同步器的接合套向左移动，将输出轴 1 上的 3 档从动齿轮的接合齿圈与花键毂连接，则 3 档从动齿轮与输出轴 1 刚性连接，3/4 档同步器处于工作状态。

动力传递路线：发动机曲轴→飞轮→离合器→输入轴→输入轴 3 档主动齿轮→输出轴 1 上的 3 档从动齿轮→ 3/4 档同步器已工作→输出轴 1 →输出齿轮 1 →主减速器主动齿轮→主减速器从动齿轮→差速器→半轴→驱动轮，汽车前进行驶。

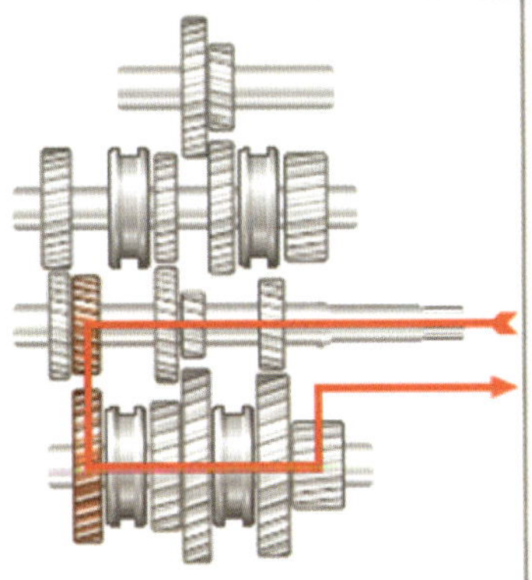
02M 变速器 3 档动力传递路线图

155.02M 变速器 4 档如何工作?

4 档时，3/4 档同步器的接合套向右移动，将输出轴 1 上的 4 档从动齿轮的接合齿圈与花键毂连接，则 4 档从动齿轮与输出轴 1 刚性连接，3/4 档同步器处于工作状态。

动力传递路线：发动机曲轴→飞轮→离合器→输入轴→输入轴 4/6 档主动齿轮→输出轴 1 上的 4 档从动齿轮→ 3/4 档同步器已工作→输出轴 1 →输出齿轮 1 →主减速器主动齿轮→主减速器从动齿轮→差速器→半轴→驱动轮，汽车前进行驶。

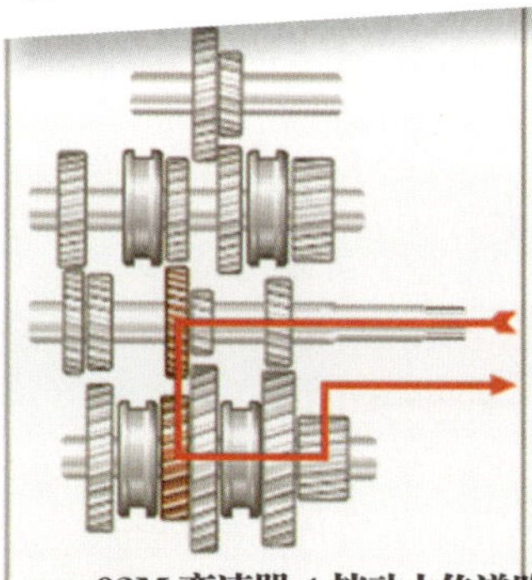

02M 变速器 4 档动力传递路线图

156.02M 变速器 5 档如何工作?

5 档时，5/6 档同步器的接合套向左移动，将输出轴 2 上的 5 档从动齿轮的接合齿圈与花键毂连接，则 5 档从动齿轮与输出轴 2 刚性连接，5/6 档同步器处于工作状态。

动力传递路线：发动机曲轴→飞轮→离合器→输入轴→输入轴 5 档主动齿轮→输出轴 2 上的 5 档从动齿轮→ 5/6 档同步器已工作→输出轴 2 →输出齿轮 2 →主减速器主动齿轮→主减速器从动齿轮→差速器→半轴→驱动轮，汽车前进行驶。

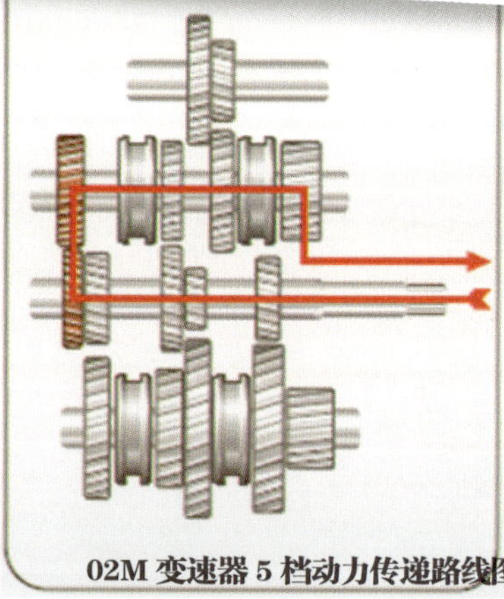

02M 变速器 5 档动力传递路线图

157.02M 变速器 6 档如何工作?

6 档时，5/6 档同步器的接合套向右移动，将输出轴 2 上的 6 档从动齿轮的接合齿圈与花键毂连接，则 6 档从动齿轮与输出轴 2 刚性连接，5/6 档同步器处于工作状态。

动力传递路线：发动机曲轴→飞轮→离合器→输入轴→输入轴 4/6 档主动齿轮→输出轴 2 上的 6 档从动齿轮→ 5/6 档同步器已工作→输出轴 2 →输出齿轮 2 →主减速器主动齿轮→主减速器从动齿轮→差速器→半轴→驱动轮，汽车前进行驶。

02M 变速器 6 档动力传递路线图

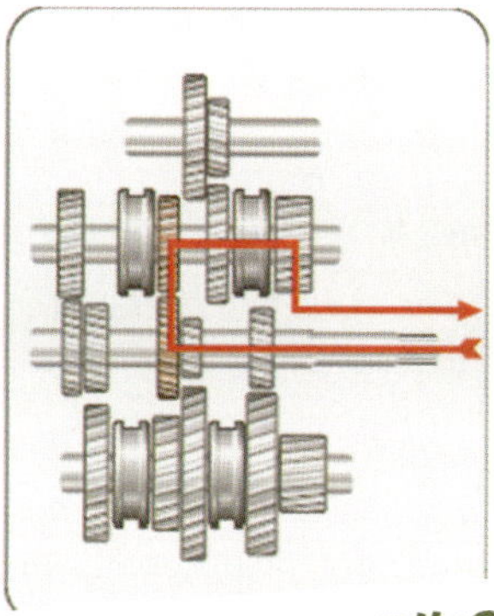

158.02M 变速器 R 档如何工作?

R 档时，R 档同步器的接合套向左移动，将输出轴 2 上的 R 档从动齿轮的接合齿圈与花键毂连接，则 R 档从动齿轮与输出轴 2 刚性连接，R 档同步器处于工作状态。

动力传递路线：发动机曲轴→飞轮→离合器→输入轴→输入轴 1/R 档主动齿轮→倒档轴上的倒档惰轮 1 →倒档轴上的倒档惰轮 2 → R 档同步器已工作→输出轴 2 上的 R 档从动齿轮→输出轴 2 →输出齿轮 2 →主减速器主动齿轮→主减速器从动齿轮→差速器→半轴→驱动轮，汽车倒向行驶，实现倒车功能。

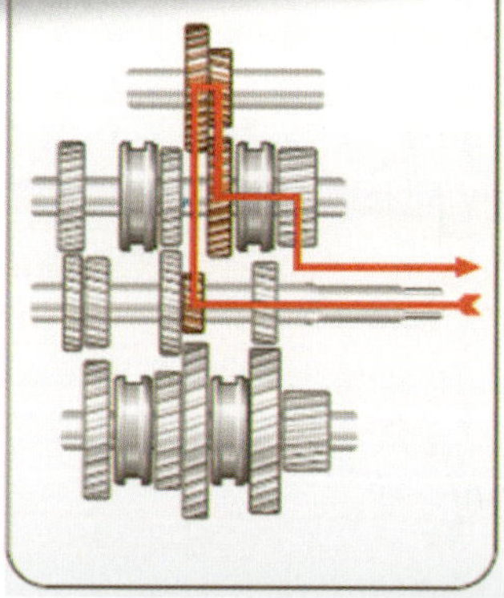

02M 变速器 R 档动力传递路线图

159. 什么是碰撞式变速器?

赛车变速器也被称为碰撞式变速器（Crash Box）或者犬式变速器（Dog Box），传统变速器内部的斜齿轮被直齿轮取代。直齿轮在啮合时彼此的接触面积更小，这意味着摩擦更小，动力损耗也就更低。这就是赛车发烧友钟情于直齿轮的原因。

通常直齿轮多半都浸没在润滑油中，而并非像传统变速器那样依赖飞溅润滑。因此，直齿轮产生的额外噪声被润滑油的消声效应减弱为一种非常刺耳的“高频电锯声”。

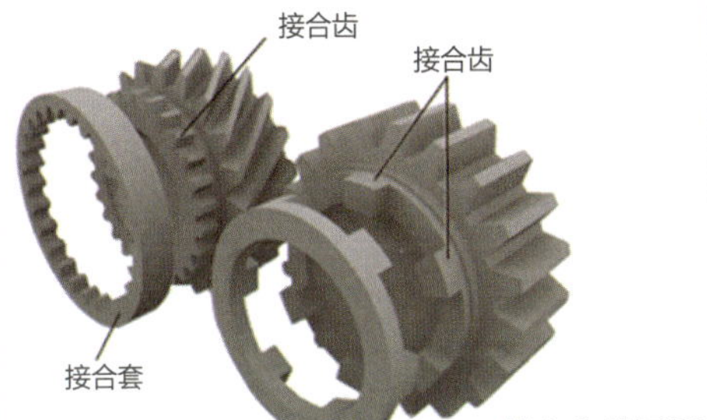

接合齿的区别

160. 为什么安装万向传动装置?

汽车的发动机、离合器和变速器是连成一体固装在车架上的，而驱动桥则通过弹簧悬架与车架连接，所以，变速器的输出轴与驱动桥的输入轴不在同一平面上。当汽车行驶时，车轮的跳动会造成驱动桥与变速器的相对位置不断变化，这就需要一个“以变应变”的装置来解决这一个问题，因此，就有了万向传动装置。

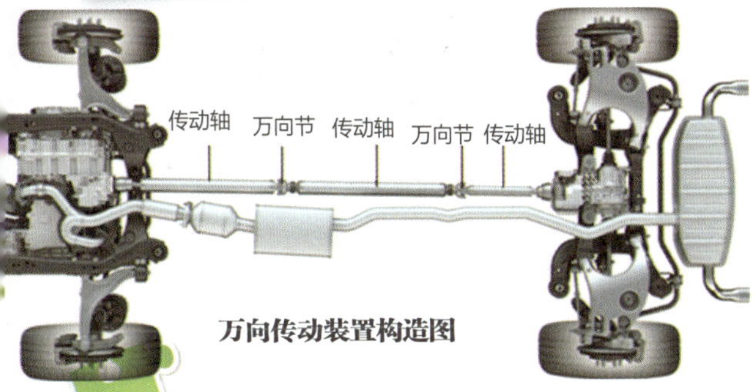

万向传动装置构造图

161. 万向传动装置的作用和组成如何?

（1）作用。万向传动装置的作用是实现汽车上任何一对轴间夹角且相对位置经常变化的转轴之间的动力传递。

（2）组成。万向传动装置一般由万向节和传动轴组成，有的还加有中间支承。

162. 万向传动装置应用在哪些地方?

1）转向传动机构。在转向系统中，转向轴轴线与转向器输入轴轴线不能重合，因此，在转向轴与转向器之间安装有万向节。

2）变速器与驱动桥之间。发动机前置后轮驱动的布置形式中，发动机、离合器和变速器连成一体安装在汽车前部，而驱动桥安装在汽车后部，变速器与驱动桥之间利用万向传动装置实现动力传递。

3）变速驱动桥与驱动轮之间。发动机前置前轮驱动的布置形式中，变速器与驱动桥被制成在一个壳体内，称为变速驱动桥，它同发动机、离合器连成一体安装在汽车前部，变速驱动桥的动力通过万向节传递给驱动轮。

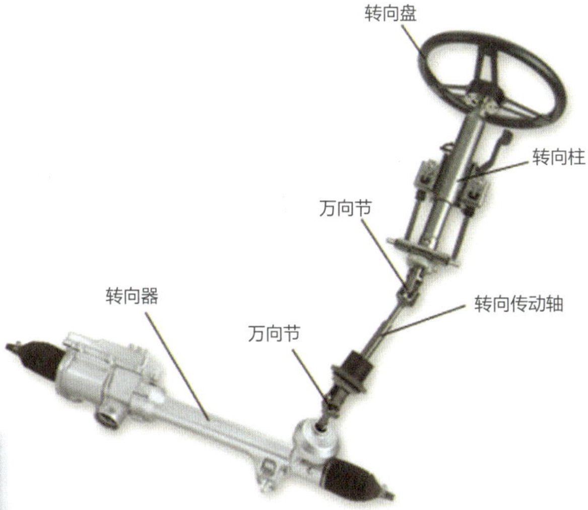

万向传动装置应用在转向传动机构

163. 万向节如何分类?

万向节按扭转方向是否有明显的弹性，可分为刚性万向节和挠性万向节。前者是靠零件的铰链式连接传递动力的；后者则靠弹性连接来传递动力，且有缓冲减振作用。刚性万向节是目前汽车中应用最广泛的一种万向节，它又可分为不等速万向节、准等速万向节和等速万向节三种。

所谓不等速是指从动轴在一圈内，其速度时而大于主动轴的速度，时而小于主动轴的速度，但主、从动轴的平均速度相等，即主动轴转一圈，从动轴也转动一圈。

164. 十字轴万向节有哪些部件?

十字轴式刚性万向节又称普通万向节，是不等速万向节的一种，它允许相邻两轴的最大夹角在 15° ~ 20° 之间，主要应用在变速器与驱动桥之间的传动轴或转向传动机构。

十字轴刚性万向节主要由十字轴、万向节叉及轴承等组成。两个万向节叉上的孔分别套在十字轴的四个轴颈上。在十字轴轴颈与万向节叉孔之间装有滚针轴承和套筒，用带有锁片的螺钉和轴承盖来使之轴向定位。为了润滑轴承，十字轴内钻有油道，且与油嘴、安全阀相通。为避免润滑脂流出及尘垢进入轴承，十字轴轴颈的内端套装着油封。安全阀的作用是当十字轴内腔润滑脂压力超过允许值时，阀打开润滑脂外溢，使油封不会因油压过高而损坏。现代汽车多采用橡胶油封，多余的润滑脂从油封内圆表面与十字轴轴颈接触处溢出，故无需安装安全阀。

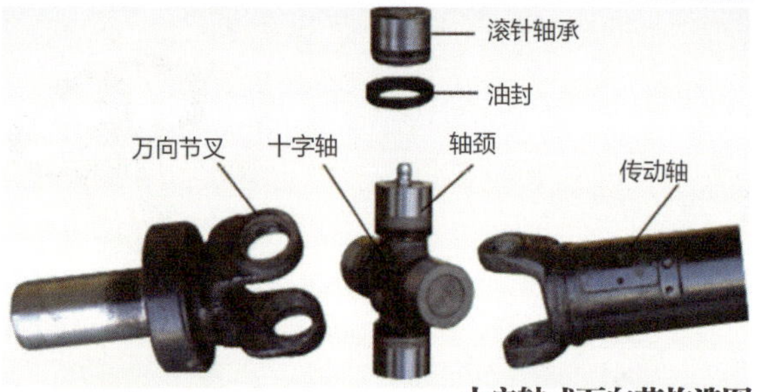

十字轴式万向节构造图

165. 十字轴万向节有何特点?

十字轴式万向节可以保证在轴间夹角变化时可靠地传动，结构简单，传动效率高，其缺点是单个万向节的不等速性，将使从动轴及其相连的传动部件产生扭转振动，从而产生附加交变载荷，加剧零件的磨损。

166. 实现等速传动应满足哪些条件?

为避免 165 中所述的缺点，在汽车传动系统中均采用两个十字轴式刚性万向节，且中间以传动轴相连，利用第二个万向节的不等速效应来抵消第一个万向节的不等速效应，从而实现输入轴与输出轴等速传动。但要达到这一目的，还必须满足两个条件：

1）第一个万向节的主动节叉与第二个万向节的从动节叉在同一平面内，即传动轴上的两个节叉在同一平面内。

2）第一个万向节两轴之间的夹角与第二个万向节两轴之间的夹角相等。

167. 如何检修十字轴万向节?

万向节分解完成后，需要用汽油清洗各零件，以便检查零件的损伤、磨损情况，而且应按以下要求检查和修复。

1）检查滚针轴承，如果滚针断裂、油封失效，应更换新件。

2）检查十字轴轴颈磨损、压痕剥落等情况。十字轴轴颈轻微磨损、轻微压痕或剥落，仍可继续使用。如果轴颈磨损过甚、严重压痕（深度超过 0.1mm）或严重剥落时，应予以更换。

3）检查万向节叉不得有裂纹或其他严重损伤，否则应更换新件。

4）万向节装配完毕后，可用手扳动十字轴进行检验，以转动自如没有松旷感觉为合适。若装配过紧或过松，应查明原因，必要时应拆检及重新装配。

168. 什么是双联式准等速万向节?

双联式万向节实际上是一套将传动轴长度减缩至最小的双十字轴式万向节传动装置，主要由一个双联叉和两个万向节叉组成。双联叉相当于两个在同一平面内的万向节叉，即缩短至极限的传动轴。

双联式准等速万向节

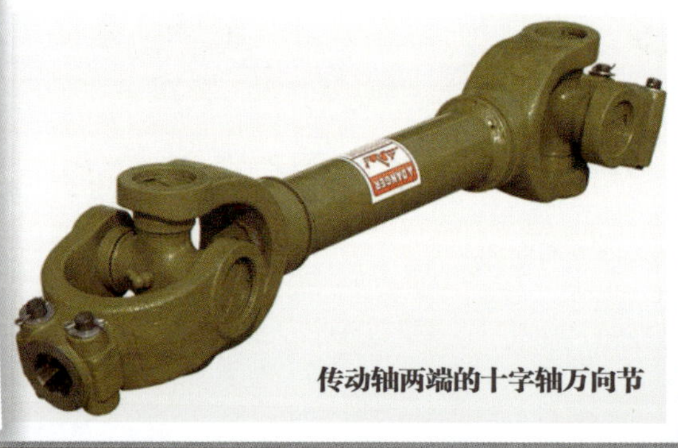
传动轴两端的十字轴万向节

169. 双联式准等速万向节如何工作？

当一侧万向节叉轴相对另一侧万向节叉轴在一定角度范围内摆动时，双联叉也被带动相应的角度，使两个十字轴中心连线与万向节叉轴线的夹角差值很小，两个万向节叉轴的速度接近相等，这种性能称为准等速性。因此，只要将两个十字轴中心连线与万向节叉轴线夹角的差值控制在一定范围内，双联式万向节就具有准等速性。轮胎的弹性变形可以吸收这微小的不等速，不会导致轮胎滑磨。

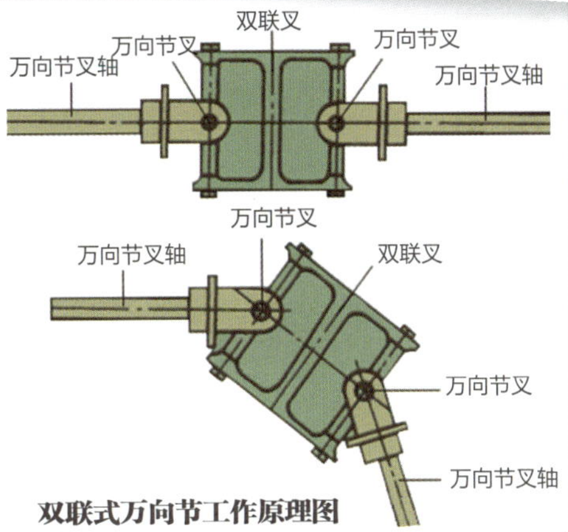

双联式万向节工作原理图

170. 什么是三销轴式准等速万向节？

三销轴式万向节是由双联式万向节演变而来的准等速万向节。三销轴式万向节主要由两个偏心轴叉、两个三销轴以及六个轴承、密封件等组成。主动偏心轴叉与从动偏心轴叉分别与变速驱动桥的内、外半轴制成一体。主、从动偏心轴叉都是偏心叉，叉孔中心线与叉轴中心线互相垂直但不相交，两叉由两个三销轴连接。三销轴的大端有一穿通的轴承孔，其中心线与小端轴颈中心线重合，靠近大端两侧有两个轴颈，其中心线与小端轴颈中心线垂直而不相交。装合时，每一偏心轴叉的两叉孔与一个三销轴的大端两轴颈配合，而后两个三销轴的小端互相插入对方大端的轴承孔内。

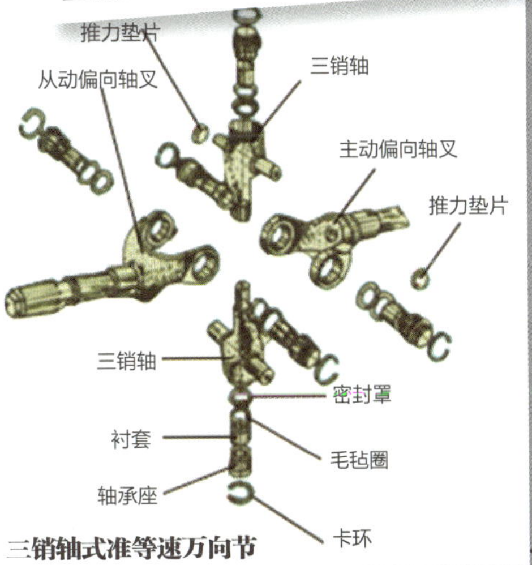

三销轴式准等速万向节

171. 三销轴式准等速万向节有何特点？

三销轴式万向节的最大特点是允许被连接的两轴有较大的夹角，最大可达 45°。采用此万向节的转向驱动桥可使汽车获得较小的转弯半径，提高了汽车的机动性。富康轿车前轮转向驱动桥中的半轴与轮毂之间采用了这种准等速万向节。其缺点是外形尺寸较大，零件形状复杂，制造困难。

172. 等速万向节有哪几种？

等速万向节多用于采用断开式驱动桥轿车的半轴上，常用的等速万向节有球叉式等速万向节、球笼式等速万向节和三叉销式等速万向节。其中，球笼式等速万向节按其内、外滚道结构不同又可分为球笼式碗形万向节、球笼式双补偿万向节、VL 型万向节，其中，球笼式碗形万向节和 VL 型万向节应用最为广泛。

173. 什么是球叉式等速万向节？

球叉式等速万向节由主动叉、从动叉、四个传力钢球和一个定心钢球组成。其主动叉、从动叉分别与内、外半轴制成一体，叉内各有四条曲面凹槽，装合后，形成两条相交的环槽，作为钢球滚道，四个传力钢球装在槽中，定心钢球装在两叉中心凹槽内以实现定心。为顺利将传力钢球装入槽内，在定心钢球上铣出一个凹面，凹面中央有一深孔。装合时，先将定位销装入从动叉内，放入定心钢球，然后在两球叉槽中陆续装入三个传力钢球，再将定心钢球的凹面对向未放钢球的凹槽，以便装入第四个传力钢球，而后再将定心钢球的孔对准从动叉孔，提起从动叉轴使定位销插入球孔中，最后将锁止销插入从动叉上与定位销垂直的孔中，以限制定位销轴向移动，保证定心钢球的正确位置。

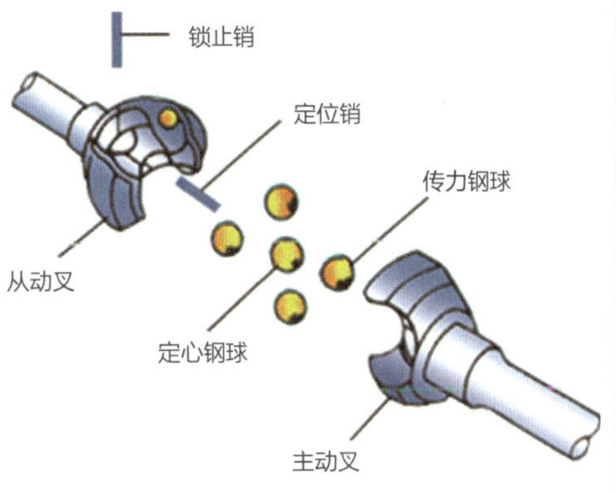

球叉式等速万向节

174. 球叉式等速万向节有何特点?

近年来，有些球叉式万向节省去了定位销和锁止销，定心钢球上也没有凹面，而是靠压力装配。这样，结构虽然简单了，但拆装不便。

球叉式万向节允许最大夹角为 32° ~ 38°，但由于工作时只有两个钢球传力，而另两个钢球在反转时传力。因此，钢球与曲面凹槽之间的接触压力大，磨损快，影响其使用寿命。所以，球叉式万向节通常使用在中、小型越野汽车的转向驱动桥上。

175. 什么是球笼式碗形万向节?

球笼式碗形万向节是轿车传动系统中的重要部件，其作用是将发动机的动力从变速器传递到两个前轮，驱动轿车高速行驶。它主要由碗形外球座、球笼、内球座、钢球等组成。碗形外球座与带外花键的外半轴制成一体，内表面制有相应的六条曲面凹槽，形成外滚道。内球座通过中间花键与内半轴相连，内球座的外表面有六条曲面凹槽，形成内滚道。六个钢球分别装于六条凹槽中，并用球笼使之保持在一个平面内。动力经内半轴传至内球笼，经六个钢球及外球座输出，传递给驱动轮。

176. 球笼式碗形万向节有何特点?

球笼式碗形万向节传递繁重的驱动力矩，虽然负荷重，但传动精度高，需求量很大，又是安全件，因此，其主要零件均采用精锻件加工而成。球笼式碗形万向节允许在轴间最大夹角为 42° 的情况下传递转矩，且在工作时，所有钢球全部传力。由于其承载能力大，磨损小，结构紧凑，拆装方便，因此，广泛应用于轿车的外球笼。

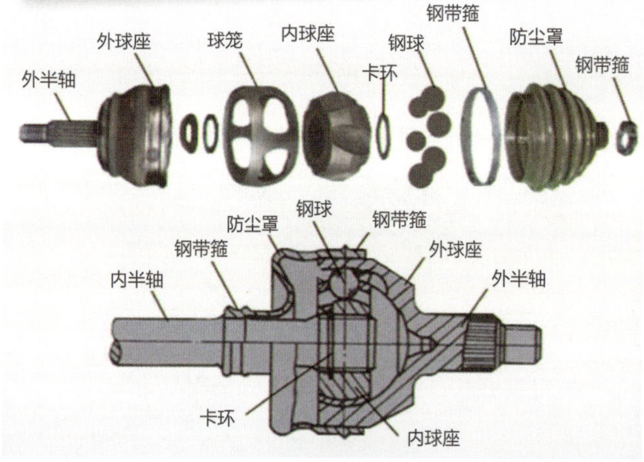

VL 型万向节

177. 什么是 VL 型万向节?

VL 型万向节又称伸缩型球笼式万向节，其内、外滚道为圆筒形，只是圆筒中心线（滚道中心线）不与轴线平行，而是以相同的角度相对于轴线倾斜着，而且同一零件上相邻的两条滚道的倾斜方向相反，即成“V”形。装合后，同一周向位置处内、外滚道的倾斜方向正好相反，即对称交叉，而钢球则处于内、外滚道的交叉部位。当内半轴与外半轴以任意角度相交时，由于内、外滚道及球笼的控制作用，使所有传力钢球都位于轴间夹角的平分面上，从而实现等速传动。

178. VL 型万向节有何特点?

VL 型万向节的内外滚道沿圆周方向呈“V”形布置，且在动力传递过程中，内、外球座可以沿轴向相对移动，所以称为 VL 型万向节。其允许最大的轴间夹角为 22°，轴向伸缩量可以达到 45mm。

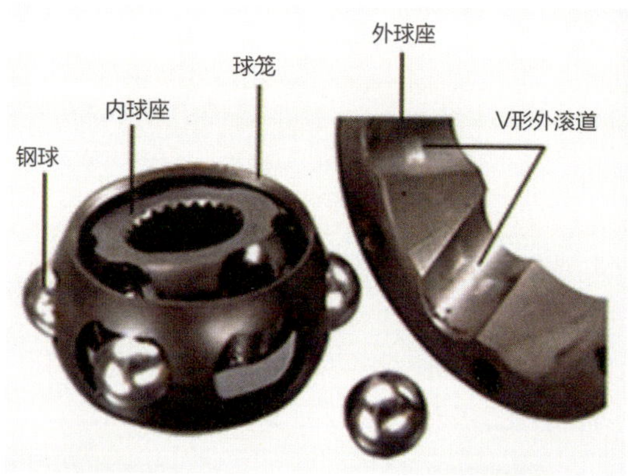

VL 型万向节

179. 什么是三叉销式等速万向节?

三叉销式等速万向节也称为三角式万向节，它主要由三叉销总成和外球座组成。外球座与带外花键的外半轴制成一体，其内表面制有三条曲面凹槽，形成滚轮的滚道。三叉销总成的中间花键孔与半轴花键配合，三个滚轮安装在三叉销的三个轴颈上，为减小磨损，在轴颈与滚轮之间装有滚针轴承，这样三个滚轮即可在外球座的滚道内轴向伸缩。

180. 三叉销式等速万向节有何特点？

三叉销式等速万向节没采用球笼式碗形万向节所使用的钢球，而是使用三个带有滚针轴承的滚轮，可以在外球座的三个轨道里进行滑移（即可轴向伸缩）。它主要适用于扭转角度不大的内球笼，可以向内和向外滑移，以此来适应车辆在行驶过程中，驱动轮与变速器之间产生的距离变化。

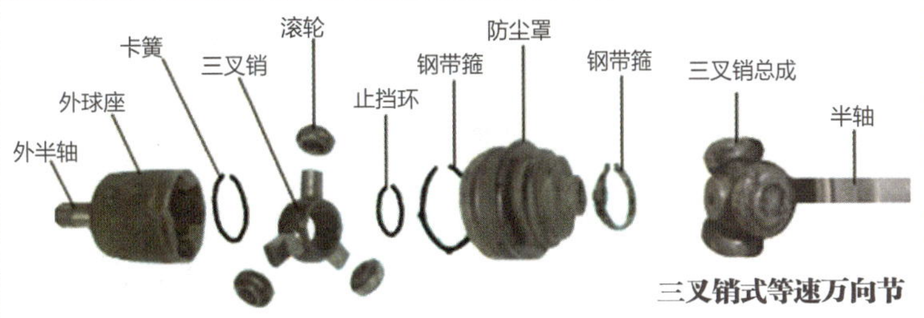

三叉销式等速万向节

181. 如何检修等速万向节？

检查防尘罩是否有刺破、撕裂等损坏现象，如有则更换。钢带箍、卡环等损坏时，应予以更换。

检查内、外等速万向节各部件的磨损情况和装配间隙。一般外等速万向节酌情单件更换；内等速万向节，如某部件磨损严重，则应整体更换。

1）外等速球笼式碗形万向节的 6 颗钢球要求有一定的配合公差，并与内球座一起组成配合件。检查轴、球笼、内球座与钢球有无凹陷与磨损，若万向节间隙过大，则需更换新的万向节。

2）内等速三叉销式万向节应检查滚道、滚轮、滚针轴承和三叉销轴颈有无麻点、磨损，如磨损严重则应更换。

182. 传动轴构造如何？

传动轴有实心轴和空心轴之分。为了减轻传动轴的质量，节省材料，提高轴的强度、刚度，传动轴多为空心轴，一般用厚度为 1.5 ~ 3.0mm 的薄钢板卷焊而成，超重型货车则直接采用无缝钢管。

传动轴是高速转动件，为了避免由于离心力引起的剧烈振动，故要求传动轴的质量沿圆周均匀分布。

183. 传动轴为何能伸缩？

传动轴是万向传动装置中的主要传力部件。在发动机前置后轮驱动的汽车上，用来连接变速器和驱动桥；四驱车用来连接分动器和驱动桥。

由于变速器和驱动桥的相对位置经常发生变化，为了避免运动干涉，通常在传动轴上制有伸缩叉，用滑动花键联接，以实现传动轴总长度的变化。

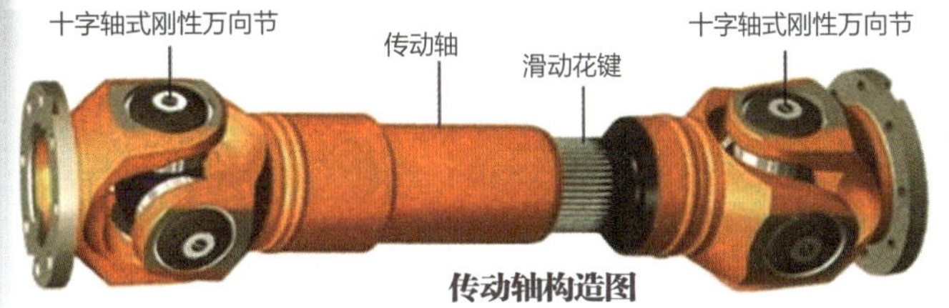

传动轴构造图

184. 如何检修传动轴？

传动轴不得有裂纹、凹陷，严重时要更换。

1）传动轴弯曲程度的检查方法如图所示，用 V 形架支起传动轴，用百分表在轴的中部测量径向跳动量。所测的传动轴全长的径向圆跳动公差应符合的规定值，轿车传动轴相应减小 0.20mm。

传动轴全长的径向圆跳动公差

轴长	<600mm	600 ~ 1000mm	>1000mm
径向圆跳动公差	0.60mm	0.80mm	1.00mm

2）检查传动轴花键轴与滑动叉的侧隙，轿车应不大于 0.15mm，其他类型的汽车不大于0.30mm，装配后要滑动自如，否则应更换。

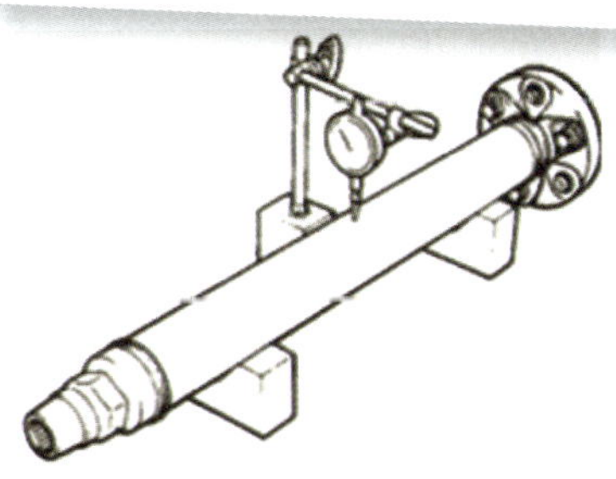
传动轴弯曲程度的检查

185. 为什么设有中间支承?

当传动轴过长时，其自振频率会降低，高转速下容易发生共振。为了防止传动轴的共振，常将传动轴制成两段，用三个十字轴式刚性万向节相连，并用中间支承将传动轴吊装在车架上。传动轴分成两段时，一般把前端称为主传动轴，后端称为从传动轴。主传动轴前端通过万向节与变速器相连，后端用中间支承悬挂在车架上。从传动轴前端通过万向节与主传动轴相连，后端与驱动桥通过万向节连接。采用两根传动轴，缩短了传动轴的长度，其临界转速提高，从而保证了传动轴的安全性和可靠性。

186. 中间支承构造如何?

中间支承主要由轴承托架、橡胶垫、轴承、油封和注油嘴等组成。中间支承应能补偿传动轴轴向和角度方向的安装误差，并能适应行驶过程中由于发动机窜动或车架的变形所引起的位移。

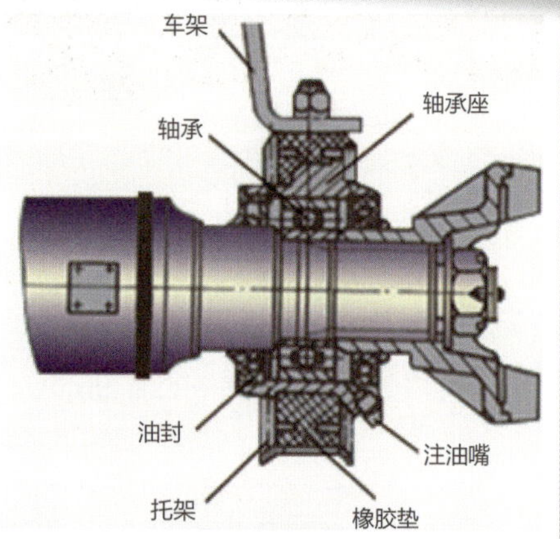

中间支承构造图

187. 如何检修中间支承?

如图所示，检查中间支承轴承的旋转是否灵活，有无异响；油封和橡胶垫是否损坏。如果存在上述问题，均应更换新的中间支承。

拆下中间支承前，可以在中间支承附近摇动传动轴，检查中间支承轴承的松旷程度。分解后，可进一步检查轴承的轴向和径向间隙，其轴向间隙应小于 0.50mm，径向间隙应小于 0.05mm。

188. 万向传动装置有哪些常见故障?

由于万向传动装置经常受汽车在复杂道路上行驶的影响，使传动轴在其角度和长度不断变化情况下传递转矩，因此，常出现传动轴动不平衡、万向节与中间支承松旷、发响等故障。

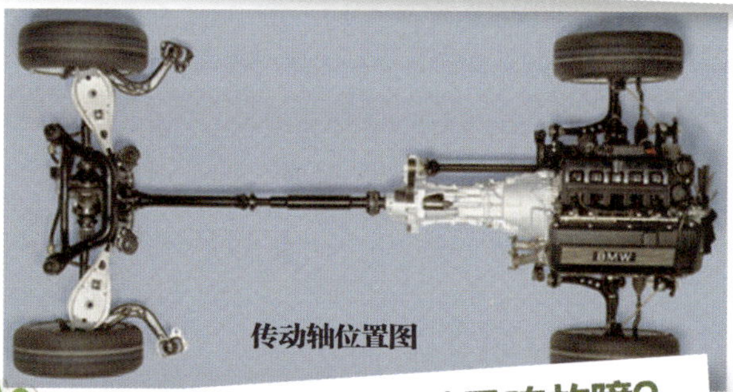

传动轴位置图

189. 如何诊断与排除传动轴异响故障?

（1）故障现象

在万向节和伸缩叉技术状况良好时，汽车在行驶过程中发出周期性的响声。速度越高响声越大，甚至伴随有车身振动，握转向盘的手感觉麻木。

（2）故障原因

1）传动轴上的平衡块脱落。

2）传动轴弯曲或传动轴管凹陷。

3）传动轴管与万向节叉焊接不正或传动轴未进行过动平衡试验和校准。

4）伸缩叉安装错位，造成传动轴两端的万向节叉不在同一平面内，不满足等速传动条件。

（3）故障诊断与排除

1）检查传动轴管是否凹陷，有凹陷，则故障由此引起，无凹陷，则继续检查。

2）检查传动轴管上的平衡片是否脱落，如脱落，则故障由此引起，否则继续检查。

3）检查伸缩叉安装是否正确，不正确，则故障由此引起，否则继续检查。

4）拆下传动轴进行动平衡试验，动不平衡，则应校准以消除故障，弯曲应校直或更换。

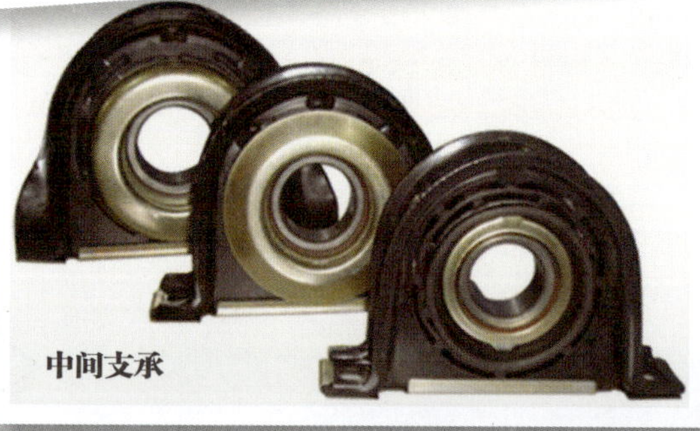

中间支承

190. 如何诊断与排除万向节松旷故障?

（1）故障现象

汽车在起步或突然改变车速时，万向节处发出“哐”的响声；在汽车缓行时，发出“咣当、咣当”的响声。

（2）故障原因

1）凸缘盘连接螺栓松动。

2）万向节主、从动部分游动角度太大。

3）万向节十字轴磨损严重。

（3）故障诊断与排除

1）用锤子轻轻敲击各万向节凸缘盘连接处，检查其松紧度。太松旷则故障由连接螺栓松动引起，否则继续检查。

2）用双手分别握住万向节主、从动部分转动，检查游动角度。游动角度太大，则故障由此引起。

191. 如何诊断与排除中间支承松旷故障?

（1）故障现象

汽车运行中出现一种连续的“呜呜”响声，车速越高响声越大。

（2）故障原因

1）滚动轴承缺油烧蚀或磨损严重。

2）中间支承安装方法不当，造成附加载荷而产生异常磨损。

3）橡胶垫损坏。

4）车架变形，造成前后连接部分的轴线在水平面内的投影不同线而产生异常磨损。

（3）故障诊断与排除

1）给中间支承轴承加注润滑脂，响声消失，则故障由缺油引起，否则继续检查。

2）松开夹紧橡胶垫的所有螺栓，待传动轴转动数圈后再拧紧，若响声消失，则故障由中间支承安装方法不当引起。否则故障可能是：橡胶垫损坏、滚动轴承技术状况不佳或车架变形等引起。

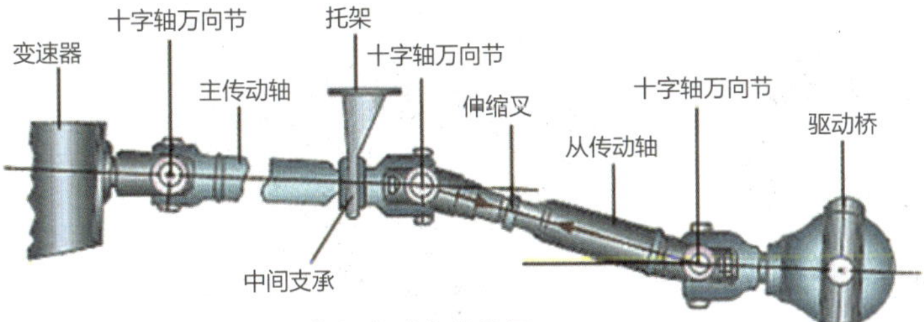

中间支承安装位置

192. 如何诊断与排除传动轴动不平衡故障?

1）故障现象。汽车行驶中传动装置发出周期性的响声，车速越高响声越大，严重时伴随有车身振抖。

2）故障原因。主要原因是传动轴动不平衡、传动轴变形或平衡块脱落等。其次是中间支承托架固定螺栓松动或万向节凸缘盘连接螺栓松动，使传动轴偏斜。

3）故障诊断与排除。除“传动轴动不平衡”诊断方法外，再检查中间支承托架固定螺栓和万向节凸缘盘连接螺栓是否松动，若有松动，则异响由此引起。

传动轴

193. 驱动桥有哪些部件?

驱动桥主要由主减速器、差速器、半轴和桥壳组成。

驱动桥是传动系的最后一个总成，发动机的动力传到驱动桥后，首先传到主减速器，在这里将转矩放大并降低转速后，经差速器分配给左、右半轴，最后通过半轴传到驱动车轮的轮毂。驱动桥的主要零部件都装在驱动桥的桥壳中。

194. 驱动桥有什么作用?

驱动桥的作用是将万向传动装置输入的动力经降速增矩、改变动力传递方向后分配给左、右驱动轮，使汽车行驶，并允许左、右驱动轮以不同的转速旋转而驱动汽车行驶。

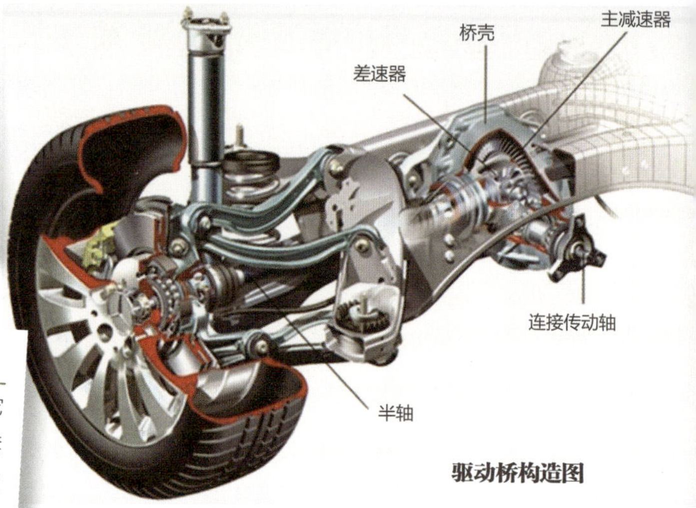

驱动桥构造图

195. 什么是整体式驱动桥?

整体式驱动桥又称为非断开式驱动桥，它与采用非独立悬架的车辆配合使用。由半轴套管和主减速器壳构成的驱动桥壳为一刚性的整体，主减速器、差速器和半轴安装在桥壳内。驱动桥两端通过悬架与车架或车身连接，由于半轴套管和主减速器壳是刚性的整体，因而两侧的半轴和驱动轮不可能相互独立地跳动。当某一侧驱动轮通过地面的凸出物或凹坑升高或下降时，整个驱动桥及车身都要随之发生倾斜，车身波动大，但整体式驱动桥的刚度和强度都较好。

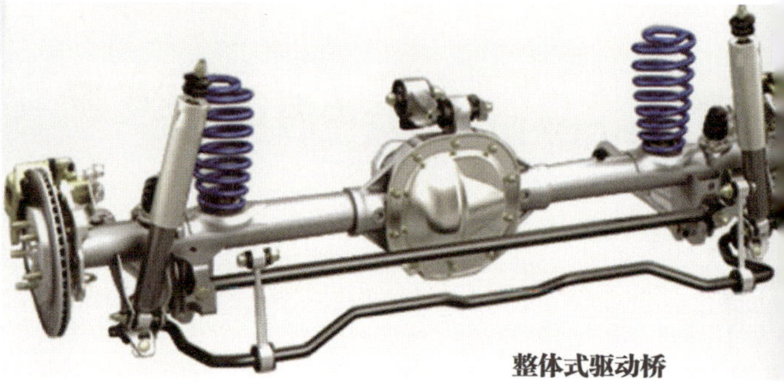
整体式驱动桥

196. 什么是断开式驱动桥?

断开式驱动桥与采用独立悬架的车辆配合使用。它取消了半轴套管，因此，半轴露在外面，半轴的两端通过万向节分别与主减速器壳内的差速器和驱动轮相连。主减速器壳固定在车架或车身上。驱动桥两端分别用悬架与车架或车身连接，这样，两侧驱动轮可以彼此独立地相对于车架或车身上下跳动。

197. 主减速器有什么作用?

主减速器能将动力的传递方向改变 90°（发动机纵置时），并将转速降低，转矩增大，以保证汽车在良好路面上具有足够的牵引力和适当的速度。

轿车所采用的主减速器均为单级式主减速器，主要由主动齿轮、从动齿轮、支承轴承等零件组成。目前，轿车和一般轻、中型货车都采用单级式主减速器，即可满足汽车动力性的要求。它具有结构简单、体积小、重量轻和传动效率高等优点。

断开式驱动桥

主从动齿轮

198. 主减速器如何分类？

1）按参加传动的齿轮副数目不同可分为：单级式主减速器和双级式主减速器。有些重型汽车又将双级式主减速器的第二级圆柱齿轮传动设置在两侧驱动车轮附近，称为轮边减速器。

2）按主减速器传动比个数不同可分为：单速式主减速器和双速式主减速器。单速式的传动比是固定的，而双速式则有两个传动比供驾驶人选择，以适应不同行驶条件的需要。

3）按齿轮副结构形式不同可分为：圆柱齿轮式（又可分为定轴轮系和行星轮系）主减速器、圆锥齿轮式主减速器和准双曲面锥齿轮式主减速器。

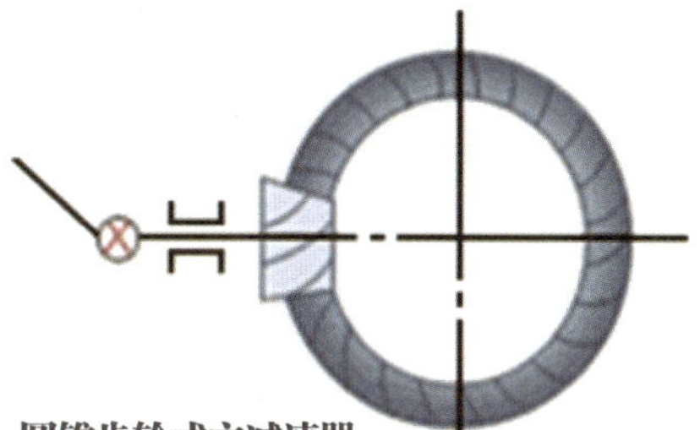
圆锥齿轮式主减速器

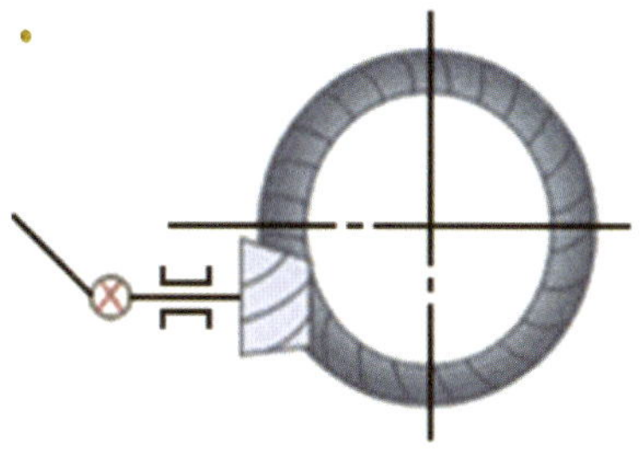
准双曲面锥齿轮式主减速器

199. 单级式主减速器构造如何？

单级式主减速器主要由主动齿轮、从动齿轮、支承轴承等零件组成。对于发动机纵向布置的汽车，由于需要改变动力传递方向，单级式主减速器都采用一对圆锥齿轮传动，如桑塔纳2000；对于发动机横向布置的汽车，单级式主减速器采用一对圆柱齿轮即可，如捷达、宝来1.8T等。

目前，轿车和一般轻、中型货车都采用单级式主减速器，即可满足汽车动力性的要求。它具有结构简单、体积小、重量轻和传动效率高等优点。

200. 双级式主减速器构造如何？

根据发动机特性和车辆使用条件，要求主减速器具有较大的主传动比时，由一对锥齿轮构成的单级主减速器已无法保证足够的最小离地间隙，这时则需要采用两对齿轮实现降速的双级主减速器。双级式主减速器主要由两对常啮合的齿轮组成，其中一对为圆锥齿轮，另一对为圆柱齿轮，一些中型或重型汽车采用双级式主减速器。

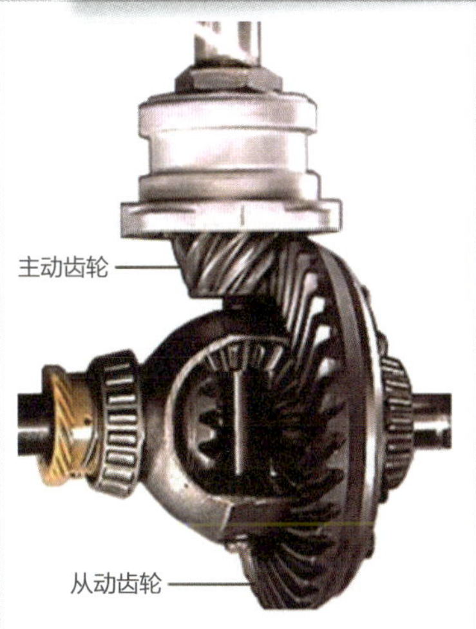

单级式主减速器构造图

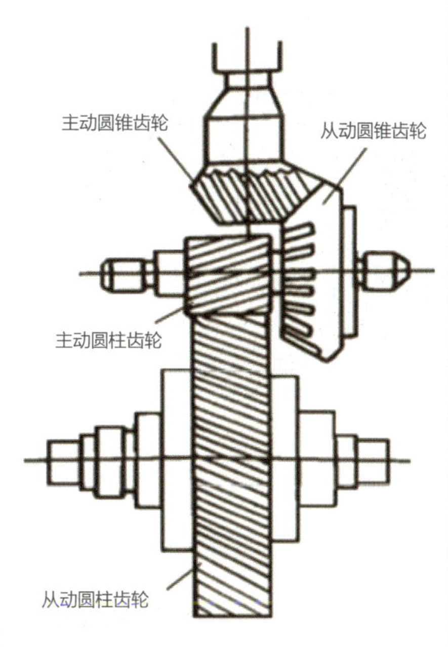

双级式主减速器构造图

201. 准双曲面锥齿轮式主减速器有何特点?

在准双曲面锥齿轮式主减速器广泛用于轿车的基础上，越来越多的中型、重型汽车也采用了它。这是因为它与圆锥齿轮式主减速器相比，不仅齿轮的工作平稳性好，弯曲强度和接触强度好，而且，其主动锥齿轮的轴线相对从动锥齿轮可以偏移。在保证一定的离地间隙的情况下，主动锥齿轮的轴线向下偏移，可降低主动锥齿轮和传动轴的位置，因而使车身和整个汽车的重心降低，提高了汽车的行驶稳定性。

准双曲面锥齿轮式主减速器工作时，由于齿面间的相对滑移量大，且齿面间的压力也大，齿面油膜易被破坏。为了减少摩擦，提高效率，必须使用专门级别的齿轮油，决不允许用普通齿轮油代替。否则，会使齿面迅速擦伤和磨损，降低主减速器的使用寿命。

202. 圆锥齿轮单级式主减速器为何要调整?

对于圆锥齿轮单级式主减速器来说，为了使主、从动锥齿轮之间啮合传动时冲击轻、噪声低，而且轮齿沿其长度方向磨损均匀，必须有正确的相对位置。为此，在结构上一方面要使主、从动锥齿轮有足够的支承刚度，使其在传动过程中不至于发生较大变形而影响正常啮合；另一方面，应有必要的啮合调整装置。

圆锥齿轮单级式主减速器

203. 为何设有预紧度调整装置?

圆锥滚子轴承一般都是成对使用，装配时应使其具有一定的预紧度，即在消除轴承间隙的基础上，再给予一定的压紧力，其目的是为了减小锥齿轮在传动过程中因轴向力而引起的轴向位移，以提高轴的支承刚度，保证锥齿轮副的正确啮合。但轴承预紧度又不能过大，否则摩擦和磨损增大，传动效率低。为此，设有轴承预紧度的调整装置。

204. 如何调整轴承预紧度?

主动锥齿轮轴承预紧度由调整垫片来调整。增加垫片的厚度，轴承预紧度减小;反之，轴承预紧度增加。从动锥齿轮（差速器壳）轴承预紧度则是通过拧动两侧的轴承调整螺母来调整。拧入调整螺母，轴承预紧度增加；反之，轴承预紧度减小。

调整轴承预紧度之前应先检查。一般是采用经验法，即用手转动主动（或从动）锥齿轮应转动自如，且轴向推动无间隙。

刘总监提示：只有圆锥滚子轴承的预紧度可调，而圆柱滚子轴承无须调整，且圆锥滚子轴承预紧度的调整必须在齿轮啮合调整之前。

205. 如何调整齿轮啮合印痕?

先检查齿面啮合印痕，方法为：在主动锥齿轮上相隔 120° 的三处用红丹油在齿的正反面各涂 2 ~ 3 个齿，再用手对从动锥齿轮稍施加阻力并正、反向各转动主动锥齿轮数圈。观察从动锥齿轮上的啮合印痕，正确的啮合印痕如图所示，应位于齿高的中间偏小端，并占齿宽 60%以上。

如果啮合印痕位置不正确，应进行调整，方法是增减主减速器壳与主动锥齿轮轴承座之间调整垫片的总厚度，即增加调整垫片的厚度，使主动锥齿轮前移；反之则后移。

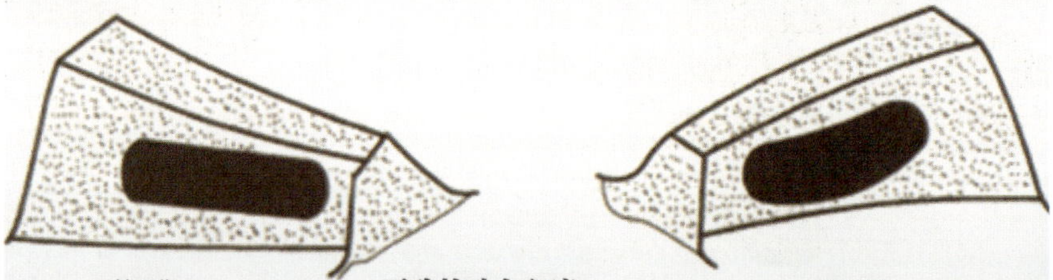

正确的啮合印痕

206. 如何调整齿侧啮合间隙?

调整啮合印痕移动主动锥齿轮后，主、从动锥齿轮的啮合间隙要发生变化。

啮合间隙的检查：将百分表抵在从动锥齿轮正面的大端处，用手把住主动锥齿轮，然后轻轻往复摆转从动锥齿轮即可显示间隙值。中、重型汽车应为 0.15 ~ 0.50mm，轻型车约为 0.10 ~ 0.18mm。

如果啮合间隙不符合要求应进行调整，方法是移动从动锥齿轮（差速器壳）。当从动锥齿轮远离主动锥齿轮时间隙变大，反之则变小。移动从动锥齿轮的方法是将一侧的轴承调整螺母旋入几圈，另一侧就旋出几圈。

刘总监提示：1）要先进行轴承预紧度的调整，再进行锥齿轮啮合的调整。
2）锥齿轮啮合调整时，啮合印痕首要，啮合间隙次要，否则将加剧齿轮磨损。但当啮合间隙超过规定时，应成对更换。

207. 主减速器的检查内容有哪些?

检查主减速器壳应无裂纹，壳体上各螺孔的螺纹损伤不得多于 2 牙，各轴承孔无明显磨损；主减速器主动齿轮花键与凸缘槽的侧隙不大于 0.20mm。

208. 为什么安装差速器?

汽车行驶过程中，车轮相对路面有两种运动状态：滚动和滑动，其中滑动又有滑转和滑移两种。当汽车转弯行驶时，内外两侧车轮在同一时间内移过的距离显然不同，即外侧车轮移过的距离大于内侧车轮。若两侧车轮用一根刚性轴连接，两侧车轮只能以相同的速度转动，这在转向时，外侧车轮必然是边滚动边滑移，内侧车轮必然是边滚动边滑转，因而导致车轮与路面之间不能作纯滚动。同样，汽车在不平路面上直线行驶时，两侧车轮实际移过的距离也不相等。即使路面非常平直，但由于轮胎制造尺寸存在误差，磨损程度不同，承受的载荷不同或充气压力不同等，两侧轮胎的滚动半径实际上不可能相等，因此，也会造成上述滑移和滑转的现象。

车轮对路面的滑动不仅会加速轮胎磨损，增加汽车的动力消耗，而且可能导致转向困难、制动性能恶化和行驶稳定性差等问题的发生。为了消除以上的不良现象，保证驱动轮相对路面作纯滚动，在传动系统中安装了差速器。

209. 差速器有何作用?

差速器的作用是将主减速器传来的动力传给左、右两半轴，并在必要时允许左、右半轴以不同转速旋转，使左、右驱动轮相对路面作纯滚动而不是滑动。

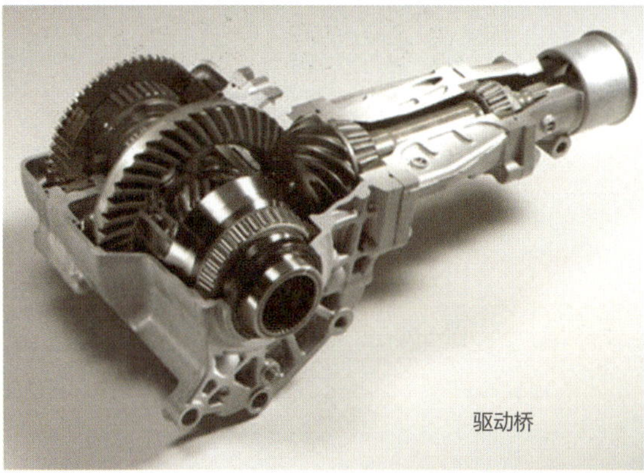

驱动桥

210. 差速器如何分类?

1）按工作特性可分为普通差速器和防滑差速器。

2）按装设位置可分为轮间差速器和轴间差速器。

布置在前驱动桥或后驱动桥内的差速器，分别称为前差速器或后差速器，它们都是轮间差速器；如果将它布置在四驱汽车的中间传动轴上，用来调节前轮和后轮之间的转速，则称为轴间差速器，也称为中央差速器。

差速器

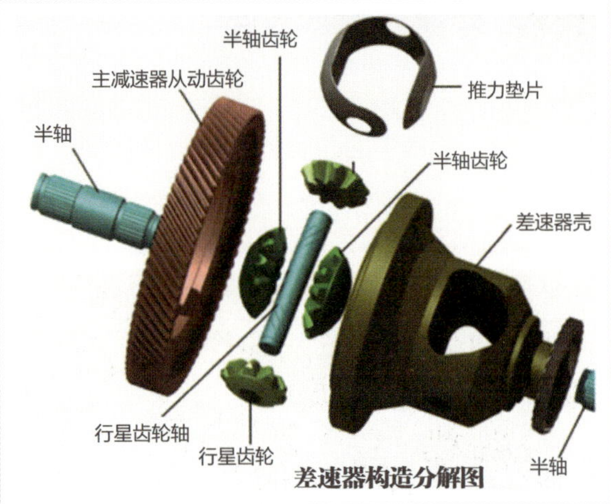

差速器构造分解图

211. 普通差速器包括哪些部件？

行星齿轮式差速器由差速器壳、行星齿轮轴、2 个行星齿轮、2 个半轴齿轮、复合式推力垫片等组成。主减速器从动齿轮通过螺栓固定在差速器壳上，行星齿轮轴装入差速器壳轴颈孔后用止动销定位。2 个行星齿轮套装在行星齿轮轴的两端，而两个半轴齿轮分别与行星齿轮啮合并通过中间花键孔与两侧半轴连接。行星齿轮和半轴齿轮的背面制成球面，差速器壳的内表面也制成球面，以保证四个齿轮能正确啮合。四个齿轮与差速器壳之间装有复合式推力垫片，用以减轻摩擦、降低磨损，以提高差速器的使用寿命，同时还可以用来调整齿轮的啮合间隙。差速器通过一对圆锥滚子轴承支承在驱动桥壳中。

工作时，主减速器从动齿轮的动力传至差速器壳，依次经行星齿轮轴、行星齿轮、半轴齿轮传给半轴，再由半轴传给驱动轮。

212. 差速器是如何实现差速的？

差速器壳与行星齿轮轴连成一体，并由主减速器从动齿轮带动一起转动，是差速器的主动件，设其转速为 n_0。两个半轴齿轮分别与两侧半轴连接，设其转速分别为 n_1 和 n_2。

行星齿轮有三种运动状态，即公转、自转和既公转又自转。当汽车直线行驶时，行星齿轮相当于一个等臂杠杆保持平衡，即行星齿轮不自转，而只随行星齿轮轴及差速器壳一起公转，所以，两半轴无转速差，差速器不起差速作用。

即 $n_1 = n_2 = n_0$，且 $n_1 + n_2 = 2n_0$

当汽车转弯行驶时，行星齿轮除了随差速器壳一起公转外，还绕行星齿轮轴自转，则半轴齿轮 1 的转速加快，半轴齿轮 2 的转速减慢，所以，半轴齿轮 1 转速的增加值等于半轴齿轮 2 转速的减小值。设半轴齿轮转速的增加值为 $\triangle n$，则两半轴齿轮转速分别为：

$n_1 = n_0 + \triangle n$，$n_2 = n_0 - \triangle n$

这就是差速器的差速作用。即汽车在转弯或其他情况下行驶时，两侧车轮可以不同的转速在地面上滚动，但仍然有：

$n_1 + n_2 = 2n_0$

上式即为行星齿轮式差速器的运动特性方程。它表明，差速器无论差速与否，两半轴齿轮转速之和始终等于差速器壳体转速的 2 倍，而与行星齿轮自转转速无关。由上式可知：

1）当任何一侧半轴齿轮的转速为零时，另一侧半轴齿轮的转速为差速器壳体转速的 2 倍。

2）当差速器壳体转速为零时，若一侧半轴齿轮受其他力矩而转动时，另一侧半轴齿轮以相同的速度反转。

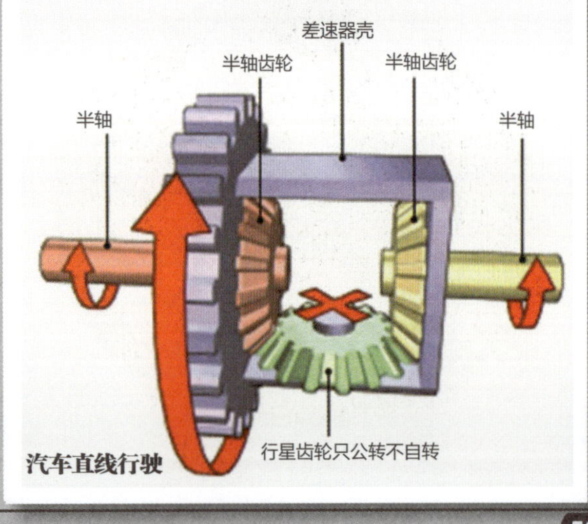

汽车直线行驶

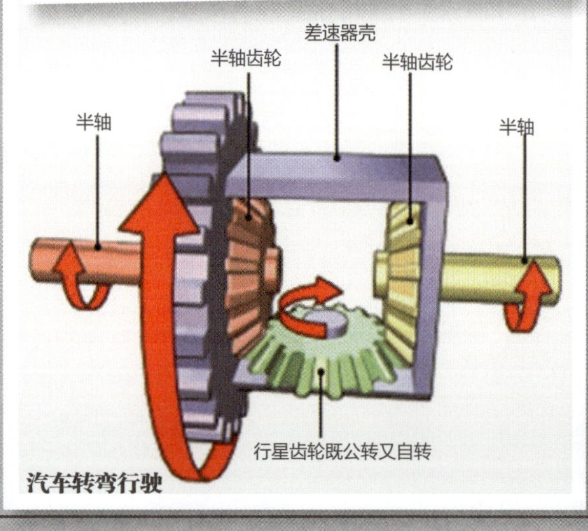

汽车转弯行驶

213. 差速器是如何分配转矩的?

差速器起差速作用的同时，还要分配转矩给左右两侧的驱动轮。主减速器传至差速器壳体的转矩为 M_0，经行星齿轮轴和行星齿轮传递给两半轴齿轮，两半轴齿轮的转矩分别为 M_1、M_2。

1）当汽车直线行驶时，行星齿轮只公转不自转，即 $n_4=0$，$M_4=0$（M_4 为行星齿轮自转时内孔和背面所受的摩擦力矩），行星齿轮相当于一个等臂杠杆，均衡拨动两半轴齿轮转动，所以，差速器将转矩 M_0 平均分配给两半轴齿轮，即 $M_1=M_2=M_0/2$

2）当汽车转弯行驶时，行星齿轮既公转又自转（按 n_4 方向自转，即 $n_1>n_2$），行星齿轮所受的摩擦力矩 M_4 与其自转方向相反，从而使行星齿轮分别对半轴齿轮 1 和半轴齿轮 2 附加作用了两个大小相等而方向相反的圆周力 F_1 和 F_2，F_1 使传到转得快的半轴齿轮 1 上的转矩减小，而却使传到转得慢的半轴齿轮 2 上的转矩增大，且 M_1 的减小值等于 M_2 的增大值，所以，当汽车转弯行驶时：

$$M_1=(M_0-M_4)/2,\ M_2=(M_0+M_4)/2$$

即转得慢的驱动轮分配到的转矩大于转得快的驱动轮分配到的转矩，差值为差速器内部摩擦力矩 M_4，由于 M_4 很小，可以忽略不计：

即 $M_1=M_2=M_0/2$

可见，无论差速器差速与否，行星齿轮式差速器都具有转矩等量分配的特性。

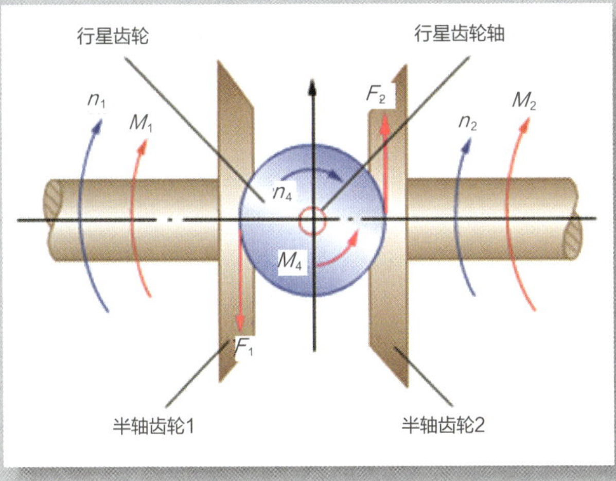

行星齿轮式差速器转矩分配示意图

214. 差速器的检查内容有哪些?

1）差速器壳应无裂损，壳体与行星齿轮、半轴齿轮垫片的接触面应光滑无沟槽。

2）与差速器轴承配合的轴颈径向圆跳动公差为 0.08mm，半轴齿轮孔的径向圆跳动公差为 0.08mm，行星齿轮轴与差速器壳及行星齿轮的配合间隙分别不大于 0.05mm 和 0.18mm。

防滑差速器

215. 差速器为何要防滑?

行星齿轮式差速器转矩等量分配的特性对于汽车在良好路面上行驶是有利的，它能把相同大小的驱动力分配给两个转速不同的驱动轮，但汽车在坏路面上行驶时却会严重影响其通过能力。例如，当汽车的一个驱动轮处于泥泞路面因附着力小而原地打滑时，即使另一驱动轮处于附着力大的路面上未滑转，汽车仍不能行驶。这是因为附着力小的路面只能对驱动车轮作用一个很小的反作用力矩，而驱动转矩也只能等于这一很小的反作用力矩。由于差速器等量分配转矩的特性，附着力好的驱动轮也只能分配到同样小的转矩，以致于总的驱动力不足以克服行驶阻力，汽车便不能前进。此时，只有想办法在打滑车轮下垫干土、碎石等，增大打滑车轮的附着力，让差速器将转矩重新分配，以提高汽车的通过能力。

为了提高汽车通过坏路面的能力，可采用防滑差速器。汽车上常用的防滑差速器有人工强制锁止式和自锁式两大类。前者通过驾驶人操纵差速锁，人为地将差速器暂时锁住，使差速器不起差速作用；后者是在汽车行驶过程中，根据路面情况自动改变驱动轮间的转矩分配。

216. 防滑差速器有几种？

汽车上常用的防滑差速器有人工强制锁止式和自锁式两种。前者通过驾驶人操纵差速锁，人为地将差速器暂时锁住，使差速器不起差速作用；后者是在汽车行驶过程中，根据路面情况自动改变驱动轮间的转矩分配。自锁式差速器又分为摩擦片式、滑块凸轮式和托森式等。

217. 人工强制锁止式防滑差速器构造如何？

强制锁止式差速器是在行星齿轮差速器上设计了差速锁。它的差速锁由牙嵌式接合器和操纵机构两大部分组成。牙嵌式接合器由固定接合套和滑动接合套组成。其中，固定接合套用花键与差速器壳左端连接，而滑动接合套用花键与半轴连接，并可在操纵机构的控制下轴向滑动。

218. 人工强制锁止式防滑差速器如何工作？

当汽车在良好路面上行驶时，不需要锁止差速器，滑动接合套与固定接合套不嵌合，即处于分离状态，此时为行星齿轮式差速器；当汽车通过坏路面需要锁止时，通过驾驶人操纵仪表板上的按钮，使电磁阀接通压缩空气管路，压缩空气进入活塞缸，推动活塞右移，活塞推动滑动接合套右移与固定接合套接合，从而将左半轴与差速器壳连成一个整体，则左、右两半轴被连锁成一体转动，即差速器被锁止，不起差速作用。

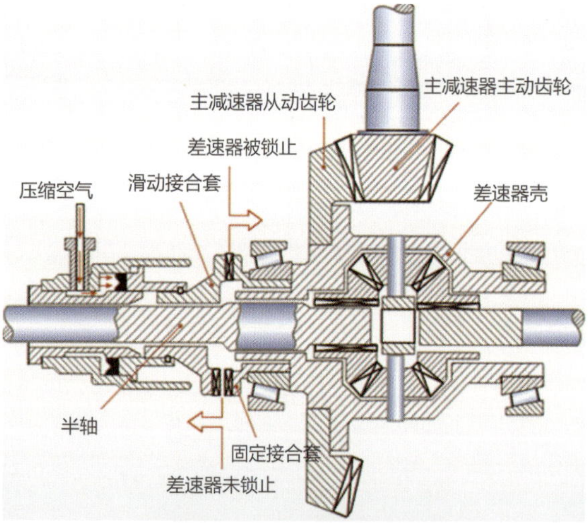

人工强制锁止式防滑差速器构造图

219. 自锁摩擦片式防滑差速器构造如何？

自锁摩擦片式差速器是在行星齿轮式差速器的基础上发展而成的。两半轴齿轮背面与差速器壳之间各安装了一套摩擦片式离合器，用以增大差速器的内部摩擦阻力矩。摩擦片式离合器由推力压盘，主、从动摩擦片组成。推力压盘的内花键与半轴相连，而其外花键与从动摩擦片的内花键连接。主动摩擦片的外花键与差速器壳的内花键连接。主、从动摩擦片及推力压盘均可作微小的轴向移动。十字轴由两根互相垂直的行星齿轮轴组成，其轴颈的端部均切有凸 V 形斜面，差速器壳上的配合孔较大，相应地也加工有凹 V 形斜面。两根行星齿轮轴的凸 V 面是反向安装的。

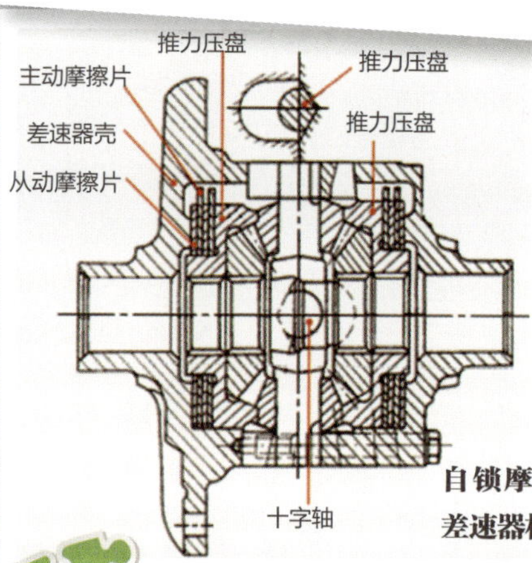

自锁摩擦片式防滑差速器构造图

220. 自锁摩擦片式防滑差速器如何工作？

1）当汽车直线行驶，两半轴无转速差时，转矩平均分配给两半轴。由于差速器壳通过 V 形斜面驱动行星齿轮轴，在传递转矩时，斜面上产生的平行于差速器轴线的轴向分力迫使两根行星齿轮轴分别向左、右方向略微移动，通过行星齿轮推动推力压盘压紧摩擦片。此时，转矩经两条路线传给半轴：一路经行星齿轮轴、行星齿轮和半轴齿轮将大部分转矩传给半轴；另一路则由差速器壳、主从动摩擦片、推力压盘传给半轴。

2）当一侧驱动轮在坏路面上滑转或转弯时，差速器起差速作用，使两半轴转速不相等，即一侧半轴的转速高于差速器壳的转速，另一侧低于差速器壳的转速。这样，由于转速差及轴向力的存在，主、从动摩擦片间将产生摩擦力矩，且经从动摩擦片及推力压盘传给两半轴的摩擦力矩方向相反：与快转半轴的转向相反，而与慢转半轴的转向相同。因而使得慢转半轴所分配到的转矩大于快转半轴所分配到的转矩，从而提高了汽车的通过能力，其防滑原理就在于此。

221. 托森差速器包括哪些部件？

“托森”一词表示“转矩灵活”，托森差速器采用蜗轮 – 蜗杆传动的不可逆性来工作，即蜗杆可以使蜗轮自由转动，而蜗轮不能使蜗杆自由转动。

托森差速器主要由差速器壳、6 个蜗轮、6 根蜗轮轴、12 个直齿圆柱齿轮及 2 个蜗杆组成。差速器壳通过螺栓与主减速器从动齿轮连接，6 根蜗轮轴沿差速器壳分为前后两组，每组 3 根蜗轮轴沿差速器壳圆形断面等弦长安装，每根蜗轮轴上空套有 1 个蜗轮和 2 个直齿圆柱齿轮，且蜗轮和两侧的直齿圆柱齿轮刚性连接。同一弦长位置的前后蜗轮轴上的直齿圆柱齿轮相互啮合。与两侧半轴分别相连的 2 个蜗杆位于差速器壳内，2 个蜗杆分别与轴向位置的 3 个蜗轮啮合，因此，构成 6 对蜗杆蜗轮啮合副。由主减速器从动齿轮传来的转矩经差速器壳、蜗轮轴、蜗轮传给 2 个蜗杆，然后分配给两侧半轴。

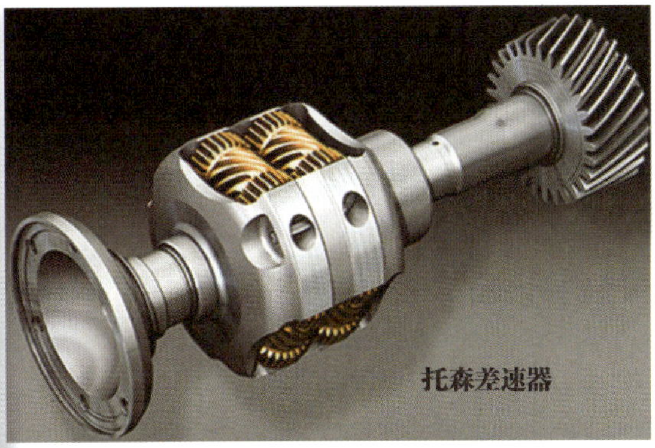

托森差速器

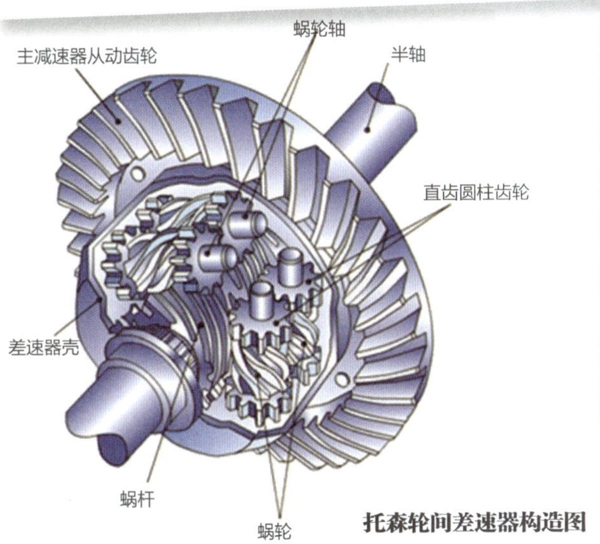

托森轮间差速器构造图

222. 托森差速器如何工作？

1）当汽车直线行驶时，蜗轮随差速器壳一起公转，即各蜗轮、蜗杆与差速器壳一体等速转动，所以，两侧半轴无转速差，差速器不起差速作用。

2）当汽车转弯行驶时，蜗轮除公转传递动力外还要自转，由直齿圆柱齿轮的相互外啮合，使前后蜗轮的自转方向相反，从而使一个蜗杆转速增加，另一个蜗杆转速减小，实现了差速。由此可见，托森差速器起差速作用的同时，由于蜗杆蜗轮啮合副之间的摩擦作用，转速较低的蜗杆比转速较高的蜗杆分配到的转矩大，若转速较低的蜗杆分配到的转矩大到一定程度而出现滑转时，则转速较低的蜗杆转速升高一点，转矩又立刻重新分配给转速较高的蜗杆一些，所以，驱动力的分配可根据转弯的要求自动调节，使汽车转弯具有良好的驾驶性能。

223. 托森差速器与普通差速器有何异同？

托森差速器与普通差速器相同的是：在汽车转弯行驶时，差速器都起作用。当某一驱动轮因附着力小而出现滑转时，对于行星齿轮式差速器来说，驱动力大部分分配给附着力小的一侧驱动轮，汽车只能望而止步。但对于托森差速器来说，驱动力大部分分配给附着力大的一侧驱动轮，从而提高了汽车的通过能力，其防滑原理就在于此。

托森差速器制造成本极高，结构十分复杂，一般只作为四驱车辆轴间差速器使用，装在变速器后端。转矩由变速器输出轴传递给托森差速器，再由托森差速器分配给前驱动桥和后驱动桥。

224. 驱动桥有哪些常见故障？

汽车行驶时，驱动桥的受力情况十分复杂。各传递动力的零件，由于接近最终传动，其所受的各种应力远远大于传动系统的其他部件。后轮驱动的汽车，其驱动桥壳要承受相当一部分的载质量；而前轮驱动的轿车，半轴暴露在外，两端万向节的防尘套长期使用后的老化会使驱动桥的技术状态发生变化，造成传动间隙增大而出现异响、温度过高、漏油等故障，影响汽车的正常使用。

225. 如何诊断与排除驱动桥过热故障？

（1）故障现象

汽车行驶一段里程后，用手探试驱动桥壳中部或主减速器壳，有无法忍受的烫手感觉。

（2）故障原因

1）齿轮油变质、油量不足或牌号不符合要求。

2）轴承调整过紧。

3）齿轮啮合间隙和行星齿轮与半轴齿轮啮合间隙调整太小。

4）推力垫片与主减速器从动齿轮背隙过小。

5）油封过紧和各运动副、轴承润滑不良而产生干（或半干）摩擦。

（3）故障诊断与排除

检查驱动桥中各部分受热情况：

1）局部过热。

① 油封处过热，则故障由油封过紧引起。

② 轴承处过热，则故障由轴承损坏或调整不当引起。

③ 油封和轴承处均不过热，则故障由推力垫片与主减速器从动齿轮背隙过小引起。

2）普遍过热。

① 检查齿轮油油面高度：油面太低，则故障由齿轮油油量不足引起；否则检查齿轮油规格、黏度或润滑性能。

② 检查结果不符合要求，则故障由齿轮油变质或规格不符引起；否则检查主减速器齿轮啮合间隙的大小。

③ 松开驻车制动器，变速器置于空档，轻轻转动主减速器的凸缘盘。若转动角度太小，则故障由主减速器齿轮啮合间隙太小引起；若转动角度正常，则故障由差速器行星齿轮与半轴齿轮啮合间隙太小引起。

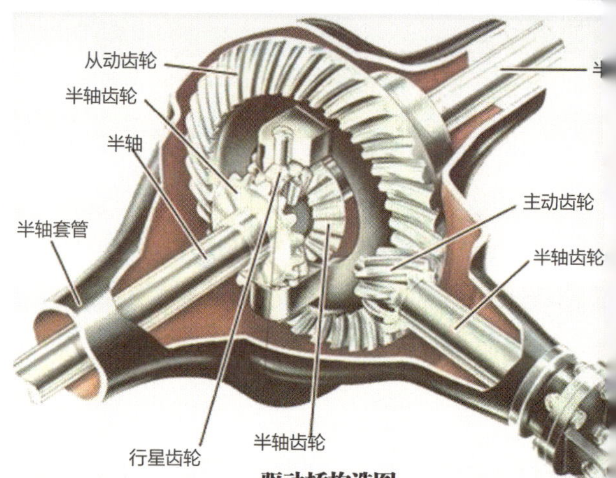

驱动桥构造图

226. 如何诊断与排除驱动桥漏油故障？

（1）故障现象。从驱动桥加油口、放油口螺塞处或油封、各接合面处可见到明显漏油痕迹。

（2）故障原因

1）加油口、放油口螺塞松动或损坏。

2）油封磨损、硬化，油封装反，油封与轴颈不同轴，油封轴颈磨成沟槽。

3）接合平面变形、加工粗糙，密封衬垫太薄、硬化或损坏，紧固螺钉松动或损坏。

4）通气孔堵塞。

5）桥壳有铸造缺陷或裂纹。

6）齿轮油加注过多，运转中壳体内压增高，使齿轮油渗出。

（3）故障诊断与排除。根据漏油痕迹部位来判断漏油的具体原因。

驱动桥

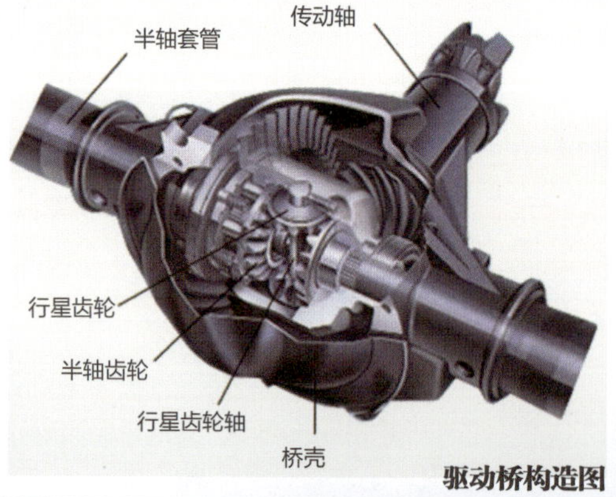

驱动桥构造图

227. 如何诊断与排除驱动桥异响故障？

（1）故障现象

1）汽车行驶时驱动桥有异响，脱档滑行时异响减弱或消失。

2）汽车行驶时驱动桥有异响，脱档滑行时亦有异响。

3）汽车直线行驶时无异响，当汽车转弯时驱动桥处有异响。

4）汽车上坡或下坡时后桥有异响，或上、下坡时驱动桥都有异响。

5）车轮有运转噪声或沉重的异响。

（2）故障原因

1）圆锥和圆柱主从动齿轮、行星齿轮、半轴齿轮啮合间隙过大；半轴齿轮花键槽与半轴的配合松旷；主、从动锥齿轮啮合不良；圆锥和圆柱主从动齿轮啮合间隙不均；齿轮齿面损伤或轮齿折断。

2）主动锥齿轮轴承松旷；主动圆柱齿轮轴承松旷；差速器圆锥滚子轴承松旷；后桥中某个轴承由于预紧力过大，导致间隙过小；主、从动锥齿轮调整不当，间隙过小。

3）差速器行星齿轮、半轴齿轮不匹配，使其啮合不良；行星齿轮、半轴齿轮磨损或折断；差速器行星齿轮轴颈磨损；行星齿轮支承垫圈磨薄；行星齿轮与行星齿轮轴卡滞或装配不当（如行星齿轮支承垫圈过厚），使行星齿轮转动困难；主减速器从动齿轮与差速器壳的紧固铆钉松动。

4）驱动桥某一部位的齿轮啮合间隙过小，导致汽车上坡时发响；后桥某一部位的齿轮啮合间隙过大，导致汽车下坡时发响；后桥某一部位的齿轮啮合印痕不当或齿轮轴支承轴承松旷，导致汽车上、下坡时都发响。

5）车轮轮毂轴承损坏，轴承外圈松动；制动鼓内有异物；车轮轮辋破碎；车轮轮辋轮胎螺栓孔磨损过大，使轮辋固定不牢。

（3）故障诊断与排除

根据异响部位的不同来判断异响的具体原因。

228. 大众 4Motion-Haldex 离合器有什么优点？

1）使用电子控制膜片式离合器的永久四轮驱动。

2）前轮驱动特性。

3）快速响应方式。

4）驻车时无抖动。

5）适用于各种轮胎（例如应急轮胎）。

6）抬起车轴牵引时无限制。

7）与滑差控制系统，如 ABS、EDS、ASR、EBV 和 ESP 完全兼容。

229. 大众 4Motion-Haldex 离合器由哪几部分组成？

大众 4Motion-Haldex 离合器主要由机械机构、液压机构和电子装置组成。

（1）机械机构。机械机构主要由旋转和移动部件组成，其中包括：

1）输入轴。

2）内外膜片。

3）偏心盘。

4）带环形活塞的滚子轴承。

5）输出轴

（2）液压机构。液压机构主要由以下部分组成：

1）2 个压力阀。

2）2 个吸油阀。

3）1 个限压阀。

4）蓄压器。

5）油滤器。

6）环形活塞。

（3）电子装置。电子装置主要由以下部分组成：

1）电动油泵。

2）调节阀的伺服电动机。

3）温度传感器。

4）控制单元。

5）调节阀（带有电磁线圈）。

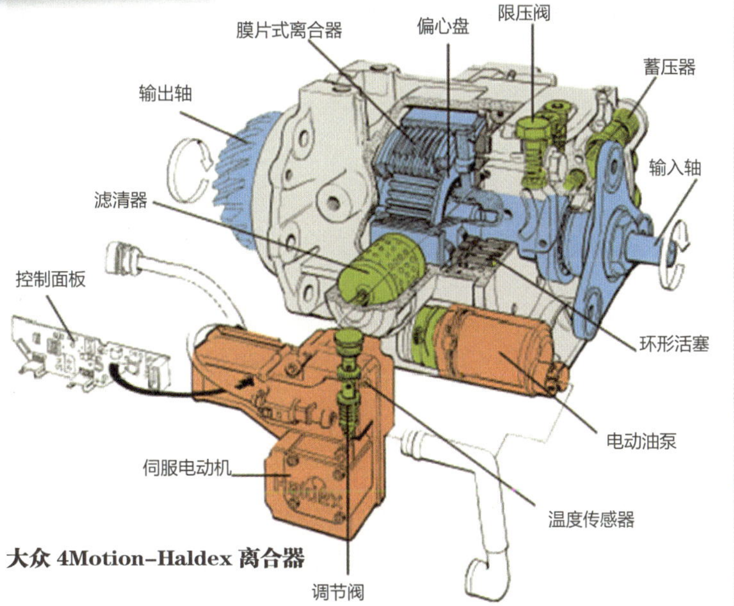

大众 4Motion-Haldex 离合器

230. 分动器有什么作用？

为了改善汽车在越野时或在泥泞、雪地行驶时的驱动条件，越野汽车和一些高级轿车都装备了四轮驱动来改进汽车的通过能力。分动器又称分动箱，它是四驱汽车上所特有的部件。它的作用就是将变速器的动力分配给前、后驱动桥，这样可以极快地增加汽车的驱动力，同时在汽车转弯时能改善操纵性能，使动力作用在四个车轮上。

在分时四驱汽车上，分动器比较简单，驾驶人拉动手柄或按动驱动模式开关，即可以把汽车切换成两驱或四驱行驶方式。由于需要驾驶人经常切换两驱或四驱模式，造成操作的复杂性，如果发生误操作，又很容易出问题，所以这类四驱方式只是在一些较老的、强调越野的车辆上广泛使用，因此，这类分动器几乎见不到。

在适时四驱汽车上，分动器不需要人为控制，系统可以自动完成两驱或四驱的切换。由于其制造成本相对低廉，使得适时四驱广泛应用在一些城市 SUV 和轿车上。因此，这类分动器在现代汽车上可以见到。

在全时四驱汽车上，四个车轮时刻都能提供驱动力。因此，分动器的主要结构就是中央差速器，由它负责向前、后驱动桥分配动力。上面讲述的奥迪 Quattro 四驱系统就是此种形式。

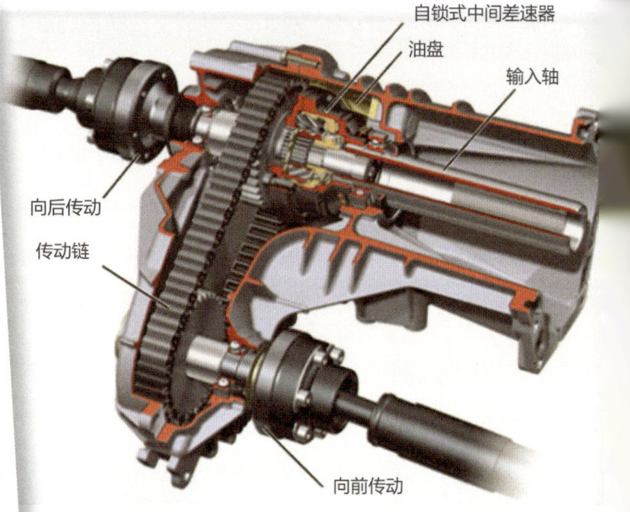

分动器构造图

231. 半轴有什么作用？

半轴的作用是将差速器传来的动力传递给驱动轮。因半轴传递的转矩较大，常制成实心轴。如果半轴断裂则汽车无法起步、行驶。

232. 半轴的结构如何？

半轴的结构因驱动桥结构形式的不同而异。整体式驱动桥中的半轴为一根刚性实心轴，内端有花键，与半轴齿轮相连，外端有凸缘，与驱动轮的轮毂相连。断开式驱动桥中的半轴也为实心轴，但其分段并用万向节分别与半轴齿轮和驱动轮毂相连。

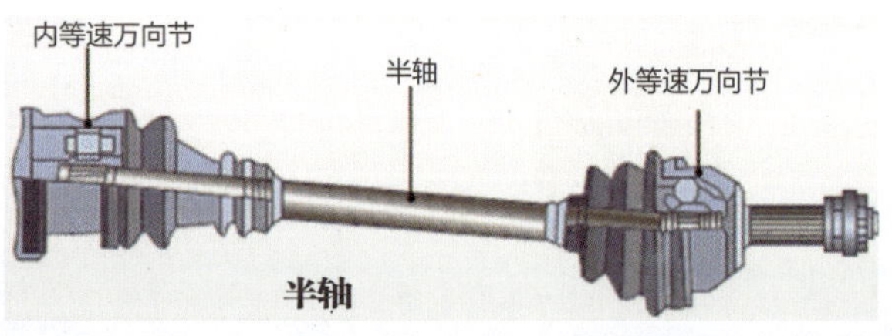

半轴

233. 什么是全浮式半轴支承？

全浮式半轴支承广泛应用于整体式驱动桥。半轴外端锻造有半轴凸缘，用螺栓紧固在轮毂上，轮毂用一对圆锥滚子轴承支承在半轴套管上，半轴套管与空心梁压配成一体，组成驱动桥壳。半轴内端用花键与差速器的半轴齿轮套合。这种半轴支承形式，半轴与桥壳没有直接联系，半轴只在两端承受转矩，不承受其他任何反力和弯矩，所以，称为全浮式半轴支承。

全浮式半轴支承便于拆装，只须拧下半轴凸缘上的轮毂螺栓，即可将半轴抽出，而车轮和桥壳照样能支撑住汽车。

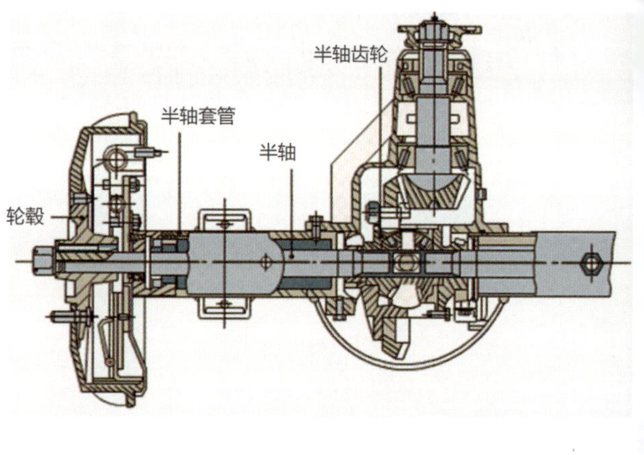

全浮式半轴支承示意图

234. 什么是半浮式半轴支承?

半浮式半轴支承广泛应用于断开式驱动桥。半轴分为两段，即外半轴和内半轴。外半轴与万向节的外球座制成一体，并铣有花键槽，最外端制有螺纹。内半轴的两端都铣有花键槽，并分别与内外万向节的内球座套合。因此，半轴不仅要承受转矩，而且还要承受各种反力及其形成的弯矩，故称这种支承形式为半浮式半轴支承。

半浮式半轴支承结构简单，但半轴受力情况复杂且拆装不便，多用于反力、弯矩较小的各类轿车上。

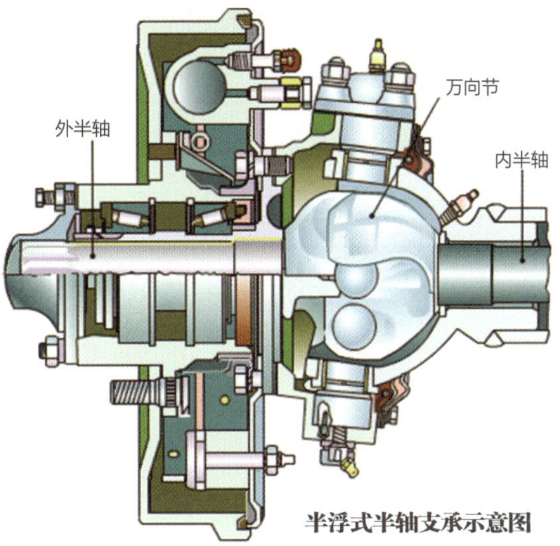

半浮式半轴支承示意图

235. 半轴的检修内容有哪些?

1）半轴应进行隐伤检查，不得有任何形式的裂纹存在。

2）半轴花键应无明显的扭转变形。

3）以半轴轴线为基准，半轴中段未加工圆柱体径向圆跳动误差不得大于 1.3mm；花键外圆柱面的径向圆跳动误差不得大于 0.25mm；半轴凸缘内侧端面圆跳动误差不得大于 0.15mm。径向圆跳动超限，应进行冷压校正；端面圆跳动超限，可车削端面进行修正。

4）半轴花键的侧隙增大量较原厂规定不得大于 0.15mm。

5）对前轮驱动汽车的半轴总成（带两侧等速万向节）还应进行以下作业内容：

① 外球笼万向节用手感检查应无径向间隙，否则应予更换。

② 内侧三叉销式万向节可沿轴向滑动，但应无明显的径向间隙感，否则应予更换。

③ 防尘罩是否有老化破裂，钢带箍是否有效可靠。如失效，应予更换。

236. 驱动桥壳有什么作用?

驱动桥壳既是传动系统的组成部分，同时也是行驶系统的组成部分。作为传动系统的组成部分，其作用是安装并保护主减速器、差速器和半轴。作为行驶系统的组成部分，其作用是安装悬架或轮毂，和从动桥一起支承汽车悬架以上各部分质量，承受驱动轮传来的反力和力矩，并在驱动轮与悬架之间传力。

驱动桥壳可分为整体式桥壳和分段式桥壳两种类型。

半轴

237. 什么是整体式桥壳?

常见的整体式桥壳有整体铸造、中段铸造压入钢管、钢板冲压焊接等形式。整体铸造式驱动桥壳的中部为一环形空心壳体，即主减速器壳，用于安装主减速器、差速器；两端为半轴套管，用来安装半轴。桥壳后盖上装有检查油面用的螺塞。

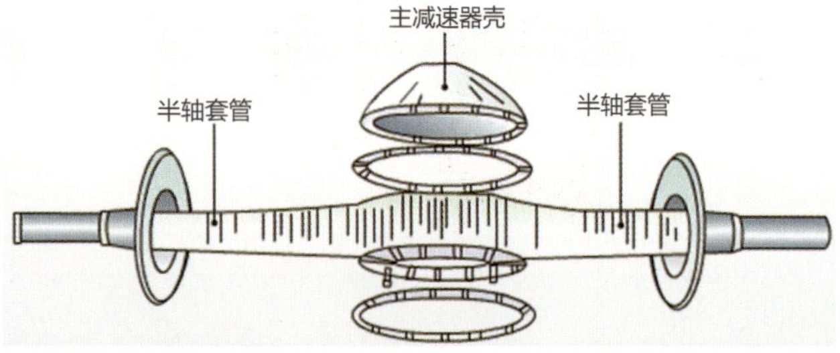

整体式桥壳

238. 什么是分段式桥壳?

分段式桥壳一般由两段式桥壳组成，即由主减速器壳、两个半轴套管组成。中间用螺栓连成一体。分段式桥壳铸造加工简便，但维修、保养十分不便。当拆检主减速器时，必须把整个驱动桥从汽车上拆卸下来，目前，很少采用。

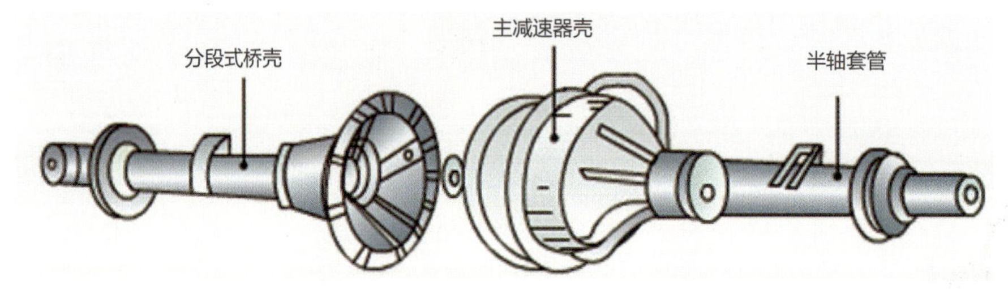

分段式桥壳

239. 桥壳的检修内容有哪些?

1）桥壳和半轴套管不允许有裂纹存在，半轴套管应进行探伤处理。各部位螺纹损伤不得超过2牙。

2）钢板弹簧座定位孔的磨损不得大于1.5mm，超限时先进行补焊，然后按原位置重新钻孔。

3）整体式桥壳以半轴套管的两内端轴颈的公共轴线为基准，两外轴颈的径向圆跳动误差超过0.30mm时应进行校正，校正后的径向圆跳动误差不得大于0.08mm。

4）分段式桥壳以桥壳的结合圆柱面、结合平面及另一端内锥面为基准，轮毂内外轴颈的径向圆跳动误差超过0.25mm时应进行校正，校正后的径向圆跳动误差不得大于0.08mm

5）桥壳承孔与半轴套管的配合及伸出长度应符合原厂规定，如半轴套管承孔的磨损严重，可将座孔镗至修理尺寸，更换相应修理尺寸的半轴套管。

6）滚动轴承与桥壳的配合应符合原厂规定。

第三章 行驶系统

240. 行驶系统有何作用?

行驶系统的主要作用是将传动系统传来的转矩转化为汽车行驶的驱动力；将汽车构成一个整体，支承汽车的总重量；承受并传递路面作用于车轮上的力和力矩；减小振动、缓和冲击，保证汽车平顺行驶；与转向系统配合，以正确控制汽车的行驶方向。

241. 行驶系统有哪几种类型?

汽车行驶系统的结构形式因车型及行驶条件的不同而不同，有轮式、履带式、车轮－履带式和水陆两用式等几种类型。其中，绝大多数汽车经常在比较坚实的道路上行驶，其行驶系统中直接与路面接触的部分是车轮，因此，称之为轮式行驶系统。

履带式行驶系统

242. 轮式行驶系统包括哪些部件?

轮式行驶系统由车架、车桥、悬架及车轮总成四部分组成。前、后车轮分别安装在前后车桥上，车桥又通过前、后悬架与车架相连接，车架是整个汽车的装配基体。这样，行驶系统就成为一个整体，构成汽车的装配基础。

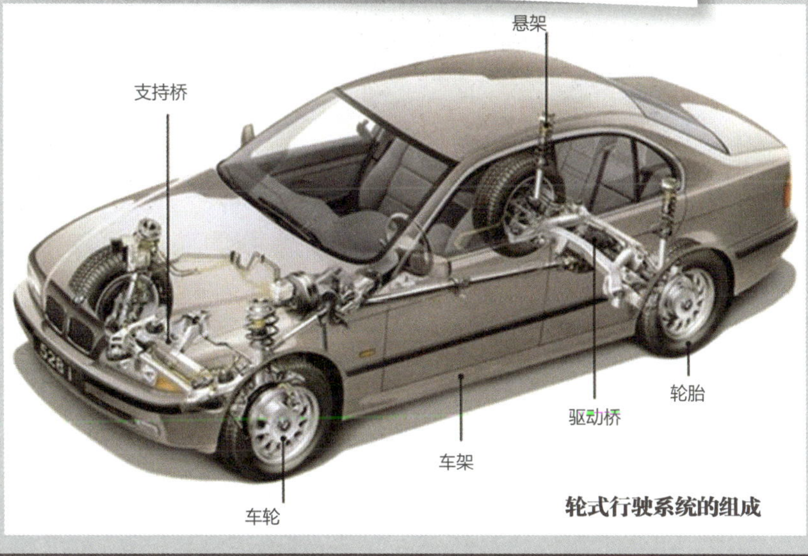

轮式行驶系统的组成

243. 车架有什么作用?

就像人的身体由骨架来支持一样，汽车也必须有一副骨架，这就是车架。车架俗称“大梁”，它是汽车的装配基体，汽车绝大多数的零部件、总成都要安装在车架上。另外，车架不仅承受各零部件、总成的载荷，还要承受汽车行驶时来自路面各种复杂载荷的作用，如汽车加速、制动时的纵向力，汽车转弯、侧坡行驶时的侧向力，不良路面传来的冲击等。

所以，车架的作用可以概括为两点：一是支承、连接汽车各零部件、总成；二是承受车内、外各种载荷。

244. 车架有哪些设计要求?

1）固定在车架上的各总成和零部件之间不应发生干涉。

2）车架应具有足够的强度和适当的扭转刚度。

3）质量尽可能轻，其质量应小于整车装备质量的 10%。

4）车架应尽可能地使整车重心降低及获得较大的前轮转向角，以保证汽车行驶的稳定性和转向的灵活性。

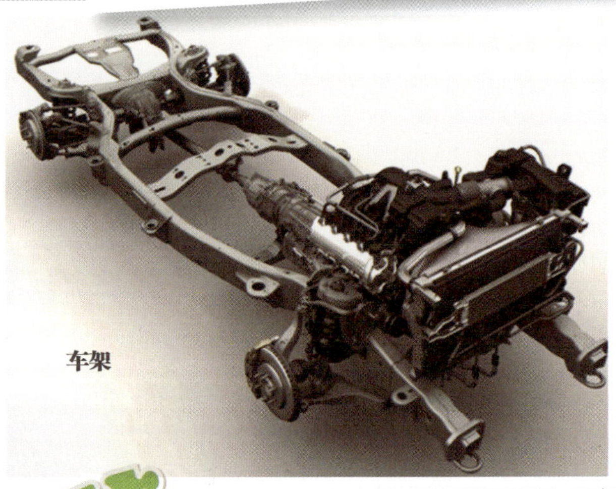

车架

245. 车架有哪几种类型?

汽车上采用的车架有五种类型：边梁式车架、中梁式车架、综合式车架、无梁式车架和特殊材料一体成型式。目前，汽车上多采用边梁式车架和无梁式车架。

246. 什么是边梁式车架?

边梁式车架是由两根位于两边的纵梁和若干根横梁组成，用铆接法或焊接法将纵梁与横梁连接成坚固的刚性构架，常称作“阵式车架”，是最早出现的车架类型（从全世界第一部汽车开始一直沿用至今）。

由于边梁式车架承载能力和抗扭刚度强，结构简单，工艺要求较低，因而多用于大型载重的货车及中、大型客车，以及对车架刚度要求很高的车辆。

247. 横纵梁的布置应满足哪些要求?

纵梁常用低碳合金钢板冲压而成，采用抗弯能力较强的槽形断面，也有的制成工字形或箱形断面。根据车型不同及总成结构布置的要求，纵梁可以制成在水平面内或纵向垂直平面内弯曲的形状。其横断面可以是等断面的，也可以是不等断面的。横梁用来连接左、右两个纵梁，保证车架的扭转刚度和承受一定的纵向载荷，而且还可支承发动机、散热器等主要部件。因此，横梁的数量、结构形式、在纵梁上的布置应该满足汽车总体布置的需要和车架刚度、强度的要求。通常，载货汽车上采用五根以上的横梁。

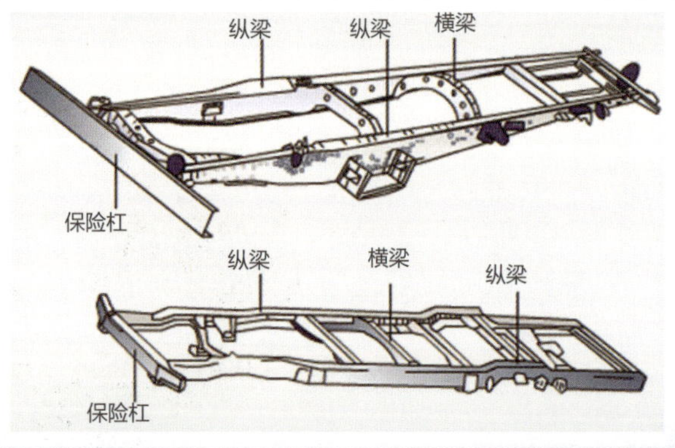

边梁式车架

248. 什么是中梁式车架？

中梁式车架又称脊梁式车架，它是由一根贯穿汽车纵向的中央纵梁和若干根横向悬伸托架构成。

传动轴由中梁内孔通过，主减速器壳通常固定在中梁尾端。中梁式车架的结构特点是中梁的断面可做成管形或箱形，中梁式车架有较大的扭转刚度并使车轮有较大的运动空间，便于采用独立悬架，车架较轻，减小了整车质量，重心也较低，行驶稳定性好。但这种车架制造工艺复杂，精度要求高，总成安装比较困难，维修也不方便，故目前应用不多。

中梁式车架

249. 什么是综合式车架？

综合式车架是由边梁式和中梁式车架结合而成的。车架前段或后段近似边梁式结构，便于分别安装发动机或驱动桥。车架中部采用中梁式结构，传动轴从中梁中间穿过。这种结构制造工艺复杂，目前，应用也不多。

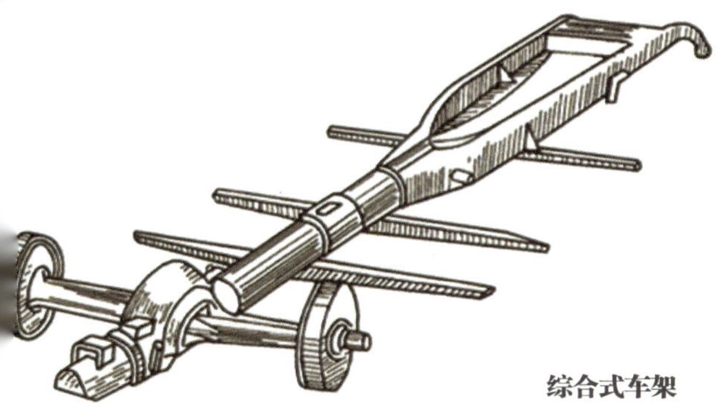

综合式车架

250. 如何引起车架侧向弯曲？

车架前部或后部的侧向弯曲通常是指车辆受到撞击使车架前后发生侧向变形的结果。在这种情况下，一侧的轴距比另一侧长，这种侧向弯曲会使汽车自行向轴距较短的一侧跑偏。

完全侧向弯曲发生在车辆受撞击时，撞击点在车辆一侧中点附近。因此，将导致车架略呈 V 字形。

251. 如何引起车架向下弯曲？

车架向下弯曲通常是由于车架前部或后部直接受到撞击所致。这种情况发生时，车架边梁的前部或后部相对于车架中心有向上拱起的变形。如果车辆一侧承受的冲击力比另一侧更多，左、右侧轴距的尺寸很可能会不相同。

前横梁可能在受撞击时向下弯曲。当这根梁下陷时，双横臂悬架系统的上摆臂彼此靠近，如果麦弗逊式前悬架发生下陷，它的滑柱顶部也会相互靠近。在这两种的任何一种前悬架中，下陷状态会使车轮顶部向内移而使外倾角变成负值。

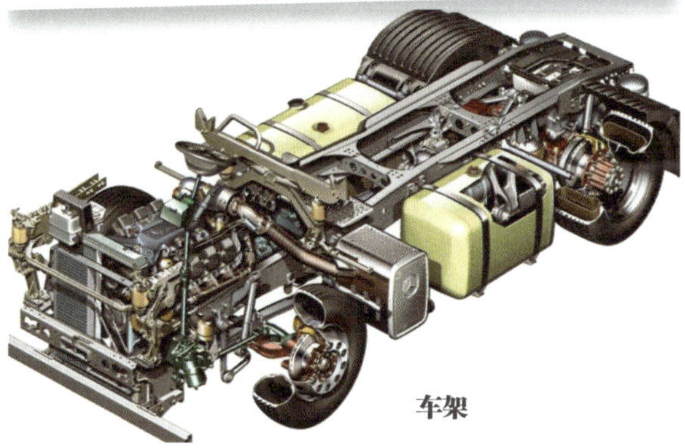

车架

252. 如何引起车架纵向弯曲？

车架发生纵向弯曲时，发动机罩与前保险杠之间的距离小于规定值，或者后轮与后保险杠的距离小于规定值。即车架纵向弯曲是由于车架正前方或正后方受到撞击引起的 。在许多车架纵向弯曲的情况下，车架的一侧或两侧的轴距变小，这种撞击可使车架侧面向外鼓起，尤其是承载式车身。

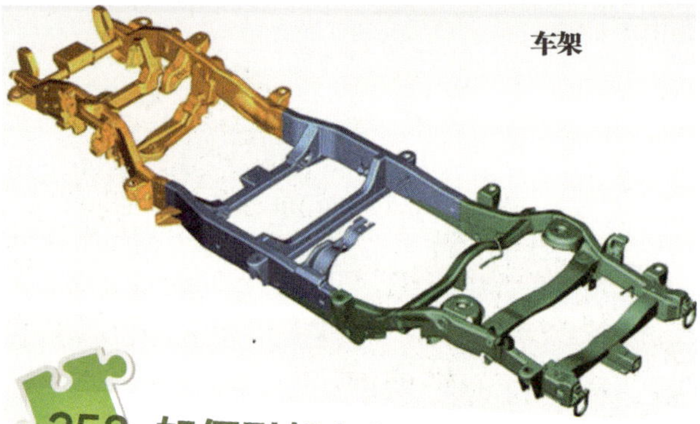
车架

253. 如何引起车架菱形变形?

车架菱形变形出现在车架撞击受损而不再保持相互垂直的时候。在这种情况下，车架的形状像一只四边形的框架。如果右后轮相对左后轮被撞向后方，后悬架会向右转，而这又使车辆向左转向。此时，汽车转向盘必须不断向右转才能抵消向左的转向侧向力。车架的菱形变形通常出现在边梁式车架的车辆上，而承载式车身的车辆很少有这种变形发生。

254. 如何修理车架变形?

车架弯曲、扭曲或歪斜变形超过允许值时，应进行校正。若变形不大，可用专用液压机具（车体校正机）进行整体冷压校正。变形严重时，可将车架拆散，对纵、横梁分别进行校正，然后重新铆合，必要时可采用中性氧化焰或木炭火将变形部位局部加热至暗红色进行热校正，加热温度不得超过 700℃，以免影响车架的性能。

255. 什么是承载式车身?

对于家用车来说，非承载式车身最大的缺点就是车身重量太大，因而随着汽车技术的发展，人们取消了非承载式结构中独立的刚性车架，整个车身成为一个单体结构，这就是承载式车身。

承载式车身的外壳、车顶和地板以及 A 柱、B 柱、C 柱都是连接在一起的。在冲压阶段，钢板先被冲压成不同的形状，然后焊接成一个完整的车身。其实这些部件按照功能可以大致分为两种：覆盖件和结构件。所谓覆盖件就是覆盖在车身表面的部件，如车门、车顶、翼子板等，它们通常起到美观和遮风挡雨的作用，一般都用厚度不超过 1 毫米的钢板冲压而成，我们平时所说的某辆车钢板的薄厚就是指这些部位。结构件隐藏在车身覆盖件之下，对车身起到支撑和抗冲击的作用，分布在车身各处的钢梁是车身结构件的一种。

256. 承载式车身有何特点?

承载式车身没有车架，而车身已兼起车架的作用，将所有部件固定在车身上，所有的力也由车身来承受。因此，承载式车身和非承载式车身的用途完全不同。承载式车身的车身部分（侧围、立柱、车顶等）都在承受地面、悬架传过来的振动、压力，而非承载式车身只有车架在承受这些。

承载式车身

257. 承载式车身有何优点?

承载式车身最大的优点莫过于重量轻，而且重心较低，公路行驶平稳，车内空间利用率也比非承载式车身结构更高，所以在家用轿车领域已经取代了非承载式车身结构。但承载式车身的抗扭刚性和承载能力相对较弱，所以，在越野车和载重货车领域还是非承载式车身的天下。

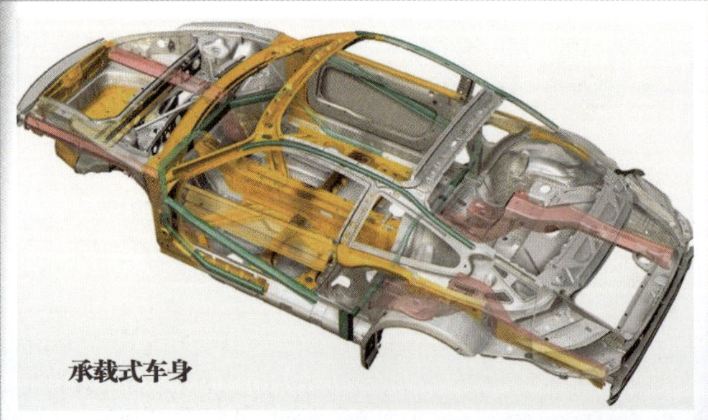
承载式车身

258. 什么是全钢承载式车身?

承载式车身按其使用材料不同可分为全钢承载式车身、全铝合金承载式车身、碳纤维承载式车身三种类型。

全钢承载式车身由钢经冲压、焊接而成，对设计和生产工艺的要求都很高。成型的车架是个带有乘员舱、发动机舱和底板的骨架，我们所能看到的光滑的汽车车身则是嵌在骨架上的覆盖件。

259. 全铝合金承载式车身有何优点?

全铝合金承载式车身最大优点是重量轻（相同刚度的情况下），但是成本高，不宜大量生产，而且铝合金本身的特性决定了其承载能力受限制，暂时只有少数生产商运用在小型的量产跑车上，如路特斯 ELISE 和雷诺 SPIDER。

全铝合金承载式车身

260. 什么是碳纤维承载式车身?

碳纤维承载式车身即一体成型式车架。其制造方法是用碳纤维浇铸成一体化的底板、乘员舱和发动机舱结构，再装上机械零件和车身覆盖件。碳纤维车架的刚度极高，重量比其他任何车架都要轻，重心也可以造得很低。但是制造成本是它的致命伤。因此，目前都只用于不计成本的赛车和极少数量产车上。至今仅有的两部采用碳纤维车架的量产车是 1994 年的麦克拉伦 F1 和 1995 年的法拉利 F50。

261. 什么是非承载式车身?

非承载式车身的车架和车身是两个独立的部件。它有刚性的车架，又称底盘大梁架，这种车架一般都是矩形或者梯形的，布置在车身的最底部，我们平时是看不到的。

车架承载着整个车体，发动机、悬架和车身，从理论上说，即使没有车身，单是一个车架“裸奔”也是没有什么问题的。那么车身的作用又是什么呢?显而易见，是为了美观，以及给驾驶人和乘客提供一个舒适安全的环境。

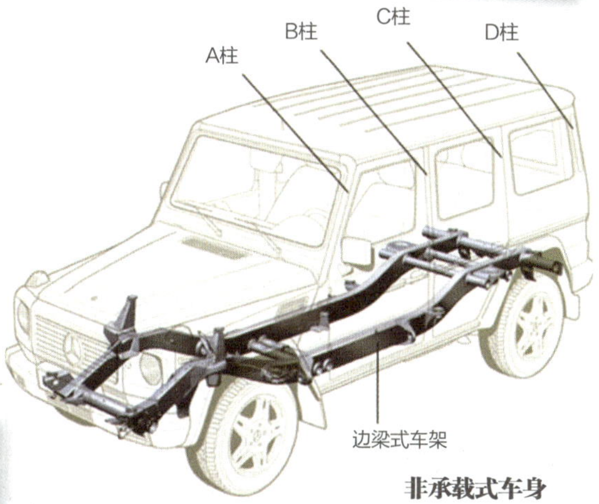

非承载式车身

262. 非承载式车身有何优缺点?

非承载式车身最大的优点就是车身强度高，钢架能够提供很强的车身刚度，也有利于提高安全性，对于载重车和越野车来说这一点非常重要。另外，驾驶过这种车的人应该有所体会，悬架对路面颠簸的反馈在车内的感觉要轻微很多，这是因为有些车的车身和底盘直接采用降低振动的方法连接在一起，所以，汽车行驶在颠簸路面时更平稳舒适一些。

但是，随着时代的发展，非承载式车身的缺点也暴露出来，其中之一就是重量大，车架本身就很重，而车身和车架又是两个独立的部件，所以，整体重量就更大了，用的钢材多，成本也会相对较高。非承载式车身还有另外一个问题就是车辆重心比承载式更高。我们可以想象一下，车架在底部，而车身是安装在车架上，那么车身的地板无论如何也要在车架之上。所以，整车看上去非常高大，可是坐进去感觉就没有想象中那么大，因为地板也很高。

263. 什么是 ABC 柱?

一般轿车车身有三个立柱，从前往后依次为 A 柱（前柱）、B 柱（中柱）、C 柱（后柱）。对于轿车而言，立柱除了支撑作用，也起到门框的作用。

A 柱是在发动机舱和乘员舱之间，左、右后视镜的上方，会遮挡你一部分的转弯视界，但为了减小安全的风险，应保证 A 柱的高刚度。

B 柱不但支撑车顶盖，还要承受前、后车门的支承力，在 B 柱上还要安装一些附加零部件，例如，前排座位的安全带，有时还要穿电线线束。因此，B 柱大都有外凸半径，以保证有较好的力传递性能。

C 柱与 A 柱、B 柱不同的一点就是不存在视线遮挡及上下车障碍等问题。因此，构造尺寸大些也无妨，关键是 C 柱与车身的密封性要可靠。

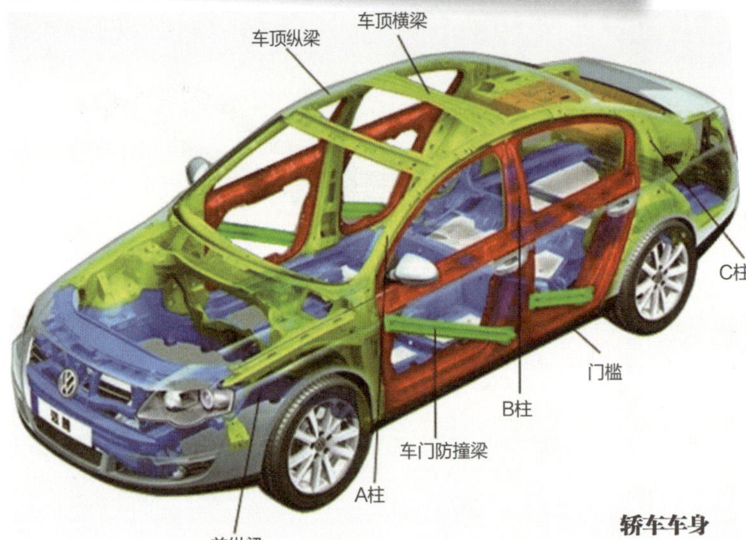

轿车车身

264. 车桥有何作用?

车桥通过悬架与车架连接，两端安装和支撑车轮。汽车行驶时，车轮受到的滚动阻力、驱动力、制动力和侧向力及其弯矩和扭转力矩均通过车桥传递给悬架和车架。同时，车架上的载荷也通过车桥传递给车轮。故车桥的作用是安装车轮，传递车架与车轮之间的各个方向的作用力及其产生的弯矩和扭转力矩。

265. 车桥如何分类?

1）根据悬架结构的不同分类。根据悬架结构的不同，车桥分为整体式车桥和断开式车桥两种。整体式车桥的中部是刚性实心或空心壳，与非独立悬架配用；断开式车桥为活动关节式结构，与独立悬架配用。

2）根据车桥的功用不同分类。根据车桥的功用不同，车桥分为转向桥、驱动桥、转向驱动桥和支持桥四种。

在后轮驱动的汽车中，前桥不仅用于承载，而且兼起转向作用，称为转向桥；后桥不仅用于承载，而且兼起驱动作用，称为驱动桥。

四驱汽车和前轮驱动汽车的前桥，除了承载和转向作用外，还兼起驱动作用，所以，称为转向驱动桥。

只起支承作用的车桥称为支持桥。挂车的车桥就是支持桥。支持桥除不能转向外，其他功能和结构与转向桥相同。

266. 转向桥有何作用?

安装转向轮的车桥叫转向桥，转向桥通常位于汽车前部，能使装在其两端的车轮偏转一定的角度，以实现汽车的转向。同时，它除了承担汽车的垂直载荷外，还要承受车架与车轮之间的纵向力和侧向力及这些力造成的弯矩和扭转力矩。

车桥的安装位置图

267. 转向桥包括哪些部件?

转向桥主要由前轴、转向节、主销和轮毂四部分组成。通常，轿车中不设独立的主销，而以转向节上、下球头中心的连线为主销的轴线。

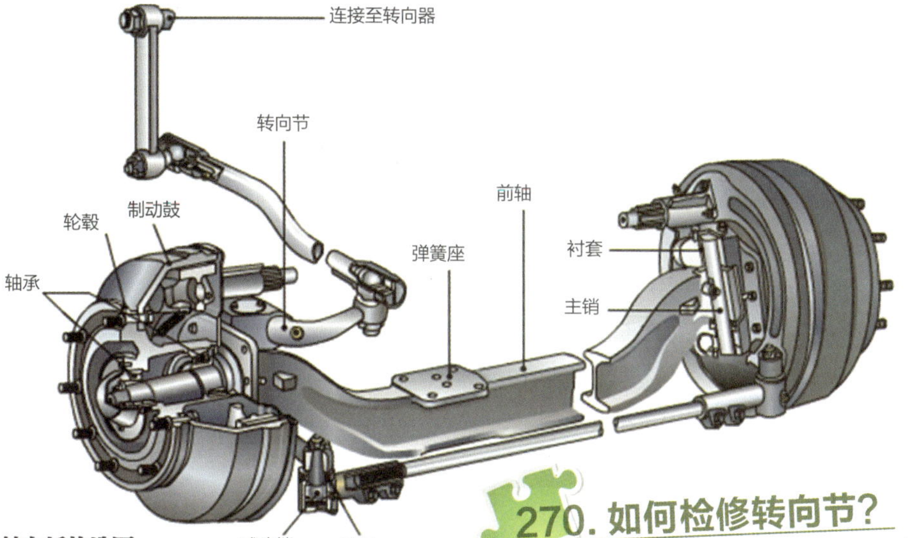

转向桥构造图

268. 前轴有何作用?

前轴是转向桥的主体，一般由中碳钢经模锻而成。其端面采用工字形断面以提高抗弯强度。接近两端逐渐过渡为方形，以提高抗扭刚度。中部加工出两处用以支承钢板弹簧的弹簧座，其上钻有四个安装U形螺栓的通孔和两个位于中心的钢板弹簧定位凹坑。中部向下弯曲，使发动机位置得以降低，从而降低汽车重心，扩展驾驶人视野。前轴两端各有一个加粗部分，呈拳形，称为拳部，其中有通孔，主销插入此孔内可将前轴与转向节铰接。

269. 转向节有何作用?

转向节是用中碳钢锻造而成的叉形部件，转向节与前轴通过主销采用铰接连接方式，形似羊角，故称为“羊角”。上、下两叉制有同轴销孔，通过主销与前轴的拳部相连，使前轮可以绕主销偏转一定角度而使汽车转向。为了减小磨损，转向节销孔内压入青铜衬套，衬套上的润滑油槽在上面端部是切通的，用装在转向节上的油嘴注入润滑脂润滑。

270. 如何检修转向节?

转向节是用来支承前轮毂，并使前轮毂相对主销轴线做旋转运动的机件。当汽车沿不平路面行驶时，转向节则承受不断变化的冲击载荷，因此容易产生断裂、变形及球头销孔磨损等故障。必须进行细致检查。

1）通常用电磁探伤器或浸油敲击法检查裂纹。浸油敲击法是一种探测隐蔽裂纹缺陷简单有效的方法。检验时，先将转向节浸入煤油或柴油中片刻，取出后将外表擦干，撒上一层滑石粉，然后用小锤轻轻敲击转向节的工作表面，如果有裂纹，则浸入裂纹的煤油或柴油因振动而溅出，使裂纹处的滑石粉呈黄色线痕，根据线痕可判断裂纹位置。

2）转向节如果出现裂纹、变形，轴承座孔严重磨损、刮伤，转向节球头销连接孔的孔径失圆及损伤等缺陷，应该立即更换转向节。

转向节

271. 主销有何作用?

主销的作用是铰接前轴与转向节，使转向节绕着主销摆动以实现车轮转向。常见的主销形式有实心圆柱形、空心圆柱形、圆锥形和阶梯形四种，主销中部一般都切有凹槽，通过带螺纹的楔形销将主销固定在前轴拳部孔内，使之不能转动。

主销

272. 转向桥的轮毂有何作用?

轮毂用于连接制动鼓和半轴凸缘，它通过内外两个圆锥滚柱轴承装在转向节轴颈上。轴承的松紧度可通过调整螺母加以调整，调整后用锁紧垫圈锁紧。在轮毂外端装有端盖，以防止泥水和尘土浸入；内侧装有油封、挡油盘，以防止润滑油进入制动器。

273. 如何检修轮毂?

轮毂如果出现裂纹、变形，内花键齿损伤、折断，花键齿面疲劳剥落、腐蚀斑点，装车轮轴承的轴颈刮伤及严重磨损等缺陷，应该更换轮毂。

274. 什么是转向驱动桥?

在许多轿车和全轮驱动的汽车上，前桥除作为转向桥外，还兼起驱动桥的作用，故称为转向驱动桥。

275. 转向驱动桥有何结构特点?

转向驱动桥具有如下结构特点：

1）转向驱动桥具有一般驱动桥的主减速器、差速器和半轴，也具有一般转向桥所具有的转向节、主销和轮毂。

2）转向驱动桥为活动关节式结构，与独立悬架配合使用。

3）由于需要转向，半轴被分为两段（内半轴和外半轴），其间用等速万向节连接。

4）结构简单，行驶平稳，转弯半径小，便于进行维修。

276. 如何诊断与排除转向桥转向沉重故障?

（1）故障现象

汽车转向时，转动转向盘感到沉重费力且无回正感。

（2）故障原因

1）转向节臂变形。

2）转向节推力轴承缺油或损坏。

3）转向节主销与衬套间隙过小或缺油。

4）轮胎气压不足。

5）前轴或车架变形引起前轮定位失准。

（3）故障诊断与排除

诊断时用举升机举起汽车，用手转动转向盘，若感到转向很容易，不再有转动困难的感觉，这说明故障部位在转向桥与车轮。因为举起汽车后，转向时已不存在车轮与路面的摩擦阻力，而只是取决于转向器等的工作状况。此时，应仔细检查前轮胎气压是否过低，前轴有无变形，同时也要考虑检查车架有无变形。必要时，检查车轮定位角度是否正确。

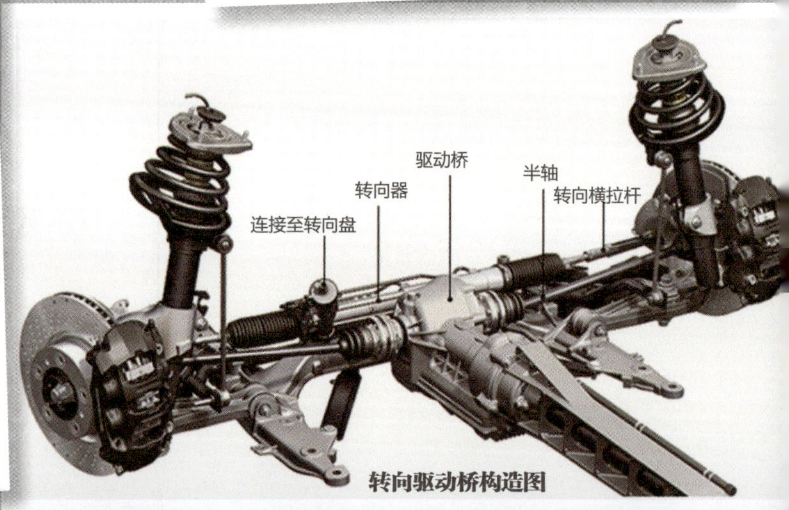

转向驱动桥构造图

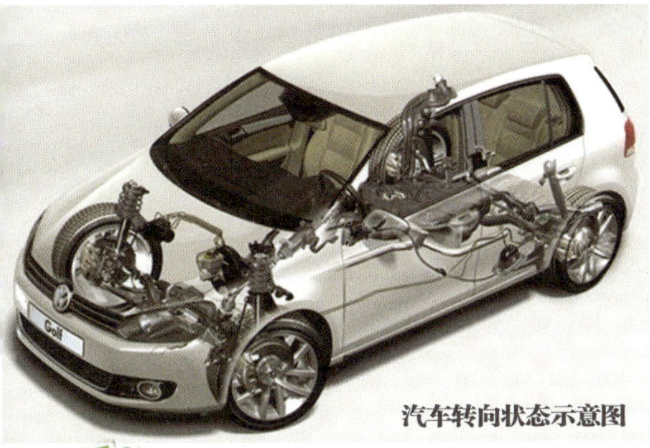

汽车转向状态示意图

277. 如何诊断与排除转向桥低速摆头故障?

（1）故障现象

汽车低速直线行驶时前轮摇摆，感到方向不稳。转弯时大幅度转动转向盘，才能控制汽车的行驶方向。

（2）故障原因

1）转向节臂装置松动。

2）转向节主销与衬套磨损松旷。

3）轮毂轴承间隙过大。

4）前束过大。

5）轮毂螺栓松动或数量不全。

（3）故障诊断与排除

前轮低速摆头和转向盘自由行程大，一般是由于各部分间隙过大或连接松动造成的。诊断时应采用分段区分的方法进行检查。可举起汽车，并用手沿转向节轴轴向推拉前轮，凭感觉判断是否松旷。若松旷，说明转向节主销与衬套的配合间隙过大或前轴主销孔与主销配合间隙过大。若此处不松旷，说明前轮毂轴承松旷，应重新调整轴承的预紧度。若非上述原因，应检查前轮定位是否正确，检查前轴是否变形。如果前轮轮胎异常磨损，则应检查前束是否正确。

278. 如何诊断与排除转向桥高速摆振故障?

（1）故障现象

1）随着车速的提高，摆振逐渐增大。

2）在某一较高车速范围内出现摆振，出现行驶不稳，甚至还会造成转向盘抖动。

（2）故障原因

1）轮毂轴承松旷，使车轮歪斜，在运行时摇摆。

2）轮盘不正或制动鼓磨损过度失圆，歪斜失正。

3）使用翻新轮胎。

4）转向节主销或推力轴承磨损松旷。

5）横、直拉杆弯曲。

6）前轮定位值调整不当。前束失调，两前轮主销后倾角或内倾角不一致等，汽车向前行驶时，前轮摇摆晃动。

7）车轮动不平衡。

8）转向节弯曲。

9）前钢板弹簧刚度不一致。

（3）故障诊断与排除

1）在进行高速摆振故障的诊断时，应先检查转向桥、转向器以及转向传动机构连接是否松动，悬架弹簧是否固定可靠。

2）支起驱动桥，用楔块固定非驱动轮，起动发动机并逐步换入高速档，使驱动轮达到产生摆振的转速。若这时转向盘出现抖动，说明是传动轴不平衡引起的，应拆下传动轴进行检查。若此时不出现明显抖动，则说明摆振原因在汽车转向桥部分。

3）怀疑摆振的原因在转向桥部分时，应架起转向桥试转车轮，检查车轮是否晃动，以及车轮钢圈是否偏摆过大。

4）检查车架是否变形，铆钉有无松动以及前轴是否变形。另外，还需检查前钢板弹簧的刚度。

5）检查前轮定位是否正确。

6）检查高速摆振的故障，有时还需借助一定的测试仪具。当缺少必要的测试仪具时，也可以采用替换法。例如，在怀疑某车轮有动不平衡时，可以另换一车轮试验，或者将可能引起的高速摆振的车轮拆装到不发生摆振的车辆上进行对比试验。

279. 如何诊断与排除转向桥行驶跑偏故障?

（1）故障现象

汽车在直线行驶时驾驶人必须紧握转向盘，方能保持直线行驶。若稍放松转向盘，汽车会自动偏向一边行驶。

（2）故障原因

1）前轮定位值不正确，前束调整不当，过大或过小。

2）左、右前轮主销后倾角或车轮外倾角不相等。

3）制动鼓与制动蹄摩擦片间隙调整不均匀，一边过紧，一边过松。

4）钢板弹簧一边折断，造成两边弹力不等。

5）转向节或转向节臂弯曲变形。

6）前轴或车架弯曲或扭转。

7）左、右两边轮胎气压不相等。

8）前轮毂轴承调整不当，左、右轮毂轴承松紧度不一致。

（3）故障诊断与排除

1）检查左、右前轮轮胎气压是否一致。如果是在换上新轮胎后出现跑偏现象，则应检查左、右轮胎规格以及轮胎花纹是否一致。

2）用手触摸一下跑偏一侧的制动鼓和轮毂轴承部位是否发热。若发热，说明制动拖滞或是车轮轮毂轴承调整过紧，造成一边紧一边松的现象。

3）测量左、右轴距是否相等。

4）检查前钢板弹簧有无折断，前轴是否变形。

5）若以上均属正常，应对前轮定位进行检查调整。

紧握转向盘

280. 什么是四轮定位?

一般人认为汽车的四个车轮是垂直于地面的，实际上要想保证汽车在行驶中的安全和舒适，必须考虑许多因素来确定车轮与地面的角度，也就是车轮定位。

所谓车轮定位就是指车轮、转向节和车桥与车架的安装应保持一定的相对位置。车轮定位参数有：主销后倾、主销内倾、前轮外倾和前轮前束四个参数。通常车轮定位主要是指前轮（转向车轮）定位，现在也有许多车辆需进行除前轮定位外的后轮定位即四轮定位。

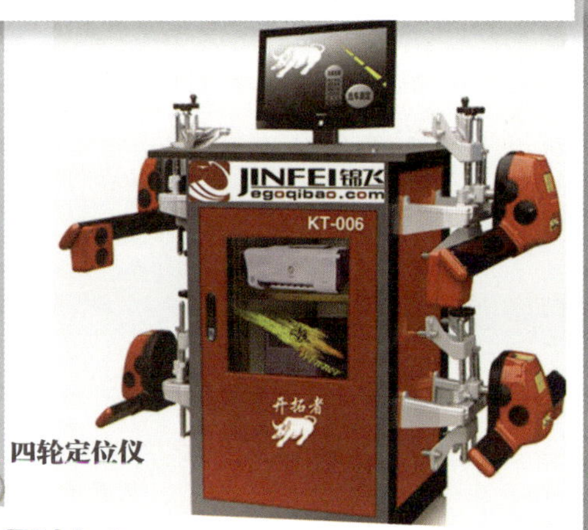

四轮定位仪

281. 四轮定位有何作用?

1）自动回正。当转向轮偶遇外力作用或转向后发生偏转时，在外力消失后，应能立即自动回到直线行驶的位置。

2）使轮胎磨损均匀。车轮轮胎尽量与地面接触，并尽量保证车轮轮胎与地面发生纯滚动，这样可使轮胎磨损均匀。

3）减轻轮毂外轴承的负荷。

4）转向轻便。提高汽车安全性、经济性、降低驾驶人的疲劳强度。

282. 什么是主销后倾?

主销是传统汽车上转向轮转向时的回转中心，是一根较粗的销轴，现在的轿车上已经没有主销了。但在四轮定位中，仍然沿用主销这个名词，把它作为转向轮的转向轴线的代名词，认为转向轮在转向时，是以主销为轴线向左右转动的。

所谓主销后倾是将主销（即转向轴线）的上端略向后倾斜。在纵向垂直平面内，主销轴线与垂直之间的夹角 γ 叫主销后倾角。

主销后倾的作用是形成回正力矩，保证汽车直线行驶的稳定性，并使汽车转向后回正操纵轻便。

283. 主销后倾能实现直线行驶吗?

主销后倾使主销轴线的延长线与地面的交点 A 位于车轮与路面的接触点 B 之前，A、B 两点之间的距离称为主销后倾移距。设 B 点到主销轴线延长线之间的距离为 l。汽车直线行驶时，若转向轮偶然受到外力作用而偏转（图 b 所示为向右偏转），汽车将偏离行驶方向而右转弯。由于汽车本身离心力的作用，在轮胎与路面接触点 B 处将产生一个路面对车轮的侧向反作用力 Y，由于反作用力 Y 没有通过主销轴线，因而形成了一个使车轮绕主销轴线旋转的力矩 D（$D=Y\times l$），其方向正好与车轮偏转方向相反。在此力矩作用下，将使车轮回复到原来中间的位置，从而保证了汽车直线行驶的稳定性，故此力矩称为回正稳定力矩。同理，在汽车转向后的回正过程中，此力矩具有帮助驾驶人使转向车轮回正的作用，使汽车转向后回正操纵轻便。

我们都熟悉的自行车前叉梁也是向后倾斜的，它就是自行车的“主销后倾”。我们可以松开自行车把后进行直线骑车的原理就在于此。

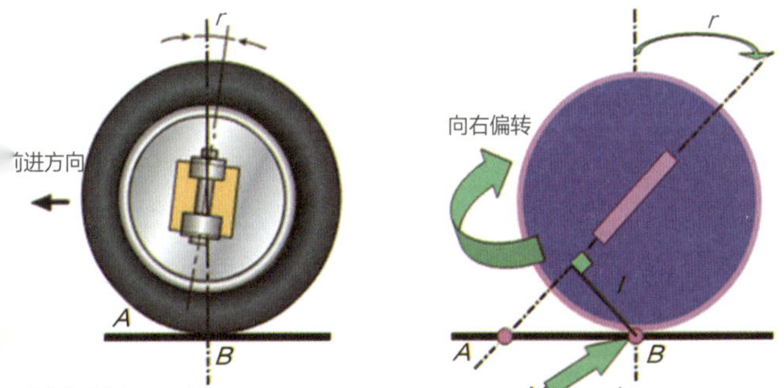

主销后倾

284. 主销后倾角多大?

主销后倾角越大、车速越高，回正力矩越大，转向轮偏转后自动回正的能力也愈强。但主销后倾角也不宜过大，一般不超过 2°～3°，否则，在转向时为了克服此力矩，驾驶人需在转向盘上施加较大的力，使转向变得沉重。

现代汽车为了提高行驶速度，普遍采用扁平低压胎。轮胎宽度增加，也增加了车辆行驶的稳定性。因此，主销后倾角可以减小甚至接近于零。

285. 什么是主销内倾?

所谓主销后倾是将主销（即转向轴线）的上端略向内倾斜。在横向垂直平面内，主销轴线与垂线之间的夹角 β 称为主销内倾角。

主销内倾的作用是使转向轮转向后能自动回正，并使转向操纵轻便。

286. 主销内倾有何作用?

主销内倾具有使转向轮转向操纵轻便的作用，如图 a 所示。由于主销内倾，使主销轴线的延长线与地面的交点至车轮中心平面与地面交点之间的距离 c 缩短（在有些维修资料中将此距离称为偏置或磨胎半径）。转向时，路面作用在转向轮上的阻力对主销轴线产生的力矩减小，从而可减少转向时驾驶人施加在转向盘上的力，使转向操纵轻便。同时，还可以减小因路面不平而从转向轮传到转向盘上的冲击力。

主销内倾具有使转向轮自动回正的作用，如图 b 所示。当转向轮在外力作用下绕主销旋转（为了解释方便，假设旋转 180°，即由图 b 中左边位置转到右边位置）而偏离中间位置时，由于主销内倾，车轮的最低点将陷入路面以下 h 处，即车轮必须将路面压低距离 h 后才能旋转过来，但实际上路面不可能被压低，车轮下边缘不可能陷入路面之下，而是车轮连同整个汽车前部被向上抬起相应高度。一旦外力消失，转向轮就会在汽车前部的重力作用下力图自动回正到旋转前的中间位置。主销内倾角越大、转向轮偏转角越大，汽车前部就抬起得越高，转向轮自动回正的作用就越大。

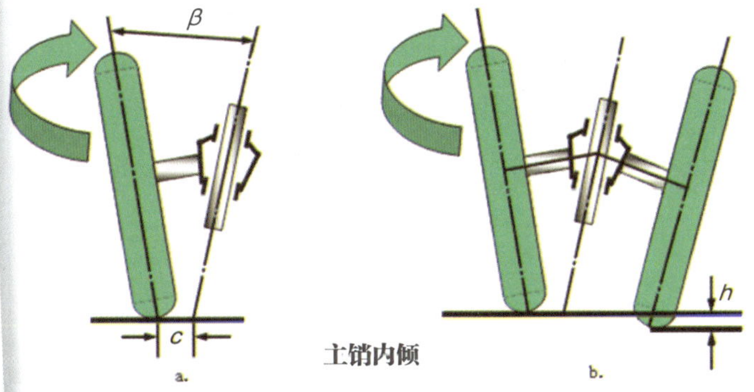

主销内倾

287. 主销内倾角多大？

主销内倾角既不宜过大，也不宜太小。主销内倾角过大（偏置 c 减小），转向时，车轮在滚动的同时将与路面产生较大的滑动，增加轮胎与路面的摩擦阻力，这不仅使转向沉重，而且加速了轮胎的磨损，故主销内倾角一般为 5° ～ 8°，偏置一般为 40 ～ 60mm；主销内倾角过小（偏置 c 增大），汽车行驶的稳定性和制动的稳定性将变差。在一些发动机前置前轮驱动的轿车上，为了使汽车具有良好的行驶稳定性，特别是制动稳定性，其主销内倾角均较大。

288. 主销后倾与主销内倾有何区别？

主销后倾和主销内倾都具有使转向轮自动回正及转向操纵轻便的作用，但其区别在于：主销后倾的回正作用与车速有关，而主销内倾的回正作用与车重有关。

289. 什么是前轮外倾？

当汽车升起时，从汽车前方看前轮，轮胎并非垂直于路面，而是稍微倾斜，这种现象称为前轮外倾。在横向垂直平面内，前轮中心线与垂线之间的夹角 α 称为前轮外倾角。轮胎呈现“八”字形张开时称为负外倾，而呈现“V”字形张开时称为正外倾。

举升汽车

290. 前轮外倾有何作用？

前轮外倾的作用是提高车轮工作的安全性和转向操纵的轻便性。

如果空车时车轮的安装正好垂直于路面，则满载时车桥将因承载变形而可能出现车轮内倾，这样将加速轮胎的偏磨损。另外，路面对车轮的垂直反作用力沿轮毂的轴向分力将使轮毂压向轮毂外端的小轴承，加重了外端小轴承及轮毂紧固螺母的负荷，降低它们的使用寿命，严重时会损坏外端的紧固螺母而使车轮外脱，造成交通事故。因此，为了使轮胎磨损均匀和减轻轮毂外轴承的负荷，安装车轮时预先使其有一定的外倾角，以防止车轮内倾。车轮外倾与主销内倾相配合可进一步缩短偏置距离，使汽车转向轻便。此外，车轮有一定的外倾角也可以与拱形路面相适应。

291. 前轮外倾角多大？

前轮的外倾角是在转向节的设计中确定的。设计时使转向节轴颈的轴线与水平面成一角度，该角度即为前轮外倾角。在使用普通斜交轮胎的鼎盛时期，由于使轮胎倾斜触地便于转向盘的操作，所以外倾角设计得比较大。随着汽车装用扁平子午线轮胎的普及，并由于子午线轮胎的特性（轮胎花纹刚性大，胎体比较软，外胎面宽），若设定较大的外倾角，会使轮胎偏磨，缩短轮胎的使用寿命。现在的汽车一般都将外倾角设定为 1° 左右，有的接近垂直，有的为负值，这样在汽车转向时可避免车身过分倾斜。

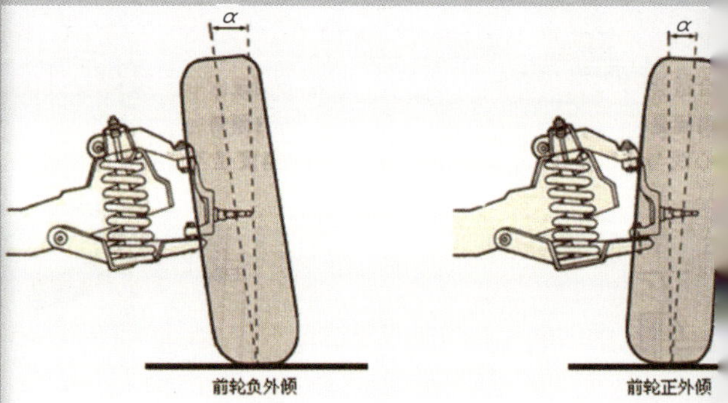

前轮外倾

292. 如何调整前轮外倾？

前轮外倾和主销后倾的调整方法要视车型而定。由于前轮外倾或主销后倾被调整后，前束发生变化，在前轮外倾或主销后倾调整后必须对前束进行检查。

前轮外倾单独调整。对于某些车型，转动减振器滑柱上的调整螺栓就可以改变其车轮外倾角，这个车轮外倾调整螺栓其实是取代了原来的减振器滑柱安装螺栓。调整螺栓的一小段是没有螺纹的，而且直径是变化的，用于车轮外倾的调整，这种类型的调整通常在麦弗逊式独立悬架上使用。

293. 如何调整主销后倾？

（1）主销后倾单独调整

通过用支撑杆的螺母或间隔垫圈改变下臂与支撑杆之间的距离来调节主销后倾。这种类型的调整通常在双叉臂式独立悬架上使用。支撑杆位于下臂的前面或后面。

（2）同时调整前轮外倾和主销后倾

1）偏心凸轮式安装螺栓位于下臂的内侧接头上，旋转该螺栓移动下球头节的中心，使其倾斜并调节车轮外倾和主销后倾。这种调整方法通常在连杆支柱式独立悬架或双叉臂式独立悬架上使用。

2）前后下臂上的安装螺栓改变下臂安装角并且还改变下球头节的位置。这种调整方法通常在连杆支柱式独立悬架或双叉臂式独立悬架上使用。

3）用增加或减少垫片数量或厚度来改变上臂安装角，也就是上球头节位置。这种调整方法通常在双叉臂式独立悬架上使用。

双叉臂式独立悬架

294. 什么是前轮前束？

从汽车的上面往下看，左右两个前轮形成一个开口向后的“八”字形，这种现象称为前轮前束。两前轮后端距离 A 大于前端距离 B，其距离差称为前轮前束值。

脚尖向内，所谓“内八字脚”的意思，指的是左右前轮分别向内。采用这种结构的目的是修正前轮外倾角所引起的车轮向外侧滚动。如前所述，由于有了外倾，转向盘操作变得容易。另一方面，由于车轮倾斜，左右前轮分别向外侧滚动，为了修正这个问题，如果左右车轮带有向内的角度，则正负为零，左右两轮可保持直线行进，减少轮胎磨损。

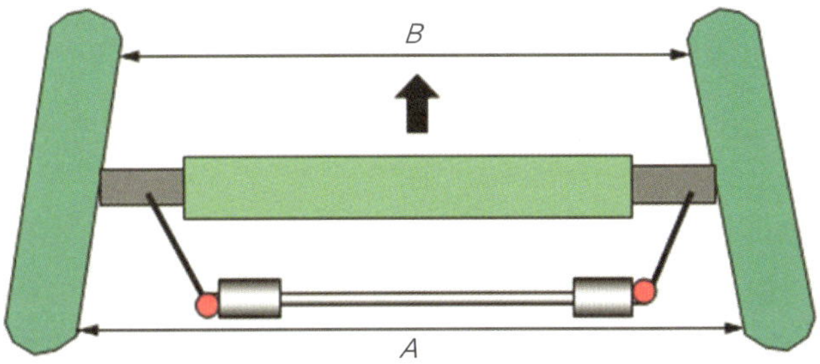

前轮前束

295. 前轮前束有何作用？

前轮前束的作用是消除因前轮外倾使汽车行驶时向外张开的趋势，减少轮胎磨损和燃油消耗。

由于前轮外倾，在汽车行驶时，两个车轮的滚动类似于两个锥体的滚动，其轨迹不再是直线而是逐渐向各自的外侧滚开。但因受车桥和转向横拉杆的约束，两侧车轮不可能向外滚开。这样，车轮在路面上滚动行驶的同时又被强制地拉向内侧，产生向内的侧滑，从而加剧轮胎的磨损。有了前束，车轮滚动的轨迹是向内侧偏斜，只要前束值与车轮外倾角配合适当，车轮向内、外侧滚动的偏斜量就会相互抵消，使车轮每一瞬间的滚动方向都朝着正前方，从而消除了侧滑，减轻了轮胎的磨损。

296. 如何测量前轮前束?

前束的测量在正式测量之前应首先保证前轮轮毂轴承松紧度适当和前轮轮胎气压正常，然后将汽车停放在平坦的场地上，使两前轮处于直线行驶的位置，并向前推动 4 ~ 5m 以消除影响检查效果的各个间隙。接着把前束尺两端水平地支撑在两前轮轮胎内侧的最小距离处，即胎侧最高点，其高度应与前轮水平中心线同高。再将前束尺放好后移动标尺，使指针对准“0”位，然后向前推动汽车，至前束尺转动到后面与车轮中心线同高时为止。此时，标尺上指针所指的数值就是测得的前束值。

297. 如何调整前轮前束?

前轮前束可通过改变转向横拉杆的长度来调整。调整时可根据汽车生产厂家规定的测量位置，使两轮前后距离差符合规定的前束值，一般前束值在 0 ~ 12mm 之间为正常。有的汽车为与负前轮外倾角相配合，其前束也取负值即负前束，如桑塔纳轿车前束为 − 1 ~ − 3mm。

1）如果转向横拉杆是平直的，可以先旋松横拉杆两端接头的锁紧螺栓，用扳手扭转横拉杆，使横拉杆伸长或缩短。拉杆伸长，前束值增大，拉杆缩短，前束值减小。直到前束符合标准后，拧紧螺栓。

2）如果转向横拉杆是弯曲的，在调整时不能旋转横拉杆，而应旋转横拉杆两端的拉头。又因为左右两端螺纹螺距不同，因此在调整时应先旋转某一边的横拉杆接头，如果旋转一圈就会超过前束值而退回一圈又达不到要求时，可以再旋转另一边的拉杆接头，配合调整，直到符合要求时为止，调整好后将锁紧螺栓拧紧。

转向横拉杆位置图

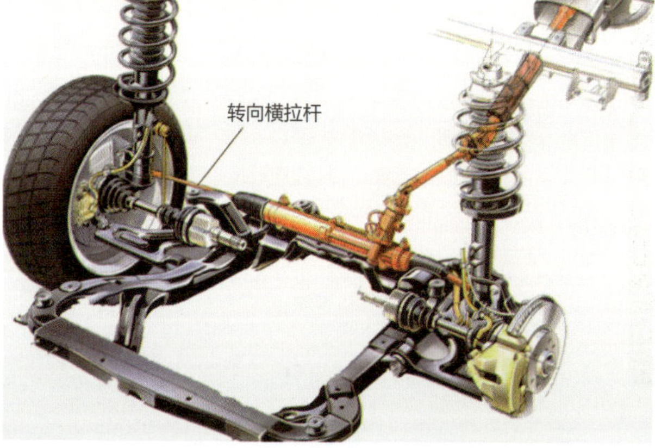

298. 为什么前轮前束值会发生变化?

前桥总成和转向机构某一零部件的损坏和失调都会引起前束值的改变。如横拉杆弯曲、球头销及销座磨损过大、转向梯形机构调整不当、前轮轴承松旷以及车架变形和钢板弹簧安装不符合要求等。

299. 轿车后轮为何也有前束值?

由于轿车的后轮也同样存在车轮外倾角，为了克服车轮向外滚的趋势，后轮也需设置车轮前束。同时，汽车行驶时，为了使前、后轮在路面上的运动轨迹重合，提高后轮轴承的安全性，保证轿车高速行驶的稳定性，很有必要设置后轮前束，这有助于减少轮胎及悬架各零件的磨损。

300. 后轮为什么要定位?

随着道路条件的改善，现代轿车的行驶速度愈来愈高，现在有许多高级轿车都设置了四轮定位，即不仅要求前轮定位，还需要后轮定位。其原因是前轮驱动汽车和独立后悬架汽车，如果后轮定位不当，即使前轮定位良好，仍然会有不良的操纵性和造成轮胎早期磨损。为了防止高速行驶时汽车出现的“激转”及自动转向现象，在结构设计上应确保汽车具有不足转向特性。汽车后轮具有一定程度的外倾角和前束可使后轮获得合适的侧偏角，提高汽车高速行驶的操纵稳定性。

301. 什么是后轮外倾角?

像前轮外倾角一样，后轮外倾角也对轮胎磨损和操纵性有影响。理想状态是四个车轮的运动外倾角均为零，这样轮胎和路面接触良好，从而得到最佳的牵引性能和操纵性能。

车轮外倾角不是静态的，它随悬架的上下移动而变化。车辆加载后悬架下沉就会引起车轮外倾角改变。为了对载荷进行补偿，采用独立后悬架的大多数车辆常有一个较小的后轮正外倾角。以保护外轴承和外端锁紧螺母，避免后轮飞脱的危险及轮胎磨损。

302. 什么是后轮前束?

如同前轮前束一样，后轮前束也是后轮定位的一个重要项目。如果前束不当，后轮轮胎也会被擦伤，另外，还会引起转向不稳定及降低制动性能。而设置后轮前束，就是为了避免上述原因及后轮外倾所带来的不良后果。

303. 什么是驱动力作用线?

后轮前端连线的中点，后轮后端连线的中点，两中点的连线称为驱动力作用线。正常情况下，驱动力作用线将垂直于后轴并与车辆纵轴线重合。但如果一个后轮前端偏里或偏外，或者一个车轮相对于另一个略为后缩，驱动力作用线就要偏离车辆纵轴线，从而产生了一个驱动力偏离角并使车辆朝与偏离角相反的方向偏行。

304. 驱动力作用线对车辆行驶有何影响?

驱动力作用线偏右时，汽车向左侧跑偏；驱动力作用线偏左时，汽车向右跑偏。

驱动力偏离角的出现使得车辆在冰、雪或湿路面上的方向稳定性变差。在车辆制动或急剧加速时它有时会使车辆跑偏。用于转向控制的前轮要克服后轮的这种作用，所以，驱动力偏离角还使轮胎磨损加剧。只有消除驱动力偏离角才能解决上述问题。通过重新设置后轮前束，可使驱动力作用线回中。其后轮前束可根据厂家提供的调整方法进行调整。

305. 如何察觉定位角度的异常?

约有 60%的汽车是因为直行性不良，转向盘角度偏一边，其次是因为转向盘抖动，还有就是行驶一段时间后发现轮胎磨损不均匀。

306. 四轮定位多久做一次?

一般新车在驾驶 3 个月后就应做四轮定位，以后根据底盘使用情况最少应每半年检查一次。更换轮胎或减振器及发生碰撞后都应及时做四轮定位。

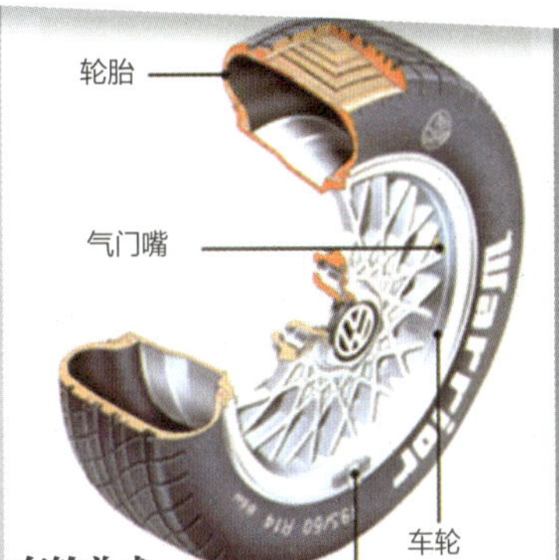

车轮总成

307. 车轮总成有何作用?

汽车车轮总成由车轮和轮胎两大部分组成，是汽车行驶系的重要部件，其主要作用是：

1）支承整车重量。

2）缓和由路面传来的冲击载荷。

3）通过轮胎和路面之间的附着作用来产生驱动力和制动力。

4）保证汽车正常转向行驶的同时，通过轮胎产生自动回正力矩，使汽车保持稳定的直线行驶方向。

此外，车轮和轮胎还是汽车重要的安全件，几乎所有的汽车行驶性能都与轮胎有关。

308. 什么是车轮?

车轮是介于轮胎和车桥之间承受负荷的旋转部件，其作用是安装轮胎，连接车桥并承受轮胎与车桥之间的各种载荷。车轮一般是由轮毂、轮辋和轮辐组成，轮毂通过螺栓将车轮固定在车桥上；轮辋用于安装和固定轮胎；轮辐用于将轮毂和轮辋连接起来。

按轮辐结构的不同，车轮可以分为辐板式车轮和辐条式车轮两种。

按车轮所用材料的不同，车轮可以分为铝合金车轮和钢材质车轮两种。

辐条式车轮

309. 辐板式车轮什么样?

车轮中用以连接轮毂和轮辋的钢质圆盘称为辐板，它大多是冲压制成的。目前，普通轿车和货车普遍采用辐板式车轮。

货车的辐板与轮辋通过焊接或铆接的方式固定成为一个整体。货车后桥负荷比前桥大得多，为使后轮轮胎不致过载，后桥一般装用双式车轮，在同一轮毂上安装了两套辐板和轮辋。为了防止汽车在行驶中固定轮毂的螺母自行松脱，汽车两侧车轮上的轮毂固定螺栓一般采用旋向不同的螺纹，左侧用左旋螺纹，右侧用右旋螺纹。目前，在一些载货汽车上（如黄河JN1150D型汽车）采用了球面弹簧垫圈，可以防止螺母的自行松脱，故汽车左、右车轮上固定轮毂的螺栓均可用右旋螺纹。

刘总监提示：轿车的辐板所用板料较薄，常冲压成起伏多变的形状，以提高其刚度。

轿车辐板式车轮

310. 辐条式车轮什么样?

按辐条结构的不同，辐条式车轮又分为钢丝辐条式车轮和铸造辐条式车轮。钢丝辐条式车轮的结构与自行车车轮完全一样，由于其价格昂贵、维修安装不便，故仅用于赛车和某些高级轿车上。另外，钢丝辐条式车轮还不能与无内胎轮胎组合使用。因此，现代轿车广泛采用铝合金辐条式车轮，即辐条与轮毂铸成一体，其质量小，尺寸精度高，生产工艺好，美观大方，可以明显改善车轮的空气动力学特性，降低汽车油耗。

钢丝辐条式车轮

铸造辐条式车轮

铝合金车轮

311. 铝合金车轮有何优势?

铝合金车轮，顾名思义为铝合金材质，它与传统钢材质车轮比，具有以下优势：

1）散热好，铝合金车轮相比钢材质车轮能够更快地将热量传导到空气中，增加了安全系数。

2）重量轻，更轻的车轮可减小汽车起步和加速时的阻力。

3）精度高，铝合金车轮铸造的精度远高于钢材质车轮，圆度误差及不平衡重较小。

4）更美观，表面抗腐蚀处理以及静电粉体涂装让其历久如新。

312. 轮辋有哪几种形式？

轮辋也称为钢圈，用于安装和固定轮胎。按其轮廓结构不同，轮辋的常见形式有：深槽式轮辋、平底式轮辋和对开式轮辋。此外，还有半深槽轮辋、深槽宽轮辋、平底宽轮辋、全斜底轮辋等。

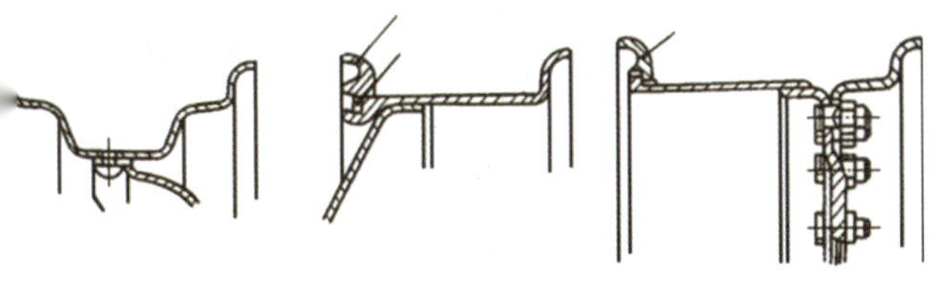

轮辋结构形式示意图

313. 深槽式轮辋什么样？

这种轮辋主要用于轿车及轻型越野车，适宜安装尺寸小弹性较大的轮胎。因为尺寸较大、较硬的轮胎很难装进这样的整体轮辋内。深槽式轮辋有带肩的凸缘，用以安放轮胎的胎圈，其肩部通常略向中间倾斜，倾斜部分的最大直径即称为轮胎胎圈与轮辋的着合直径。为便于轮胎的拆装，断面的中部制成深凹槽。深槽式轮辋的结构简单，刚度大，质量较小。

314. 平底式轮辋什么样？

平底式轮辋多用于货车，其挡圈是整体的，且用一个开口锁圈来防止挡圈脱出。在安装轮胎时，先将轮胎套在轮辋上，而后套上挡圈，并将它向内推，直至越过轮辋上的环形槽，再将开口的弹性锁圈嵌入环形槽中。东风 EQ1090E 和解放 CA1091 型汽车均采用这种形式的轮辋。

315. 对开式轮辋什么样？

对开式轮辋由内外两部分组成，其内外轮辋的宽度可以相等，也可以不相等，二者用螺栓连成一体。拆装轮胎时拆卸螺栓上的螺母即可。图中所示挡圈是可拆的。有的无挡圈，而由与内轮辋制成一体的轮缘代替挡圈的作用，内轮辋与辐板焊接在一起。这种轮辋主要用于载重量较大的重型货车和大型客车。

为了适应提高轮胎负荷能力的需要，国内外均朝宽轮辋的方向发展，如美国的货车已全部采用宽轮辋，欧洲各国也在积极普及宽轮辋，我国也在进行由窄轮辋向宽轮辋的过渡。实验表明，采用宽轮辋可以提高轮胎的使用寿命，并可改善汽车的通过性和行驶稳定性。

对开式轮辋

316. 车轮的轮毂有何作用？

轮毂通过螺栓将车轮总成安装在车桥上，其中，有一个螺栓是防盗螺栓，必须用随车防盗扳手才能卸下，以防止车轮总成被不法人员盗走。

轮毂电机

317. 轮毂电动机技术有什么特点？

新能源车现在已经成为汽车行业颇具前瞻性的领域，新能源车型的驱动技术和传统内燃机汽车有着不小的区别，而其中有一类驱动技术有着很大的发展前景，这就是轮毂电动机技术。

轮毂电动机技术又称车轮内装电动机技术，它的最大特点就是将动力、传动和制动装置都整合到轮毂内，因此，电动车辆的机械部分被大大简化。轮毂电动机技术并非新生事物，早在 1900 年，保时捷就首先制造出了前轮装备轮毂电动机的电动汽车，在 20 世纪 70 年代，这一技术在矿山运输车等领域得到应用。而对于乘用车所用的轮毂电动机，日系厂商对于此项技术研发开展较早，目前处于领先地位，包括通用、丰田在内的国际汽车巨头也都对该技术有所涉足。目前，国内也有自主品牌汽车厂商开始研发此项技术，在 2011 年上海车展展出的瑞麒 X1 增程电动车就采用了轮毂电动机技术。

318. 防盗螺栓有哪些结构形式？

防盗螺栓也称为防拆卸螺栓，是一种为了防止长期置于户外公共环境下的固定设施被盗的紧固件。一般按照结构和种类被分为可装可卸式和可装不可卸式两种，前者又分为内五角防盗螺栓、内梅花防盗螺栓、Y形防盗螺栓、外三角防盗螺栓、内三角防盗螺栓、两点防盗螺栓、偏心孔防盗螺栓、内多齿形等多种结构。

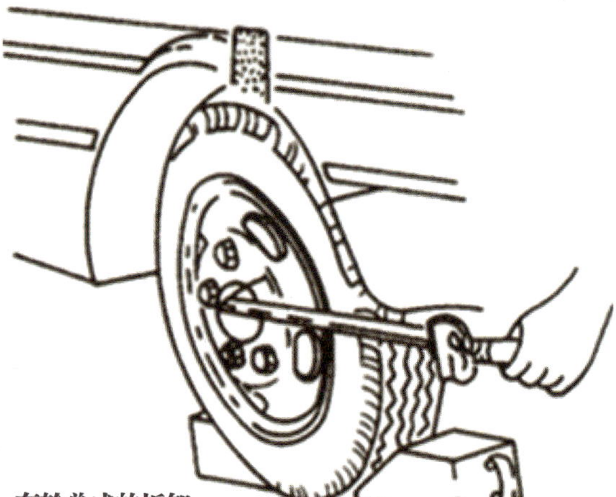

车轮总成的拆卸

319. 防盗螺栓能防止车轮被盗么？

车用防盗螺栓就是可装可卸式防盗螺栓的一种，我们常见的车用防盗螺栓通常是内梅花结构的，通过对梅花齿形的微调来起到防盗的作用，而每组防盗螺栓只为用户配备一把解锁钥匙。一般的轿车一个车轮只有一个防盗螺栓，但少数豪华车一个车轮上的螺栓却全是防盗的。

安装了防盗螺栓也不能100%防盗，这个东西只能最大限度地保护轮毂不被贼偷走，但道高一尺魔高一丈，人家想偷的话一定有所准备。所以，切记不能盲目相信防盗螺栓能100%防盗。

防盗螺栓

321. 如何拆卸车轮总成？

1）停稳车辆，拉起驻车制动手柄，必要时用三角木掩住各车轮。

2）取下车轮上的装饰罩，弄清汽车左、右侧车轮轮毂紧固螺母的旋转方向，使用随车防盗扳手和轮胎扳手初步拧松各紧固螺母。

3）用千斤顶顶在指定的位置，使被拆车轮稍离地面。也可将车辆停在举升机上，升起车辆，使车轮稍离开地面。

4）拧下车轮轮毂全部螺母，取下垫圈，并摆放整齐。

5）边向外拉边左右晃动车轮，从车桥上取下车轮总成。

320. 车轮上为何安装平衡块？

任何物体各部位质量本身就有差异，在静态和低速旋转下，质量的不均匀就会影响物体旋转的稳定性，转速越高，振动就会越大。众所周知，随着我国公路条件的改善和汽车技术水平的迅速发展，车辆的行驶速度也越来越快。如果汽车车轮的质量不均匀，在这种高速行驶过程中，不仅会影响乘车的舒适性，而且会增加汽车轮胎和悬架系统的不正常磨损，增加汽车在行驶过程中控制的难度，导致行车不安全。为了避免这种情况的发生，车轮在安装之前必须经过专用设备——车轮动平衡机进行动平衡测试，在车轮质量偏小处增加适当的配重，使车轮在高速旋转下保持动平衡，这种配重就是车轮平衡块。

车轮上的平衡块

322. 如何安装车轮总成?

1）升起车辆，套上车轮，将螺母初步拧上。

2）放下车辆并在车轮前后用三角木掩住，按对角线顺序分 2 ~ 3 次拧紧紧固螺母，最后一次要按规定力矩拧紧。

3）安装后轮双胎时，要先拧紧内侧车轮的内螺母，再装外侧车轮。在安装过程中，应用千斤顶分两次顶起车桥，分别安装内、外两个车轮。双轮胎高低搭配要合适，一般较低的胎装于里侧，较高的胎装于外侧。注意内侧轮胎和外侧轮胎的气门嘴应互成 180° 位置。

安装车轮总成

323. 怎样检修车轮轴承?

车轮轴承一旦过度磨损，将会使轴承的径向间隙和轴向间隙变大，此时应该更换轴承。车轮轴承轴向间隙的标准值为 0 ~ 0.05mm。

1）检查其轴承轴向间隙，可在转向节拆卸之前进行。其方法如下：举升车辆，卸下车轮，并重新安装车轮固定螺栓。安装百分表，并将表头指在轮毂凸缘上测量车轮轴承轴向间隙。

2）通过内外移动制动盘来测量轴承轴向间隙。检测后，如果轴承轴向间隙的测量值大于标准值，则要更换车轮轴承。

324. 轮胎由哪些材料组成?

轮胎是一种高科技的复合型产品，从宏观上来说，轮胎原料是由橡胶、帘布层、化学添加物和钢丝组成；从微观上来说，轮胎原料是由 14%的天然橡胶、27%的人造聚合物、28%的炭黑、10%的石油、4%的其他石油产品、4%的纤维、10%的钢丝、3%的其他成分组成。

轮胎也是一种文化，它蕴含着人类的聪颖与智慧；轮胎更是一种安全，它关系着汽车时代每个人的生命安全，是你我都必须去谨慎对待的消费品。但归根结底轮胎是为汽车服务的，是汽车上最重要的组成部件之一。

车轮总成

325. 轮胎有何作用?

轮胎安装在轮辋上，直接与路面接触，它的作用是：

1）支承汽车的质量，承受路面传来的各种载荷。

2）和汽车悬架共同来缓和汽车行驶中所受到的冲击，并衰减由此而产生的振动，以保证汽车有良好的乘坐舒适性和行驶平顺性。

3）保证车轮和路面有良好的附着性，以提高汽车的动力性、制动性和通过性。

326. 轮胎如何分类?

1）按轮胎内空气压力的大小，轮胎分为高压胎（0.5 ~ 0.7MPa）、低压胎（0.2 ~ 0.5MPa）和超低压胎（0.2MPa 以下）三种。低压胎弹性好、减振性能强、壁薄散热性好、与路面接触面积大、附着性好，因而广泛应用于轿车。超低压胎在松软路面上具有良好的通过能力，多用于越野汽车及部分高级轿车。

2）按轮胎有无内胎，轮胎分为有内胎轮胎和无内胎轮胎（俗称真空胎）两种。目前，轿车上普遍采用无内胎轮胎。

3）按轮胎帘布层帘线排列方式的不同，轮胎分为斜交轮胎和子午线轮胎。

4）按胎面花纹的不同，轮胎分为普通花纹轮胎、越野花纹轮胎和混合花纹轮胎。

327. 轮胎为什么是黑色?

轮胎为黑色的理由是为了提高耐久性。轮胎不是单纯的用橡胶来制造的，而是根据轮胎的用途和特性，合成多种物质来制造的。虽是多种物质合成但其中必不可少的物质是炭黑，炭黑是燃烧碳化氢时发生的黑色粉末状物质。当它和高分子结合时增大橡胶的耐久性，因为这种黑色粉末的炭黑进入轮胎后呈黑色。那么有白色突出文字的彩色轮胎是怎么制造出来的呢?白色的突出文字是另外的采用炭白橡胶粘贴出来的，这种炭白和橡胶的结合性低，磨损快，所以，只使用于一部分轮胎中。

轮胎

328. 有内胎轮胎由哪几部分组成?

有内胎轮胎由外胎、内胎和垫带等组成，使用时安装在汽车车轮的轮辋上。

内胎是一个环形的橡胶管，上面装有气门嘴，以便充入或排出空气，为使内胎在充气状态下不产生褶皱，其尺寸应稍小于外胎的内壁尺寸。内胎具有良好的弹性、耐热性和密封性。垫带是一个环形的橡胶带，它垫在内胎与轮辋之间，以保护内胎不被轮辋和胎圈磨伤，并防止尘土及水进入胎内。

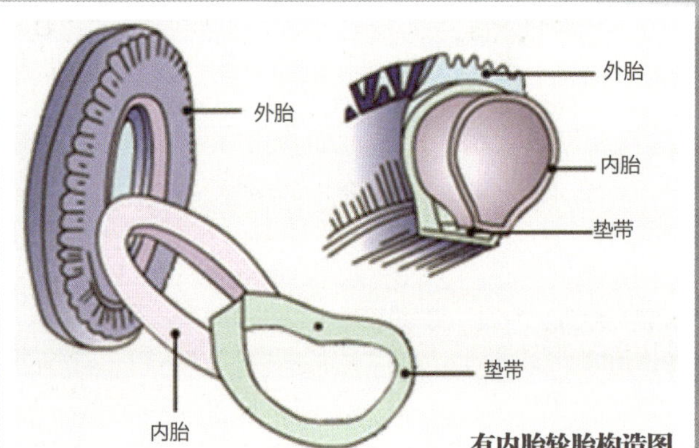

有内胎轮胎构造图

329. 真空胎由哪几部分组成?

无内胎轮胎俗称真空胎，在外观上与有内胎轮胎相似，但是没有内胎及垫带。它的气门嘴用橡胶垫圈和螺母直接固定在轮辋上，空气直接充入轮胎中，其密封性由胎圈和轮辋来保证。真空胎主要由胎面、胎肩、胎侧、胎圈、气密层、帘布层和缓冲层组成。

330. 真空胎有何优势?

真空胎一旦被刺破，穿孔不会扩大，故漏气缓慢，胎压不会急剧下降，仍能继续行驶一定距离，可消除爆胎的危险。因无内胎，摩擦生热少、散热快，适用于高速行驶。此外，结构简单，质量较轻，维修也方便。但真空胎必须配用深槽式轮辋，在轿车上被广泛应用。

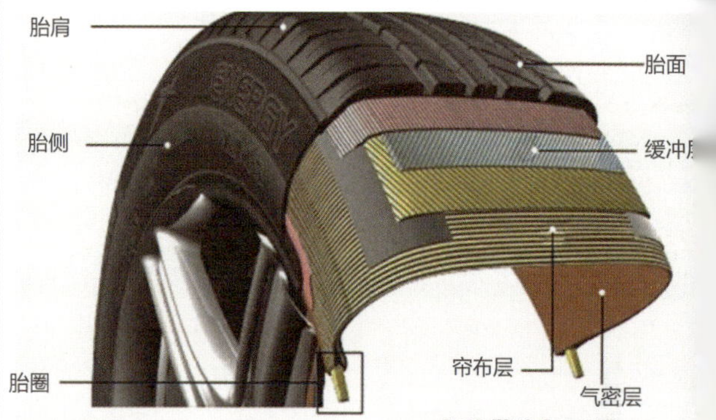

危险警告灯开关

331. 轮胎花纹有什么作用?

轮胎花纹主要由花纹沟、花纹块及节距等构成，其主要作用就是增加胎面与路面间的摩擦力，以防止车轮打滑（这与鞋底部花纹的原理是一样的）。轮胎花纹具有提高胎面接地弹性的功能，在胎面和路面间切向力（如驱动力、制动力）和横向力的作用下，花纹块能相应产生较大的切向弹性变形。切向力增加，轮胎的切向变形随之增大，接触面的摩擦作用也就随之增强，进而阻止了胎面与路面间的打滑或打滑趋势。这种性能在很大程度上消除了无花纹（光胎面）轮胎易打滑的弊病，保障了轮胎与路面间的摩擦性能，使动力性、制动性、转向操纵性和行驶稳定性正常发挥。

332. 胎面有哪些花纹?

胎面与路面直接接触，直接承受冲击与磨损，并产生附着力，使车辆行驶和制动。为使轮胎与地面有良好的附着性能，防止纵、横向滑移，在胎面上制有各种形状的花纹，主要有普通花纹、越野花纹、混合花纹等。普通花纹中的纵向折线花纹沟槽细而浅，花纹块的接地面积较大，因而耐磨性和附着性较好，最适合于在较好的硬路面上高速行驶，广泛用于轿车、客车及货车等各种车辆；横向花纹仅用于货车。越野花纹沟槽宽而深，花纹块接地面积较小，保证了轮胎与大片接地面积的“咬合”，防滑性能好。适用于矿山、建筑工地及其他一些在松软路面上使用的越野汽车轮胎。混合花纹由纵向折线花纹和横向花纹组合而成，在好路面和不良路面上都可提供稳定的驾驶性能，广泛用于客车和货车。

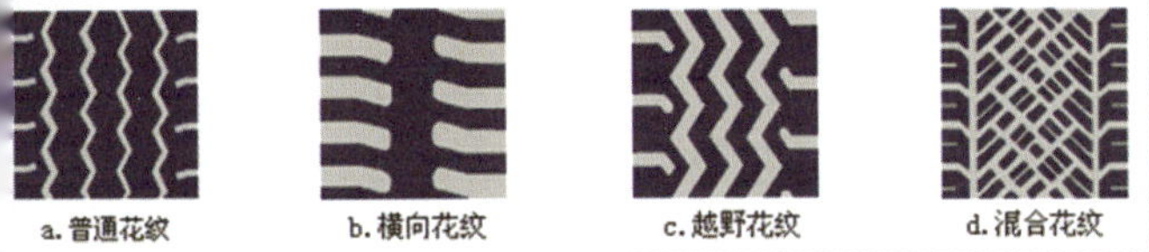

胎面花纹形状

333. 胎侧上标有哪些信息?

胎肩是较厚的胎面和较薄的胎侧间的过渡部分，一般也制有各种花纹，以提高该部位的防滑和散热性能。

胎侧又称胎壁，它由数层橡胶构成，贴在帘布层侧壁，用以保护帘布层，避免受潮湿和机械损伤。胎侧在汽车行驶过程中，不断地在载荷作用下挠曲变形。胎侧上标有厂家名称、轮胎尺寸及其他资料等重要信息。

334. 胎圈由哪几部分组成?

胎圈由钢丝圈、帘布层包边和胎圈包布组成。它有很大的刚度和强度，可以使轮胎牢固地安装在轮辋上，并对轮胎形成密封。在胎圈外侧也有一层橡胶密封层，用以加强胎圈与轮辋之间的气密性。

335. 气密层是内胎么?

由几乎无法渗透的丁基合成橡胶制成，一般厚度为 2 ~ 3mm。在现代无内胎轮胎中，气密层替代了原来的内胎。有的在气密层的下面还贴一层自粘层，起到自行将刺穿的孔粘合上的作用。由于随着时间的推移，胎压可能降低，所以，请每个月检查一次胎压。

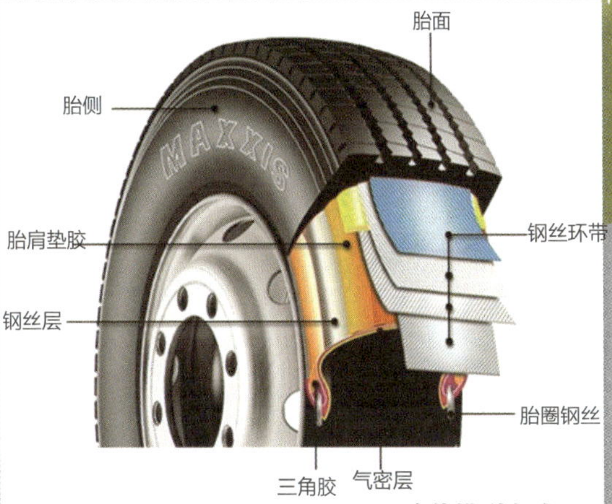

帘线排列方式

336. 帘布层是骨架么?

帘布层是轮胎的骨架，由帘线粘合在橡胶上制成，主要用于承受载荷，保持轮胎的形状和尺寸，并使其具有足够的强度。帘布层相邻层的帘线交叉排列，帘线可以是棉线、人造丝、尼龙和钢丝。帘布层数越多，轮胎的强度越大，但弹性下降。按照帘布层帘线排列方式的不同，轮胎可以分为斜交轮胎和子午线轮胎。

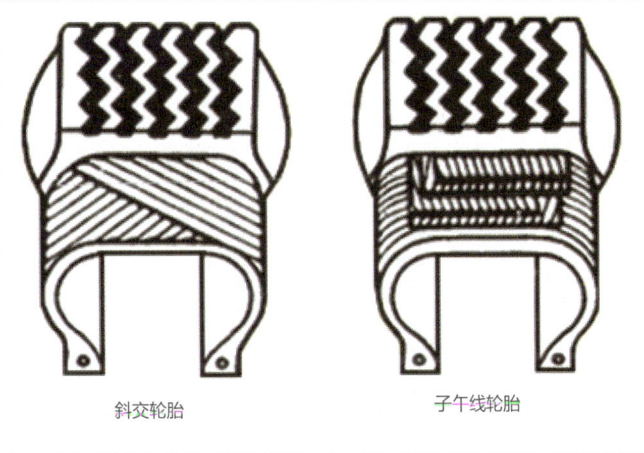

帘线排列方式

337. 缓冲层有何作用?

缓冲层夹在胎面和帘布层之间，由数层较稀疏的帘布（或钢丝）和橡胶制成，弹性较大，其作用是加强胎面与帘布层之间的结合，防止汽车紧急制动时胎面与帘布层脱离，并缓和汽车行驶时所受到的路面冲击和振动。缓冲层还为轮胎提供了抵消离心力和侧向力的强度，并足够柔软，以确保驾乘舒适度。

刘总监提示：由于空气体积受温度影响，为了提高行车安全性，避免爆胎发生，现在轮胎内可充入氮气。

338. 什么是斜交轮胎?

斜交轮胎又称为普通结构轮胎，指帘布层的帘线按一定角度交叉排列，帘线与轮胎横断面的交角小于 90° 角排列的充气轮胎。这种轮胎纵向刚性好，适用于在普通路面中速行驶。

由于帘布层的帘线按一定角度交叉排列，斜交轮胎的胎面和胎侧的强度大。在适当充气时，能保证轮胎具有适当的弹性，足够的承载能力，能满足汽车对轮胎的使用要求。但斜交轮胎的胎侧刚度较大，舒适性差，由于高速时帘布层间移动与摩擦大，并不适合高速行驶。

斜交轮胎

339. 斜交轮胎有哪些类型?

1）普通斜交轮胎。帘布层和缓冲层各相邻层帘线交叉与胎中心线呈一定角度排列的充气轮胎，称为普通斜交轮胎。其外胎由胎冠、帘布层、缓冲层及胎圈组成。帘布层是外胎的骨架，用以保持外胎的形状和尺寸，通常由成双数的多层挂胶布（帘布）用橡胶贴合而成。帘布的帘线与轮胎子午断面的交角一般为 48° ~ 55°，相邻层帘线相交排列。帘布层数越多，强度越大，但弹性降低。在外胎表面上注有帘布层数，如 16 层级、18 层级等。

2）带束斜交轮胎。带束斜交轮胎又称为半子午线轮胎，是指以带束层箍紧斜交轮胎胎体的充气轮胎，是介于普通斜交轮胎与子午线轮胎之间的一种折衷结构方案。带束斜交轮胎的带束层帘线排列与子午线轮胎接近，其帘布层的帘线与子午断面的交角比普通斜交轮胎小，比子午线轮胎的大。轮胎使用性能介于普通斜交轮胎与子午线轮胎之间，生产方法基本上与普通斜交轮胎相同。因此，带束斜交轮胎的寿命和滚动阻力也介于上述两种轮胎之间，但是汽车侧向稳定性比子午线轮胎更好。

340. 斜交轮胎的规格如何表示?

我国和大多数国家一样，斜交轮胎的规格可用轮胎外径 D、轮胎内径或轮辋直径 d、轮胎宽度 B 和轮胎高度 H 的名义代号。其轮胎规格的标注是采用英制表示法。

低压胎一般用 B － d 表示，B 为轮胎宽度，d 为轮胎内径，其单位均为 in，“－”表示低压胎。例如，9.00 － 20 表示轮胎宽度为 9.00in、轮胎内径为 20in 的斜交轮胎。

高压胎一般用 D × B 表示，D 为轮胎外径，B 为轮胎宽度，其单位均为 in，“×”表示高压胎。因为轮胎宽度 B 约等于轮胎高度 H，故安装外胎轮辋应选直径 d = D － 2B。例如，轮胎规格 34 × 7 表示轮胎外径为 34in，轮胎宽度为 7in 的高压胎，可选用直径 d 为 20in 的轮辋。

斜交轮胎规格

341. 什么是子午线轮胎?

子午线轮胎帘布层相当于轮胎的基本骨架，其帘线排列的方向与轮胎横断面一致，即成 90° 交角，类似于地球仪上的子午线，故称为子午线轮胎。子午线轮胎帘线的排列方式能使其强度被充分利用，故它的帘布层数比斜交轮胎可减少一半，因而轮胎较柔软，在径向上容易变形，可以增加轮胎的接地面积，即使在充足气后，两胎侧上也有一个特殊的凸起部。但其缓冲层层数较多，从而提高了胎面的刚度和强度。

342. 子午线轮胎有哪些类型?

子午线轮胎根据材料不同可以分为全钢丝子午线轮胎、半钢丝子午线轮胎和全纤维子午线轮胎三种类型。

1）全钢丝子午线轮胎的胎体和带束层均采用钢丝帘线，一般用在载重及工程机械车辆上。

2）半钢丝子午线轮胎的胎体采用人造丝或者其他纤维，带束层则用钢丝帘线，这种类型的子午线轮胎一般用在轿车和轻型载货汽车上。

3）全纤维子午线轮胎的胎体及带束层全采用人造丝或其他纤维帘线，带束层帘线应采用低伸长帘线，这种子午线轮胎一般用在低速轿车或拖拉机上。

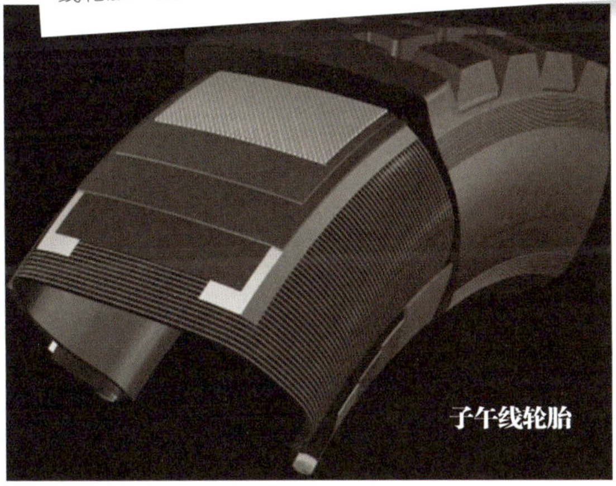

子午线轮胎

343. 子午线轮胎有什么优势?

由于汽车行驶时轮胎要承受较大的切向作用力，为保证帘线的稳固，在其外部又有若干层由高强度、不易拉伸的材料制成的带束层，其帘线方向与子午断面呈较大的交角。因此，子午线轮胎与普通斜交轮胎相比具有行驶里程长、滚动阻力小、承载能力大、缓冲性能好、附着性能强、胎面耐穿刺、胎温低、节约燃料、不易爆胎等优势，目前，在汽车上广泛应用。

344. 子午线轮胎有什么特点?

1）接地面积大，附着性能好，胎面滑移小，对地面单位压力也小，因而滚动阻力小，使用寿命长。

2）胎冠较厚且有坚硬的带束层，不易刺穿；行驶时变形小，可降低油耗 3%~8%。

3）因为帘布层数少，胎侧薄，所以其径向弹性大，缓冲性能好，负荷能力较大。

4）散热性能好，可适应高温、高速行驶。

因胎侧较薄，胎冠较厚，在其与胎侧的过渡区易产生裂口。侧面变形大，导致汽车的侧向稳定性差，制造技术要求高，成本也高。

子午线轮胎和车轮

345. 使用子午线轮胎时有哪些注意事项?

1）轮胎装配：子午线轮胎不能与其他轮胎在同一车辆上混合使用，特别不允许和其他的轮胎装在同一轴上使用。

2）轮胎气压：子午线轮胎要按规定标准充气。当它的充气压力与普通轮胎相同时，会显得充气不足。

3）车辆前束：汽车前轮由普通轮胎改装子午线轮胎时，前束要相应减小。

4）驾驶操作：驾驶装用子午线轮胎的车辆时，起步要慢，制动要稳，转弯、会车或在不平道路上行驶时应减速，超车应选择在宽阔的路段，不要猛打转向盘。

5）保护胎体：子午线轮胎胎侧薄，变形大，极易被划伤。

346. 子午线轮胎的规格如何表示?

以下图所示轿车轮胎的规格 195/60 R14 86H 为例进行说明。

1）195- 表示轮胎宽度为 195mm，货车子午线轮胎宽度一般以 in 为单位。有 145、165、175、185、195、205、215、245 八个级别。

2）60- 表示扁平比为 60%，扁平比为轮胎高度 H 与宽度 B 之比，有 60、65、70、75、80 五个级别。

3）R- 表示子午线轮胎，即“Radial”的第一个字母。

4）14- 表示轮胎内径为 14in。

5）86- 表示荷重等级，即最大载荷质量。荷重等级为 86 的轮胎的最大载荷质量为 530 kg。

6）H- 表示速度等级，表明轮胎能行驶的最高车速。

轮胎规格

刘总监提示：在轮胎规格前加“P”表示轿车轮胎；在胎侧标有“REINFORCED”表示经强化处理，“RADIAL”表示子午线胎，“TUBELESS”（或 TL）表示无内胎（真空“M + S”（Mud and Snow）表示适于泥雪地，“→”表示轮胎旋向，不可装反。

347. 子午线轮胎荷重等级与最大载荷质量有何关系?

荷重等级	最大载荷质量/kg	荷重等级	最大载荷质量/kg
71	345	99	775
72	355	100	800
73	365	101	825
74	375	102	850
75	387	103	875
76	400	104	900
77	412	105	925
78	425	106	950
79	437	107	975
80	450	108	1000
81	462	109	1030
82	475	110	1060
83	487	111	1095
84	500	112	1129
85	515	113	1164
86	530	114	1200
87	545	115	1237
88	560	116	1275
89	580	117	1315
90	600	118	1355
91	615	119	1397
92	630	120	1440
93	650	121	1485
94	670	122	1531
95	690	123	1578
96	710	124	1627
97	730	125	1677
98	750		

348. 子午线轮胎速度等级与最高车速有何关系?

速度等级	最高车速/(km/h)	速度等级	最高车速/(km/h)
L	120	T	190
M	130	U	200
N	140	H	210
P	150	V	220
Q	160	Z	240
R	170	W	270
S	180	Y	300

349. 什么是应急轮胎?

应急轮胎也被称为备胎，现代轿车装备的备胎大多数都是 T 型备胎。T 型备胎的 T 是英文“Temporary”的开头字母，意思为“应急”或“临时”。当轮胎爆破或漏气时，装上它后可以保证汽车行驶到维修站，并尽快修复故障轮胎或换上正规轮胎，因此，称为应急轮胎。备胎平时安装在行李箱下面。

由于应急轮胎成本低，作为轮胎的性能它不如标准轮胎。因此，装用这种备胎时，需要在行驶中避免高速行驶或紧急制动，而且最好不要用于驱动轮。

应急轮胎

350. 折叠备胎有何特点?

对于行李箱空间小的运动车，一般采用折叠备胎或紧凑型备胎，这种备胎也是应急用的，使用这种轮胎必须避免高速行驶，轮胎的胎侧为折叠结构，收装空间比 T 型备胎小。折叠备胎在折叠状态下不能使用，需用打气筒充气，待轮胎膨胀后才可使用。收装时，只要将空气放掉，按原状折好，轮胎外径骤然变小。

351. 为什么使用防滑轮胎?

随着轮胎技术的发展，特种轮胎越来越多，现在汽车在雪地上行驶时可以装用防滑轮胎或防滑钉轮胎。这样，就不需要装用防滑链，从而避免装卸防滑链的麻烦，而且还不会影响乘坐的舒适性和油耗，减少装用防滑链后带来的轮胎损伤，以及在不连续的冰雪道路上行驶的方便性。

352. 轮胎有哪些性能?

为了正确掌握轮胎的使用，有必要了解轮胎的基本性能。轮胎的性能包括行驶阻力、轮胎所产生的热量、轮胎的制动效能、胎面花纹噪声、驻波、浮滑现象、拐弯力性能、轮胎磨损等。

353. 为什么会爆胎?

橡胶、帘布层帘线等材料在轮胎变形时吸收能量并将其转化为热量，因为它们都是不良导热体，不能使产生的热量快速散发，热量积累在轮胎材料内部，造成轮胎内部温度上升。过量的热量积累，削弱了各橡胶层与轮胎帘线之间的粘合力，最终导致各橡胶层分离，甚至使轮胎爆破。积累在轮胎之间的热量因充气压力、载荷、车速、胎面纹槽深度及轮胎结构等因素而异。

354. 胎面花纹噪声如何产生?

胎面花纹噪声是轮胎最突出的工作声音。与路面接触的胎面纹槽中含有空气，这些空气密封在纹槽与路面之间，并受到压缩。当轮胎离开路面时，受到压缩的空气便从纹槽中突然冲出，产生噪声，这就是胎面花纹噪声。

355. 什么是驻波?

车辆行驶过程中，随着胎面新的部分与路面接触，轮胎便不断变形。稍后，当该部分胎面离开路面时，轮胎内的空气压力及轮胎本身的弹性，便要将轮胎恢复原状。当车速较高时，轮胎旋转速度快得没有足够的时间来完成这一复原过程。在如此短暂的时间间隔中，不断地重复这一过程，便会使胎面振动，这些振动被称为驻波。驻波在轮胎附近不断传播，储存在驻波中心的能量，大部分转化为热量，使轮胎温度急剧升高。某些情况下，这种储存的热量会导致爆裂，甚至在几分钟内将轮胎毁坏。一般情况下，轿车轮胎的最大允许速度，由出现驻波时的车速决定。

356. 什么是浮滑?

如果车速太高，胎面没有足够的时间从路面上排开积水，不能附着在路面上，车辆便会在积水路面上打滑，这种现象称为浮滑现象。这是因为：当车速升高时，水的阻力也相应增大，迫使轮胎“浮”在水面上。

车辆浮滑现象

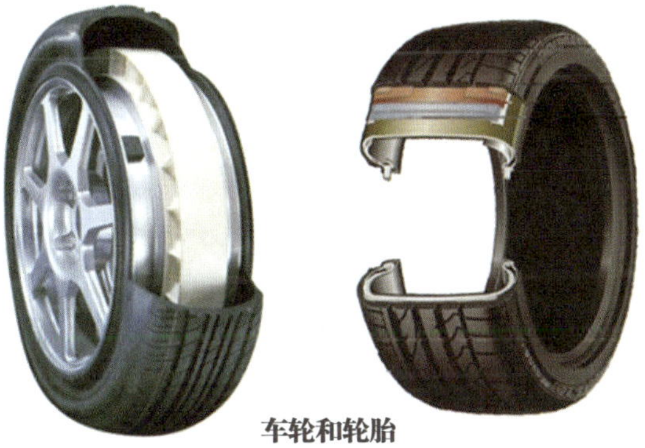

车轮和轮胎

357. 轮胎磨损与哪些因素有关？

轮胎在路面上滑动时所产生的摩擦力，会使胎面和其他橡胶面遭受损失或损坏，这就是轮胎磨损。轮胎磨损与充气压力、载荷、车速、路面条件、温度等因素有关。

358. 如何诊断与排除胎肩或胎面中间磨损故障？

1）故障现象：如图所示，轮胎的胎肩和胎面出现了磨损。

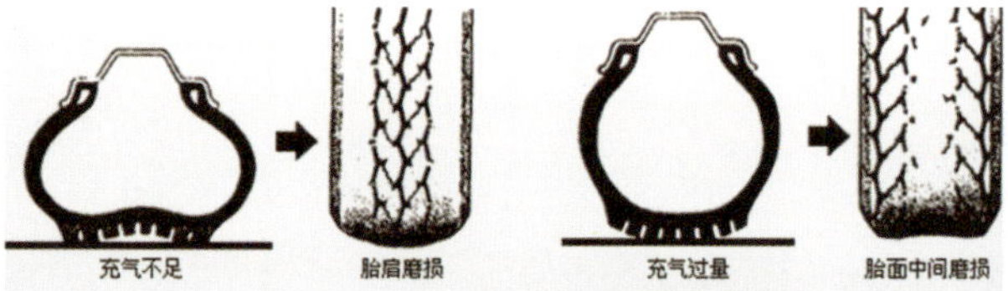

胎肩或胎面中间磨损

2）故障原因：集中在胎肩上或胎面中间的磨损，主要是由于未能正确保持充气压力所致。如果轮胎充气压力过低，轮胎的中间便会凹入，将载荷转移到胎肩上，使胎肩磨损快于胎面中间。另一方面，如果充气压力过高，轮胎中间便会凸出，承受了较大的载荷，使轮胎中间磨损快于胎肩。

3）故障排除步骤：

① 检查是否超载。

② 检查充气压力，如果充气过量或充气不足，应调整充气压力。

③ 调换轮胎位置。

359. 如何诊断与排除胎侧磨损故障？

（1）故障现象

轮胎的内侧或外侧磨损不均匀。

（2）故障原因

1）在过高的车速下转弯会造成转弯磨损。转弯时轮胎滑动，便产生了斜形磨损。

这是较常见的轮胎磨损原因之一。驾驶人所能采取的唯一补救措施，就是在转弯时降低车速。

2）悬架部件变形或间隙过大，会影响前轮定位，造成不正常的轮胎磨损。

3）如果轮胎某一侧的磨损快于另一侧的磨损，其主要原因可能是外倾角不正确。由于轮胎与路面接触面积大小因载荷而异，对具有正外倾角的轮胎而言，其外侧直径要小于其内侧直径。因此，胎面必须在路面上滑动，以便其转动距离与胎面的内侧相等。这种滑动便造成了外侧胎面的过量磨损。反之，具有负外倾角的轮胎，其内侧胎面磨损较快。

（3）故障排除步骤

1）询问驾驶人是否高速转弯，如果是则要避免。

2）检查悬架部件，如松动则将其紧固；如变形和磨损，应修理或更换。

3）检查外倾角，如不正常，应校正。

4）调换轮胎位置。

轮胎磨损不均匀

360. 如何诊断与排除轮胎前端和后端磨损故障？

1）故障现象：前端和后端磨损是一种局部磨损，常常出现在具有横向花纹和区间花纹的轮胎上，胎面上的区间发生斜向磨损（与鞋跟的磨损方式相同），最终变成锯齿状。

2）故障原因：

① 具有纵向折线花纹的胎面，磨损时会产生波状花纹。

② 非驱动轮的轮胎只受制动力的影响，而不受驱动力的影响，因此，往往会有前后端形式的磨损，如反复使用和放开制动器，便会使轮胎每次发生短距离滑动而磨损，前、后端磨损的形式便与这种磨损相似。

③ 如果是驱动轮的轮胎，则驱动力所造成的磨损，会在制动力所造成磨损的相反方向上出现，所以，驱动轮轮胎极少出现前后端磨损。客车和大货车由于制动时产生了很大的摩擦力，故具有横向花纹的轮胎，便会出现与非驱动轮相似的前后端磨损。

3）故障排除步骤

① 检查充气压力。如果充气不足，就将其充至规定值。

② 检查车轮轴承。如果磨损或松动，应更换或调整。

③ 检查外倾角和前束。如果不正确，应加以调整。

④ 检查轴颈或悬架部件。如果损坏，应修理或更换。

⑤ 调换轮胎位置。

361. 常见的轮胎品牌有哪些?

世界著名的轮胎品牌主要有美国的固特异（Goodyear）、日本的普利斯通（Bridgestone）和凡世通（Firestone）、英国的邓禄普（Dunlop）、法国的米其林（Michelin）、意大利的倍耐力（Pirelli）、韩国的韩泰（Hankook）和锦湖（Kumho）、德国的马牌（Continental）、我国的回力等。

轮胎品牌

362. 更换轮胎有哪些注意事项?

1）不能装用其他汽车型号的轮胎，否则，难以保证汽车的路面附着性和行驶的安全性。

2）为了使轮胎磨损尽可能达到均衡，安装在汽车上的所有轮胎，应进行轮胎换位，轮胎换位要按规定进行，并保持轮胎的原滚动方向。

3）轮胎与轮辋必须配套使用，不允许对轮辋进行敲击或使用撬棒，要用轮胎拆装机进行拆装。

4）修理过的或新的轮胎必须经过动平衡试验后方可使用。

363. 如何正确使用轮胎?

轮胎的正确使用是延迟其使用寿命的根本途径。只有正确使用轮胎，才能防止轮胎的异常磨损和诸如爆胎、划伤、漏气等致命损坏，从而提高轮胎的行驶里程。使用轮胎时应注意以下事项：

1）保持轮胎气压正常。
2）防止轮胎超载。
3）合理搭配轮胎。
4）精心驾驶车辆。
5）保持良好的底盘技术状况。

车轮总成

364. 如何拆装轮胎?

1）拆装轮胎要在清洁、干燥、无油污的地面上进行。

2）拆装轮胎要用专用工具，不允许用大锤敲击或其他尖锐的用具拆胎。

3）外胎、内胎、垫带、轮辋必须符合规格要求，才能组装。要特别注意子午线轮胎胎圈部分的完好。

4）内胎装入外胎前，须紧固气门嘴，以防漏气，并在外胎内部和垫带上涂上滑石粉。

5）气门嘴的位置应装在轮辋气门嘴孔中。胎侧有平衡标记的，标记应在与气门嘴相对的位置上，以便于平衡。轮辋上有平衡块的，应用动平衡机进行平衡调整。

6）安装有向花纹的轮胎，应注意滚动方向的标记。拆装子午线胎应做记号，使安装后的子午线胎滚动方向保持不变。

刘总监提示：目前，轿车都是采用无内胎的子午线轮胎，最常见的拆装轮胎的专用设备是轮胎拆装机，即扒胎机。

365. 轮胎检查的内容有哪些?

轮胎的检查主要是检查轮胎磨损程度和轮胎气压，轮胎磨损程度的检查包括胎面花纹深度的检查和轮胎异常磨损的检查。

轮胎磨损过甚，花纹过浅，是行车重要的不安全因素。过度磨损的轮胎，除容易爆破外，还会使汽车操纵稳定性变坏。汽车在雨中高速行驶时，由于不能把水全部从胎下排出，轮胎将会出现浮滑现象，致使汽车失控。花纹越浅，浮滑的倾向越严重。而轮胎（包括备胎）气压的检查对于行车也是非常重要的。轮胎气压不足，会导致轮胎过热，并因轮胎的接地面积不均匀，而产生不均匀磨损或胎肩和胎侧快速磨损，缩短轮胎的使用寿命，同时会增加滚动阻力、加大油耗，而且影响车辆的操控，严重时甚至引发交通事故。轮胎气压过高则使车身重量集中在胎面中心上，导致胎面中心快速磨损，不但缩短轮胎的使用寿命，而且降低车辆的舒适性。所以，日常维护和各级维护时，对于轮胎的检查是非常必要的。

轮胎磨损标记

366. 如何检查胎面花纹深度?

胎面磨耗标志或称防滑标记，即是稍微高出胎面花纹沟槽底部的凸台。随着轮胎行驶里程的增加、轮胎磨损、花纹沟槽变浅，此时露出凸台，说明轮胎花纹即将磨尽，若不更换，可能造成行驶中轮胎打滑，引发交通事故。因此，为了便于检查轮胎的磨损，通常在磨耗标志对应的胎肩处标出“TWI”或者“△”等符号，每条轮胎应沿周向等距离地设置不少于4个。

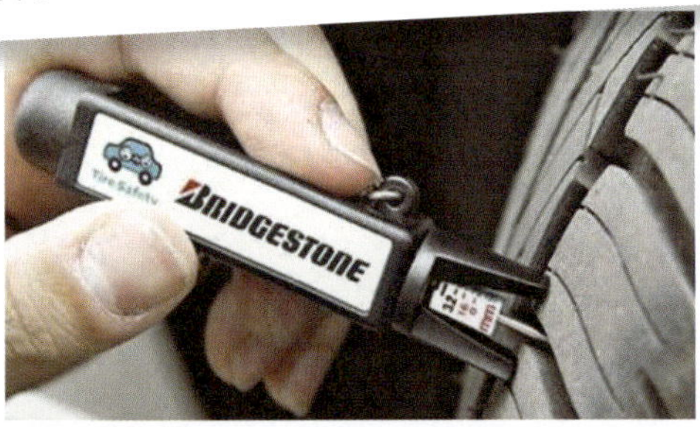

检测胎面花纹深度

367. 车轮动不平衡有哪些危害?

汽车车轮是旋转部件，如果车轮动不平衡，在高速行驶时会引起车轮上下跳动和横向摇摆，这不仅影响汽车乘坐舒适性，而且使驾驶人难以控制行驶方向，以及汽车制动性能变差，影响行车安全。车轮动不平衡还会大大增加各部件所受的力，加大轮胎的磨损和行驶噪声等。因此，汽车在使用和维修中必须进行车轮动平衡试验和校准。

368. 引起车轮动不平衡的原因有哪些?

1）质量分布不均匀，如轮胎产品质量欠佳，翻新胎、补胎、胎面磨损不均匀。

2）轮辋、制动鼓变形。

3）轮毂与轮辋加工质量不佳，如中心不准、轮胎螺栓孔分布不均、螺栓质量不佳等。

369. 车轮动平衡检测有几种方法?

由于车轮动不平衡对汽车危害很大，因此，必须对车轮的动不平衡进行检测，并进行调平衡工作。车轮的不平衡包括静不平衡和动不平衡，由于动平衡的车轮一定处于静平衡状态。因此，只要检测了动平衡，就没有必要检测静平衡。车轮的动平衡检测有离车式和就车式两种方法，用到的设备是离车式车轮动平衡机和就车式车轮动平衡机。

370. 离车式车轮动平衡机包括哪些部件?

利用离车式车轮动平衡机对车轮进行动平衡检测时，需将车轮从车上拆下。如图所示为常见的车轮动平衡机。该动平衡机主要由驱动装置、转轴与支承装置、显示与控制装置、制动装置及防护罩组成。

离车式车轮动平衡机

371. 如何进行离车式车轮动平衡检测?

1）对被测车轮进行检查，去掉泥土、砂石，拆掉旧平衡块。

2）检查轮胎气压，并充气至规定气压值。

3）根据轮辋中心孔的大小选择锥体，将车轮安装于平衡机上。

4）打开电源开关，检查指示装置是否指示正确。

5）键入轮辋直径、宽度，测出轮辋边缘到机箱之间的距离并键入。

6）放下防护罩，按下起动键，开始测量。

7）当车轮自动停转后，从指示装置读出车轮内、外动不平衡量和位置。

8）抬起车轮防护罩，用手慢慢旋转车轮，当动平衡机指示装置发出信号时，停止转动车轮。

9）根据动平衡机显示的动不平衡量，在轮辋内侧或外侧上部的边缘加装平衡块。内、外侧要分别进行，平衡块要安装牢固。

10）重新起动动平衡机，进行动平衡试验，直至动不平衡量 < 5g，机器显示“00”或“OK”时为止。

11）取下车轮，关闭电源，测试结束。

372. 就车式车轮动平衡机包括哪些部件？

就车式车轮动平衡机可以在汽车不拆卸车轮的前提下，对汽车进行车轮平衡检测，如图所示，它主要由电动机、转轮、底座、可调支杆、传感器头、频闪灯和不平衡度表等组成。

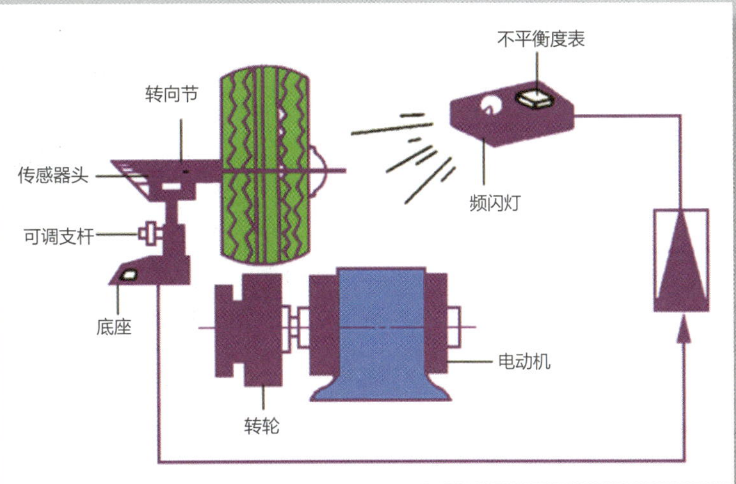

就车式车轮动平衡机

373. 如何进行就车式车轮动平衡检测？

1）首先，应对车轮进行清洁，并去掉旧平衡块，将轮胎充气到规定气压，轮毂轴承松紧度合适，支起汽车，使两侧车轮离地间隙相等，然后，用粉笔在轮胎任意位置做出标记。

2）将传感器头吸附在制动底板边缘，并使车轮在规定转速下旋转。

3）观察轮胎标记位置，在指示装置上读取不平衡量，停转车轮，加装平衡块，再进一步复查，直至合格，测试结束。

4）测从动轮时，利用动平衡机转轮驱动车轮转动；测驱动车轮时，则直接用汽车发动机、传动系统来驱动车轮转动。

5）若以上均属正常，应对前轮定位进行检查调整。

375. 悬架有什么作用？

悬架的作用是把车桥和车架弹性地连接起来，并用它来吸收和缓和行驶中因路面不平引起的车轮跳动而传给车架的冲击和振动；保持车架和车轮之间正确的运动关系，从而保证汽车的行驶平顺性和操纵稳定性；传递路面作用于车轮的支持力、驱动力、制动力和侧向力及其产生的力矩。

374. 什么是悬架？

悬架把车架与车轮弹性地联系起来，它关系到汽车的多种使用性能，是汽车最重要的三大总成之一（发动机、变速器和悬架）。从结构上看，汽车悬架是由弹性元件、减振器、导向机构和横向稳定杆等组成，但汽车悬架却是一个非常难达到完美要求的汽车总成。这是因为悬架既要满足汽车操纵稳定性的要求，又要保证汽车的舒适性要求，而这两方面又是相互矛盾的。为了取得良好的舒适性，需要大大缓冲汽车的振动，这样弹簧就要设计得软些，但弹簧软了容易使汽车发生制动“点头”、加速“抬头”以及严重侧倾偏向，不利于汽车的转向，容易导致汽车操纵不稳定等。

悬架

376. 悬架包括哪些部件？

悬架主要由弹性元件、减振器和导向装置三部分组成。在某些车辆上，为防止车身在转向等情况下发生过大的横向倾斜，还设有辅助的弹性元件——横向稳定杆。其各部分作用如下：

1）弹性元件：缓和冲击，承受、传递垂直载荷，使车桥和车架弹性连接。

2）减振器：衰减路面冲击和振动，提高乘坐舒适性。

3）导向装置：保证车轮相对于车架的正确运动关系。

4）横向稳定杆：防止车身横向过度倾斜。

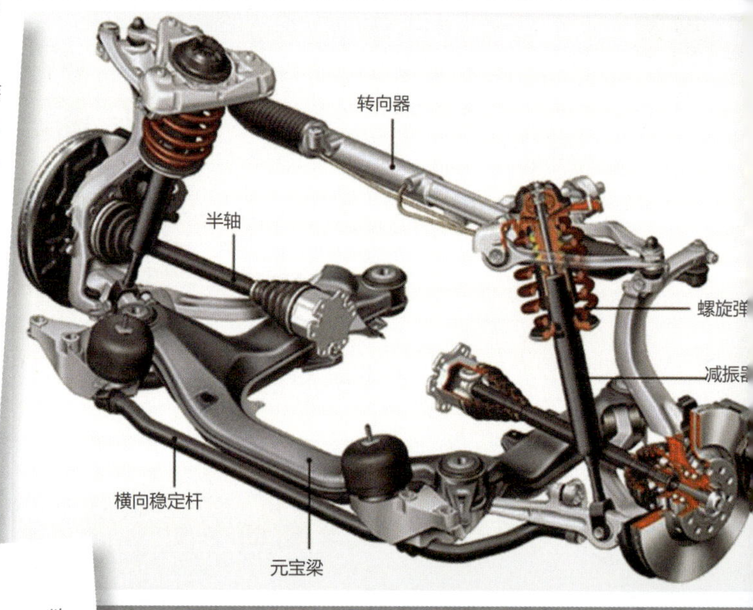

奥迪 A4 悬架系统

377. 对悬架有何要求？

汽车的固定频率是衡量汽车平顺性的重要参数，它由悬架刚度和悬架弹簧支承的质量（簧上质量）所决定。人体所习惯的垂直振动频率约为 1 ~ 1.6Hz，车身振动的固有频率应接近或处于人体适应的频率范围，才能感觉舒适。由于汽车的载重量经常会发生变化，因此，其固有频率也会随之变化。为了使空载和满载时的固有频率保持一定或变化很小，需要把悬架刚度做成可变或可调的。目前汽车上装有电子控制的悬架，就能满足此种目的。

弹性的悬架在给衰减振动带来好处的同时，也使车轮出现相对的跳动，跳动的结果必然会改变车轮定位角度，这种改变应当受到严格的控制，否则，原已设计好的车轮运动关系将会遭到破坏，汽车的转向和操纵性能变坏，轮胎磨损会加剧。在车轮上下跳动过程中约束其运动的任务由悬架导向装置完成。

379. 非独立悬架什么样？

非独立悬架是左、右两侧的车轮装在一个整体式车桥上，车轮连同车桥一起通过悬架与车架相连接，当一侧车轮因路面不平等原因相对于车架的位置发生变化时，另一侧车轮的位置也随之发生变化。这样自然不会得到较好的操纵稳定性及舒适性，同时由于左右两侧车轮的互相影响，也容易影响车身的稳定性，在转向的时候较易发生侧翻。

378. 悬架如何分类？

1）根据悬架结构不同分类。根据悬架结构不同分类，汽车悬架可分为两大类：非独立悬架与独立悬架。

2）根据控制方式不同分类。根据控制方式不同分类，汽车悬架可分为两大类：被动悬架与主动悬架。

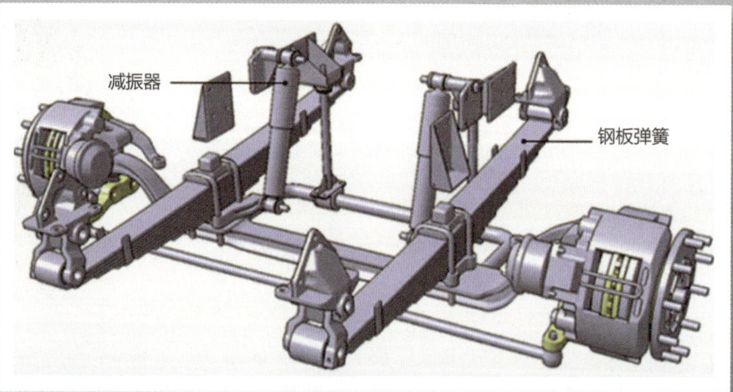

悬架

380. 独立悬架什么样？

独立悬架是两侧车轮各自独立地通过悬架与车架相连接，其配备的车桥都是断开式的，每个车轮都能独立地上下运动。因此，从使用过程来看，当一侧车轮受到冲击、振动后可通过弹性元件自身吸收冲击力，这种冲击力不会波及另一侧车轮，这样厂家可在车型设计之初通过适当调校使汽车在乘坐舒适性、稳定性、操纵稳定性三方面取得合理的配置。

非独立悬架由于结构简单，制造成本低，至今仍然应用于许多客、货车上。但是，随着汽车行驶速度的不断提高，非独立悬架已不能满足行驶平顺性与操纵稳定性等方面的要求，现代轿车大多数采用了独立悬架。

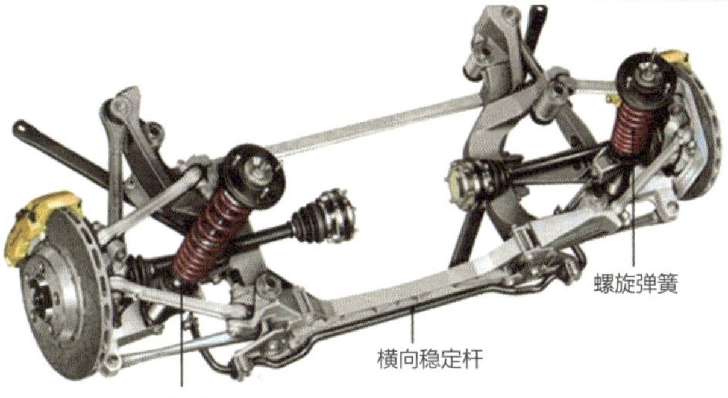

独立悬架构造图

381. 什么是被动悬架与主动悬架？

目前，大多数汽车都采用被动悬架。被动悬架的含义是：汽车的姿态（状态）只能被动地取决于路面、行驶状况和汽车的弹性元件、导向装置以及减振器这些机械零件。主动悬架可以根据路面和行驶工况自动调整悬架刚度和阻尼，从而使车辆能主动地控制垂直振动及车身或车架的姿态。

主动悬架

382. 弹性元件有何特点？

为了缓和冲击，汽车在行驶系统中，除采用弹性的充气轮胎外，在悬架中还需要装有弹性元件，使车架与车桥之间作弹性连接。弹性元件具有以下特点：

1）弹性。弹性是弹性元件本身的一种特性，它发生弹性形变后可以恢复原来的状态。

2）弹簧刚度。弹性元件的变形程度与对它施加的力（载荷）成正比。作用力除以变形量所得到的常数称为弹簧刚度。如果对两个弹性元件施加的载荷相同，弹性刚度小的弹性元件的变形量要大于弹性刚度大的弹性元件的变形量。弹性刚度小的弹簧称为“软”弹簧；弹性刚度大的弹簧称为“硬”弹簧。

3）弹簧振动。当车轮驶过凸起路面时，弹性元件迅速压缩。由于每个弹性元件有弹性，要立即恢复原状，就会回弹，使车身上下运动。因为惯性，弹簧在恢复到原始长度后还要被拉伸。当弹簧拉伸到极限位置时开始收缩，使车身朝下运动。弹簧在恢复到原始长度后还要被压缩，压缩到极限位置后又拉伸。弹簧的压缩和拉伸不断交替出现，从而使车身上、下振动。

汽车悬架常用的弹性元件包括钢板弹簧、螺旋弹簧、扭杆弹簧、气体弹簧和橡胶弹簧等。

橡胶弹簧

383. 什么是钢板弹簧?

钢板弹簧是由若干片等宽不等长、弧度不等、厚度相等或不等的钢板弹簧片组合而成的一根近似等强度的弹性梁，它被绝大部分非独立悬架所采用，它主要由弹簧片、弹簧夹、卷耳、套管和螺栓等组成。

钢板弹簧的第一片最长，称为主片，其两端弯成卷耳，内有套管，用钢板销与车架上的支架或吊耳作铰链连接。钢板弹簧的中心部位用 U 形螺栓与车桥固定。

384. 钢板弹簧有哪几种形式?

钢板弹簧有两种形式：多片簧和少片簧。

1）多片簧：由多片长度不等、宽度一样的钢板叠加起来。多片钢板弹簧的各片钢板叠加成倒三角形状，最上端的钢板最长，最下端的钢板最短，钢板的片数与支承的重量相关，钢板越厚越多越短，弹簧刚性就越大。但是，当钢板弹簧使用时间长了以后，各片之间就会互相滑动摩擦而产生噪声。钢板间的相对摩擦还会引起弹簧变形，造成汽车行驶不平顺。

2）少片簧：由两端薄中间厚、等宽等长的钢片叠加起来。少片钢板弹簧的钢板截面变化大，从中间到两端的截面逐渐不同，因此，轧制工艺比较复杂，价格也比多片簧贵。少片簧与多片簧比较起来，在相同刚度（即相同承载能力）的情况下，少片簧比多片簧轻约 50%左右，降低了油耗，增加了行驶平顺性。而且少片簧单片之间为点接触，减少了相对摩擦及振动，提高了乘坐舒适性。

385. 什么是对称式与非对称式钢板弹簧?

中心螺栓用以连接各弹簧片，并保证装配时各片的相对位置。中心螺栓到两端卷耳中心的距离可以相等，称为对称式钢板弹簧；距离不相等，称为非对称式钢板弹簧。为了增加主片及卷耳的强度，常将第二片两端做成加强卷耳，3/4 包在主片卷耳外面。主片与第二片卷耳间通常留有较大间隙，以便主片受力变形时有较大的滑动余地。

钢板夹主要作用是当钢板弹簧反向变形，即车架离开车桥时，使各片不致互相分开，而将反力传给较多的弹簧片，以免主片单独承载，同时还可防止各片横向错动。装配钢板夹时，应将螺栓头朝向车架一面，而使螺母在车轮一面，以防止螺栓松脱时刮伤轮胎。

386. 钢板弹簧应用于哪些车型?

钢板弹簧在载荷作用下变形，各片之间因相对滑动而产生摩擦，可使车架的振动衰减。各片之间处于干摩擦，同时还要将车轮所受冲击力传递给车架，因此，增大了各片的磨损。为了减小弹簧片的磨损，在装合弹簧片时，各片须涂上较稠的石墨润滑脂。有些弹簧片间还夹装塑料衬片或橡胶衬片，也有的将弹簧片装在保护套内，以防止润滑脂流失或尘土污染。

由于钢板弹簧有足够的刚性使车轮适当定位，不需要导向装置。钢板弹簧一般用在货车或大型客车上，钢板弹簧之间的摩擦可控制弹簧自身的振荡，因此，也可不设减振器，但小面包车采用的钢板弹簧一般都有减振器。

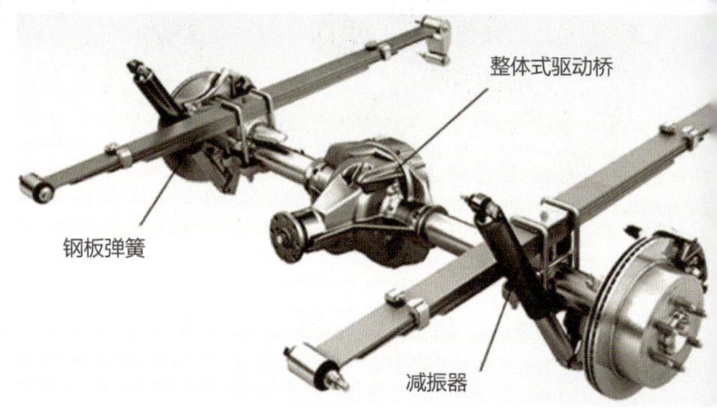

钢板弹簧安装位置图

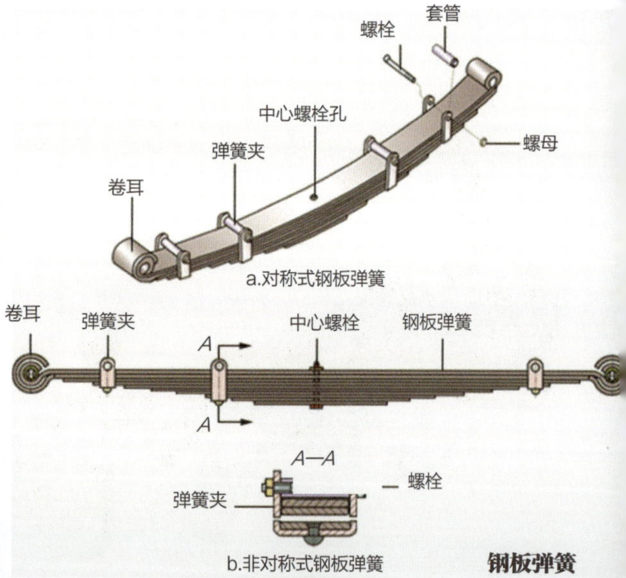

钢板弹簧

387. 钢板弹簧有什么优缺点？

钢板弹簧是传统汽车上广泛应用的弹性元件，它的优点是结构简单，工作可靠，成本低廉，维修方便。它既是悬架的弹性元件，又是悬架的导向装置。它的一端与车架铰接，可以传递各种力和力矩，并决定车轮的跳动轨迹。同时，它本身也有一定的摩擦减振作用，一举三得，所以广泛用于非独立悬架。

钢板弹簧的缺点是只能用于非独立悬架，重量较重，刚度大，舒适性差，纵向尺寸较长，不利于缩短汽车的前悬和后悬，与车架铰接处的钢板弹簧销容易磨损等。尽管缺点不少，但钢板弹簧至今仍在各种汽车上大量使用。为了改进钢板弹簧的性能，减轻重量，提高寿命，又出现了变截面钢板弹簧、单片弹簧等。

钢板弹簧

388. 如何检修钢板弹簧？

钢板弹簧长期使用会产生弹性下降甚至折断，钢板销、支架与吊耳产生磨损等。其检修程序如下。

1）钢板弹簧不能有裂纹、折断，如有应更换新件。

2）钢板弹簧弹性下降表现在钢板弹簧的弧高减小，一般在弹性实验器上检查有负荷或无负荷下弧高的减小。钢板弹簧弹性下降也表现在叶片的曲率半径变化，可用新片来进行靠合实验。

3）左、右两侧的钢板弹簧的总片数要相等，总厚度差不大于 5mm，弧高差不大于 10mm。

4）钢板弹簧的夹子、夹子螺栓应完整，U 形螺栓要按规定的力矩拧紧。

5）装配好并压紧的钢板弹簧，片与片之间应紧密配合，相邻两片在总接触长度的 1/4 长度内，间隙不大于 1.2mm。

采用钢板弹簧的车辆

389. 如何诊断与排除钢板弹簧折断故障？

（1）故障现象

汽车行驶时，方向定向跑偏；停车检查时，车身向一侧倾斜。

（2）故障原因

1）车辆在不平路面上超载、超速运行，或转弯时车速过快，负荷突然增大。

2）车辆长期在超载或装载不均匀状况下使用，在封存车辆时，未按规定解除钢板弹簧的负荷。

3）维护不及时，钢板弹簧片之间润滑不良或根本无润滑，使钢板弹簧片间的相对移位能力降低，造成承载能力下降而断裂。

4）弹簧夹松动，负荷集中在钢板弹簧的上面几片，上面几片容易断裂。

5）更换的新钢板弹簧片曲率与原片曲率不同。

6）汽车紧急制动过多，或在满载下坡时，使用紧急制动使汽车负荷前移。前钢板弹簧突受额外负荷，造成钢板弹簧的一、二片断裂。

（3）故障诊断与排除

1）当汽车行驶中听到“呱嗒、呱嗒”的金属撞击声，则将车辆支起，使钢板弹簧处于自由状态，在钢板弹簧支架端用撬棒上下撬动钢板弹簧，若能撬动，说明钢板弹簧销、衬套、吊环支架间的间隙过大。

2）若汽车在正常装载条件下行驶，车架与钢板弹簧之间发生撞击，当行驶在不平路面上时，产生异响更大，则将车辆支起，使弹簧处于自由状态，测量弹簧弧高，若不符合规定，或钢板弹簧反垂，则钢板弹簧因疲劳而失效，应更换。

390. 什么是螺旋弹簧?

螺旋弹簧是用弹簧钢料卷制而成的螺旋状弹簧，有刚度可变的圆锥形螺旋弹簧和刚度不变的圆柱形螺旋弹簧两种。螺旋弹簧大多应用在独立悬架上，尤其是前轮独立悬架中。在有些轿车上，后轮非独立悬架中也使用螺旋弹簧作为弹性元件。

391. 螺旋弹簧有什么优点?

与钢板弹簧相比，螺旋弹簧具有无需润滑，不怕油污，质量小，所占空间不大，具有良好的吸收冲击能力，可改善乘坐舒适性，因此，在现代轿车上被广泛采用。由于螺旋弹簧只能承受垂直载荷，用它作为弹性元件的悬架要加设导向装置。另外，螺旋弹簧变形时，不产生摩擦力，所以，在其悬架中也必须装有减振器，用于衰减因冲击而产生的振动。

圆锥形螺旋弹簧

圆柱形螺旋弹簧

392. 螺旋弹簧特性受哪些因素影响?

螺旋弹簧刚度就是作用力和弹簧行程的关系，其单位是 N/mm。弹簧刚度用来描述弹簧的软、硬程度。如果在弹簧的整个行程内，弹簧刚度不变，那么，此弹簧具有线性特性。若弹簧较软，则特性曲线较平；弹簧较硬时，则特性曲线较陡。螺旋弹簧的特性可能会受到以下因素影响：

1）弹簧直径。

2）弹簧钢丝直径。

3）弹簧的绕制圈数。

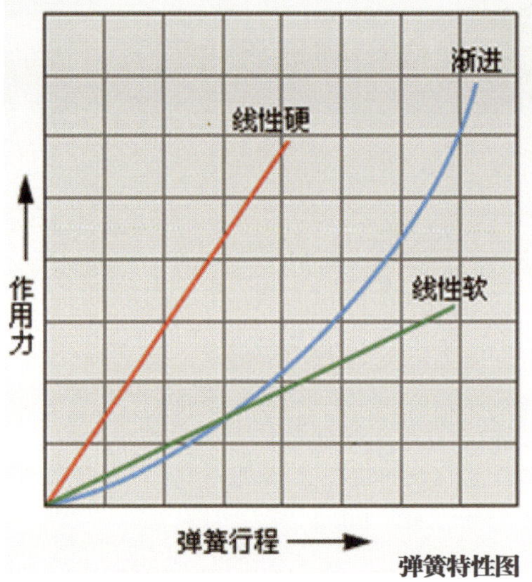

弹簧特性图

393. 渐进特性螺旋弹簧有何特点?

如果弹簧刚度随着弹簧行程的增大而增大，那么，此弹簧具有渐进特性。具有渐进特性的螺旋弹簧有下列特点：

1）螺旋弹簧的螺距不均匀。

2）螺旋弹簧呈锥形。

3）螺旋弹簧钢丝直径呈锥形。

4）不等弹簧直径的螺旋弹簧组合到一起。

弹簧渐进特性具有下列优点：

1）悬架系统从正常状态到全负荷状态的匹配均较佳。

2）在负荷不断增加时，车身固有频率基本不变。

3）当车辆因路面不平而受到强烈冲击时，悬架下沉不会很快。

4）可充分利用弹簧的可用行程。

394. 如何检修螺旋弹簧?

螺旋弹簧的检修主要是检查螺旋弹簧的自由长度，如自由长度比标准长度缩短了5%，则表示该弹簧已经永久变形，刚度变差，必须更换。更换时，要同时更换左、右两个螺旋弹簧，以保持车辆两侧高度相同。若螺旋弹簧上有裂纹也要更换。

采用螺旋弹簧的悬架

395. 什么是扭杆弹簧?

扭杆弹簧是用铬钒或硅锰合金并具有扭曲刚性的弹簧钢制成的杆，它的表面经过加工很光滑，扭杆断面常为圆形，少数是矩形或方形。其两端形状可以做成花键、方形、六角形或带平面的圆柱形等等，以便一端固定在车架上，另一端固定在悬架的控制臂上，控制臂则与车轮相连。当车轮跳动时，摆臂便绕着扭杆曲线摆动，使扭杆产生扭转弹性变形，来保证车轮与车架的弹性关系。有的扭杆由一些矩形断面的薄条组合而成，这样，弹簧更为柔软。

为保护扭杆表面，可在其上涂抹环氧树脂，包一层玻璃纤维后，再涂一层环氧树脂，最后涂上沥青和防锈油漆，以防腐蚀和损坏表面，从而提高扭杆弹簧的使用寿命。

396. 扭杆弹簧有何特点?

扭杆弹簧在制造时，经热处理后施加一定方向的扭转力矩载荷，使它有一个永久变形，从而具有一定的预应力，以提高其弹性极限。左、右扭杆由于施加的预应力有方向性，装在车上时的扭转方向应与所预加的应力方向一致。因此，在左、右扭杆上做有标记，安装时应加以注意，否则，将使扭杆弹簧的实际工作应力加大而缩短寿命。

采用扭杆弹簧作为弹性元件的悬架要设导向装置和减振器。扭杆弹簧与钢板弹簧相比，质量较小，而且不需润滑，保养维修方便，节省纵向空间，适用于小型车及越野车辆的悬架系统。

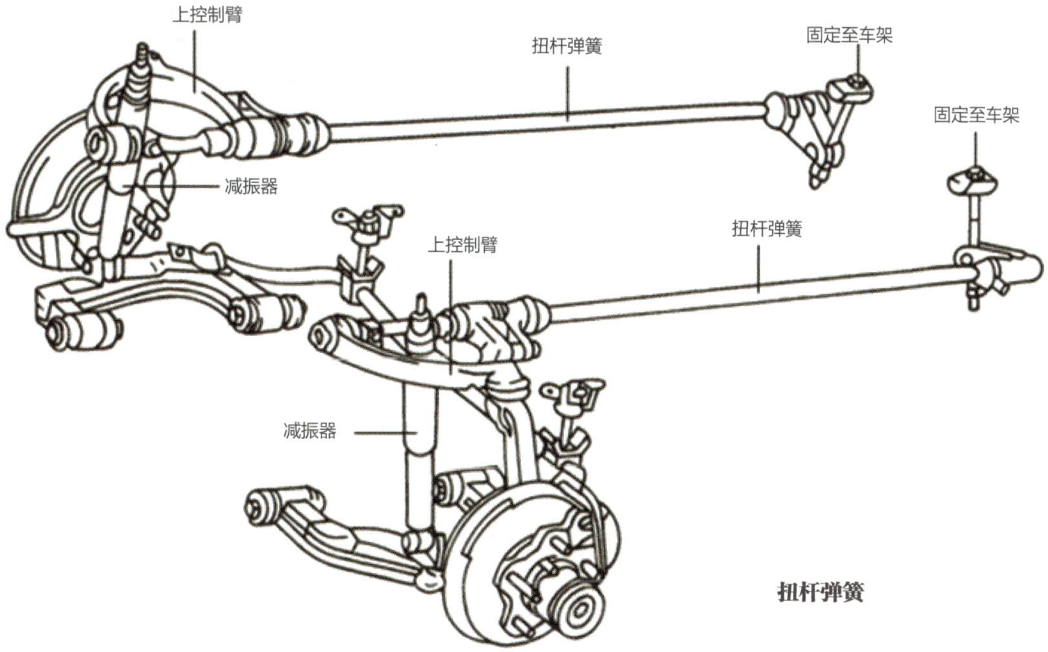

扭杆弹簧

397. 气体弹簧包括哪两种?

气体弹簧分为空气弹簧和油气弹簧两种类型。空气弹簧和油气弹簧都同螺旋弹簧一样，只能承受轴向载荷，因此，气体弹簧悬架中必须设置纵向和横向推力杆等导向机构，同时还必须设有减振器。气体弹簧可以通过专门的高度控制阀自动调节气室中的原始充气压力面的高度。

气体弹簧是在一个密封的容器中充入压缩气体，利用气体的可压缩性实现其弹簧作用的。这种弹簧的刚度是可变的，因为作用在弹簧上的载荷增加时，容器内的定量气体气压升高，弹簧的刚度增大。反之，当载荷减小时，弹簧内的气压下降，刚度减小，因此，它具有较理想的弹性特性。

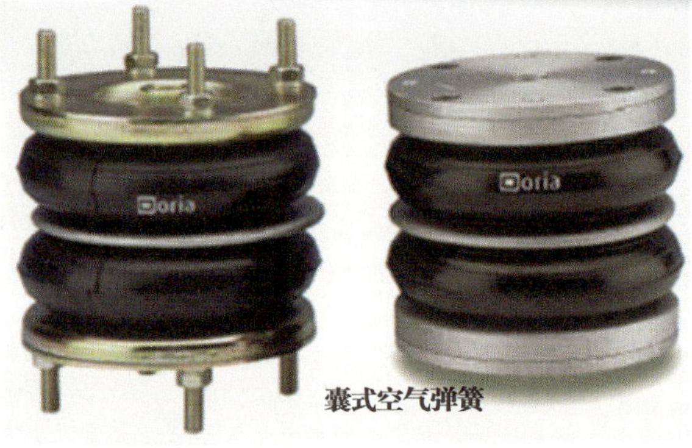

囊式空气弹簧

398. 什么是空气弹簧?

空气弹簧是利用压缩空气作为弹簧的，即在一个密闭的容器内装入压力为 0.5 ~ 1MPa 的压缩空气，利用气体的可压缩性实现弹簧的作用。空气弹簧又有囊式和膜式两种形式。

399. 囊式空气弹簧与膜式空气弹簧有何区别?

囊式空气弹簧由夹有帘线的橡胶制成的气囊和密闭在其中的压缩空气构成。气囊外层由耐油橡胶制成单节或多节，节数越多弹簧越软，节与节之间围有钢质腰环，防止两节之间摩擦。气囊上下盖板将空气封于囊内。

膜式空气弹簧由橡胶片和金属压制件组成。它比囊式空气弹簧的弹性曲线更为理想，固有频率更低些，且尺寸小，便于布置，因而多用于小轿车。但其造价较贵，寿命较短。

400. 什么是油气弹簧?

油气弹簧是在密封的容器中充入压缩空气（如氮气等惰性气体）和油液，利用气体的可压缩性实现其弹簧作用，而用油液作为传力介质，这种弹簧弹性是可变的。

球形室固定在工作缸之上，室内腔用橡胶隔膜将油液与气体隔开，充入高压氮气的一侧为气室，与工作缸相通而充满油液的一侧为油室。工作缸内装有活塞、阻尼阀及阀座。

由于氮气储存在密闭的球形气室内，其压力随外载荷的大小而变化，故油气弹簧具有变刚度的特性，同时又起到液力减振器的作用。

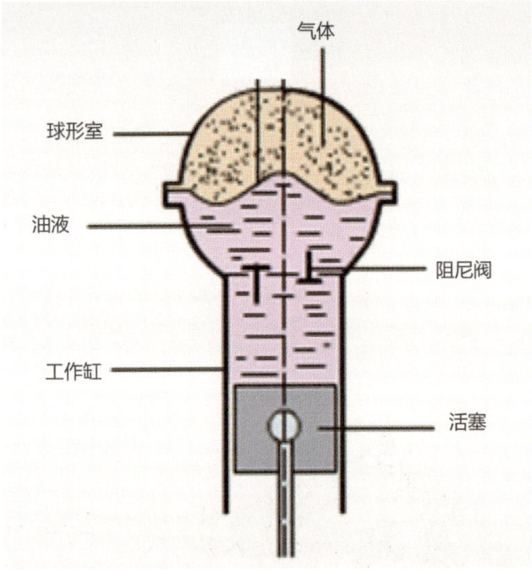

油气弹簧结构原理图

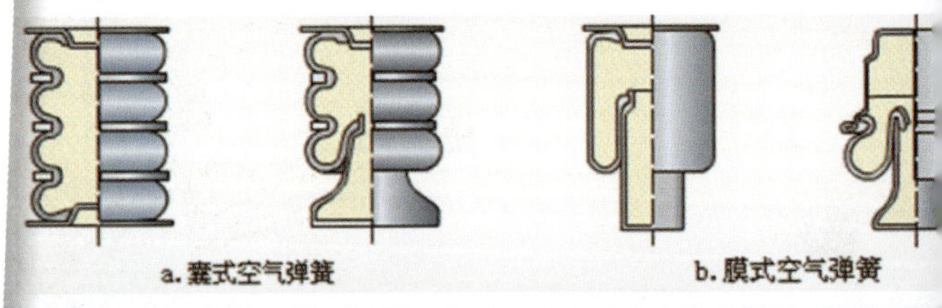

空气弹簧

401. 油气弹簧如何工作?

1）当汽车载荷增加时，活塞向上移动，工作缸内油压升高，阻尼阀打开油液进入球形室下部，推动隔膜向气室方向移动，气室受到压缩压力升高，使油气弹簧刚度增加。

2）当汽车载荷减小时，气室内的高压氮气膨胀，使隔膜向下方移动，油液通过阻尼阀流回工作缸，活塞下移使油压降低，同时气室容积变大压力下降，使油气弹簧刚度降低。随着汽车行驶中的姿态变化，工作缸内的油压与气室内的氮气压力也随之变化，此时，活塞处于工作缸中的不同位置。因此，油气弹簧具有可变刚度的特性。

402. 油气弹簧应用于哪些车型?

油气弹簧具有良好的行驶平顺性，而且体积小，质量小。但是对密封性要求很高，维护相对麻烦。目前，这种弹簧多用于重型汽车和部分客车上。

由于空气和油气弹簧只能承受垂直载荷，因此，采用这种弹簧的悬架也必须有导向装置和减振器。

采用油气弹簧的悬架

403. 橡胶弹簧应用在什么地方?

橡胶弹簧是利用橡胶本身的弹性来起作用的弹性元件，它可以承受压缩载荷和扭转载荷。当橡胶弹簧在外力作用下变形时，便产生内部摩擦，以吸收振动。橡胶弹簧的优点是可以制成任何形状，使用时无噪声，不需要润滑。但橡胶弹簧不适用支承重载荷。所以，橡胶弹簧主要用作辅助弹簧，或用作悬架部件的衬套、垫块、挡块及其他支承件。

404. 汽车为什么要减振?

当车辆运动时，外部作用力与冲击会使车辆沿三维空间轴的方向（横轴、纵轴、垂直轴）产生运动与振动。减振的目标是在弹簧与减振器之间获得良好的平衡，从而将这些力对驾驶舒适性、驾驶安全性和操纵安全性的影响降到最低。具体情况如下。

1）驾驶舒适性。乘员不会感觉到有害的或不舒服的振动，并且让车内货物保持完好。

2）驾驶安全性。用以保持车轮与地面的接触，这对于转向和制动都是十分重要的。

3）操纵安全性。保护车身与各个总成不会受到较大的冲击和振动载荷。

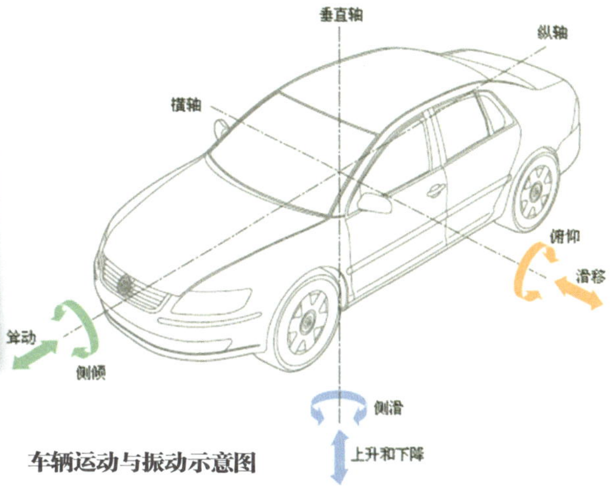

车辆运动与振动示意图

405. 汽车上有哪些振动类型?

轮胎、悬架元件、车身与座椅构成了一个可以振动的系统。当车身固有频率小于1Hz时会引起晕车，当然这也取决于个人的体质；当固有频率高于1.5Hz时，将使驾驶舒适性下降；当固有频率高于5Hz时，会使人感到振动。

车辆在行驶过程中，除了车辆的向上与向下运动外，还会发生围绕或沿车辆三维空间轴方向（横轴、纵轴、垂直轴）的振动，这些振动包括以下内容：

1）耸动：沿纵轴方向的振动。

2）侧倾：纵轴扭振（横摆、起伏、倾斜）。

3）横向滑移：沿横轴方向的振动。

4）纵倾：横轴扭振（俯仰）。

5）垂直振动：沿垂直轴方向的振动（冲击、垂直振动）。

6）横摆：垂直轴扭振（侧滑）。

406. 减振器有什么作用?

减振器主要用来抑制弹簧吸振后反弹时的振荡及来自路面的冲击，以提高汽车行驶的平顺性能。在经过不平路面时，虽然弹簧可以过滤路面的振动，但弹簧自身还会有往复运动，而减振器就是用来抑制这种弹簧跳跃的。

减振器太软，车身就会上下跳跃，减振器太硬就会带来太大的阻力，妨碍弹簧正常工作。在关于悬架系统的改装过程中，硬的减振器要与硬的弹簧相搭配，而弹簧的硬度又与车重息息相关，因此，较重的车辆一般采用较硬的减振器。

407. 减振器如何分类?

1）按工作原理分为单向作用式减振器和双向作用式减振器。

2）按结构分为双筒式减振器和单筒式减振器；按工作介质分为液压式减振器和气压式减振器。

现代汽车大多采用双向作用单筒式液压减振器。新型汽车，开始采用充气式减振器。在压缩和伸张两个行程中均能起阻尼减振作用的减振器称为双向作用式减振器；只在伸张行程中起阻尼减振作用的减振器称为单向作用式减振器。

408. 减振器应满足哪些要求?

弹性元件与减振器承担着缓冲和减振的任务，若阻尼力过大，振动衰减变得过快，悬架弹性元件的缓冲作用会变差，甚至使减振器连接件及车架损坏。一般汽车在行驶中可能处于三种状态：第一种是在良好的路面上行驶，此时要求弹性元件充分发挥作用；第二种情况是汽车承受中等强度的振动，这种情况减振器起主导作用；第三种情况是车辆受到剧烈振动，这时与轮胎的接地性有密切关系。减振器要想在以上三种情况下与弹性元件均能协调工作，为此必须满足以下要求：

1）在悬架压缩行程中（车桥和车架互相靠近），减振器阻尼力较小，以便充分发挥弹性元件的弹性作用，缓和冲击。此时，弹性元件起主要作用。

2）在悬架伸张行程中（车桥和车架互相远离），减振器阻尼力应较大，以迅速减振。此时，减振器起主要作用。

3）当车桥和车架间的相对运动速度过大时，要求减振器能自动加大液流量，使阻尼力始终保持在一定限度之内，以避免车架承受过大的冲击载荷。

409. 为什么减振器和弹簧缺一不可?

如果没有减振器的话，车辆在行驶时，因路面不平造成的承载质量振动就会非常强烈，这就使得车身振动越来越强烈，并会导致车轮与路面脱离接触。这样，车辆将失去操纵性。减振器的任务就是尽可能快地降低车身的振动能量并将振动能量转化为热能。为此，在弹簧的基础上，又安装了减振器。

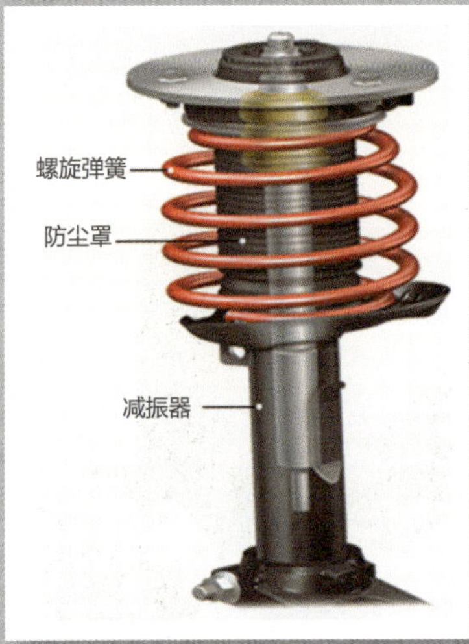

减振器与螺旋弹簧并联安装

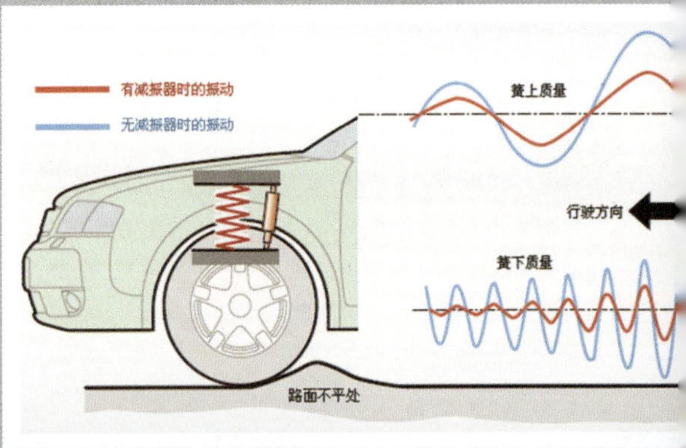

车辆振动强度示意图

410. 双向作用单筒式液压减振器构造如何？

双向作用单筒式液压减振器一般由几个同心钢筒、几个阀门和一些密封件等组成。里面的钢筒为工作缸，工作缸内装有活塞，活塞上装有伸张阀和流通阀，在工作缸下端的支座上装有压缩阀和补偿阀。流通阀和补偿阀是单向阀，较小的油压即可打开或关闭。伸张阀和压缩阀也都是单向阀，需要较大的油压才能打开，而油压稍降低，阀门即可关闭。

411. 双向作用单筒式液压减振器如何工作？

1）压缩行程：当车桥移近车架时，减振器受压缩，活塞杆推动活塞下移，使下腔室容积减小，油压升高，油液经流通阀进入活塞上腔室。由于活塞杆占去了上腔室一部分容积，故上腔室增加的容积小于下腔室减小的容积，致使下腔室油液不能全部流入上腔室，多余的油液压开压缩阀流入储油缸筒。油液流经上述阀孔时，受到一定的节流阻力，为克服这种阻力而消耗了振动能量，使振动衰减。当车身振动剧烈，活塞高速运动时，活塞下腔室油压骤增，压缩阀的开度增大，油液能迅速通过较大的通道流回储油缸筒。这样，油压和阻尼力都不致过大，使压缩行程中弹性元件的缓冲作用能充分发挥。

2）伸张行程：当车桥远离车架时，减振器受拉伸，活塞杆拉动活塞上移，使上腔室容积减小，油压升高，上腔室油液推开伸张阀流入下腔室。由于活塞杆的存在，下腔室形成一定的真空度，储油缸筒内的油液在真空度的作用下，推开补偿阀流入下腔室。由于伸张阀弹簧刚度和预紧力比压缩阀大，且伸张行程时的油液通道面积小。所以，在伸张行程产生的最大阻尼力远远超过了压缩行程的最大阻尼力。减振器这时充分发挥减振作用，能迅速衰减振动。

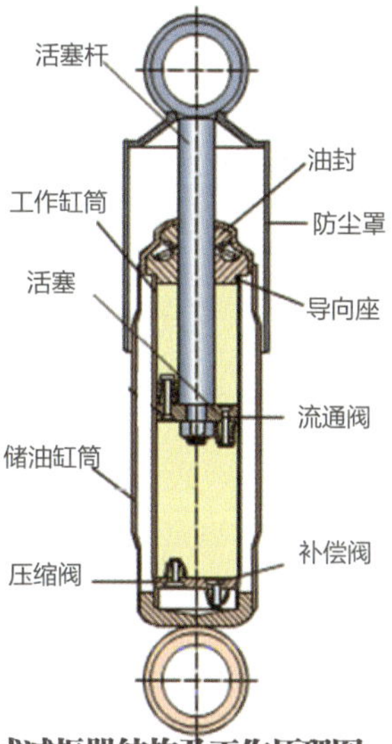

双向作用式减振器结构及工作原理图

412. 如何检修减振器？

减振器为不可拆卸式，属于一次性部件。目检时，若减振器存在弯曲或严重的凹陷或刺孔，应予以更换。进行减振器检查时应固定住减振器，在上下运动活塞杆时应有一定阻力，而且向上比向下的阻力要大一些。若阻力过大，应检查活塞杆是否弯曲；若无阻力，则表示减振器油已漏光或失效，必须更换。车辆行驶时，有缺陷的减振器会发出冲击噪声，因此，应更换减振器。减振器为免维护机构，减振器外面有轻微的油迹，不必更换减振器；如有大量油迹即漏油时，减振器在压缩到底或伸张时会发生跳动的现象，这时只能更换减振器。

413. 如何就车检查减振器是否缺油？

就车检查减振器是否缺油有两种方法：一是目检，看是否有漏油的痕迹；二是触摸检查，汽车运行一段时间后停车，迅速用手触摸减振器筒体，如果感到筒体发热、烫手，说明减振器工作正常，不缺油。若感觉筒体不发热或温度变化不大，则说明减振器缺油或失效。减振器缺油、漏油或失效时，应更换减振器。

减振器

414. 减振器缺油会怎样？

减振器缺油时，往往会导致减振器发响。这是因为减振器是靠其缸内的液压油在小孔中来回流动产生阻力作用而实现减振的。一旦减振器缺油，它就会失去减振功能。此时汽车在不平路面行驶时，就会发出“咯噔、咯噔”的撞击声。因此，一旦减振器有异常响声，应该更换减振器。新的减振器如果储存过一段时间，应在装车前来回拉动几次减振器活塞杆，使其能正常工作。

415. 怎样检查减振器的工作效能？

1）就车检查。检查方法是使减振器处于工作状态，通常是用手把车辆压下，然后迅速地放开手，若车辆的反弹次数超过两次时，则说明减振器工作效能差，应该更换减振器。

2）人工检查。将减振器从汽车上拆下来进行人工方法检查，其方法是固定减振器的一端，然后用手将减振器往复拉动2～3次，看其阻力是否恢复和有无因为缺油造成的空程。向上拉时，应当感觉到有沉重的阻力；向下压时，应当有较轻的阻力。在往复拉动减振器时，如果整个往复过程阻力均匀、无发卡和忽轻忽重现象，在试验台上试验阻力符合要求，表示其性能正常。

416. 如何辨别减振器失效？

通常情况下，减振器的磨损或者失效难以察觉，往往是在极端条件下，例如紧急停车或避让才突然暴露出来，但是这个时候危险已经来临，对于驾驶人来说，想要补救为时已晚。

实践证明，以下几种情况能够帮助驾驶人和维修人员快速评估减振器的状态，以判断是否需要对减振器做进一步的检测和修理。

1）感觉汽车的制动距离变长了。

2）在转弯的时候，车辆有点不好控制。

3）汽车在转向时车轮抖动。

4）汽车在通过减速带之后晃动得厉害。

5）汽车在越过沟坑时，感觉减振器不起作用。

6）橡胶轮胎出现了偏磨。

如果有2项及2项以上内容与自己车辆出现的情况相符合，建议对减振器进行专业检查，如果有必要，应当及时更换出现故障的减振器。即使没有发现任何异常，驾驶人每行驶2万公里就应对减振器进行一次性能检测。

减振器剖视图

417. 减振器失效有哪些危害性？

在许多行驶条件下，车辆减振器性能的好坏直接决定了汽车的操纵性能。一个性能优良的减振器，能够有效地减少制动距离。减振器失效后，极易导致一系列致命的后果。要知道，在紧急情况下，踩下制动踏板后，车辆少移动几米距离，就可能挽救车上乘员的性命。减振器失效主要有以下危害。

1）造成附着力不足。由于车辆的附着力不足，即使行驶在略微不平的道路上，驾驶汽车也有发生侧滑的危险。

2）使制动距离延长。这是由于橡胶轮胎与地面的附着力降低，导致轮胎与地面的摩擦力下降，从而引起制动力不足。

3）威胁转向时的安全。汽车在转向时，由于失效减振器的负面影响，造成转向不足或者转向过度，容易导致车辆偏离行车道，甚至冲出道路，引起行车事故。

4）引起轮胎偏磨。不良的减振器会导致橡胶轮胎偏磨，给行车安全留下隐患。

5）增加车轮的打滑。减振器失效会增加车轮的打滑，而车轮打滑会导致汽车失去控制。

6）导致主动安全装置失灵。为了进一步提高安全性能，目前许多机动车装备了ABS、ESP、DSC等电子主动安全装置。但是，如果减振器失效，将影响电子主动安全装置功能的发挥。这是因为，上述电子主动安全装置需要依赖良好的路面附着力以及完整的底盘运动信号。因此，在减振器失灵的情况下，所配备的主动安全装置无法发挥作用。

418. 减振器的常见故障及原因有哪些？

减振器的常见故障主要有：减振器漏油、减振器的支撑出现缺陷、减振器的止推块损坏等。

1）漏油：造成减振器漏油的主要原因是：油封或者垫圈磨损严重，密封性能变坏。密封圈损坏后，油液便从缸壁漏出；若油封垫圈等损坏，油液则从活塞杆端头漏出。

2）减振效能降低：除了漏油引起的减振效能降低，还有活塞与活塞环磨损严重，或者伸张阀弹簧过软以及调整不当所引起的减振效能降低。

3）拉不动上吊：减振器内部卡死。

419. 单筒式气压减振器构造如何?

单筒式气压减振器主要由储油室、工作油室、气室、隔离活塞、活塞、活塞杆、压缩阀和伸张阀等组成。对于单筒式气压减振器来说，工作油室与储油室位于一个油缸中。因温度影响以及弹簧受压时活塞杆的推入而引起的容积变化由一个单独的气室来补偿，该气室是由隔离活塞从工作油室中隔离出来的。气室内的压力约为25～30bar，该压力必须能在压缩时顶住阻尼力。其容积的变化量等于受压气室中的气体变化量。

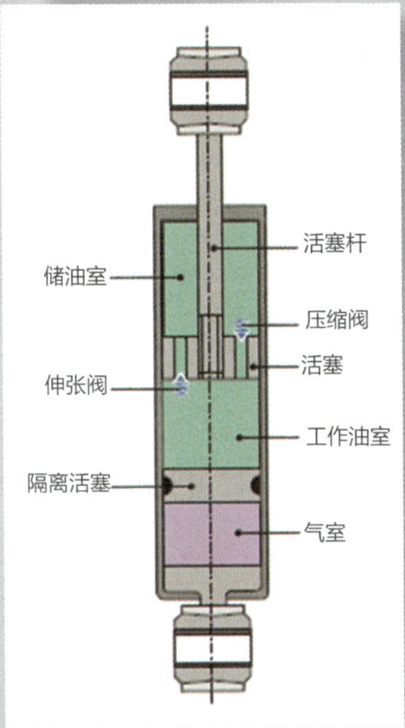

单筒式气压减振器构造图

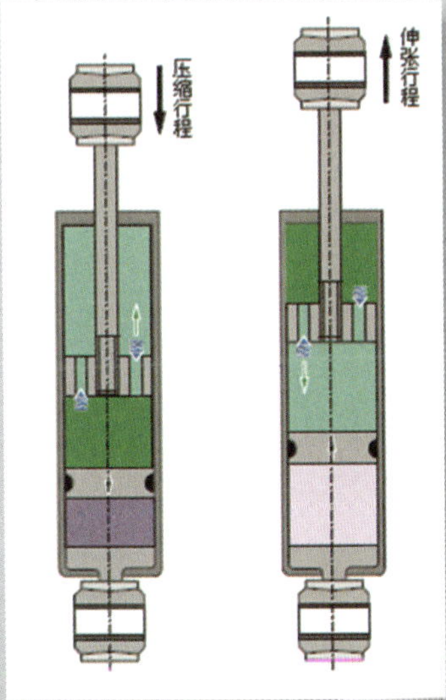

单筒式气压减振器工作原理图

420. 单筒式气压减振器如何工作?

1）在压缩行程，液压油经集成在活塞上的压缩阀被从工作油室压出，压缩阀会对液压油施加一定的阻力。于是，气室就会被压缩，压缩量就是插入活塞杆的容积。

2）在伸张行程，液压油经集成在活塞上的伸张阀被从储油室压出，伸张阀同样会对液压油施加一定的阻力。于是，气室就会膨胀，膨胀量就是浮出活塞杆的容积。

421. 双筒式气压减振器构造如何?

双筒式气压减振器主要由储油室、工作油室、气室、活塞、活塞杆、活塞阀、底板、底阀、外筒和内筒等组成。

双筒式气压减振器正如它的名称一样，由安装在一起的两个筒组成。内筒作为工作油室，其中充满了液压油。活塞连同活塞阀和活塞杆一起在工作油室中上下运动。工作油室的底部由底板和底阀构成。外筒与内筒之间是环形的储油室，储油室用于补偿因活塞杆及液压油温度变化而产生的容积变化，它只装着一部分液压油，工作压力为6～8bar，这样就可减少气蚀。储油室中的油量等于工作油室中油量的变化量。在加油嘴上有一气室。在活塞和底板上两个减振阀的作用下，振动得到衰减。这两个减振阀分别称为活塞阀和底阀，活塞阀中包括一个阻尼阀和一个单向阀，而底阀同样包括一个阻尼阀和一个单向阀，它们由弹簧垫片、螺旋弹簧和带有节流孔的阀体组成。

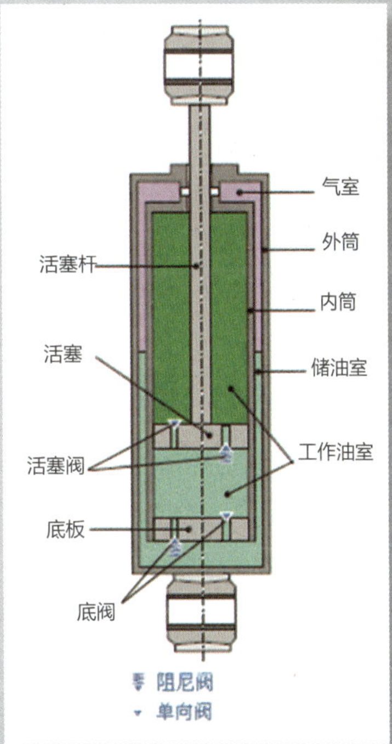

双筒式气压减振器构造图

422. 双筒式气压减振器如何工作?

1）在压缩行程，减振作用主要靠底阀完成，部分由活塞的运动阻力作用完成。活塞杆挤出的液压油流入储油室，底阀对这些液压油的流动会施加一定的阻力，从而就降低了流动的速度。

2）在伸张行程，减振作用由活塞阀独自完成，对向下流动的液压油施加一定的阻力。工作油室内所需要的液压油可以通过底阀上的单向阀毫无阻碍地回流。

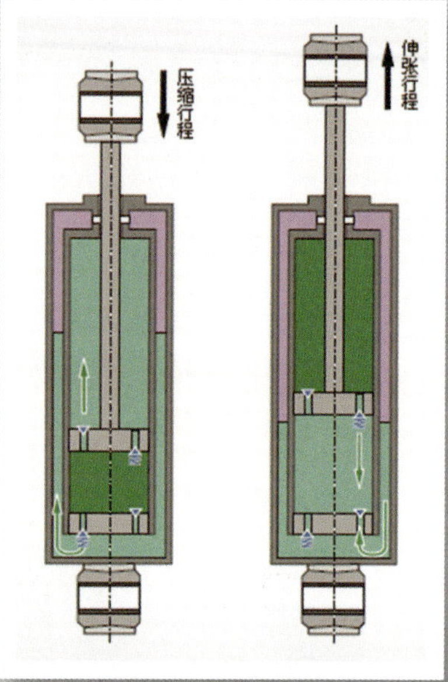

双筒式减振器工作原理图

423. 什么是电磁减振器?

电磁减振器英文为 Electromagnetic Absorber，它是利用电磁反应而产生阻尼的一种新型智能化减振器，它可以针对路面情况，在 1ms 的时间内做出反应。电磁减振器的电子控制单元（ECU）根据加速度传感器检测到的路面实际状况和悬架行程传感器检测到的实际运动行程，来发出指令控制电磁式减振器内线圈电流的大小，从而控制减振器的阻尼力。

电磁式减振器的控制方式有两种：纯电磁控制和电液一体控制。

采用电磁减振器的四轮独立悬架系统

424. 电磁减振器有何优点?

1）以磁代油，以电磁场瞬时消能减振代替油摩擦滞时消能减振，本质上解决了传统液压式减振器漏油失效的困境。

2）根据路况，自动调整阻尼力，以减少车身晃动和倾斜，满足舒适性和平稳性。

3）以振消振，利用振动能量驱动磁场产生电磁场，形成最优磁阻尼，达到平稳消能吸振的目的。

4）电磁场工作区间呈悬浮状态，关键部件采用耐磨、耐蚀、高强度的特殊材质制造，正常使用寿命是传统液压式减振器的 3 倍以上。

5）减振效果好，延长了变速器、车轮和轮胎等部件及整车的使用寿命。

6）紧急制动时，瞬时产生的振动能量可通过电磁场的能量转化迅速消耗掉，控制轮胎紧贴路面，明显提高制动效率，紧急制动时稳定性好，驾乘更安全。

425. 纯电磁控制式电磁减振器如何工作?

下图所示为帕萨特 CC 轿车所采用的纯电磁减振器。减振器内没有了传统液压式减振器的油液，电磁式减振器活塞外侧有定子线圈，通过控制定子线圈的电流强度，从而精确控制电动机反方向运动的阻尼力和减振力，缓和路面的冲击与振动。输入的电流越大，定子线圈中产生的磁场就越强，电动机产生反方向运动的阻尼力和减振力也就越大；反之，阻尼力和减振力就越小。另外，该减振器还提供了“COMFORT”舒适模式和“SPORT”运动模式两阶段阻尼调整模式，可调的阻尼模式能够适应不同驾驶风格及多种路况要求。相比传统的液压式减振器，该减振器的动作要快得多。当选择“COMFORT”舒适模式时，减振器的阻尼作用变弱；当选择“SPORT”运动模式时，减振器的阻尼作用变强。

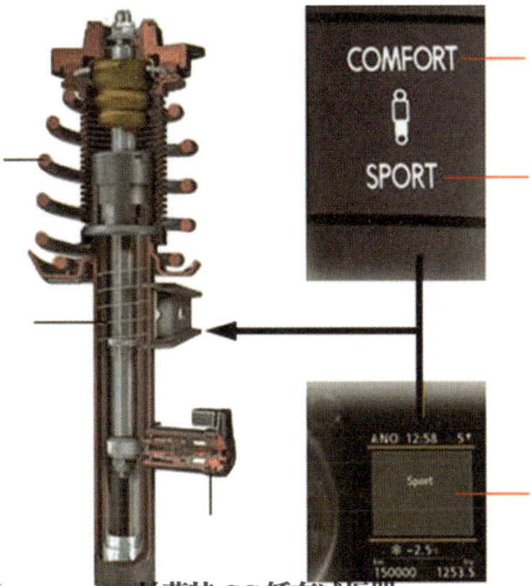

帕萨特 CC 轿车减振器

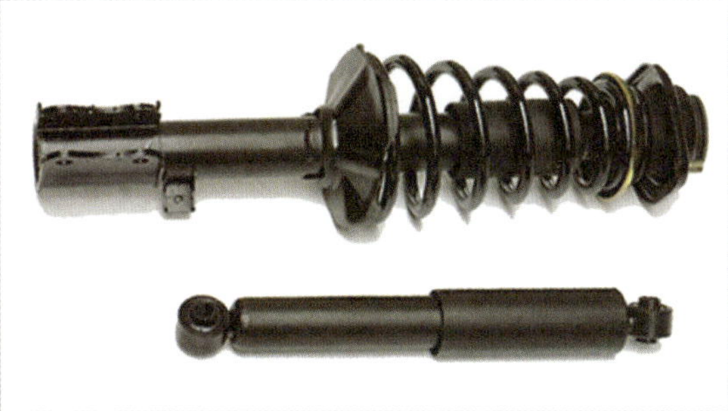

减振器

426. 电液一体控制式电磁减振器如何工作?

奥迪 TT 跑车所采用的电液一体化电磁减振器和传统液压式减振器一样，依靠油液在节流孔的流动实现阻尼效果，只是减振器内的油液是一种新型的电磁液，它是由合成碳氢化合物以及 3~10μm 大小的磁性粒子组成的。一旦控制单元发出脉冲信号，线圈内便会产生电压，从而形成一个磁场，改变其中粒子的排列方式。其具体工作情况如下。

1）该减振器活塞上绕有电磁线圈。当电磁线圈中无电流通过时，活塞内 4 个微型通道中的电磁液未被磁化，不规则排列的磁性颗粒呈均匀分布状态，产生的阻尼力与传统液压式减振器相同。

2）一旦控制单元发出脉冲信号，线圈内便会产生电压，从而形成一个电磁场，改变粒子的排列方式。此时，这些粒子马上会按垂直于活塞运动的方向排列，阻碍油液在活塞微型通道内流动，提高阻尼效果。活塞线圈中输入的电流越大，形成的电磁场强度越强，磁性颗粒被磁化的程度越好，产生的阻尼力就越大；反之，则阻尼力就越小。

ECU 可在 1s 时间内让减振器的阻尼力和减振力连续改变 1000 次，与单独使用弹簧液压式减振器相比，电液一体控制式电磁减振器既可提高响应速度，又可提高舒适性，堪称全球动作最快、最先进的智能悬架系统。

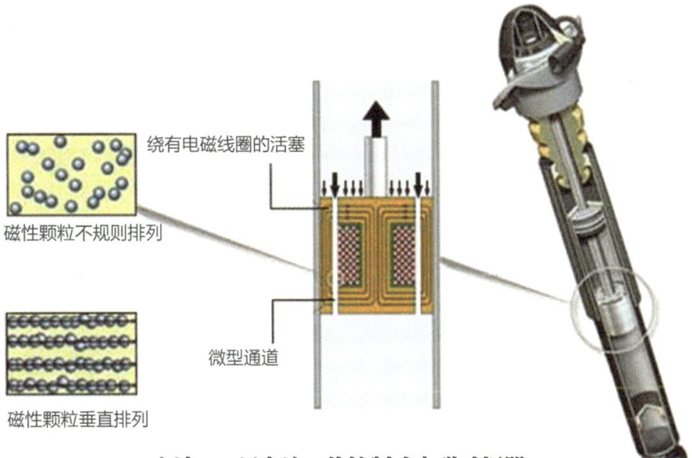

奥迪 TT 用电液一体控制式电磁减振器

427. 如何诊断与排除减振器失效故障?

（1）故障现象

汽车在不平路面上行驶，车身强烈振动并连续跳动，有时在一定范围内会发生“摆头”现象。

（2）故障原因

1）减振器连接销（杆）脱落或橡胶衬套（软垫）磨损破裂。

2）减振器油量不足或存有空气。

3）减振器阀门密封不良。

4）减振器活塞与缸筒磨损过量，配合松旷。

（3）故障诊断与排除

1）检查减振器连接销（杆）、橡胶衬垫、连接孔是否有损坏、脱落、破裂，若有应及时更换。

2）查看减振器是否有漏油和陈旧性漏油痕迹。

3）用力按汽车保险杠，手放松，若车身能有 2、3 次跳跃，说明减振器良好；反之，故障在减振器内部，应更换。

428. 如何诊断与排除减振器漏油故障?

（1）故障现象

在减振器油封处或活塞连杆处有漏油痕迹。

（2）故障原因

1）油封垫圈、密封垫圈破裂，储油缸盖螺母松动。

2）减振器活塞杆弯曲或表面拉伤，破坏了油封。

（3）故障诊断与排除

1）拧紧储油缸盖螺母，若仍有油液漏出则是油封或密封垫圈失效。

2）更换新密封件后仍漏油，则应拉压减振器，若感到发卡、轻重不一时，则应进一步检查活塞杆是否弯曲，表面是否有划痕。

429. 独立悬架有何结构特点?

独立悬架的结构特点是车架与每一侧车轮之间的悬架连接是独立的，它的车桥为断开式，当一侧车轮上下跳动时，不会影响到另一侧车轮位置的变化。这种悬架乘坐舒适性和操纵稳定性都较好，且具有降低汽车重心，减小汽车造型受约束的效果，但其结构较复杂，造价较昂贵。

独立悬架

430. 独立悬架有哪些优点?

与非独立悬架相比，它具有以下优点：

1）左、右车轮的运动相互独立，减少了车身的振动。

2）非簧载质量小，悬架所受到的冲击小，平顺性好。

3）与断开式车桥配用，可降低汽车重心，行驶稳定性好。

431. 有哪几种独立悬架?

悬架的构件虽然简单但参数的确定却相当复杂，厂家不但要考虑汽车的舒适性、操控稳定性，还要考虑到成本问题。基于这三个原因，不同厂家有不同的倾向性策略，也就产生了国内现在比较常见的五种独立悬架：麦弗逊式独立悬架、双叉臂式独立悬架、双横臂式独立悬架、连杆支柱式独立悬架、多连杆式独立悬架。

432. 什么是麦弗逊式独立悬架?

麦弗逊式独立悬架是以发明者 Macphersan 的名字命名，在中级以下轿车中使用很广泛的一种悬架。

麦弗逊式独立悬架由减振器、螺旋弹簧、A 字形下摆臂组成，绝大部分车型还会加上横向稳定杆。减振器与套在它外面的螺旋弹簧合为一体，构成悬架的弹性支柱。支柱上端与车身挠性连接，支柱下端与转向节刚性连接。下摆臂的外端通过螺栓与转向节的下部连接，内端与元宝梁铰接。车轮所受的侧向力经转向节大部分由下摆臂承受，其余部分由减振器承受。

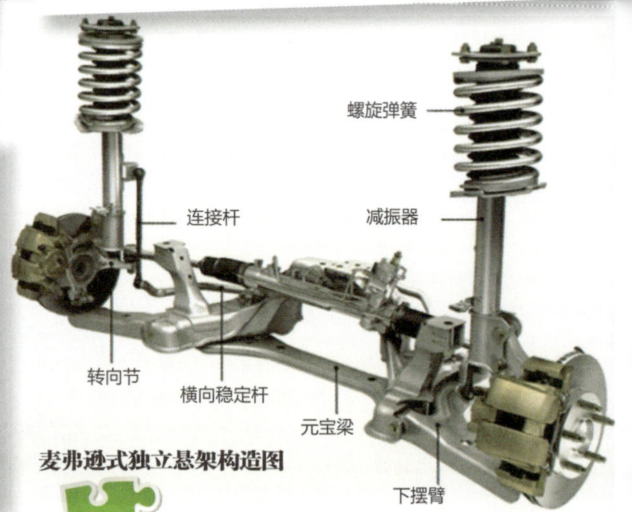

麦弗逊式独立悬架构造图

433. 麦弗逊式独立悬架有何结构特点?

麦弗逊式独立悬架没有传统的主销实体，转向轴线为上、下铰接中心的连线。麦弗逊式悬架结构简单，布置紧凑，用于前悬架时能增大两轮内侧的空间，故多用于发动机前置前轮驱动的汽车上。转向轮采用麦弗逊式独立悬架时，前轮定位参数的变化较小，除前束可调整外，其他参数有的车型规定不可调整，有的车型规定可以调整。

434. 麦弗逊式独立悬架有何优缺点?

麦弗逊式独立悬架由于结构简单，所以质量小、响应速度快。并且在一个下摆臂和支柱的几何结构下能自动调整车轮外倾角，使其能在过弯时自适应路面，让轮胎的接地面积最大化，虽然麦弗逊式悬架并不是技术含量很高的悬架结构，但麦弗逊式悬架在行车舒适性上的表现还是令人满意的，不过由于其构造为直筒式，对左、右方向的冲击缺乏阻挡力，抗制动点头作用较差，悬架刚度较弱，稳定性差，转弯侧倾明显。

麦弗逊式独立悬架

435. 麦弗逊式独立悬架应用于哪些车型?

由于其占用空间小，适合小型车以及大部分中型车使用。国内常见的广州本田飞度、东风标致 307、一汽丰田卡罗拉、上海通用君越、一汽大众迈腾等前悬架均采用了麦弗逊式独立悬架。

超级跑车保时捷 911 也采用了麦弗逊式前悬架，这足以证明这款悬架具有广泛的适应性。

436. 什么是双叉臂式独立悬架?

双叉臂式独立悬架是在中、高级轿车中使用很广泛的一种悬架。双叉臂式独立悬架又称为双 A 臂式独立悬架，双叉臂式独立悬架拥有上、下两个叉形摆臂。其中，上、下叉臂的一端分别通过叉臂轴与车身铰接，另一端分别通过上、下球头销与转向节相连。减振器与套在它外面的螺旋弹簧合为一体，构成悬架的弹性支柱。支柱上端与车身挠性连接，支柱下端与转向节刚性连接。横向力由两个叉臂同时吸收，支柱只承载车身重量，因此，横向刚度大。垂直力是通过转向节、下球头销、下摆臂和减振器及螺旋弹簧传递给车身；而纵向力、侧向力及其力矩是由转向节、下摆臂、上摆臂、下球头销、上球头销传递给车身。由于此种悬架使用上下球头销来代替主销，故属于无主销式悬架。

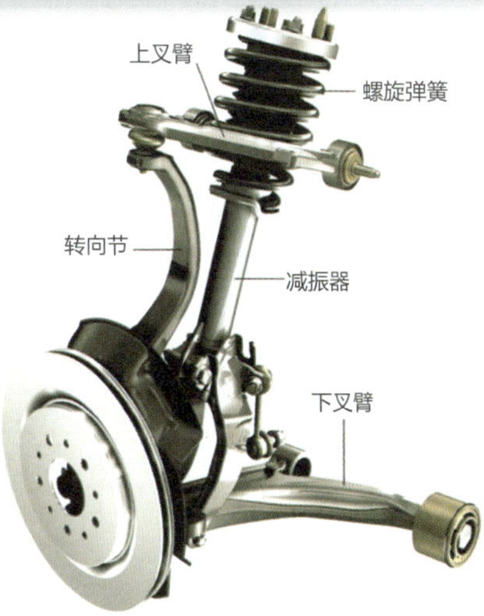

双叉臂式独立悬架

437. 双叉臂式独立悬架有何结构特点?

双叉臂式独立悬架的上、下两个 A 字形叉臂可以精确地定位前轮的各种参数。前轮转弯时，上、下两个叉臂能同时吸收轮胎所受的横向力，加上两个叉臂的横向刚度较大，所以，转弯的侧倾较小。双叉臂式独立悬架通常采用上、下不等长叉臂（上短下长），让车轮在上、下运动时能自动改变外倾角并且减小轮距变化、减小轮胎磨损，并且能自适应路面，轮胎接地面积大，贴地性好。

438. 双叉臂式独立悬架应用于哪些车型?

相比麦弗逊式独立悬架，双叉臂式独立悬架多了一个上摆臂，不仅需要占用较大的空间，而且其定位参数较难确定，因此，小型轿车的前桥出于空间和成本考虑一般不会采用此种悬架。但其具有侧倾小、可调参数多、轮胎接地面积大、附着性能优异等特点。因此，绝大部分纯正血统跑车的前悬架均选用双叉臂式独立悬架，可以说双叉臂式独立悬架是为运动而生的悬架。法拉利、玛莎拉蒂超级跑车以及 F1 方程式赛车均采用了双叉臂式前悬架。而国内采用双叉臂式前悬架的轿车主要有一汽丰田皇冠和锐志，以及奥迪的豪华 SUV Q7、大众途锐等。

双叉臂安装位置图

439. 双叉臂式独立悬架有何优缺点?

双叉臂式独立悬架的主要优点：横向刚度大、抗侧倾性能优异、附着性能好、路感清晰；主要缺点：制造成本高、悬架定位参数设定复杂。

440. 什么是双横臂式独立悬架?

双横臂式独立悬架是在双叉臂式独立悬架的基础上改变而来的，二者有着许多的共性，双横臂式独立悬架的结构比双叉臂式简单些，可以称之为简化版的双叉臂式独立悬架。同双叉臂式悬架一样，双横臂式悬架的横向刚度也较大，一般也采用上、下不等长摆臂设置。

441. 双横臂式独立悬架应用于哪些车型?

双横臂式悬架设计偏向运动性，其性能优于麦弗逊式悬架。但比起真正的双叉臂式悬架以及多连杆悬架要稍差一些。国内采用双横臂式前悬架的轿车主要有：广州本田雅阁、一汽轿车马自达 6 以及克莱斯勒 300C；而采用双横臂式后悬架的有东风本田思域。

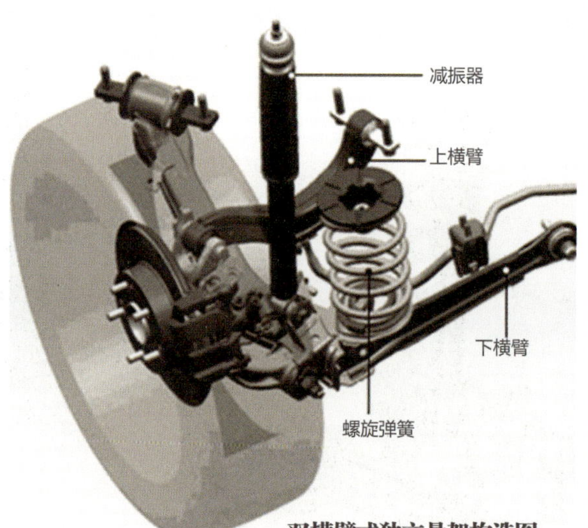

双横臂式独立悬架构造图

442. 什么是连杆支柱式独立悬架?

严格意义上来说没有连杆支柱式独立悬架这种称谓，但是，随着国内广州丰田凯美瑞的热销，连杆支柱这个名字被越来越多的人熟悉，我们也就姑且把这种悬架称为连杆支柱式独立悬架。

连杆支柱式悬架与麦弗逊式悬架一样，用来支撑车体的也是减振器支柱，它把减振器和螺旋弹簧组装成一体。连杆支柱式悬架也有一根粗大的减振器支柱，与麦弗逊式悬架的主要区别在于：悬架下部与车身连接的“A”字型下摆臂改成了三根连杆定位。转弯时产生的横向力主要由减振器支柱和横向连杆来承担。它具有与麦弗逊式悬架相近的操控性能，又有比麦弗逊式悬架更高的连接刚度和相对较好的抗侧倾性能。但是，同样也存在麦弗逊式悬架的缺点，就是稳定性不好，转弯侧倾还是较大，需要加装横向稳定杆来减小转向侧倾。

443. 连杆支柱式独立悬架应用于哪些车型？

连杆支柱式独立悬架的占用空间小于真正的多连杆式悬架，成本也低于多连杆式悬架，因此，被不少厂家采用。国内采用这种后悬架的主要有昌河铃木利亚纳、东风悦达起亚赛拉图、北京现代伊兰特、广州丰田凯美瑞等；而采用连杆支柱式后悬架的有汉兰达。

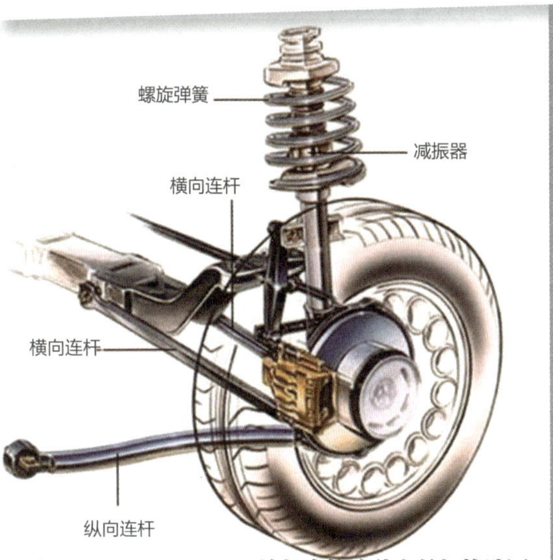

连杆支柱式独立悬架构造图

444. 连杆支柱式独立悬架有何优缺点？

连杆支柱式独立悬架的主要优点：结构简单、占用空间较小、制造成本较低；主要缺点：横向刚度依然有限、稳定性不佳、容易加剧前驱车转向不足的特性。

445. 什么是多连杆式独立悬架？

多连杆式独立悬架可分为多连杆式前悬架和多连杆式后悬架。其中前悬架一般为3根连杆或4根连杆式独立悬架；后悬架则一般为4根连杆或5根连杆式独立悬架。其中，5连杆式后悬架应用较为广泛。

多连杆式悬架能实现主销后倾角的最佳位置，大幅度减少来自路面的前后方向力，从而改善加速和制动时的平顺性和舒适性，同时也保证了直线行驶的稳定性。因为由螺旋弹簧拉伸或压缩导致的车轮横向偏移量很小，不易造成非直线行驶。在车辆转弯或制动时，多连杆式悬架结构可使后轮形成正前束，提高了车辆的控制性能，减少转向不足的情况。

446. 多连杆式独立悬架有何结构特点？

多连杆式悬架在收缩时能自动调整外倾角、前束角以及使后轮获得一定的转向角度。通过对连接运动点约束角度的设计使得悬架在压缩时能主动调整车轮定位，能完全针对车型做匹配和调校，最大限度地发挥轮胎附着力，从而提高整车的操控极限。

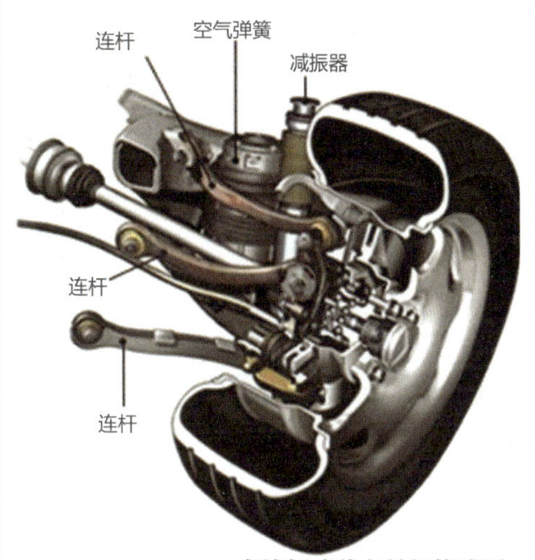

多连杆式独立悬架构造图

447. 多连杆式独立悬架应用于哪些车型？

多连杆式悬架结构相对复杂，材料成本、研发实验成本以及制造成本远高于其他类型的悬架，而且其占用空间大，中小型车出于成本和空间考虑极少使用这种设计。但多连杆式悬架的舒适性能是所有悬架中最好的，操控性能也和双叉臂式悬架难分伯仲。高档轿车由于空间充裕且注重舒适性能和操控稳定性，所以，大多使用多连杆式独立悬架，可以说多连杆式悬架是高档轿车的绝佳搭档。

国内前、后悬架均采用多连杆的车型有：奔驰E级轿车、华晨宝马的3系及5系轿车、一汽大众奥迪A4及A6L；采用多连杆前悬架的车型有上海大众的帕萨特领域；采用多连杆后悬架的有长安福特福克斯、一汽大众速腾、广州本田雅阁、上海通用君越、一汽丰田皇冠及锐志、一汽轿车马自达6、东南汽车三菱戈蓝等。

449. 空气悬架包括哪些部件?

所谓空气悬架，广义上就是用空气弹簧作为弹性元件的悬架。空气悬架系统一般由空气弹簧、减振器、导向机构、空气供给单元(如空气压缩机、单向阀、气路、储气罐等)、高度控制阀等组成。现在很多品牌，尤其是讲究乘坐舒适性的豪华车或者讲究通过性的 SUV 车型很多都配备或可以选配空气悬架。

多连杆式独立悬架

450. 空气悬架如何工作?

空气悬架中用空气弹簧取代了普通弹簧作为弹性元件，正是因为气体的可压缩及可膨胀性，使得空气弹簧除了可以在车身与车轮之间作弹性联系，承受和传递垂直载荷，缓和及抑制不平路面所引起的冲击外，还可以主动地调节车身高度。汽车高速行驶时，车身高度会自动降低，从而提高贴地性能，以确保良好的高速行驶稳定性；而当汽车需要慢速通过颠簸路面时，底盘能够自动升高，以提高通过性能。这就是我们在一些车上看到的可以升降底盘的原因。

448. 如何检修独立悬架?

独立悬架常在汽车的前桥上，独立悬架的检修包括弹性元件、减振器、横向稳定杆等的检修。其弹性元件多为螺旋弹簧，因在上面已经提到过，故不再重复。

检查元宝梁、横向稳定杆和下摆臂有无变形或裂纹。若存在变形或裂纹，不允许在前悬架支承装置和导向装置部件上进行焊接和校直修复，只能更换新件。另外，需要检查横向稳定杆的橡胶支座和橡胶衬套、下摆臂的前衬套和后衬套的损坏和老化情况，若损坏需要及时更换。

451. 空气悬架有何优势?

与传统钢制汽车悬架系统相比较，空气悬架具有很多优势，最重要的一点就是弹簧的弹性系数也就是弹簧的软硬能根据需要自动调节。例如，汽车高速行驶时悬架可以变硬，以提高车身稳定性，长时间低速行驶时，控制单元会认为汽车正在经过颠簸路面，以悬架变软来提高减振舒适性。

采用空气悬架系统的奥迪 A8

452. 辉腾空气弹簧包括哪些部件？

1）带有外部导套的上部壳体。

2）空气弹簧气囊。

3）起伏活塞（下部壳体）。

4）一个系统储压器（在需要时才用）。

5）一个集成可连续控制的减振器（CDC）。

453. 空气弹簧气囊结构如何？

空气弹簧气囊由专用的高质量多层人造橡胶材料制成，其中，内嵌有尼龙线织网作为加强材料。加强材料吸收空气弹簧中产生的力。里面的覆盖层是专门设计的气密层。各个层经过特殊组合后可使空气弹簧气囊具有良好的起伏特性并且准确地响应悬架动作。在－35～＋90℃的温度范围内，这些材料可以抵抗所有外界影响。

作为外部导套的金属套吸收周围作用力，有这种金属套的空气弹簧称为“外部导向”式空气弹簧。与之相对，不使用这种金属套的空气弹簧就叫做“无导向”式空气弹簧。

在辉腾轿车上使用的是带有“外部导向”完全承载式空气弹簧。

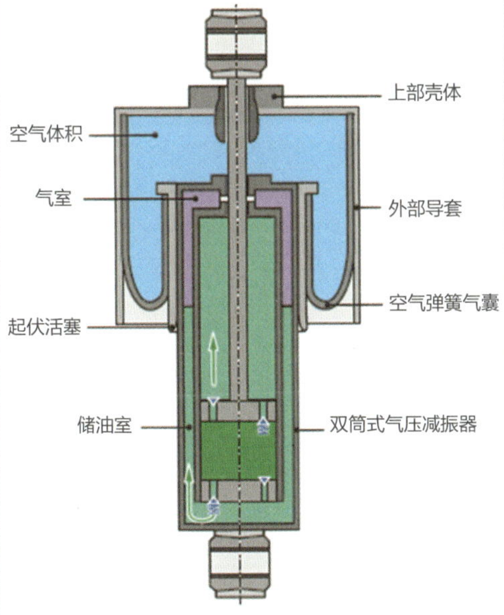

外部导向完全承载式空气弹簧示意图

454. 减振器对汽车性能有何影响？

减振器对驾驶安全性和驾驶舒适性有很大的影响。但是，对驾驶安全性的要求与对驾驶舒适性的要求是相互矛盾的。在一定的范围内，情况基本是这样的：

1）减振程度越高，驾驶安全性就越好，但驾驶舒适性越差。

2）减振程度越低，驾驶舒适性就越好，但驾驶安全性越差。

455. 减振器阻尼力为什么要调节？

阻尼基本分为两种情况：压缩和伸张。对于减振器来说，压缩行程的阻尼力与伸张行程的阻尼力有所不同，压缩行程的阻尼力小于伸张行程的阻尼力。这样，由于路面不平而引起的振动只有较少部分传递给车辆。由于减振器的调节是固定的，所以，驾驶舒适性与驾驶安全性有着密切的关系。但安装在辉腾轿车上的连续控制可调节式减振器在大约几毫秒间就可判断出哪个车轮要减振以及需要多大的减振程度。

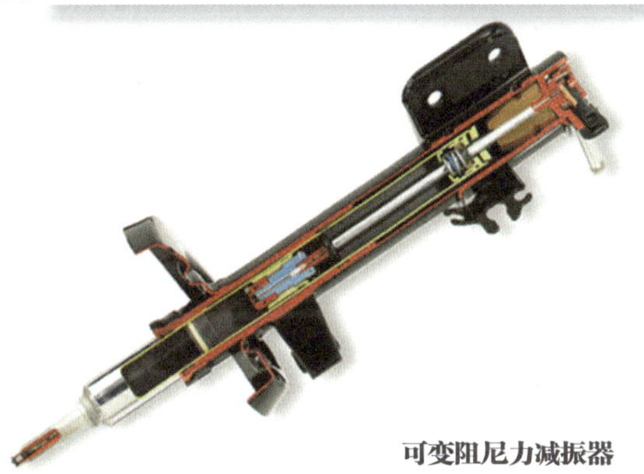

可变阻尼力减振器

456. 减振程度能说明什么？

减振程度说明了减振的快慢程度，这取决于减振器的阻尼力和簧上质量的大小。如果阻尼力不变的话，增大簧上质量会降低减振程度，这就意味着振动被吸收的速度变慢了，即慢速减振；减小簧上质量则增大减振程度，这就意味着振动被吸收的速度变快了，即快速减振。

阻尼力由下列因素来确定：排出的液压油油量、阻尼阀形成的流动阻力、减振器活塞的运动速度以及减振器液压油的黏度。

457. 辉腾空气悬架系统包括哪些部件？

1）一个 4CL/CDC 控制单元 J197。

2）每个角有一个空气弹簧支柱和一个车身高度传感器。

3）每个角有一个集成在空气弹簧支柱中的可调双筒式气压减振器。

4）一个带有空气干燥器和温度传感器的压缩机。

5）一个带有 4 个空气弹簧支柱阀、一个电动排放阀和一个储压器阀的电磁阀体，其上有一个集成式压力传感器。

6）一个系统储压器，每个空气弹簧支柱上还安装有一个辅助储压器。

7）压缩机到各个空气弹簧支柱与储压器的空气管路。

8）各个空气弹簧支柱上各有一个车轮加速度传感器，其测量范围为 ±13g。

9）三个车身加速度传感器，其测量范围为 ±1.3g。

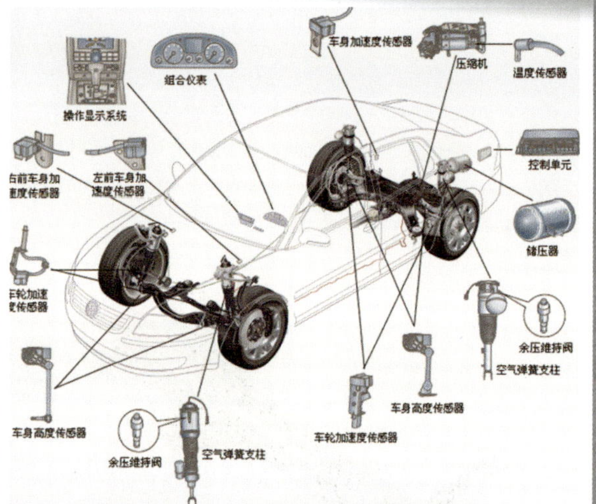

辉腾轿车空气悬架各部件安装位置示意图

458. 辉腾轿车可实现哪几个高度调节？

1）正常悬架位置（NN），由驾驶人选择。

2）高悬架位置（HN），比（NN）高 25mm。用于路况较差时行驶，由驾驶人选择。

3）低悬架位置（TN），比（NN）低 15mm。在高速公路上高速行驶时，行驶高度根据车速自动选择，取消选择也是自动进行的。

使用特殊控制策略，该系统也可根据行驶状况自动转换到其他高度。行驶高度调整是在后台进行的，通常驾驶人不会注意到。汽车在高速行驶时，离地间隙被自动降低，从高悬架位置降到动态性能更稳定的正常悬架位置。在速度更高的情况下，驾驶人不需选择，离地间隙就自动调整到低悬架位置上。当车速降到预定车速以下时，则自动取消低悬架位置的选择。处于"舒适"模式的减振器在高速驾驶时会自动向"运动/硬"模式调整，以确保操纵安全性与行驶稳定性。

459. 辉腾空气悬架控制单元有何作用？

控制单元 J197 位于行李箱中左侧的饰件后面，它用螺栓固定在继电器与熔断器盒的后面。作为中央控制单元，它具有以下作用：

1）控制空气悬架和减振器。

2）监控整个系统。

3）诊断整个系统。

4）通过动力传动系统 CAN 总线进行通信。

控制单元 J197 具有一个附加的处理器（双处理器）。空气弹簧的运算主要在第一处理器上运行；减振控制主要在第二处理器上运行。

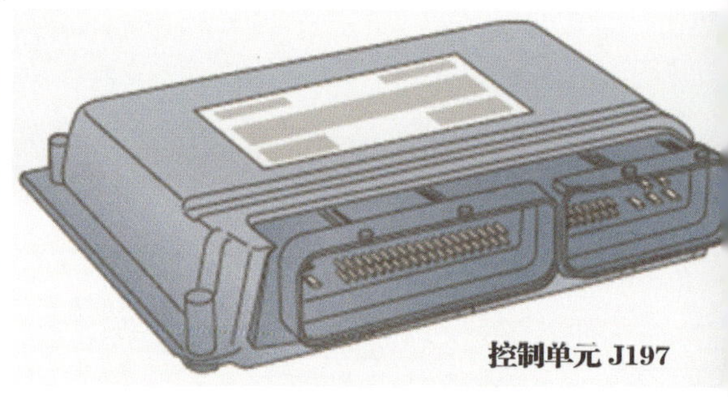

控制单元 J197

460. 辉腾空气悬架供气单元包括哪些部件？

供气单元（ASU）是一个小巧紧凑的装置。它安装在车轮舱内的一个抗振支承上，紧邻着活性炭滤清器。此供气单元包括：

1）带有电动机的干运转压缩机单元。

2）空气干燥器。

3）排放回路/阀。

4）带空气滤清器的消声器。

5）压缩机温度传感器（用于过热保护的温度传感器）。

6）带有压力限制阀的气动排放阀。

7）电磁阀体，其上带有 4 个空气弹簧支柱阀、1 个储压器阀以及一个用于监控储压器的集成式压力传感器。

空气经行李箱给压缩机供气。空气由消声器/滤清器吸入，然后进行清洁并排出。温度传感器保护压缩机不会过热，并确保在各种气候与驾驶条件下为空气悬架供气。

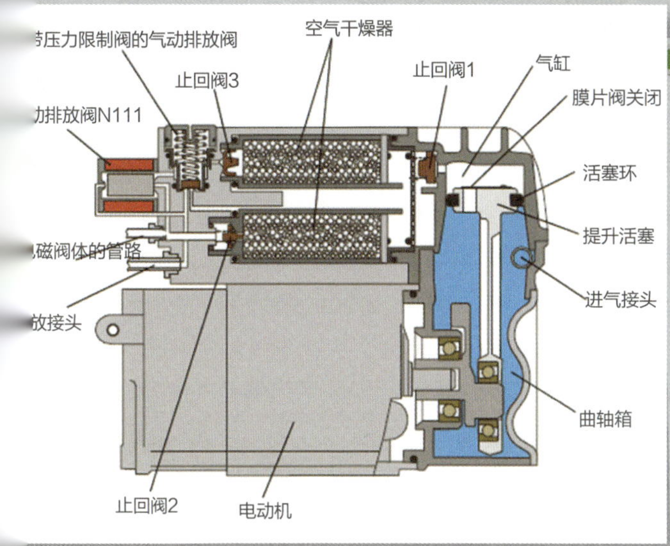

干运转压缩机单元

461. 干运转压缩机有何优势?

压缩空气利用带集成式空气干燥器的单级活塞压缩机产生。为了防止污物进入空气弹簧气囊和空气干燥器，该压缩机采用所谓的干运转压缩机设计。免润滑轴承与 PTFE（聚四氟乙烯）制成的活塞环确保它有很长的使用寿命。电动排放阀 N111、带有压力限制阀的气动排放阀和 3 个止回阀都集成在空气干燥器壳体中。为了避免过热，压缩机在超过一定温度后会切断。

462. 干运转压缩机如何工作?

1）进气 / 压缩循环。当电动机带动活塞向上运动时，曲轴箱内压力降低，空气经过消声器 / 滤清器从进气接头被吸入曲轴箱。气缸中活塞上方的空气被压缩，然后通过止回阀 1 流入空气干燥器。经过压缩和干燥后的空气通过止回阀 2 和电磁阀体进入空气弹簧和储压器。

2）旁通气流循环。当电动机带动活塞向下运动时，曲轴箱内压力升高，则曲轴箱的空气顶开膜片阀然后流入气缸。

3）充气 / 提升循环。要给空气弹簧充气时，控制单元 J197 需要同时激活压缩机继电器 J403 与空气弹簧支柱阀。

4）排气 / 降低循环。空气弹簧支柱阀 N148、N149、N150 和 N151 以及电动排放阀 N111 在排气循环中同时打开。空气弹簧内的压缩空气送至气动排放阀，然后从那里经过空气干燥器、压力限制阀和消声器 / 滤清器送到行李箱中的备用车轮舱。

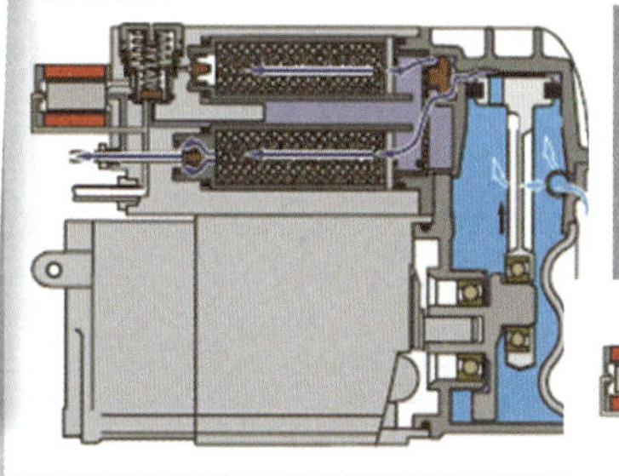

进气 / 压缩循环工作原理图

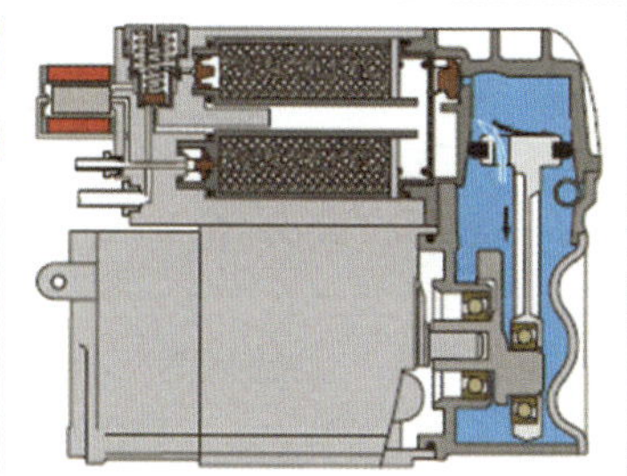

旁通气流循环工作原理图

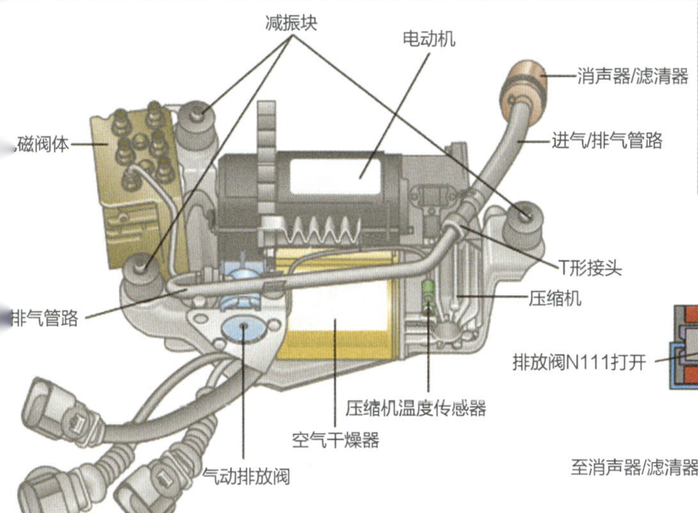

供气单元

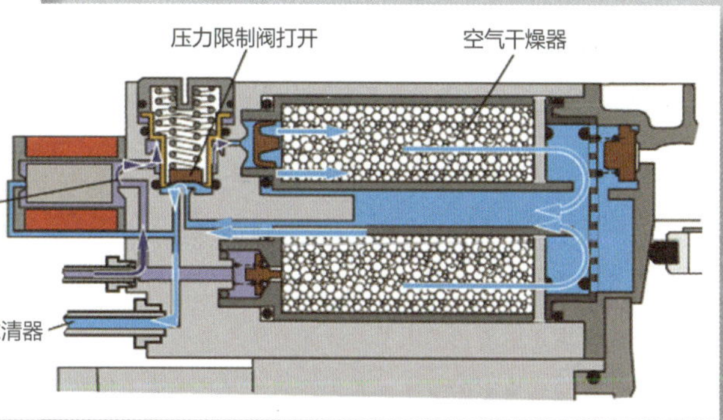

排气 / 降低循环工作原理图

463. 带压力限制阀的气动排放阀如何工作?

带压力限制阀的气动排放阀有两个功能：余压维持和压力限制（通过压力限制阀实现此功能）。

为了避免空气弹簧气囊的损坏，规定最小压力必须维持在 3.5bar（余压）以上。余压维持功能确保了空气弹簧系统中的压力在压力释放过程中不会降到 3.5bar 以下（除非气动排放阀的上游发生泄漏）。

具体工作原理：当施加的空气弹簧压力大于 3.5bar 时，气动排放阀的阀体克服两个阀门弹簧的弹力向上升起并将阀座 1 和阀座 2 打开。在空气弹簧压力的作用下，空气经过节流阀和止回阀 3 进入空气干燥器。空气经过空气干燥器后再经压力限制阀的阀座 2 和消声器 / 滤清器而进入周围空气中。

空气经节流阀后压力下降很大，这就导致空气相对湿度降低，因而排出空气的吸湿能力就得到了提高。

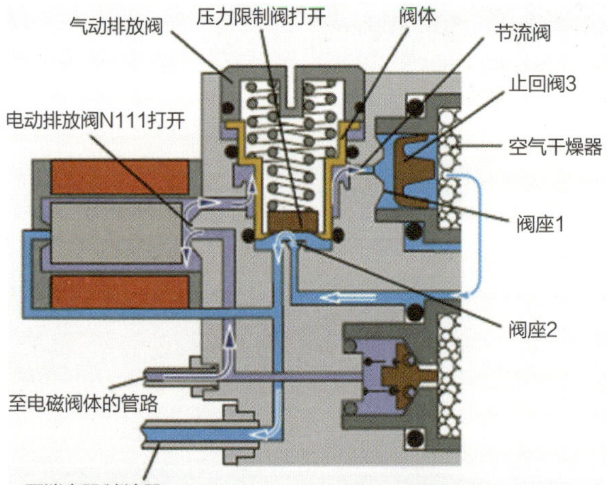

气动排放阀工作原理图

464. 压力限制阀如何工作?

压力限制阀可防止系统内的压力过高。在发生以下情况时，压力限制阀保护系统压力不至于过高，例如，当继电器触点或者控制单元发生故障而导致压缩机无法切断时。

具体工作原理：如果压缩机无法切断时，当压力超过大约 20bar 时，压力限制阀克服弹力而打开，压缩机输送的空气经滤清器放掉。

465. 空气干燥器有何作用?

压力系统中的空气必须经过除湿以避免发生以下问题：腐蚀和结冰。供气单元中空气干燥器的任务就是给空气除湿。此空气干燥器采用了再生干燥系统，其干燥剂是一种人造的硅酸盐颗粒。这种颗粒可以根据温度吸收大气中超过自身固有重量 20%的潮气。

由于这种干燥器是可再生的，且只处理不含机油而且已经过滤的空气，所以，它不必每经过一定时间或里程就得更换，也无须保养。

466. 空气干燥器的再生原理是什么?

空气干燥器的再生原理是压缩空气流经硅酸盐颗粒并在其中进行干燥，潮气暂时存在空气干燥器内，已脱水的压缩空气进入水平高度调节系统。若干燥后的压缩空气由于操作需要（降低空气弹簧）被导回到空气干燥器内，它会从颗粒中流过并吸收颗粒所吸附的潮气，吸收了潮气的压缩空气再排放到大气中。

由于该种空气干燥器是通过排出空气来再生的，所以一定不能用此压缩机给其他容器充入压缩空气。因为那样的话，由于压缩空气不再经干燥器导回，就会发生再生反应。正因为是这样，压缩机在出厂时没有加装用于给其他外部装置充气的压力接口。如果系统中有水分或潮气，说明空气干燥器或系统有故障。

空气干燥器

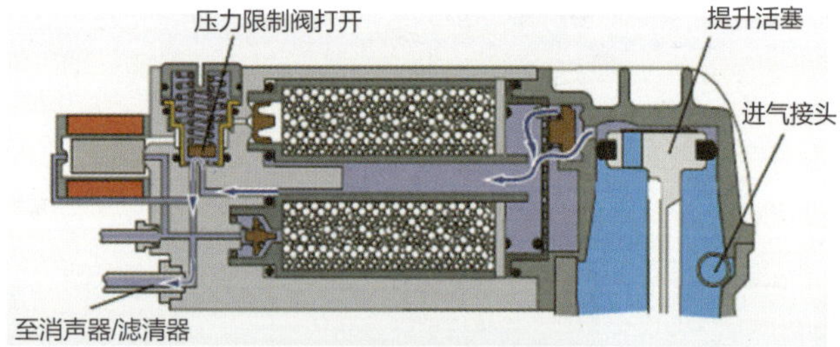

压力限制阀工作原理图

467. 系统储压器有何作用?

系统储压器是铝制的，容量为 5L。最大操作压力约为 16bar。从储压器中抽取压缩空气可以让车辆快速升高并且噪声很小。这是因为只有在车辆行驶中才给储压器充气，这样就几乎听不到压缩机的运转噪声了。如果储压器能够提供足够大的压力，车辆可以在压缩机不工作的情况下升高。足够大的压力指的是：在车辆升高之前，储压器与空气弹簧之间的压力差要不低于 3bar。

468. 系统储压器如何工作?

系统储压器的具体工作原理：储压器只有在车速高于 35km/h 时才充气。当车速低于 35km/h 时，空气主要由储压器提供（如果储压器内有足够的压力）。当车速高于 35km/h 时，空气主要由压缩机供给。这种工作原理保证系统运行噪声小，且可以降低蓄电池电流消耗。即使驾驶人没有调节车辆高度，只要压缩空气从储压器中抽出，压缩机就开始运转。

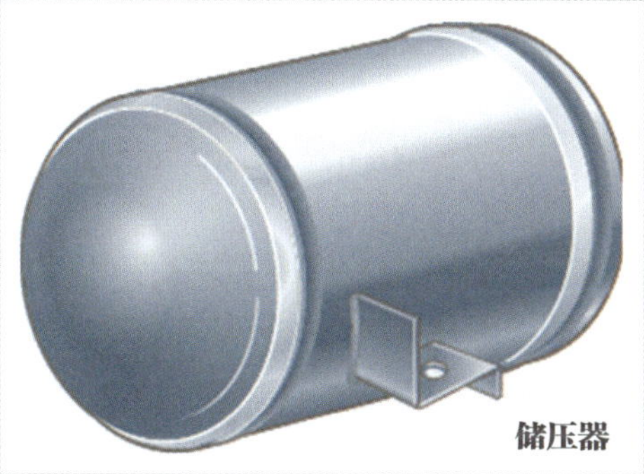

储压器

470. 压力传感器有何作用?

压力传感器 G291 集成在电磁阀体中，监控储压器与空气弹簧中的压力。在对上升控制功能进行真实性检查和进行自诊断时需要储压器的压力信息。通过启动各个空气弹簧支柱和储压器的电磁阀，就可确定相应空气弹簧和储压器的压力。

空气弹簧或储压器的压力测量在对其进行充气或放气时进行。用这种方式确定的压力由控制单元进行存储和更新。此外，在车辆运行中每 6min 对储压器压力进行一次附加判定（更新）。G291 产生正比于压力的电压信号。

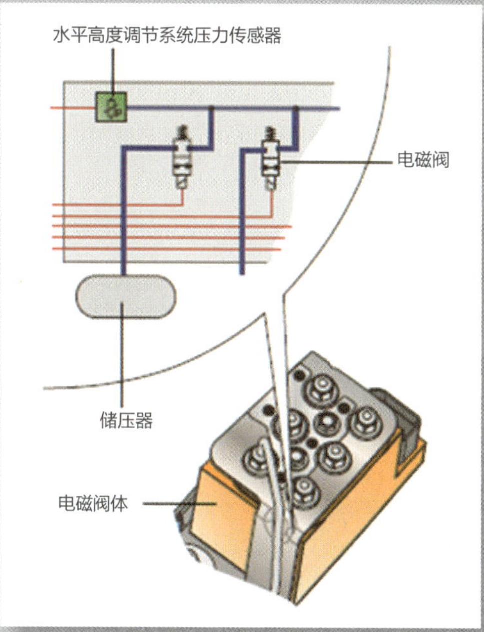

系统压力传感器 G291 安装位置

469. 压缩机温度传感器有何作用?

为了防止压缩机过热，提高空气悬架系统的工作可靠性，在压缩机气缸盖上装有温度传感器 G290。控制单元 J197 内有一个温度模型曲线（计算公式），该曲线用于在底盘升高调节的时间最长时防止压缩机过热。为此控制单元要根据压缩机的运行时间和温度信号计算出压缩机的最高允许温度，并在超过某个界限值时关闭压缩机或不让压缩机接通。

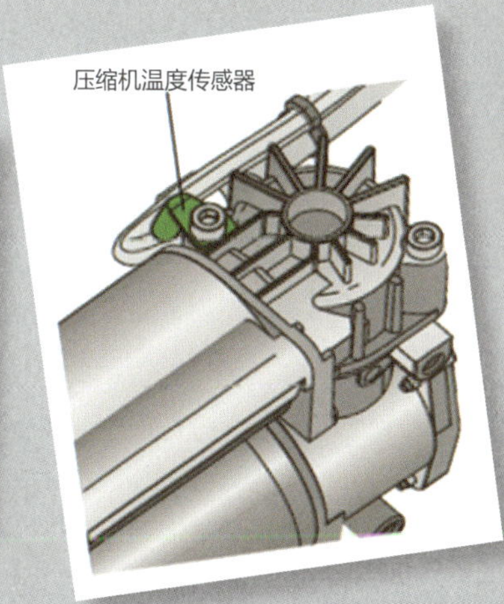

压缩机温度传感器 G290 安装位置

471. 车身高度传感器有何作用?

车身高度传感器就是所谓的车轮角度传感器。车身高度传感器固定在桥壳上并且通过运动连接杆与悬架下摆臂连接，它将车身的上下运动转换成角度变化量记录下来。

车身高度传感器是非接触式的，按照电感原理进行工作。这种车身高度传感器的一个特点是：它可产生两个不同的且与转角成比例的输出信号。这个特点使得这种传感器既可用于空气悬架，也可用于前照灯光程调节。其中一个输出信号提供一个与角度成比例的电压信号（用于前照灯光程调节），另一个输出信号提供一个与角度成比例的占空比信号（用于空气悬架）。这四个高度传感器结构是相同的，只有支承和运动连接杆根据左右和车桥的不同而有所不同。

左、右传感器转子的偏转方向是相反的，所以，输出的信号也是相反的。例如：车身一侧的的传感器输出信号在空气悬架压缩时如果是增大的话，那么在车身另一侧该输出信号则是减小的。

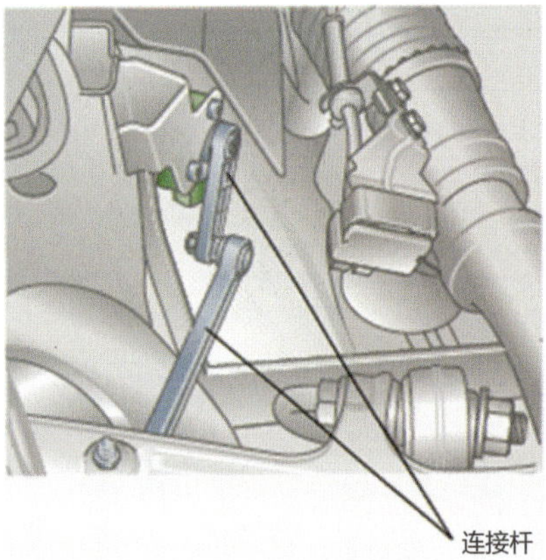

前桥车身高度传感器安装位置图

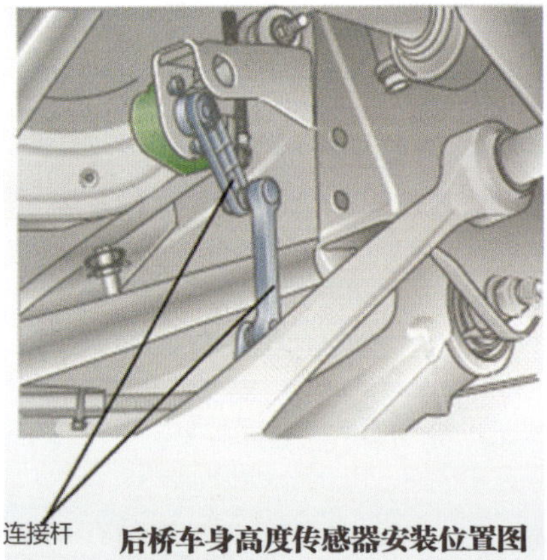

后桥车身高度传感器安装位置图

472. 车身高度传感器有何优点?

车身高度传感器的优点除了非接触式（因而也就无磨损）外，还有相对比例测量这个优点。由于产生了这个比例，所以与角度成比例的输出信号基本就与机械公差（如距离变化、轴位移或倾角误差）无关了。同样，由于这种比例关系，电磁干扰也基本被抑制了。因为没有使用磁性材料，所以，温度及使用寿命因素几乎不影响测量值。

473. 辉腾空气悬架系统有哪些电磁阀?

辉腾空气悬架总共有十个电磁阀：一个水平高度调节系统储压器阀 N311、一个电动排放阀 N111、四个减振支柱阀 N148、N149、N150 与 N151 和四个减振器调节阀 N336、N337、N338 与 N339。除电动排放阀 N111 和四个减振器调节阀 N336、N337、N338 与 N339 外，其余五个电磁阀均安装在电磁阀体上。

电动排放阀 N111 连同气动排放阀共同构成了一个集成在空气干燥器壳体中的功能单元。排放阀 N111 是一个二位三通阀，在不通电时它是关闭的。

水平高度调节系统储压器阀 N311 和四个空气弹簧支柱阀 N148、N149、N150 与 N151 都是二位二通阀，并且在不通电时是关闭的。空气弹簧侧 / 储压器侧的压力是沿关闭方向作用的。为了避免接错压力管路，压力管路上都带有色标，电磁阀体上相匹配的接头上也有色标。

控制单元 J197 同时启动排放阀 N111 和四个空气弹簧支柱阀 N148、N149、N150 与 N151 时，空气弹簧实现放气，车身高度降低。

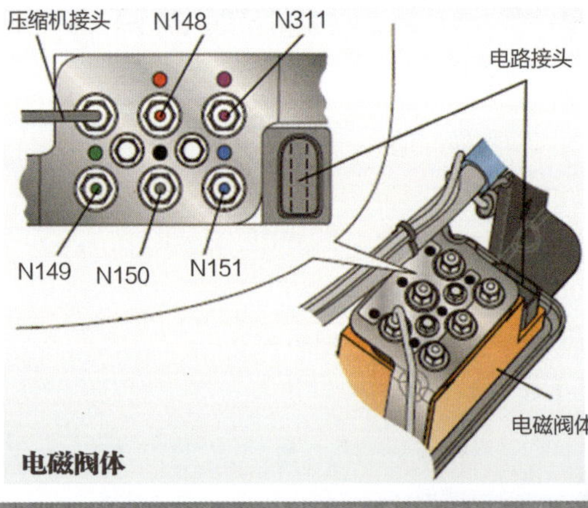

电磁阀体

474. 减振器调节阀有何作用？

减振器调节阀一共有四个，分别集成在每个减振器的活塞上。CDC 双筒式充气减振器可通过集成在活塞上的电控调节阀进行大范围减振力调节。通过改变流经电磁线圈的电流，流经调节阀的油流和减振力可以在几毫秒内适应瞬间的减振需求。

在计算所需的减振器设置时，使用车轮加速度传感器产生的信号和车身加速度传感器产生的信号。

由于该系统可以迅速检测并控制伸张与压缩行程，所以，可以根据瞬间的驾驶状态对减振力进行调节。驾驶状态的对应表存储在水平高度调节系统控制单元 J197 中。

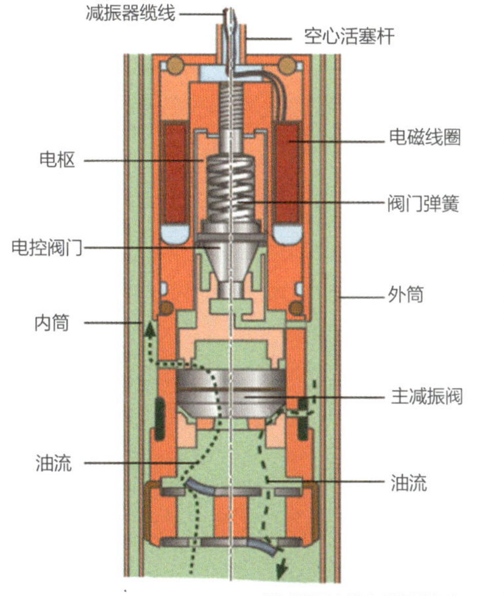

减振器调节阀结构图

475. 什么是横向稳定杆？

横向稳定杆又称为防倾杆，是汽车悬架系统中的一种辅助弹性元件。它的作用是防止车身在转弯时发生过大的横向侧倾，目的是防止汽车横向倾翻和改善平顺性。

横向稳定杆是用弹簧钢制成的扭杆弹簧，形状呈“U”形，安装在汽车紧靠悬架的前端或后端（有的轿车前后端都装有横向稳定器）。稳定杆中部的两侧自由支承在两个固定于车架上的橡胶套内，稳定杆的两端通过铰接杆与减振器相连。

当车身只作垂直运动时，两侧悬架变形相同，横向稳定杆不起作用。当车身侧倾时，两侧悬架跳动不一致，横向稳定杆发生扭转，杆身的弹力成为继续侧倾的阻力，起到横向稳定的作用。

476. 横向稳定杆如何工作？

当车身受到振动而两侧悬架变形量相同时，横向稳定杆中部的两个固定点在橡胶套内自由转动，此时，横向稳定杆不起作用。当两侧悬架变形不等，车身相对路面发生侧向倾斜时，如转弯，一侧车身降低，另一侧车身升高，此时，横向稳定杆两端相对于车身的移动方向相反。由于车身倾斜时，横向稳定杆的中部与车身并无相对运动，只是稳定杆两端及其纵向部分向不同方向偏转，于是稳定杆中部便被扭转，具有弹性的稳定杆抵抗扭转的内力矩就阻碍了悬架弹簧的变形，因而减小了车身的横向倾斜和横向角振动。另外，横向稳定器还可起平衡两侧车轮载荷的作用。

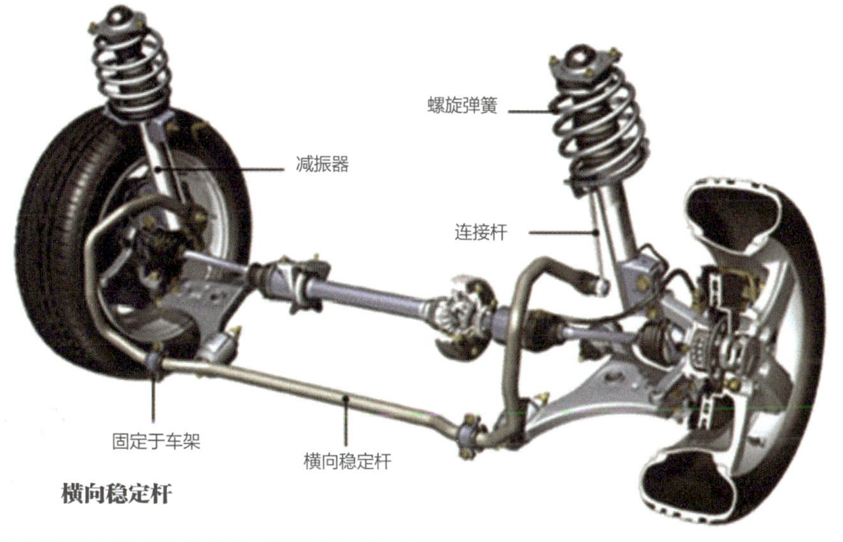

横向稳定杆

477. 如何诊断与排除前悬架有噪声故障?

（1）故障现象

汽车在行驶过程中，特别是道路颠簸、突然制动、转弯时从前悬架部位发出噪声。

（2）故障原因

1）前减振器、转向节、下摆臂的连接螺栓松动。

2）前减振器漏油严重或前减振器活塞杆与缸筒磨损严重。

3）下摆臂的前后橡胶衬套磨损、老化或损坏。

4）螺旋弹簧失效或折断。

（3）故障诊断与排除

1）如果前减振器、转向节、下摆臂的连接螺栓松动，则重新紧固各松动螺栓。

2）如果前减振器漏油严重或前减振器活塞杆与缸筒磨损严重，则需更换前减振器。

3）如果下摆臂的前后橡胶衬套磨损、老化或损坏，则需更换橡胶衬套。

4）如果螺旋弹簧失效或折断，则需要更换螺旋弹簧。

前后悬架

478. 如何诊断与排除后悬架有噪声故障?

（1）故障现象

汽车在行驶过程中，特别是道路颠簸、突然加速、转弯时从后悬架部位发出噪声。

（2）故障原因

1）后减振器漏油或损坏。

2）后减振器端缓冲套损坏。

3）后轮毂轴承损坏。

4）后桥体橡胶支承损坏。

5）后减振器的螺旋弹簧损坏，纵摆臂与后轴管支架之间的滚针轴承损坏。

6）扭杆与纵摆臂、后轴管支架总成的花键磨损松动。

7）后悬架各紧固螺栓或螺母松动。

（3）故障诊断与排除

1）如果后减振器漏油或损坏，则更换后减振器。

2）如果后减振器端缓冲套损坏，则更换缓冲套。

3）如果后轮毂轴承损坏，则更换轴承。

4）如果后桥体橡胶支承损坏，则需要更换后桥体橡胶支承。

5）如果后减振器的螺旋弹簧损坏，需要更换螺旋弹簧。

6）如果扭杆与纵摆臂、后轴管支架之间的滚针轴承损坏，则需要更换滚针轴承。

7）如果扭杆与纵摆臂、后轴管支架总成的花键磨损松动，则需要更换扭杆。

8）如果后悬架各紧固螺栓或螺母松动，则紧固螺栓或螺母。

479. 为什么要减小簧下质量?

簧下质量是指不由悬架系统中的弹性元件所支撑的质量，一般包括车轮、制动轮缸、弹簧、减振器以及其他相关部件等。

当车轮遇到来自路面的凸起或凹陷时，如果簧下质量较大，那么它自然也会有更大的运动惯性，在随着路面起伏时也需要相对较长的时间。如果在车速一定的情况下，还来不及改变运动轨迹的悬架系统会将这种路面的起伏直接传递给车身，而悬架系统并没有完成自身应该过滤振动、吸收冲击的工作。

更小的簧下质量必然会使悬架系统拥有更好的动态响应，以达到车身平稳，使车轮快速地随路面起伏来缓和冲击。

簧下质量示意图

480. 什么是TPM？

轮胎气压不足是导致车辆事故和故障的一个常见原因。大多数情况下，轮胎损坏是由于轮胎的充气压力过低造成的。虽然正确的轮胎压力对行驶安全性、乘坐舒适性、轮胎耐用性和燃油消耗起关键作用，但轮胎压力是少数几个未持续监控量中的一个。因此，在行车时驾驶人无法得知轮胎上的实际气压。但随着电子装置的微型化及蓄电池容量的提高，现在开发出一种轮胎压力监控系统，英文为Tyre Pressure Monitor，简称TPM。该系统可在车辆行驶和静止时对轮胎压力进行持续监控，但前提是驾驶人须保证轮胎的充气压力达到厂家规定值。

481. 奥迪胎压监控系统包括哪些部件?

奥迪轮胎压力监控系统一般由5个轮胎压力传感器、4个轮胎压力监控天线、轮胎压力监控控制单元、组合仪表、功能选择开关组成。

奥迪车上用的轮胎压力监控系统是一种四轮系统，备胎由控制单元监控和管理，但其状态不包含在系统信息中，从轮胎压力传感器到控制单元的数据是通过高频无线电传递的。车辆外围设备的信息交换是通过舒适CAN总线实现的。

482. 胎压监控系统有何优点?

1）轮胎气压过低时会提前指示，因此，安全性得到提高。

2）不需要定期检查轮胎压力，因此，舒适性得到提高。只有当显示屏上显示相应的信息时才有必要校正轮胎压力。

3）提高了轮胎的使用寿命（轮胎压力每降低0.3bar，轮胎的使用寿命会降低25%）。

4）正确的轮胎压力可以相应地降低燃油消耗。

483. 如何处理胎压监测情况?

1）缓慢漏气。轮胎缓慢漏气系统会提前指示给驾驶人，以便驾驶人检查轮胎状况及校正轮胎的气压。爆胎中有85%可归因于缓慢漏气。轮胎气压过低时，如果车辆高速行驶，就会因碾压而使轮胎过热，从而发生爆胎。

2）突然漏气。车辆正在行驶时，若出现突然漏气现象（如爆胎、瘪胎），系统会立即给驾驶人发出警报。正常情况下，驾驶人根据车辆的行驶状态也可识别出这种情况。对于拥有车轮应急运行系统的车辆，驾驶人可能会由于应急运行的特点而未能立即识别出瘪胎。在这种情况下，轮胎压力监控系统就成了唯一能提醒驾驶人的手段了。有应急运行系统的车轮在轮胎没气时也可继续行驶，但是侧滑性能下降。因此，行驶安全性变差。另外，为了保证应急运行和防止轮胎彻底损坏，应限制车速和行驶里程。

3）车辆静止时瘪胎。如果车辆静止时出现瘪胎，那么，在接通点火开关后，系统会立即提醒驾驶人。

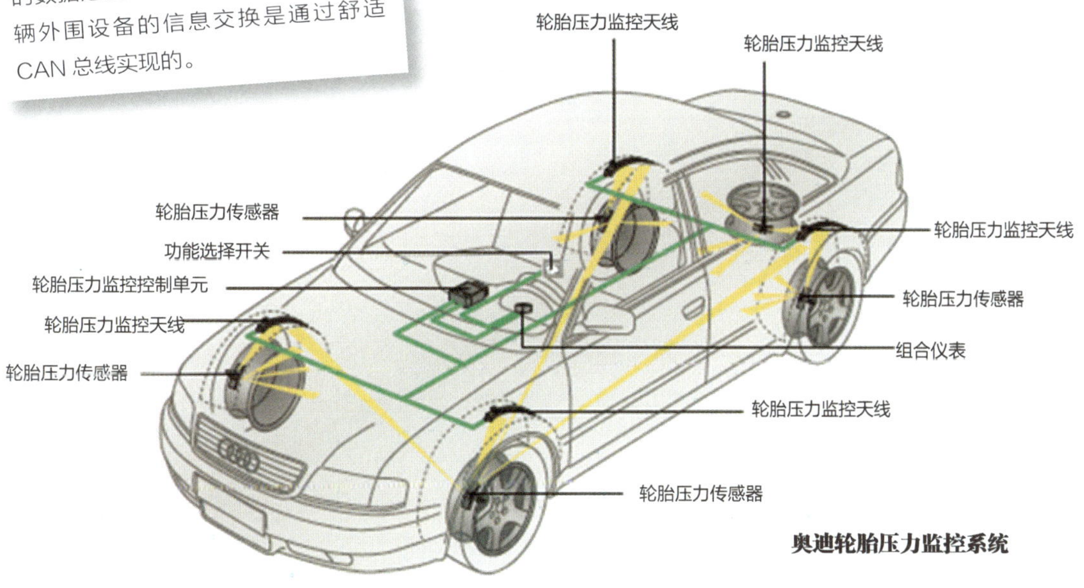

奥迪轮胎压力监控系统

484. 奥迪金属气门嘴包括哪些部件？

轮胎压力监控系统所用的气门嘴是新设计的，以前使用的是橡胶气门嘴，现在使用的是金属气门嘴。

金属气门嘴由气门嘴壳体、密封圈、气门芯、垫圈、锁紧螺母和盖帽组成，更换轮胎时（新轮胎，旧车轮），只更换气门芯即可。

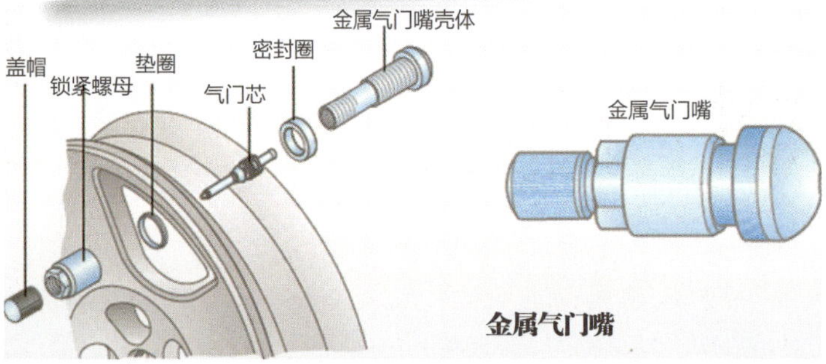

金属气门嘴

486. 胎压监控系统的载波频率是多少？

根据各国情况的不同，现在使用两种不同的载波频率（无线电发射频率），大多数国家使用 433MHz 的载波频率。少数国家（如美国）使用 315 MHz 的载波频率。轮胎压力传感器、轮胎压力监控天线和轮胎压力监控控制单元上都打印有相应的载波频率。另外，从零件号上也可看出用的是哪种载波频率。只有系统部件都使用相同的载波频率时，轮胎压力监控系统才能正常工作。

485. 奥迪胎压传感器有何作用？

奥迪胎压传感器共有 5 个，即 G222、G223、G224、G225 和 G226。胎压传感器拧在金属气门嘴上，在更换车轮时，该传感器仍可再用。

胎压传感器是集成有压力传感器、温度传感器、测量与控制电子装置、锂电池和发射天线的一个智能型传感器。胎压传感器将轮胎的实时压力信息（绝对压力测量）发送给轮胎压力监控控制单元，用以评估压力情况。温度信号用于补偿因温度改变而引起的压力变化，同时还用于自诊断。一个封闭系统内的空气压力变化与温度是成比例的。正常情况下，温度每变化 10℃，压力变化约 0.1bar。温度补偿由轮胎压力监控控制单元来进行，测出的轮胎压力以 20℃时的值为标准值。当温度高于某一限定值时，传感器就停止发送无线电信号。

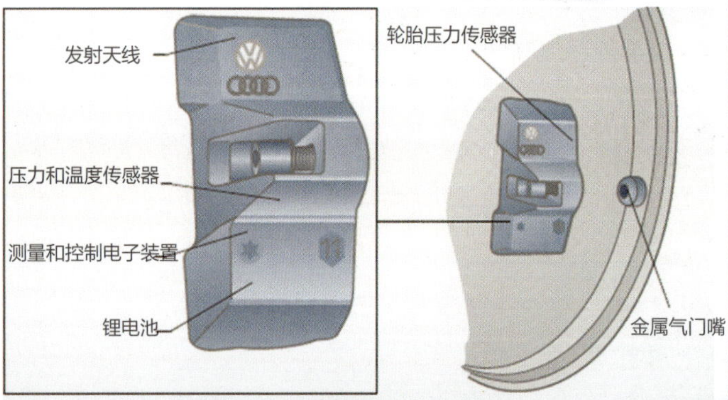

轮胎压力传感器

487. 胎压传感器的发射天线发送哪些信息？

1）专用识别码（ID-Code），每个轮胎压力传感器都有一个专用的识别码用于轮胎识别。

2）实时轮胎压力（绝对压力）。

3）实时轮胎空气温度。

4）集成锂电池的状态。

5）为保证数据的安全传递所需的状态、同步和控制方面的信息。

以上所列的信息都包含在一段 12 位长的无线电信息内。数据传递是调频式的，传递时间约 10ms。

488. 奥迪胎压监控天线安装在哪？

奥迪胎压监控系统共有4根用于胎压监控的天线，即R59、R60、R61和R62，分别安装在左前、右前、左后、右后车轮罩内的衬板后。这4根天线经高频天线导线与轮胎压力监控控制单元相连，并根据安装位置与控制单元进行匹配。

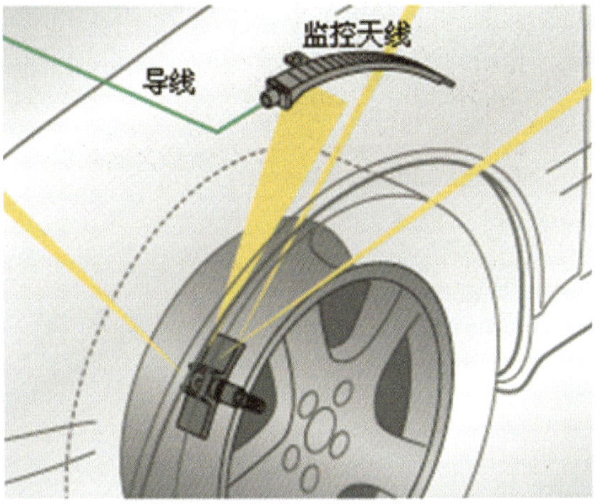

胎压监控天线

489. 奥迪胎压监控天线有何作用？

奥迪胎压监控天线接收来自轮胎压力传感器的无线电信号，并将此信号传至轮胎压力监控控制单元内经过选择，以便处理正确的信息。为了不干扰高频数据传递，对于损坏的天线导线目前不可以修理，如果天线导线损坏，应更换整个线束。

奥迪胎压监控天线目前还不能用自诊断来查找故障，但故障存储器内记录的关于轮胎压力传感器“无信号”的故障，可能是天线和天线导线的原因。

490. 奥迪胎压监控系统如何工作？

每个金属气门嘴上都装有一个胎压传感器，该传感器以固定的时间间隔向安装在车轮罩内衬板后的胎压监控天线和驾驶室内的轮胎压力监控控制单元J502发送无线电信号。轮胎压力监控控制单元J502分析轮胎的充气压力及压力的变化情况，将相应信息发送至组合仪表，随后这些信息由驾驶人信息系统显示屏（FIS）显示出来。

491. 如何诊断与排除前轮自动跑偏故障？

（1）故障现象

汽车行驶时，不能保持直线行驶方向，而自动偏向一边。

（2）故障原因

1）两前轮的气压不一致。

2）两前轮轮胎磨损不一致。

3）左、右螺旋弹簧损坏或产生永久变形。

4）左、右前减振器损坏或变形。

5）前轮定位角不正确。

6）横向稳定杆橡胶套损坏或固定螺栓松动。

（3）故障诊断与排除

1）若两前轮的气压不一致，导致跑偏，则将两前轮均充至正常气压。

2）若两前轮轮胎磨损不一致，则需要更换成色相同的轮胎。

3）若左、右螺旋弹簧损坏或产生永久变形，则需要两侧一起更换螺旋弹簧。

4）若左、右前减振器损坏或变形，则需要更换前减振器。

5）如果前轮定位角不正确，则需要重新检查和调整前轮定位角。

6）若横向稳定杆橡胶套损坏或固定螺栓松动，则需要更换橡胶套并重新紧固螺栓。

492. 如何诊断与排除前轮摆动故障？

（1）故障现象

汽车行驶时，在达到某一速度时，出现转向盘发抖、摆振的现象。

（2）故障原因

1）轮毂的钢圈螺栓松动。

2）前悬架螺栓松动。

3）前轮毂轴承磨损。

4）车轮轮辋产生偏摆。

5）车轮动不平衡。

6）下摆臂的球头销磨损或松动。

7）转向横拉杆球头销磨损或松动。

8）前轮定位角不正确。

（3）故障诊断与排除

1）如果轮毂的钢圈螺栓松动，则需要按照规定力矩和顺序紧固钢圈螺栓。

2）如果前悬架螺栓松动，则需要紧固转向节、前减振器及下摆臂的紧固螺栓或螺母。

3）如果前轮毂轴承磨损，则需要更换轴承。

4）如果车轮轮辋产生偏摆，则需要更换轮辋。

5）如果车轮动不平衡，则需要做车轮动平衡。

6）如果下摆臂的球头销磨损或松动，则需要更换球头销。

7）如果转向横拉杆球头销磨损或松动，则需要更换球头销。

8）前轮定位角不正确，则需要校正前轮的前束和外倾角。

493. 如何诊断与排除后轮摆动故障？

（1）故障现象

汽车保持直线行驶时，当达到某一速度后，感觉后轮有明显的左右摆动。

（2）故障原因

1）后轮轮毂偏摆。

2）后车轮动不平衡。

3）后摆臂上短轴变形。

4）后轮毂轴承间隙过大。

5）后桥体变形。

6）后减振器失效。

（3）故障诊断与排除

1）如果后轮轮毂偏摆，需要更换后轮轮毂。

2）如果后车轮动不平衡，则需要进行后车轮动平衡。

3）如果后摆臂上短轴变形，则需要更换短轴。

4）如果后轮毂轴承间隙过大，则需要进行后轮毂轴承间隙调整。

5）如果后轮毂轴承损坏，需要更换轴承。

6）如果后桥体变形，则更换后桥体。

7）如果后减振器失效，则更换后减振器。

第四章 转向系统

494. 转向系统有什么作用?

汽车在行驶时会遇到各种情况，有时需要沿直线行驶，有时需要改变车道或转弯，有时则需要沿曲线行驶，所以汽车上需要一套系统来改变或保持汽车的行驶方向，这套系统就是转向系统。转向系统的作用就是改变和保持汽车的行驶方向。

495. 转向系统有哪些类型?

汽车转向系统按转向动力源的不同，可分为机械式转向系统和动力式转向系统两种。其中动力式转向系统又可以分为：液压式、气压式和电动式。尽管现代汽车转向系统的结构形式多种多样，但都包括转向操纵机构、转向器和转向传动机构三个基本组成部分。

转向系统的组成

496. 什么是机械式转向系统?

以驾驶人的体力作为转向动力源。汽车转向时，驾驶人作用于转向盘上的力，经过转向轴（转向柱）传到转向器，转向器将转向力放大后，又通过转向传动机构的传递，推动转向轮偏转，致使汽车行驶方向改变。

汽车的转向完全由驾驶人所付出的操纵力来实现，操纵较费力，劳动强度较大，但其具有结构简单、工作可靠、路感好、维护方便等优点，多应用于中小型货车、轿车或农用车上。

497. 什么是液压式助力转向系统?

液压式助力转向系统是在机械式转向系统的基础上，增加了转向控制阀、转向泵、转向动力缸等一套液压助力装置。

当汽车转向时，由发动机驱动的助力转向泵产生高压油，高压油在控制阀的作用下，进入动力缸推动转向轮偏转，此时，作用在转向盘的作用力就很小，从而减轻了驾驶人的劳动强度。

液压式助力转向系统操纵轻便，灵活省力，维护简单，目前，广泛应用于高速轿车和重型货车上。

498. 什么是电动式助力转向系统?

电动式助力转向系统的英文为 Electric Power Steering，简称 EPS 系统。与液压式助力转向系统相比，电动式助力转向系统有很多优点。它可帮助驾驶人减轻体力上和精神上的劳累程度，这是通过“按需”方式来实现的，也就是说，只有当驾驶人需要转向助力时，助力系统才会工作。

电动式助力转向系统是在机械式转向系统的基础上，增加了电控单元、电源、电动机、转向传感器等装置。

当汽车转向时，电控单元根据传感器检测的转向力矩及转向速度等参数，计算出最佳作用力后，使电动机工作，推动转向，减轻驾驶人的劳动强度。

电动式助力转向系统具有节能、无需液压管路系统、不直接消耗发动机功率、环保优势强、安装自由度大等优点，但电能动力不如液压动力大，目前，只用于前轴负荷较小的轿车上。

499. 对转向系统有哪些要求?

1）工作可靠，操纵轻便。

2）转向机构还应能减小地面传到转向盘上的冲击，并保持适当的“路感”。

3）当汽车发生碰撞时，转向系统应能减轻或避免对驾驶人的伤害。

500. 转向操纵机构有什么作用?

转向操纵机构的作用是产生转动转向器所必需的操纵力，并具有一定的调节性和安全性。

转向操纵机构一般由转向盘、转向轴、转向管柱、万向节和转向传动轴组成。

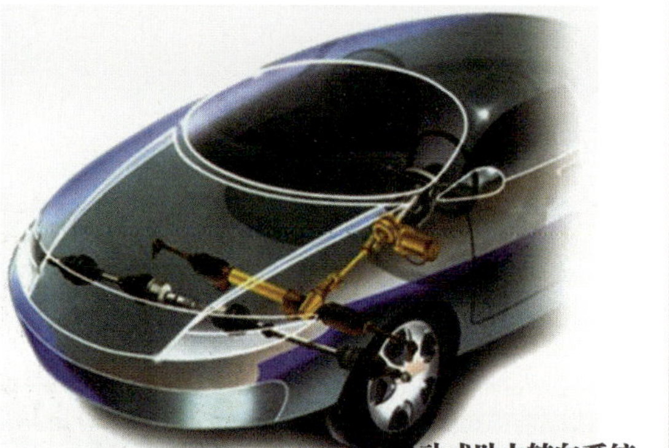

电动式助力转向系统

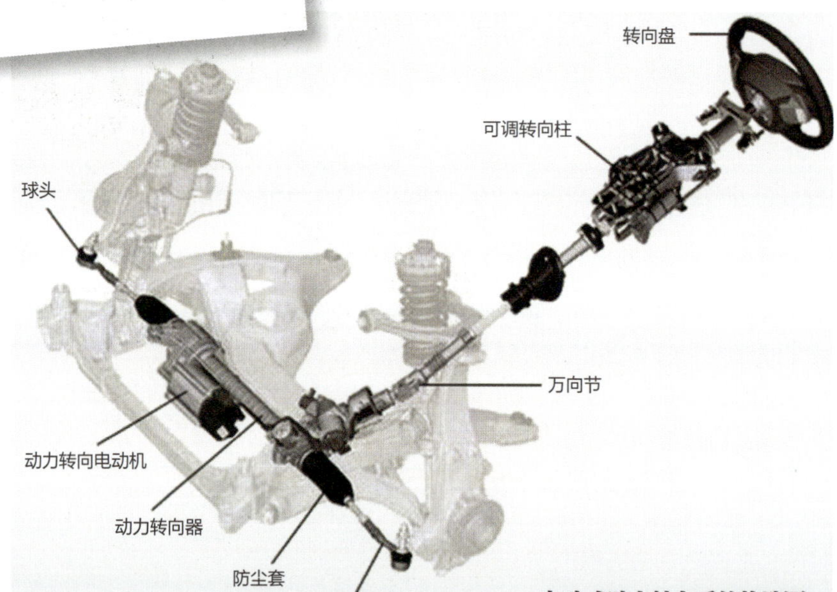

电动式助力转向系统构造图

501. 对转向操纵机构有哪些要求?

转向操纵机构要将驾驶人操纵转向盘的力传给转向器，同时为了保证驾驶人的舒适驾驶，还要求转向操纵机构可以进行调节，以满足不同驾驶人的需求。为了防止车辆撞击后对驾驶人的损伤，还要求转向操纵机构具有一定的安全保护装置。

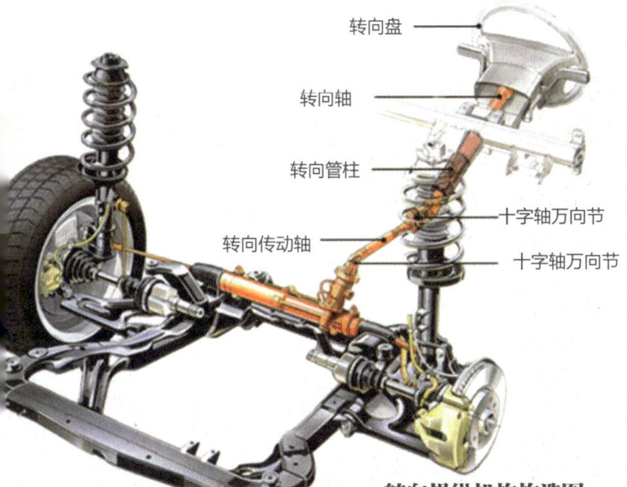

转向操纵机构构造图

502. 转向盘包括哪几部分?

转向盘也称转向盘，内部是成形的金属骨架，通过带锥度的细花键将转向盘毂与转向轴相连，端部通过螺母轴向压紧固定。金属骨架外面一般包有柔软的合成橡胶或树脂，或包有皮包革，以具有良好的手感，并防止手心出汗时转向盘打滑。当汽车发生碰撞时，转向盘骨架能产生变形，以吸收冲击能量，减轻驾驶人的伤害程度。

转向盘由轮圈、轮辐和转向盘毂三部分组成，其按照轮辐的数目可分为三辐式转向盘和四辐式转向盘。

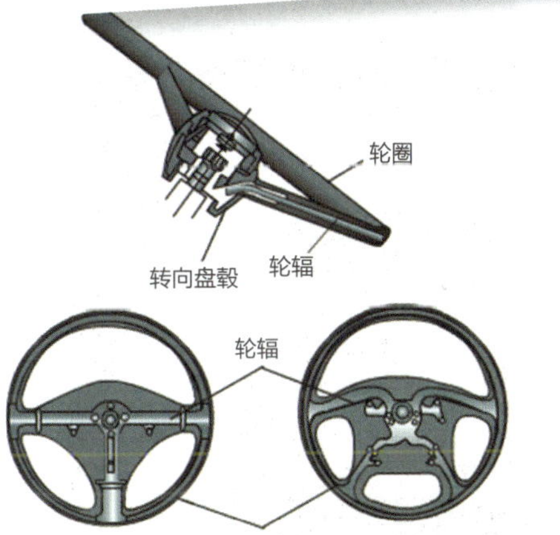

转向盘结构图

503. 转向盘有何特点?

现代汽车使用的转向盘具有以下特点：

1）造型科学化。

2）多层柔软化。

3）功能多样化。

4）尺寸小型化。

504. 转向盘的自由行程多大?

转向盘的自由行程是指转向轮在直线行驶位置时，转向盘为消除各零件之间的间隙而克服弹性形变所转过的角度。转向盘的自由行程对于缓和路面冲击，使驾驶人操纵柔和，防止驾驶人过度紧张是有利的。但从转向灵敏性考虑，转向盘的自由行程不宜过大，以免过分影响转向灵活性，以及使转向迟钝，一般要求小于 10° 或为 10 ~ 15mm。

505. 如何检查转向盘的自由行程?

具体检查方法：使汽车前轮处于直线行驶状态，用指尖向左、向右侧轻轻推动转向盘，在转向盘外圆周上测量手感变重时（即轮胎开始转动）的自由行程。如该值在规定值之内，说明状况正常，否则需要调整。不同的转向器，调整的方法也不同。

506. 什么是多功能转向盘?

多功能转向盘是指在转向盘两侧或者下方设置一些功能键，包括音响控制，车载电话等，还有的将定速巡航键也设置在转向盘上。

多功能转向盘的好处在于驾驶人可以直接在转向盘上操控车内很多的电子设备，从而不需要在中控台上去寻找各类按钮，可以更专心地注视前方，大大提高行车的安全性。这本是属于中级车的装备，但随着技术的进步也逐渐向家用车转移。

宝马多功能转向盘

507. 转向盘也能换档吗?

为了满足用户对 AT 容易驾驶以及对 MT 自由选择档位的要求，在 AT 上设有手动换档模式（手自动一体换档）已成为 20 世纪 90 年代 AT 发展的一个新特点。

手自动一体换档自动变速器既可以按自动变档方式运行，又可以以手动换档方式运行。在手动模式下，驾驶人可以在更广阔的范围内自动选择档位，能排除自动变速一些不必要的换档，需要快速降档操纵时，能一下就换到所希望的档位，能提高发动机制动效果。为了使手动换档操纵更方便，可以在变速杆和转向盘上设置手动换档开关，实现手不离开转向盘就能换档。转向盘转角大时，转向盘上开关使用不便，可使用变速杆，在手动模式使用比率最高的山路行驶时以及在高速公路上行驶时，分别用这样两种操纵方式很方便。

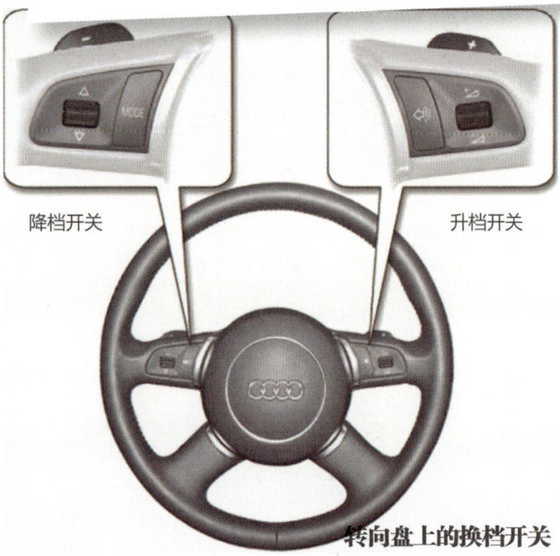

转向盘上的换档开关

508. 为什么不要单手控制转向盘?

单手控制转向盘的坏毛病很多驾驶人都有，其实车辆在快速行驶或遇到紧急情况时，单手对汽车的操控能力不及双手的一半。也就是说，需要双手控制转向盘才能化险为夷的情况，依靠单手根本无法做到。在日常开车过程中，还有些驾驶人开车抽烟、打手机或把手放在窗外，仅用右手控制转向盘和档位，这就更容易出现交通事故了。正确的做法是双手时刻不离转向盘，开手动档车辆的驾驶人，右手一换完档后立即握回转向盘，确保汽车方向时刻都在自己的双手操控之下。

509. 抱着转向盘开车安全吗?

很多新驾驶人在开车时，将转向盘“抱”在胸前，这样你感觉舒服吗？坐姿过于靠前，使观察后视镜的抬头、扭头动作幅度变大，反应滞后。过于靠前的坐姿使身体紧张、动作僵硬、容易疲劳，发生正面撞击事故时，靠前的坐姿使驾驶人受到伤害的可能性增大。正确的做法是调整座椅前后位置，双肩靠实座椅，左腿把离合器踩到底后仍会微弯，右腿全力踩制动时尾骨可以顶住座椅靠背。

正确驾姿

510. 什么是吸能式转向盘?

吸能式转向盘可以在发生碰撞时吸能溃缩，降低外部冲击力，同时避免对驾驶人的胸部及腹部造成伤害。其在转向盘下面的连接杆上设有溃缩机构。当车辆受到前方撞击时，驾驶人向转向盘方向移动，有了这个吸能机构后，就不会伤到驾驶人，其原理就像一个铁筒里面套了一根棍，筒不动，棍在筒内移动。

双手控制转向盘

511. 什么是转向柱？

为了保证驾驶人的安全，同时也为了更加舒适、可靠地操纵转向系统，现代汽车（特别是轿车）通常在转向操纵机构上增设相应的安全、调节装置。这些装置主要反映在转向轴和转向管柱的结构上。为了叙述方便，将转向轴和转向管柱统称为转向柱。

512. 转向柱有哪些特点？

转向柱的作用是将转向盘的操纵力传给转向器的传力轴。转向柱上还安装有各种操纵开关，如组合开关、转向灯开关，有的还装有变速器变速杆等。现代汽车的转向柱具有以下特点：

1）吸收冲击能量。

2）倾斜角度可调节。

3）轴向位置可调节。

513. 如何机械调整转向柱位置？

为了保证驾驶人的安全，同时也为了更加舒适、可靠地操纵转向系统，现代汽车（特别是轿车）通常在转向操纵机构上增设相应的安全、调整装置。转向柱位置调整包括倾斜角度调整和轴向位置调整。

转向柱位置调整的原理：铁片束 1 包括 8 片铁片，平均分配在转向柱的左、右两侧。铁片束 2 包括 10 片铁片，同样平均分配在转向柱的左、右两侧。铁片束 1 和铁片束 2 按前后方向进行排列，在转向柱的每一侧，铁片束 1 和铁片束 2 的铁片相互插入。当驾驶人需要调整倾斜角度和轴向位置时，将提拉手柄下压，此时转向柱左右两侧的铁片不受压力，驾驶人可根据个人特点进行倾斜角度和轴向位置调整。当调整完毕后，松开提拉手柄，止点弹簧将手柄推向转向柱，位于铁片两侧的偏心轮将铁片压紧在一起，实现对转向柱的固定。

举个简单的例子，我们把两只手的手指叉开，然后互相插入，如果我们用力，则两排手指的夹角和位置即被固定。

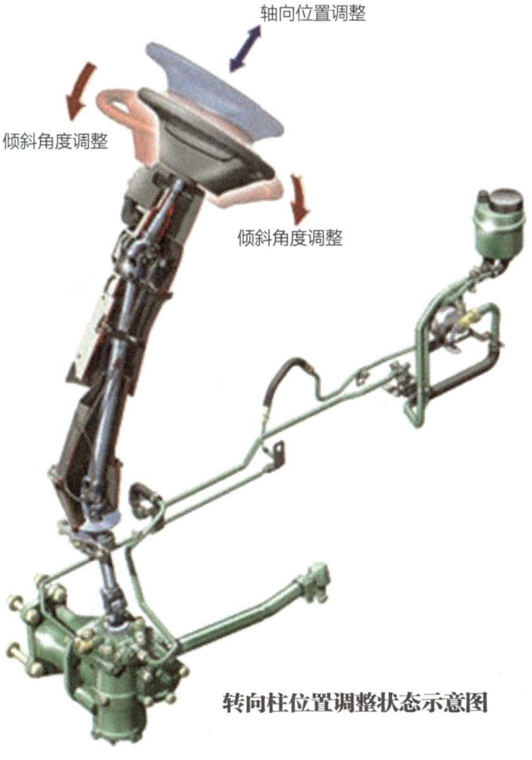

转向柱位置调整状态示意图

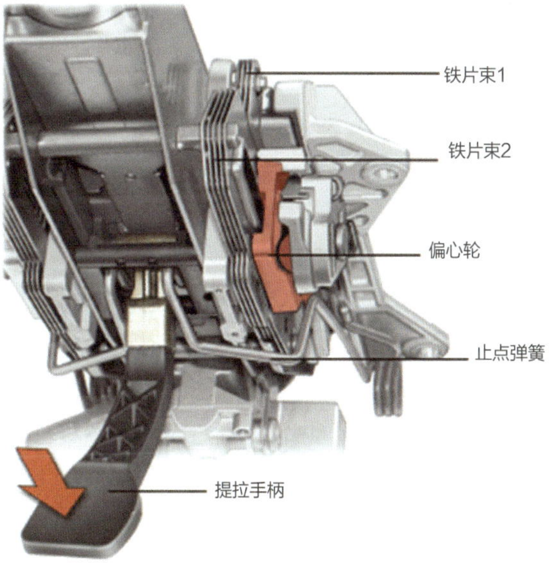

转向柱位置调整原理图

514. 如何电动调整转向柱的轴向位置?

带传动齿轮的电动机和蜗杆与箱式平衡器牢固连接，带转向管的导向盒与调整基座牢固连接，蜗杆旋在调整基座的内螺纹上。蜗杆的旋转运动将会使调整基座带着导向盒及转向管有一个轴向的位移，电动机内的霍尔传感器测量电动机旋转次数。因此，在控制器内可得出在转向柱调整范围内的当前位置。

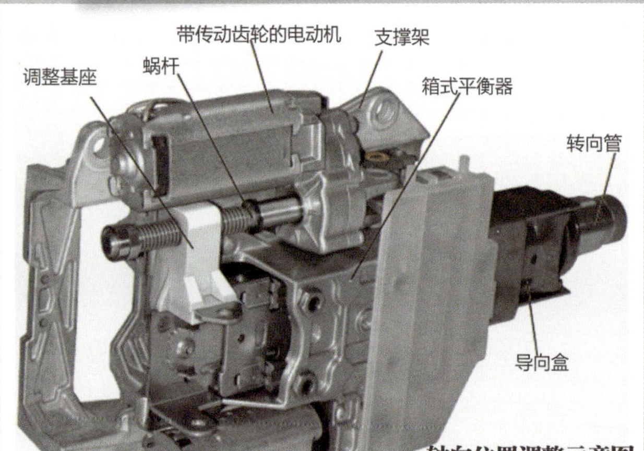

轴向位置调整示意图

515. 如何电动调整转向柱的倾斜角度?

带转向管的导向盒可旋转置于支撑架上。带可弯曲轴杆的电动机、蜗杆和传动机构与箱式平衡器紧密连接。在支撑架上还有一个螺纹套管，蜗杆在其内部动作。通过蜗杆的运动使螺纹套管按垂直方向运动。带转向管的导向盒绕同一旋转点转动。

蜗杆的另一端和直齿轮固定连接。在蜗杆上的旋转运动通过齿带传送到转向柱的对应端上。在对应端上通过相同的构造部件开始进行倾斜角度调整。通过两端固定能增加与转向柱连接的稳固性。

电动机内的霍尔传感器测量电动机旋转次数。因此，在控制器内可得出在转向柱调整范围内的当前位置。

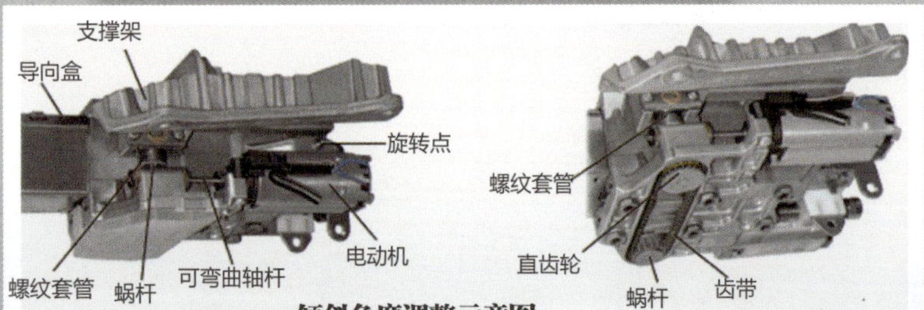

倾斜角度调整示意图

516. 如何检修转向操纵机构?

1）转向柱的检修。检查转向柱的变形与损坏情况，不允许补焊或校正，若变形或损坏严重时，必须更换。检查转向柱轴承的磨损与烧蚀情况，严重时应更换。

2）转向传动轴万向节的检查。用手检查万向节在十字轴两个方向的径向间隙，若发现有间隙时，应更换万向节。

517. 转向器有什么作用?

转向器俗称方向机、转向机，它是转向系统中减速增矩的传动装置，其作用是增大由转向盘传到转向器的力并改变力的传递方向，获得所要求的摆动速度和角度。

518. 转向器有几种类型?

1）转向器按传动副的结构形式可分为蜗杆曲柄指销式、循环球式和齿轮齿条式三种。其中齿轮齿条式转向器又分为两端输出式和中间（或单端）输出式两种。

2）转向器按其作用力的传递情况，可分为可逆式和极限可逆式两种。

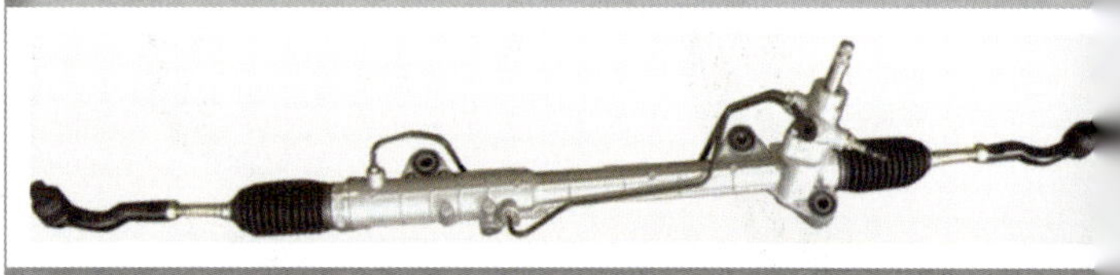

两端输出式转向器

519. 什么是可逆式转向器?

作用力很容易地由转向盘经转向器传到转向轮，而转向轮所受的路面冲击也比较容易地经转向器传到转向盘，这种转向器称为可逆式转向器，其正、逆传动效率都很高，有利于汽车转向后转向轮的自动回正，转向盘“路感”很强，但也容易在坏路行驶时出现“打手”现象。所以，主要应用于经常在良好路面行驶的车辆。

520. 什么是极限可逆式转向器?

作用力可以由转向盘很容易地经转向器传到转向轮，而转向轮所受的路面冲击只有在很大时，才能经转向器传到转向盘，这种转向器称为极限可逆式转向器，其正传动效率远大于逆传动效率。采用这种转向器时，也能实现汽车转向后转向轮的自动回正，路面冲击力只有很大时才能部分地传到转向盘，“路感”较差。所以，这种转向器主要应用于中型以上的越野汽车、工矿用自卸汽车等。

521. 齿轮齿条式转向器有哪些部件?

齿轮齿条式转向器主要由转向齿轮、转向齿条、转向器壳体、调整螺塞、压块、压紧弹簧等组成。

与其他形式的转向器相比，齿轮齿条式转向器的结构简单、紧凑；壳体采用铝合金或镁合金压铸而成，转向器的质量较小；齿轮与齿条之间因磨损出现间隙后，利用装在齿条背部的压紧弹簧，可自动消除齿间间隙，这不仅可以提高转向系统的刚度，还可以防止工作时产生冲击和噪声。

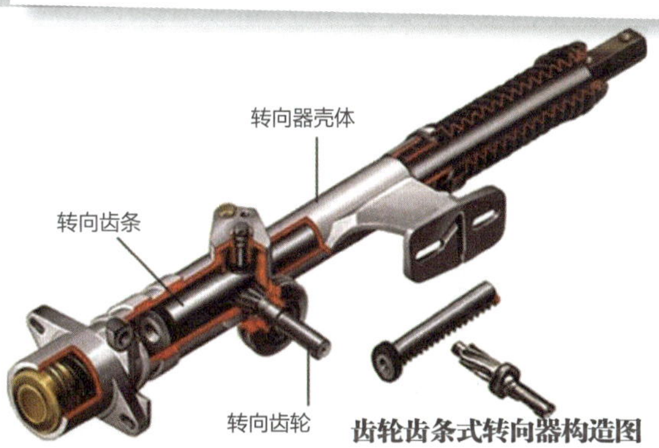

齿轮齿条式转向器构造图

522. 齿轮齿条式转向器如何工作?

转向器通过转向器壳体的两端用螺栓固定在车身上。转向器输入轴通过滚珠轴承、滚柱轴承垂直安装在壳体中，其上端通过花键与转向传动轴上的万向节相连，其下部分是与轴制成一体的转向齿轮。转向齿轮是转向器的主动件。它与相啮合的从动件转向齿条水平布置，齿条背面装有弹簧和压块。在弹簧的作用下，压块将转向齿条压靠在转向齿轮上，保证二者无间隙啮合，有效地减小转向自由行程，提高操纵灵敏度，而其弹力的大小可由调整螺塞调整。弹簧不仅起消除啮合间隙的作用，而且还是一个弹性支承，可以吸收部分振动能量，缓和冲击。

转向齿条的两端分别与左、右转向横拉杆连接。转动转向盘时，转向齿轮转动，与之相啮合的转向齿条左右直线运动，从而使左、右转向横拉杆带动转向节转动，使转向轮偏转，实现汽车转向。

523. 如何检修齿轮齿条式转向器?

用检视法检查，转向器壳体应无裂纹，零件出现裂纹应更换，横拉杆、齿条在总成修理时应进行隐伤检验。转向齿条的直线度误差不得大于标准值，无法调整时应更换。更换磨损的转向齿轮轴承。转向齿轮及转向齿条应运动灵活，无卡滞现象。检视齿条密封套及防尘套是否老化、磨损。转向器各零件不允许进行焊修或整形。

如转向齿轮与转向齿条的间隙过大，可通过拧紧调整螺塞使压块压向齿条，从而使转向齿条与转向齿轮紧密啮合。

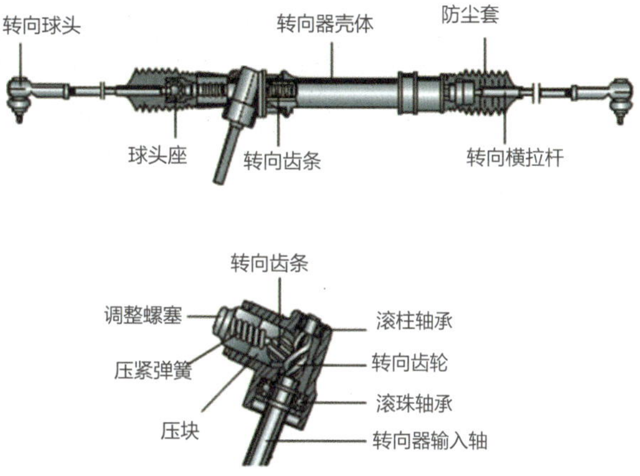

齿轮齿条式转向器构造图

524. 循环球式转向器有哪些部件?

循环球式转向器是目前国内外应用最广泛的结构形式之一，一般有两级传动副，第一级是螺杆螺母传动副，第二级是齿条齿扇传动副。因此，循环球式转向器是由螺杆、螺母、齿条、齿扇、轴承、转向器壳体等组成。

525. 循环球式转向器如何工作?

转向螺杆在转向操纵机构的转动力作用下，通过钢球将力传给转向螺母，使螺母沿螺杆轴向移动。同时，在螺杆及螺母与钢球间摩擦力的作用下，所有钢球便在螺旋管状通道内滚动，形成“球流”。在转向器工作时，两列钢球只是在各自的封闭流道内循环，不会脱出。随着螺母沿螺杆做轴向移动，其位于螺母上的齿条便带动齿扇做圆弧运动，通过转向传动机构使转向轮偏转，实现汽车转向。

526. 循环球式转向器有何特点?

循环球式转向器与其他形式的转向器相比，在结构上的主要特点是有两级传动副。其主要性能优点是传动效率高(正效率最高可达 90%~95%),操纵轻便，转向结束后自动回正能力强，使用寿命长。但因其逆效率也很高，所以容易将路面冲击传给转向盘而产生“打手”现象，不过，随着道路条件的改善，这个缺点并不明显。因此，循环球式转向器广泛用于各类各级汽车。

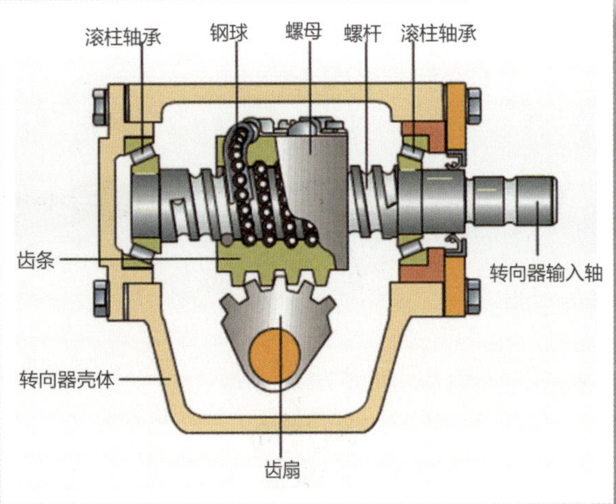

循环球式转向器构造图

527. 如何检修循环球式转向器?

用检视法检查,转向器壳体出现裂纹,应予以更换。用钢直尺、塞尺检查壳体与侧盖结合面的平面度误差大时，应将其修磨平整。

转向器壳体及端盖上各轴承孔磨损严重，摇臂轴与衬套配合松旷时，均应换用新件。轴端法检查摇臂轴齿扇表面出现轻微点蚀时可用油石修整后继续使用，点蚀严重应换用新件。

转向螺杆与转向螺母的钢球滚道无疲劳磨损、划痕等耗损，钢球与滚道的配合间隙不得大于 0.10mm。检验钢球与滚道配合间隙的方法为：将转向螺母夹持固定后，把转向螺杆旋转到一端止点，然后检验转向螺杆另一端的摆动量，其摆动量不得大于 0.10mm，转向螺杆的轴向窜动量也不得大于 0.10mm。

总成修理时,应检查转向螺杆的隐伤,若产生隐伤、滚道疲劳剥落、三角键有台阶形磨损或扭曲，应更换。

转向螺杆的支承轴颈若产生疲劳磨损，会引起明显的转向沉重、转向迟钝。

528. 蜗杆曲柄指销式转向器有哪些部件?

蜗杆曲柄指销式转向器主要由转向器壳体、转向蜗杆、转向摇臂曲柄、指销、侧盖等组成。

转向器壳体固定在车身（车架）的转向器支架上。壳体内装有传动副，其主动件是转向蜗杆，从动件是装在摇臂曲柄端部的指销。具有梯形截面螺纹的转向蜗杆支承在转向器壳体两端的两个滚珠轴承上。

529. 蜗杆曲柄指销式转向器如何工作?

汽车转向时，驾驶人通过转向盘转动转向蜗杆(主动件),与其相啮合的指销(从动件)一边自转，一边以曲柄为半径绕摇臂轴轴线在蜗杆的螺纹槽内做圆弧运动，从而带动曲柄，进而带动转向摇臂摆动，实现汽车转向。

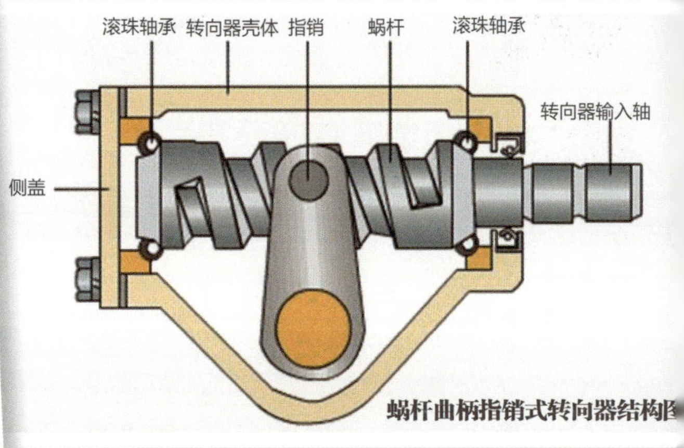

蜗杆曲柄指销式转向器结构图

530. 转向传动机构有何作用?

转向传动机构的作用是将转向器输出的力和运动传给转向轮，使两侧转向轮偏转，实现汽车转向。

转向传动机构的类型根据汽车采用悬架的不同可分为两种：与非独立悬架配用的转向传动机构和与独立悬架配用的转向传动机构。现代汽车多采用前轮独立悬架转向系统。

531. 转向传动机构如何工作?

与独立悬架配用的转向传动机构主要包括左、右转向横拉杆和转向球头。

左、右转向横拉杆分别通过螺纹与转向齿条连接，两个螺纹旋向不同，一个为左旋，另一个为右旋，锁紧螺母将转向横拉杆与转向齿条锁紧在一起。横拉杆还可以调整转向轮的前束。调整时，先松开锁紧螺母，拧动横拉杆，使两端同时内收或外张，调整好后，用锁紧螺母锁紧。

转向球头将转向横拉杆与转向节臂连接，这样，驾驶人作用在转向盘上的力通过转向器→转向横拉杆→转向球头→转向节臂传递给转向轮，从而使汽车实现转向。

532. 如何控制方向失控?

通常情况下，制动时出现跑偏情况就容易出现方向失控，所以避免方向失控，就是要勤检查制动系统，防止制动跑偏出现。在正常行驶时如果出现方向失控，通常和四轮定位有很大关系。另外，减振器漏油也会导致方向失控。

如果汽车在行驶过程中方向突然失控，应果断利用行车制动停车，但要注意不能制动过猛，以免发生侧滑。此时，应马上减速，挂低档，调整驾驶习惯与车头方向，不要直面向前横冲，避免和对面的车辆发生碰撞，切记不要将方向打死，最好分把打方向，给自己留够回转余地。

危险警告灯开关

533. 如何处置长途行车跑偏?

如果在长途行车过程中遇到汽车失控跑偏，千万不要惊慌，更不要猛踩制动踏板。此时，应该双手紧握转向盘，尽可能控制车辆，并轻踩或点踩制动踏板，切记不要踩死制动踏板。如果是后轮出现跑偏，最好使用点制动，这样可以把汽车的重心前移，轮胎也不至于抱死。如果是前轮出现跑偏，驾驶人应尽量将车辆靠边行驶，控制车速。停靠在路边后，一定要开危险警告灯或者摆放警示架。

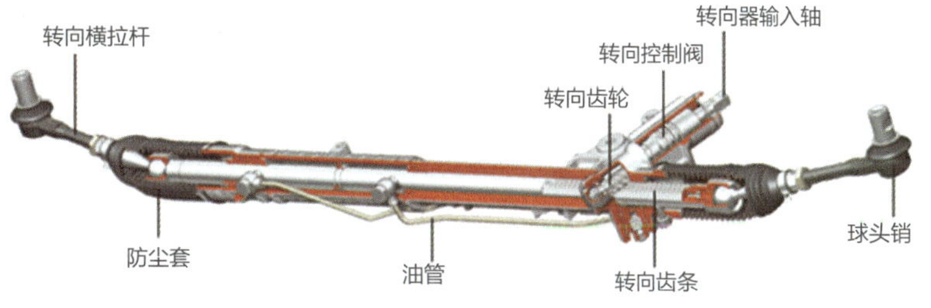

转向器构造图

534. 如何诊断与排除机械式转向系统转向沉重故障？

（1）故障现象

汽车在行驶过程中，转动转向盘感到沉重费力，转弯后又不能及时回正方向。

（2）故障原因

1）转向器方面的原因：

① 转向器缺乏润滑油。

② 转向轴弯曲或转向轴管凹陷碰擦，有时会发出"吱吱"的摩擦声。

③ 转向摇臂与衬套配合间隙过小或无间隙。

④ 转向器输入轴上下轴承过紧，或轴承损坏受阻。

⑤ 转向器啮合间隙调整过小。

2）转向传动机构的原因：

① 各处球销缺乏润滑油。

② 转向直拉杆和横拉杆上球销调整过紧，压紧弹簧过硬或折断。

③ 转向直拉杆或横拉杆弯曲变形。

④ 转向节主销与衬套配合间隙过小，或衬套转动使油道堵塞，润滑油无法进入，使衬套与转向节主销烧蚀。

⑤ 转向节推力轴承调整过紧、缺少润滑油或损坏。

⑥ 转向节臂变形。

3）前桥（转向桥）和车轮方面的原因：

① 前轴变形、扭转，引起前轮定位失准。

② 轮胎气压不足。

③ 前轮轮毂轴承调整过紧。

④ 转向桥或驱动桥超载。

4）其他部位的原因：

① 车架弯曲、扭转变形。

② 前钢板弹簧或是前悬架变形。

③ 前轮定位不正确。

（3）故障诊断与排除

1）顶起前桥，转动转向盘，若感到转向盘变轻，则说明故障部位在前桥、车轮或其他部位。此时，应首先检查轮胎气压，如气压偏低，则应充气使之达到正常值，接下来应用四轮定位仪检查前轮定位，尤其应注意后倾角和前束值，如果是因为前束过大造成的转向沉重，这时还能发现轮胎有严重的磨损。

2）若转向仍感沉重，说明故障在转向器或转向传动机构，可进一步拆下转向摇臂与直拉杆的连接，此时若转向变轻，说明故障在转向传动机构，应检查各球头销是否装配过紧或推力轴承是否缺油损坏，各拉杆是否弯曲变形等。通常检查时，可用手扳动两个车轮左右转动查看各传动部分，并转动车轮检查车轮轴承松紧度。

3）拆下转向摇臂后，若转向仍沉重，则转向器本身有故障，可检查转向器是否缺油，转动转向盘时倾听有无转向轴与柱管的碰擦声，检查调整转向器输入轴上下轴承预紧度和啮合间隙，转向摇臂轴转动是否发卡等，如不能解决，就将转向器解体检查内部有无部件损坏。

4）经过上述检查，如仍不见减轻，可检查车桥、车架或下控制臂（独立悬架式）与转向节臂，看其有无变形，如发现变形，应予修整或更换。同时检查前弹簧（钢板弹簧或螺旋弹簧），看其是否折断，若折断应更换。

535. 如何诊断与排除机械式转向系统低速摆头故障?

（1）故障现象

汽车在低速行驶时，感到方向不稳，产生前轮摆振。

（2）故障原因

1）转向器传动副啮合间隙过大。

2）转向传动机构横、直拉杆各球头销磨损松旷、弹簧折断或调整过松。

3）转向节主销与衬套的配合间隙过大或前轴主销孔与主销配合间隙过大。

4）前轮轮毂轴承装配过松或紧固螺母松动。

5）后轮胎气压过低。

6）车辆装载货物超长，使前轮承载过小。

7）前悬架弹簧错位、折断或固定不良。

（3）故障诊断与排除

1）外观检查：

① 检查车辆是否装载货物超长而引起前轮承载过小。

② 检查后轮胎气压是否过低，若轮胎气压过低，应充气使之达到规定值。

③ 检查前悬架弹簧是否错位、折断或固定不良。若错位应拆卸修复；若折断应更换；若固定不良，应按规定力矩拧紧。

2）检查转向盘自由行程：

① 由一人握紧转向摇臂，另一人转动转向盘试验，若自由行程过大，说明转向器啮合传动副间隙过大，应调整。

② 放开转向摇臂，仍有一人转动转向盘，另一人在车下观察转向横拉杆球头销，若有松旷现象，说明球头销或球碗磨损过度、弹簧折断或调整过松，应先更换损坏的零件，再进行调整。

③ 通过以上检查均正常，可支起前桥，并用手沿转向节轴轴向推拉前轮，凭感觉判断是否松旷。若有松旷感觉，可由另一人观察前轴与转向节连接部位。

④ 若此处松旷，说明转向节主销与衬套的配合间隙过大或前轴主销孔与主销配合间隙过大，应更换主销及衬套。

⑤ 若此处不松旷，说明前轮毂轴承松旷，应重新调整轴承的预紧度。

536. 如何诊断与排除机械式转向系统高速摆头故障?

（1）故障现象

汽车行驶过程中出现转向盘发抖，车头在横向平面内左右摆动、行驶不稳等现象。具体有下面两种情况：

1）在高速范围内某一转速时出现。

2）转速越高，上述现象越严重。

（2）故障原因

1）转向轮动不平衡。

2）前轮定位不正确。

3）车轮偏摆量大。

4）转向传动机构运动干涉。

5）车架、车桥变形。

6）悬架装置出现故障：左右悬架刚度不等、弹簧折断、减振器失效、导向装置失效等。

（3）故障诊断与排除

1）外观检查：

① 检查减振器是否失效，若漏油或失效，应更换。

② 检查左右悬架弹簧是否折断、刚度是否一致，若有折断或弹力减弱，应更换。

③ 检查悬架弹簧是否固定可靠，转向传动机构有无运动干涉等，若有应排除。

2）支起驱动桥，用三角架塞住非驱动轮，起动发动机并逐步使汽车换入高速档，使驱动轮达到车身摆振的车速。

① 若此时车身和转向盘出现抖动，说明传动轴严重弯曲或松旷，转向轮动不平衡或偏摆量大（前驱动）。

② 若此时车身和转向盘不抖动，说明故障在车架、车桥变形或前轮定位不正确。

3）检查前轮是否偏摆：

① 支起前桥，在前轮轮辋边上放一划针，慢慢地转动车轮，查看轮辋是否偏摆过大，若轮辋偏摆量过大，应更换。

②拆下前轮，在车轮动平衡仪上检查前轮的动平衡情况，若不平衡量过大，应加装平衡块予以平衡。

4）经上述检查均正常，应检查车架、车桥是否变形，并用前轮定位仪检查调整前轮定位。

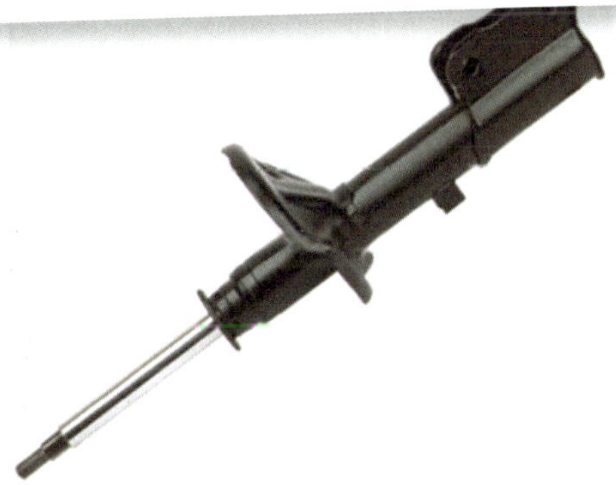

537. 如何诊断与排除机械式转向系统行驶跑偏故障?

（1）故障现象

汽车直线行驶时，转向盘不居中间位置。必须紧握转向盘，预先校正一角度后，汽车才能保持直线行驶，若稍放松转向盘，汽车会自动向一侧跑偏。

（2）故障原因

1）左、右前轮气压不相等或轮胎直径不等。

2）两前轮的定位角不等。

3）两前轮轮毂轴承的松紧度不等。

4）前束过大或过小。

5）前桥（整体式车桥）弯曲变形或下控制臂（独立悬架式）安装位置不一致。

6）前、后车桥不平行。

7）车架变形或左、右轮距相差太大。

8）一边车轮制动拖滞。

9）转向桥两侧悬架弹簧弹力不等。

（3）故障诊断与排除

1）外观检查：

① 检查左、右两前轮轮胎气压是否一致，若不一致，应按规定充气，使两前轮轮胎气压保持一致。

② 检查左、右两前轮轮胎的磨损程度，若磨损程度不一致，应更换轮胎。

③ 检查左、右两前轮轮胎的花纹是否一致，若花纹不一致，应更换轮胎，使花纹一致。

④ 将汽车停放在平坦的地面上，查看汽车前部高度是否一致，若高度不一致，说明悬架弹簧折断或弹力不一致，应更换。

2）用手触摸跑偏一方的车轮制动鼓和轮毂轴承部位，感觉温度情况。

① 若感觉车轮制动鼓特别热，说明该轮制动器间隙过小或制动回位不彻底，应检查调整。

② 若感觉轮毂特别热，说明该轮轴承过紧，应重新调整轴承预紧度。

3）测量前、后桥左右两端中心的距离是否相等，若不相等，说明存在轴距短的一边钢板弹簧错位，车桥或半轴套管弯曲等问题，应检查维修。

4）用四轮定位仪检查前轮定位是否正确，若不正确，应调整。

538. 如何诊断与排除机械式转向系统单边转向不足故障?

（1）故障现象

汽车转弯时，有时会出现转向盘左右转动量或车轮转角不等。

（2）故障原因

1）转向摇臂安装位置不对。

2）转向角限位螺钉调整不当。

3）前钢板弹簧、U形螺栓松动，或中心螺栓松动。

4）转向直拉杆弯曲变形。

5）钢板弹簧安装时位置不正，或是中心不对称的前钢板弹簧装反。

（3）故障诊断与排除

诊断这类故障，主要根据使用维修情况进行检查。

1）若汽车转向原来良好，由于行驶中的碰撞而造成转向角不足或一边大一边小时，应检查转向直拉杆、前轴、前钢板弹簧有无变形和中心螺栓是否折断等现象。

2）若维修后出现转角不足，可架起前桥，先检查转向摇臂安装是否正确。将转向盘从左边极限位置转到右边极限位置，记住总圈数，再回转总圈数的一半，查看转向轮是否处于直线行驶位置，如不是则应重新安装转向摇臂。

① 若左、右转向角不等，则应相应调整。

② 当前轮转向已靠到转向限位螺栓时，最大转向角还不够，则转向限位螺栓过长，应予调整或更换。

③ 如前钢板弹簧中心不对称，则应检查是否装反。

539. 什么是助力转向?

机械式转向系统很难兼顾汽车转向操纵省力且反应灵敏两方面的要求，为解决这一矛盾，现代汽车基本上都采用了助力转向系统。

助力转向，顾名思义，就是通过增加外力来抵抗转向阻力，让驾驶人只需要更少的力就能够完成转向，也被称为动力转向，英文为 Power Steering，简称 PS。助力转向最初是为了让一些自重较重的大型车辆能够更轻松地被操纵，但是现在已经非常普及，它让驾驶变得更加简单和轻松，并且让车辆反应更加敏捷，在一定程度上提高了行驶安全性。

540. 助力转向系统有何作用?

采用助力转向系统主要有以下作用：

1）在汽车转弯时，减小对转向盘的操纵力。

2）原地转向时能提供必要的助力。

3）限制车辆高速或在薄冰上的助力，具有较好的转向稳定性。

4）在动力转向系统失效时，能保持机械转向系统有效工作。

541. 助力转向有哪几种类型?

汽车助力转向系统按其动力源不同可以分为液压式助力转向、电动式助力转向和电动液压式助力转向三种。

液压式助力转向是在机械式齿轮齿条式转向器的基础上，增加了一整套液力系统，包括助力油罐、液压助力泵、与转向柱相连的控制阀、转向器上的液压缸和能够推动转向横拉杆的活塞等；电动式助力转向是利用电动机的力量作为转向助力；电动液压式助力转向是将液压式助力转向用发动机带动的液压助力泵改由电动机驱动，取代了由发动机驱动的方式。

542. 液压助力泵有哪几种类型?

液压助力泵是液压式助力转向系统的动力源，固定于发动机机体，由发动机驱动产生转向助力油压，经转向控制阀向液压缸提供一定压力和流量的工作油液。液压助力泵有三种类型，即齿轮式、转子式和叶片式。其中，叶片式液压助力泵由于结构紧凑、输油压力脉动小、输油量均匀、运转平稳、性能稳定、使用寿命长等优点，被现代汽车广泛采用。叶片式转向助力泵中的双作用式叶片泵应用最广泛。这种助力泵有两种结构形式，一种是潜没式助力泵，它与储油罐是一体的，即助力泵潜没在储油罐的油液中；另一种为非潜没式转向助力泵，它的储油罐与转向助力泵分开安装，用油管与转向助力泵相连接。

液压助力泵

采用助力转向系统的高尔夫

543. 双作用式叶片泵如何工作?

双作用式叶片泵由转子、定子、叶片和端盖等组成。其中，转子与定子的中心相重合。定子内表面不是圆形而是一个近似的椭圆形，它由两条长半径和两条短半径所决定的圆弧以及四段过渡曲线所组成。转子每转一周，叶片在转子切槽内往复运动两次，完成两次吸油和两次压油，故称为双作用式叶片泵。为了使转子受到的径向油压力完全平衡，工作油腔数（即叶片数）应当为偶数。

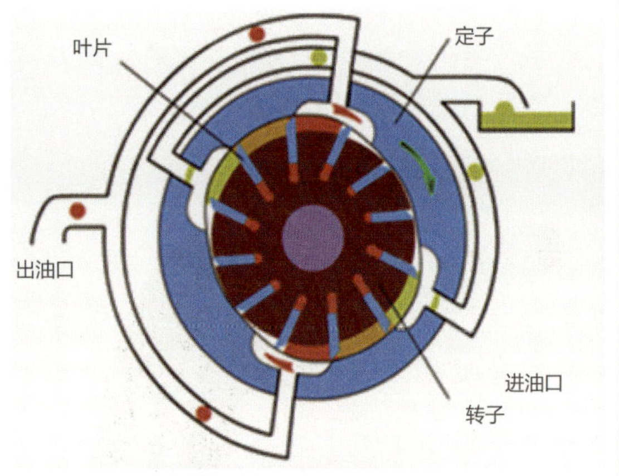

双作用式叶片泵构造图

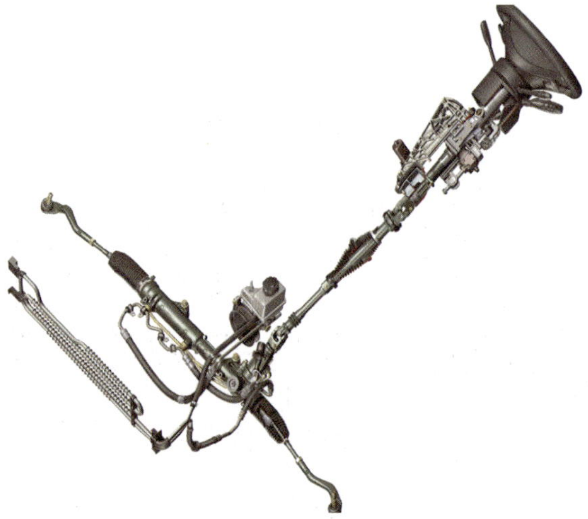

544. 如何检查转向油面?

助力油罐储存定量的油液，保证供给充足的油量并有散热冷却油液的作用。如果液面高度太低，将使助力转向系统渗入空气，造成汽车转向操纵不稳，忽轻忽重或有噪声。转向助力油罐油面的检查步骤如下：

1）将车辆停放在平坦的地面上，使前轮处于直行位置。

2）起动发动机，并使其达到正常的工作温度。

3）使发动机怠速运转大约 2min，转几次转向盘，使油温达到 40 ~ 80℃，关闭发动机。

4）观察油罐的液面，此时，液面应处于“MAX”（上限）与“MIN”（下限）之间，液面低于“MIN”时，应加至“MAX”。

5）对于用油尺检查的汽车应注意：拧下带油尺的封盖，用布将油尺擦净，将带油尺的封盖插入油罐内拧好，然后重新拧出，观察油尺上的标记，应处于“MAX”与“MIN”之间，必要时将转向油加至“MAX”处。

油罐油面的检查

545. 液压式助力转向系统如何工作?

1）直线行驶状态。当转向盘上没有作用力时，转向器液压缸、油管和储油罐相连接，系统中没有压力，助力系统不起作用。

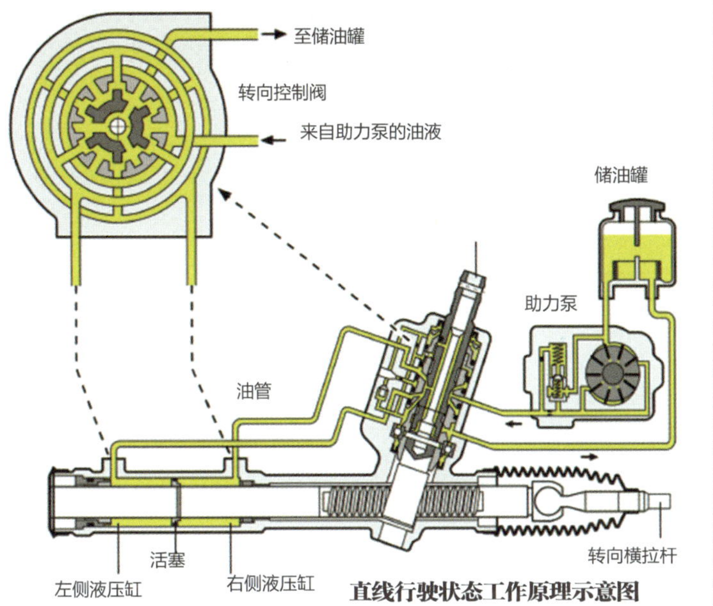

直线行驶状态工作原理示意图

3）突遇外力。当在相反方向有突然外力时，例如转向轮左转时遇到向右的外力。

路面不平整形成的作用力 F_A 加在前轮并使前轮绕转动点 D 进行转动（向右改向）。因此，产生到齿条上的力 F_Z 导致了转向齿轮和转向杆的扭转，接下来到右侧液压缸的油路被打开，左侧液压缸通过控制阀与储油罐相连，作用在活塞和齿条上的反作用力 F_R 通过 F_Z 将路面作用力消除并防止了改向。

2）转向轮左转。当驾驶人将转向盘向左转动时，由于轮胎和路面对转向动作的阻力，转向杆和转向滑块将会被扭转。通过这种扭转，油管将被压力管道打开连向右侧液压缸，左侧液压缸将通过回流管道与储油罐相连接。在活塞上作用一个使转向轮左转的力，转向滑块的扭转运动将一直持续，直到活塞作用力和驾驶人的转向力的合力足够大，使转向轮改变方向。

通过转向杆相连的转向齿轮也运动，转向杆的下部带动控制套管也被扭转，此运动一直持续到转向杆的扭转和随之产生的转向滑块与控制套管之间的扭转消除。去向储油罐的回流管道重新与液压缸和压力管道相连，系统再次接近无压状态。每次对转向盘的新作用力会形成转向杆的扭转并且重新开始前面的流程。

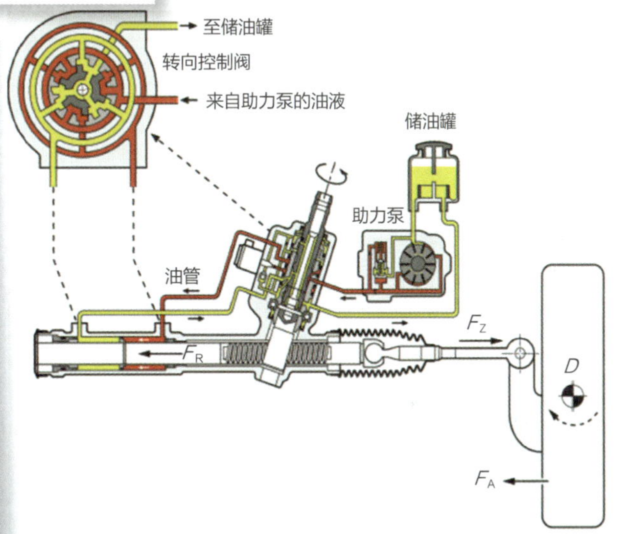

左转突遇外力状态工作原理示意图

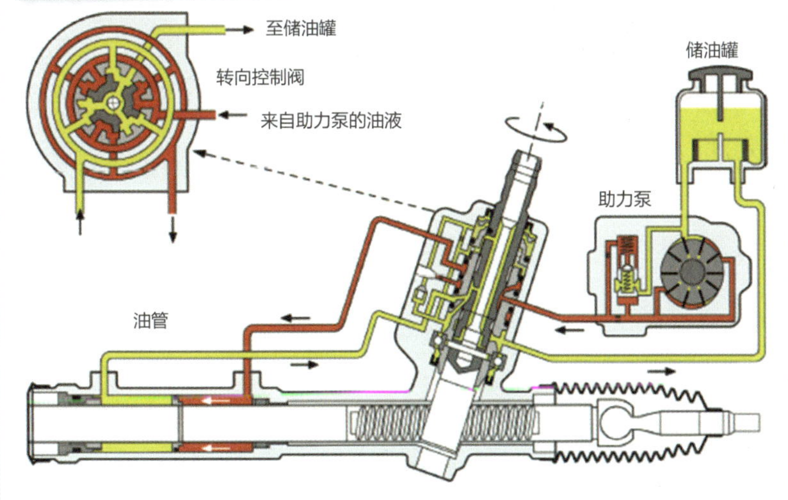

转向轮左转状态工作原理示意图

546. 电动式助力转向有何优势?

1）精简结构，省去了转向助力泵、油管、储油罐、助力油等。

2）由于不使用助力油，因此不会污染环境。

3）由于省去了由发动机带动的助力泵，因此降低了燃油消耗。

4）该系统属于随速助力转向系统，能根据车速改变助力大小。

5）“双齿轮”式电动式助力转向系统（转向齿轮和电动机驱动齿轮），在提供足够转向力的同时，保证了路感。

6）“主动回正”功能帮助转向轮回到中心位置，使在各种驾驶情况下能获得良好的平衡感觉及精确的直线行驶稳定性。

7）直线行驶稳定功能。当车辆受到侧向风的作用和行驶在上下颠簸的路面时，驾驶人更容易控制车辆在直线上行驶。

547. 速腾电动式助力转向系统包括哪些部件?

速腾电动式助力转向系统主要由转向器、转向盘、转向柱、十字轴万向节、转向传动轴、转向横拉杆、转向球头、转向盘转角传感器 G85、转向力矩传感器 G269、助力转向电动机 V187、故障警告灯 K161 和助力转向控制单元 J500 等组成。

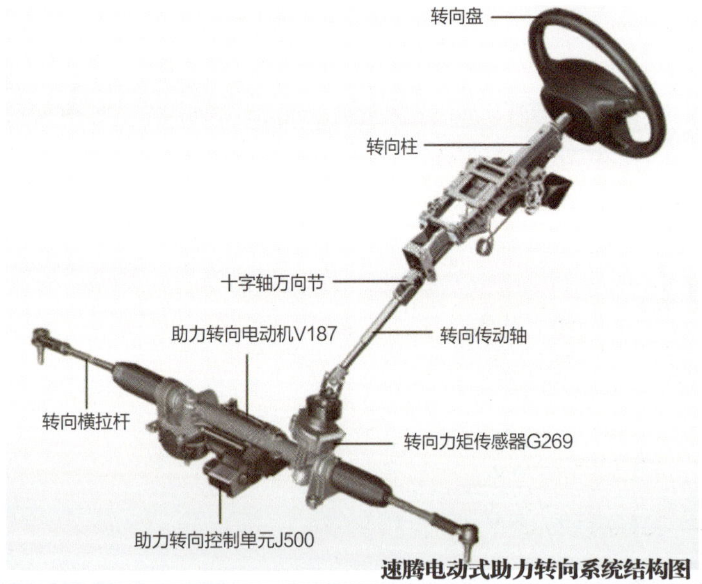

速腾电动式助力转向系统结构图

548. 速腾转向器有何特点?

转向器主要由一个转向力矩传感器 G269、一个扭转杆、一个转向齿轮、一个驱动齿轮、一个转向齿条、一个蜗轮蜗杆机构以及带有控制单元的电动机等组成。

在带有双齿轮（转向齿轮和驱动齿轮）的电动式助力转向系统上，所需要的转向力是由转向齿轮和驱动齿轮传递到齿条上的。转向齿轮传递驾驶人的转向力矩，驱动齿轮通过蜗轮蜗杆来传递电动式助力转向系统电动机 V187 所提供的助力力矩。这个带有控制单元的电动机布置在驱动齿轮上，这种结构意味着转向盘和齿条之间是机械连接的，那么，在这个伺服电动机出现故障时，仍可通过机械方式使车轮转向。

转向齿条同时与转向齿轮和驱动齿轮相啮合。

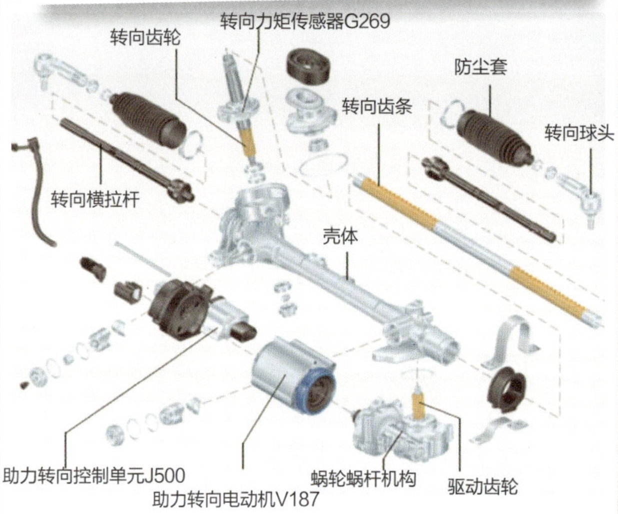

转向器结构分解图

549. 速腾转向盘转角传感器有何作用?

转角传感器 G85 位于安全气囊的回位环（带有滑环）的后面，在转向柱开关和转向盘之间的转向柱上。该传感器通过 CAN 数据总线将用于计算转角的信号传送给转向柱电控单元 J527。J527 内有用于分析这个信号的电子装置。

550. 转向盘转角传感器信号中断有何影响？

转向盘转角传感器信号中断造成的影响：如果这个传感器出现故障的话，就会启动一个应急程序，用一个替代值来取代这个信号。转向助力功能仍保持完全正常状态。警告灯 K161 亮起表示有这个故障。

551. 速腾转向力矩传感器有何作用？

转向力矩传感器 G269 安装在转向器输入轴上，用于记录并向控制单元 J500 传递转动转向盘的转矩。

转向盘上作用的力矩是由转向力矩传感器 G269 直接在转向齿轮上测得的。这个传感器是根据磁阻效应来工作的。该传感器采用双体（超静定）结构，以最大程度地保证其可靠性。

552. 速腾转向力矩传感器如何工作？

转向柱和转向器在力矩传感器处通过一个扭转杆连在一起。与转向柱相连接的部件上有一个磁电极感应转子，其周围有 24 个不同的磁极区在交替转换，每次用两个极来估算力矩。对应件是一个磁阻传感元件，它固定在转向器的连接件上。如果转动了转向盘，那么，这两个连接件就会按照作用的力矩相对运动。因为磁电极感应转子也会相对于传感元件发生扭转，于是就测量到了转向力矩的大小，并将该信号发送给控制单元。

553. 转向力矩传感器信号中断有何影响？

转向力矩传感器信号中断造成的影响：如果转向力矩传感器出现故障的话，必须更换转向器。系统识别出有故障时，转向助力功能就被关闭了。这个关闭过程不是突然的，而是“柔和的”逐步的过程。为了能实现“柔和”关闭，控制单元使用转角和转子转速计算出一个转向力矩的替代信号，同时仪表板内的故障警告灯 K161 呈红色亮起。

554. 速腾转子转速传感器有何作用？

转子转速传感器是电动式助力转向系统电动机 V187 的一个组件，从外面是看不见的。

转子转速传感器是根据磁阻效应来工作的，其结构与转向力矩传感器 G269 是一样的。该传感器传送的是电动机 V187 转子的转速，该转速信号是精确控制该电动机所必需的。

555. 转子转速传感器信号中断有何影响？

转子转速传感器出现故障时，就使用转向角速度来作为替代信号。转向助力功能被安全关闭，这样可防止转向助力功能在这个传感器失灵时突然关闭，同时仪表板内的故障警告灯 K161 呈红色亮起。

556. 速腾车速传感器有何作用？

车速信号由 ABS 控制单元来提供。

信号中断造成的影响：车速信号出现故障时，会启动一个应急程序。这时驾驶人仍可使用转向助力功能，但随速助力转向（Servotronic）功能无法使用了，同时仪表板内的故障警告灯 K161 呈黄色亮起。

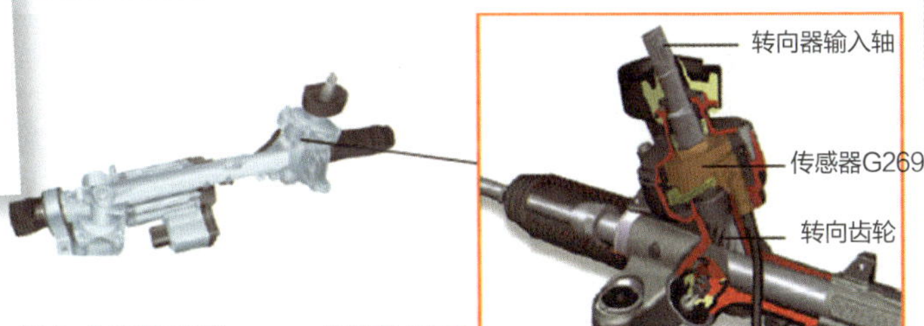

转向力矩传感器 G269 安装位置图

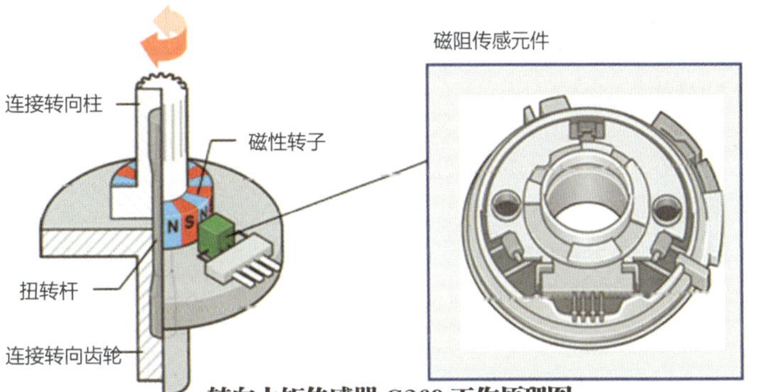

转向力矩传感器 G269 工作原理图

557. 速腾发动机转速传感器有何作用?

发动机转速传感器 G28 是一个霍尔传感器，它拧在曲轴密封法兰的壳体上。

信号的作用：发动机控制单元根据发动机转速传感器 G28 的信号来获知发动机的转速和曲轴的位置信息。

信号中断造成的影响：如果发动机转速传感器 G28 出现故障，那么，转向系统通过 15 号接线柱来工作。该故障不用警告灯 K161 来显示。

发动机转速传感器 G28 安装位置图

558. 速腾助力转向电动机有何特点?

助力转向电动机 V187 是一个无电刷式异步电动机，它可以产生最大 4.1N · m 的力矩用于转向助力。异步电动机无永久磁场或电励磁。异步电动机输入电压的频率与电动机转动频率是不同的，这就是“异步”这个名称的由来。异步电动机具有如下特点：

1）异步电动机结构简单（无电刷），所以工作非常可靠。

2）异步电动机反应快，因此，也就适合快速转向反应的要求。

3）在不通电的情况下，转向器仍可使异步电动机转动。

559. 助力转向电动机信号中断有何影响?

助力转向电动机 V187 和控制单元 J500 组合在一起安装在转向器上。该电动机装在一个铝制壳体内，通过一个蜗轮蜗杆机构和一个驱动齿轮与齿条啮合，从而传递用于转向助力的力矩。在轴的控制端有一个磁铁，控制单元 J500 使用这个磁铁来获知转子的转速，控制单元使用这个信号来确定转向速度。

信号中断造成的影响：异步电动机的一个优点，是在不通电的情况下，转向器仍可使电动机转动。这就是说，即使该电动机出现故障（也就是无转向助力），也只需稍微再多用点力仍可转动机械式转向系统。即使短路，该电动机也不会锁止，同时仪表板内的故障警告灯 K161 呈黄色亮起。

560. 速腾助力转向控制单元有何作用?

控制单元 J500 直接固定在电动机上，这就可省去助力转向系统复杂的线路布置。控制单元 J500 接收如下信号：

1）转角传感器 G85 传来的转向角信号。

2）发动机转速传感器 G28 传来的发动机转速信号。

3）转向力矩和转子转速信号。

4）车速信号。

5）点火钥匙识别信号（来自组合仪表内的控制单元 J285）。

控制单元 J500 通过接收以上信号就可以确定出需要多大的转向助力、计算出励磁电流的大小并起动电动机 V187 来工作。

另外，该控制单元 J500 内集成了一个温度传感器，该温度传感器用于确定转向系统的温度。如果这个温度超过了 100℃，那么，助力转向功能就逐渐减弱。如果转向助力低于 60%，那么，故障警告灯 K161 就呈黄色亮起，故障存储器内也会记录下一个故障。

助力转向电动机 V187 安装位置图

561. 助力转向控制单元信号中断有何影响?

助力转向控制单元信号中断造成的影响：如果控制单元 J500 出现故障，必须整体更换。然后需要使用 VAS5051 来激活控制单元永久存储器内相应的特性曲线图族。

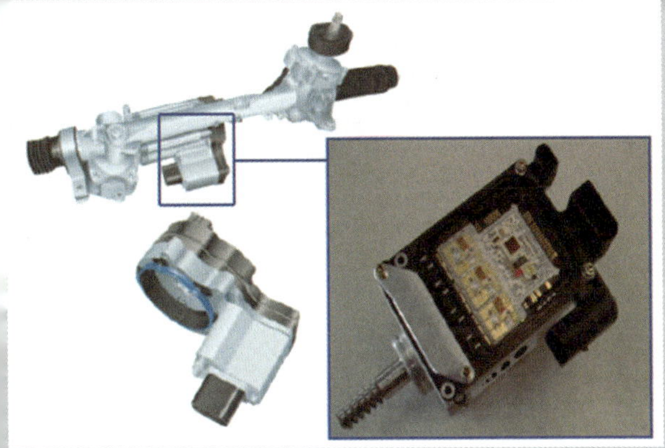

控制单元 J500 安装位置图

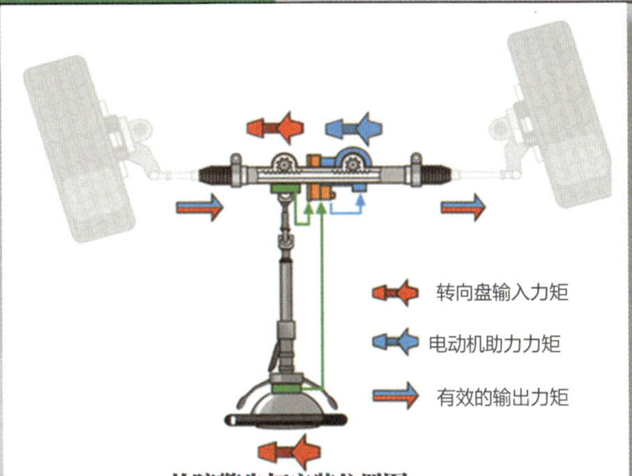

故障警告灯安装位置图

562. 速腾助力转向故障警告灯有何作用?

故障警告灯 K161 位于组合仪表的显示屏上，它用于指示电动式助力转向系统的故障。

在接通点火开关后，该灯呈红色亮起，因为这时电动式助力转向系统要进行自检。当助力转向控制单元确定系统工作正常后，该警告灯就熄灭了。这个自检过程持续大约 2s。在发动机起动后该警告灯会立即熄灭。

563. 助力转向系统有故障时怎么办?

在出现故障时，该警告灯会以两种颜色亮起：

1）如果该灯呈黄色亮起，这表示一个不严重的警告。

2）如果该灯呈红色亮起，那就必须立即去 4S 店检查。当该灯呈红色亮起时，同时还会响起三声锣音。

564. 速腾如何实现转向助力功能?

1）当驾驶人用力转动转向盘时助力转向系统开始工作。

2）作用在转向盘上的转动力矩使得转向器中的扭转杆发生扭转，转向力矩传感器 G269 察觉到旋转并将计算出的转向力矩传给控制单元 J500。

3）转向盘转角传感器 G85 将转向盘实际转向的角度信息及转子转速传感器将实际转向的速度信息传给控制单元 J500。

4）控制单元 J500 根据转向力矩、发动机转速、车速、转向盘转角、转向盘转速以及存储在控制单元 J500 中的特性曲线，计算出必要的助力力矩并控制电动机 V187 开始工作。

5）转向助力是由驱动齿轮来完成的，该齿轮按平行于齿条方向传力，它由电动机 V187 来驱动，该电动机通过蜗轮蜗杆机构和一个驱动齿轮咬合在齿条上，并传递转向所需要的辅助力。

6）由电动机 V187 产生的助力转向力矩和驾驶人施加在转向盘上的力矩之和是最终驱动转向齿条的有效力矩。

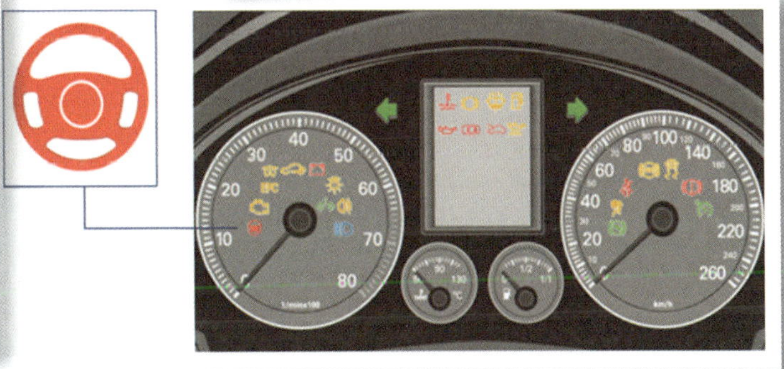

故障警告灯 K161 显示位置图

565. 速腾如何实现泊车助力功能？

1）泊车时，驾驶人用力转动转向盘。

2）扭转杆发生扭转，转向力矩传感器 G269 检测到这个扭转量并将这个信息传给控制单元 J500（现在有一个很大的转向力矩作用在转向盘上）。

3）转向盘转角传感器 G85 送来较大的转向角信息；转子转速传感器送来实际转向速度信息。

4）控制单元 J500 根据下列因素确定出需要较大的助力力矩并操纵电动机来工作：较大的转向力矩、车速为 0km/h、发动机转速、较大转向角、转向速度以及控制单元内存储的用于车速为 0km/h 的特性曲线。

5）于是在泊车时，驱动齿轮按平行于齿条方向传递最大的辅助力。

6）转向盘上的转向力矩和这个最大的助力力矩之和就是泊车时转向器上用于驱动齿条的力矩。

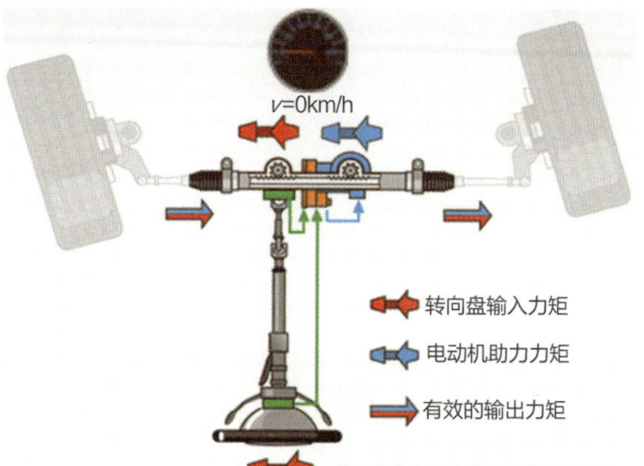

泊车助力行驶功能原理图

566. 速腾如何实现城市循环行驶功能？

1）在城市行驶中遇弯道时驾驶人转动转向盘。

2）扭转杆发生扭转，转向力矩传感器 G269 检测到这个扭转量，将这个信息通知控制单元 J500（现在有一个中等的转向力矩作用在转向盘上）。

3）转向角传感器 G85 送来中等的转向角信息；转子转速传感器送来实际转向速度信息。

4）控制单元根据下列因素来确定出需要中等的助力力矩并操纵电动机来工作：中等的转向力矩、车速为 50km/h、发动机转速、中等转向角、转向速度以及控制单元内存储的用于车速为 50km/h 的特性曲线。

5）于是在转弯时，驱动齿轮按平行于齿条方向传递中等的辅助力。

6）转向盘上的转向力矩和这个中等的助力力矩之和就是城市循环转弯时转向器上用于驱动齿条的力矩。

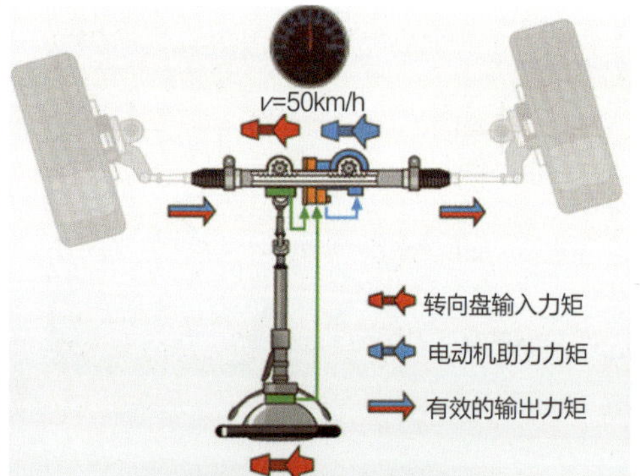

城市循环行驶功能原理图

567. 速腾如何实现高速公路行驶功能？

1）汽车变道时驾驶人轻轻转动转向盘。

2）扭转杆发生扭转，转向力矩传感器 G269 检测到这个扭转量，将这个信息通知控制单元 J500（现在有一个很小的转向力矩作用在转向盘上）。

3）转向角传感器 G85 送来很小的转向角信息；转子转速传感器送来实际转向速度信息。

4）控制单元根据下列因素确定出需要很小的助力力矩或者根本不需要助力力矩并操纵电动机来工作：很小的转向力矩、车速为 100km/h、发动机转速、很小的转向角、转向速度以及控制单元内存储的用于车速为 100km/h 的特性曲线。

5）于是在高速公路上行驶时，驱动齿轮按平行于齿条方向传递很小的的辅助力或者根本不传递辅助力。

6）转向盘上的转向力矩和这个最小的助力力矩之和就是高速公路变道时转向器上用于驱动齿条的力矩。

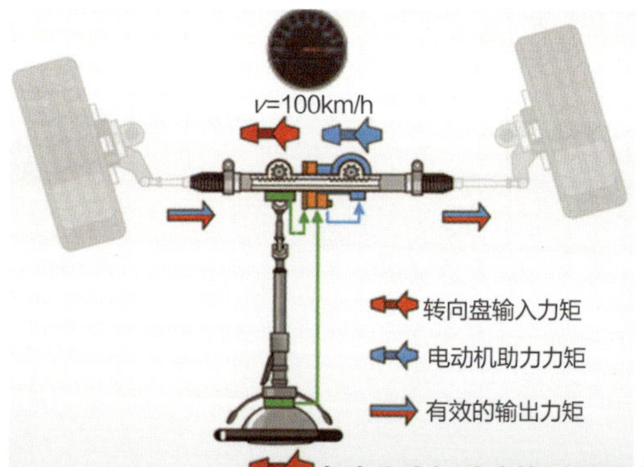

高速公路行驶功能原理图

568. 速腾如何实现主动回正功能？

1）汽车转弯时驾驶人减小了转向力矩，扭转杆也就跟着松弛下来了。

2）转向力减小的同时，包括转向角度和转向速度都相应地减小，一个精确的回转速度也相应地计算出来。将其和转向角速度进行比较，其结果就是需要的回正力矩。

3）由于车轮定位参数的原因，在转向车轮上就产生一个回正力矩。由于转向系统和车桥内部的摩擦，这个回正力矩一般是非常小的，不足以将车轮转到直线行驶位置。

4）通过对转向力矩、车速、发动机转速、转向角、转向速度和控制单元内存储的特性曲线的分析，控制单元就可计算出回正所需要的力矩。

5）起动电动机，于是车轮回到直线行驶位置。

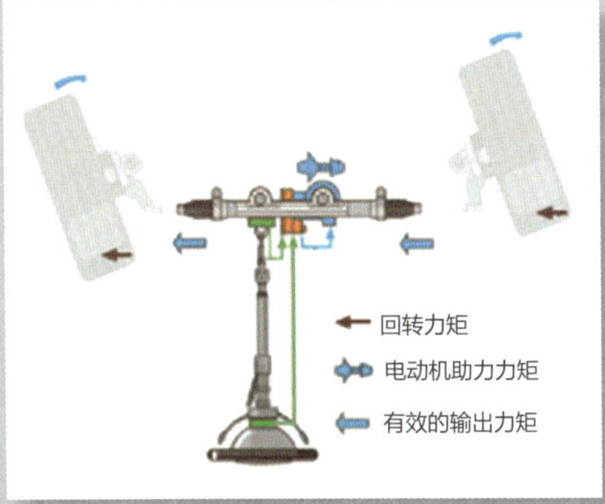

主动回正功能原理图

569. 速腾如何实现直行修正功能？

直线行驶功能是主动回正功能的一个扩展，当没有力提供时，系统产生一个助力使车轮回到中心位置。为实现此功能，又分为长时算法和短时算法两种不同的情况。

1）长时算法：对长时间偏离直线行驶的情况进行补偿。对长时间发生背离中心位置的任何一侧起到平衡背离的作用，例如将夏季轮胎换成旧的冬季轮胎时所出现的情况。

2）短时算法：对短时间偏离直线行驶的情况进行校正。这可以减轻驾驶人的负担，比如在有持续的侧向风作用时，就需要持续地“对抗转向”。具体情况如下：

① 当车辆受到持续的侧向力时，如侧向风。

② 驾驶人给转向盘一个力，以便使车辆保持直线行驶状态。

③ 通过对转向力矩、车速、发动机转速、转向角、转向速度和控制单元内存储的特性曲线的分析，控制单元就可计算出直线行驶校正所需要的力矩。

④ 起动电动机，于是车辆回到直线行驶位置。驾驶人就不再需要进行“对抗转向”了。

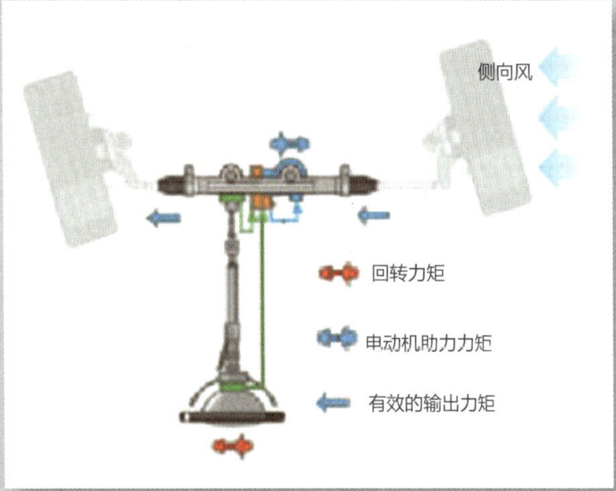

直行修正功能原理图

570. 什么是电动液压式助力转向？

电动液压式助力转向，英文为 Electro-Hydraulic Power Steering，简称 EHPS。EHPS 是在液压式助力转向的基础上发展起来的，其特点是原来用发动机带动的转向助力泵改由电动机驱动，取代了由发动机驱动的方式。

571. 电动液压式助力转向有何优点？

与传统的液压式助力转向系统相比，新研制的电动液压式助力转向系统有下列优点：

1）实际行驶中，节约燃油约 0.2L/100km。

2）通过少的能源消耗、少的能量供应以及减少液压系统的油量来实现保护环境的目的。

3）主动安全性更好，一般汽车在转向时，转向盘转动很轻便，但高速行驶时，转向较重。

4）车辆在高速公路上行驶时，传统的液压式助力转向由于发动机转速高，而转向角小，助力泵将多余油量输送掉。新的电动液压式助力转向系统通过减小与车辆行驶速度对应的流量，产生最大的节能效应。

572. 电动液压式助力转向系统包括哪些部件？

电动液压式助力转向系统主要由电动液压泵 V119、储油罐、转向角传感器 G85、助力转向传感器 G250 和控制单元 J500 等组成。

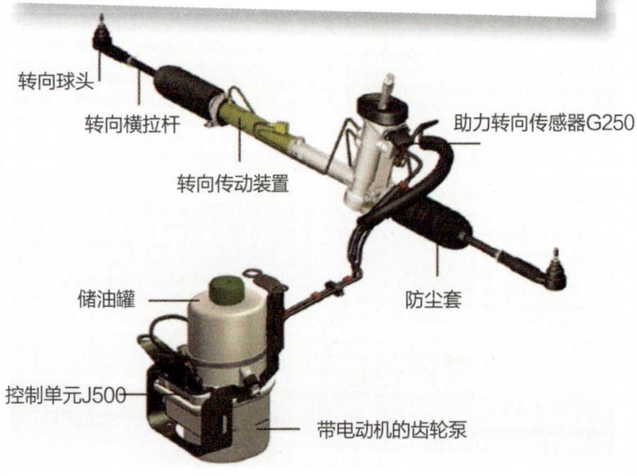

电动液压式助力转向系统结构图

573. 电动液压泵包括哪些部件？

电动液压泵总成支架支承在发动机舱左侧，用螺栓固定连接在减振器和轮壳之间的车架纵梁上。电动液压泵总成用橡胶轴承弹性地悬挂在支架上，并且用一个消声罩包封。电动液压泵总成包括以下部件：

1）带有齿轮泵、液压阀及电动机的液压单元。

2）液压油的储油罐。

3）助力转向控制单元 J500。

574. 电动液压泵如何工作？

在这种助力转向系统中采用的是一个集成在电动液压泵总成中的齿轮泵来取代迄今为止人们所熟悉的叶片泵。该齿轮泵不是直接由发动机来驱动，而是由一个集成在电动液压泵总成中的电动机来驱动的。该电动机只有在点火接通及发动机运转的情况下才工作。转向角速度、车速及发动机转速信号将传送给助力转向控制单元 J500。该控制单元可以调节电动机及齿轮泵的转速，进而调节供油量，更精确地说是液压油的体积流量。

575. 电动液压泵有何特点？

电动液压泵总成无需维护，其内部润滑由液压油来完成，它不可拆卸且不提供修理说明。液压泵通过压力管道与助力转向传动装置相连接，液压油的回油管道通向储油罐。

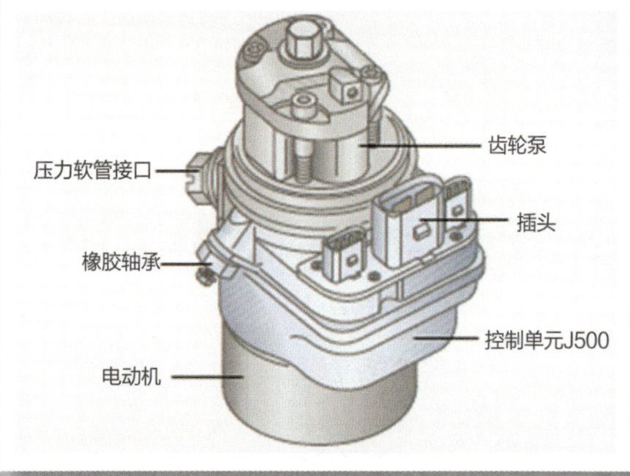

电动液压泵总成

576. 电动液压式助力转向系统控制单元 J500 有何作用？

控制单元 J500 集成在电动液压泵总成中，它根据转向角速度和汽车行驶速度，发出信号来驱动齿轮泵。齿轮泵的瞬时供油量从控制单元 J500 中储存的通电特性场图中读取。控制单元 J500 能识别并储存运行中的故障，并装有再接通保护和温度保护装置。

577. 什么情况下实现再接通保护？

在下面的情况下将实现再接通保护：

1）电动液压式助力转向系统在受到干扰、故障或撞车后具有一种再接通保护功能。在发生撞车的情况下，这种再接通保护只需用一个诊断仪即可被去除。

2）在出现其他故障的时候，再接通保护可以通过中断点火及发动机的重新起动来消除。如果发生这种情况，为了使电动液压泵总成在过热之后能得到冷却，必须等待大约 15min 时间。这段时间过后，如果再接通保护不能通过发动机的起动被消除，则说明在车载网络中有故障或电动液压泵总成已损坏。在这种情况下，必须进行自诊断并且有时要更换电动液压泵总成。

578. 电动液压式助力转向系统助力转向传感器有何作用？

当汽车置于举升机上时，向右转动转向盘，就能通过翼子板和车轮之间的空隙看到助力转向传感器 G250。

助力转向传感器 G250 安装在转向传动装置上方且装于转向传动装置输入轴上，它测定转向角并计算出转向角速度。助力转向传感器 G250 属于电容式传感器，通过固定在输入轴上的转子在 9 个小型平板电容器之间旋转，平板电容器的电容将由此而变化。传感器电子元件根据此电容变化计算出助力转向装置控制单元 J500 所需的信号（转向角及转向角速度）。

579. 助力转向传感器信号中断有何影响？

为了识别转向运动，控制单元 J500 中必须输入必要的信号，转向角速度越大，则液压泵的转速也越大，进而流量也越大（在不考虑车速的情况下）。

当传感器 G250 失效时，助力转向系统即进入程序设定的紧急运行状态。此时转向功能得以保证，但转向较沉。

传感器 G250 安装位置示意图

580. 电动液压式助力转向系统控制灯 K92 有何作用？

车辆打开点火开关后，控制灯 K92 点亮，这时车辆进行内部检测，如果发动机起动及检测结束后，控制灯 K92 依然亮着，则车辆内部可能有故障，故障可能存储在控制系统中。

控制灯 K92

581. 如何检查电动液压式助力转向系统油位？

用储油罐密封盖上的油尺检查油位：1）打开密封盖，用布擦干净油尺。2）用手将密封盖拧紧。3）打开密封盖，看油尺上显示的油位。

正常油位：转向油冷却时，位置在下标记以下；转向油热时（发动机温度约从 50℃起），位置大约在上、下标记之间。

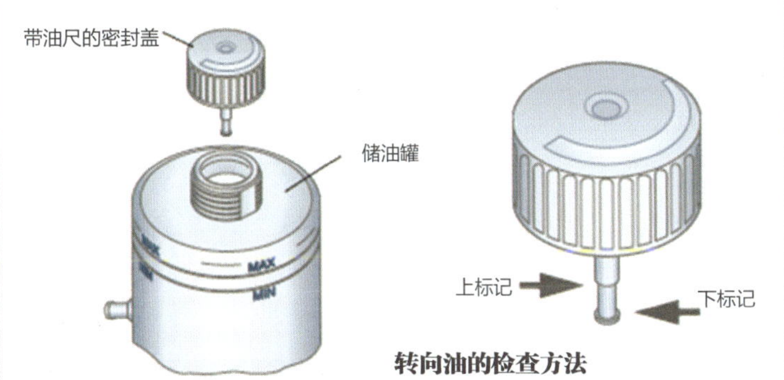

转向油的检查方法

582. 电动液压式助力转向系统如何实现直线行驶功能？

与一般的助力转向系统相似，在液压控制单元中有一根扭杆，它一方面与转向控制阀相连，另一方面又与转向齿轮和控制套管相连。

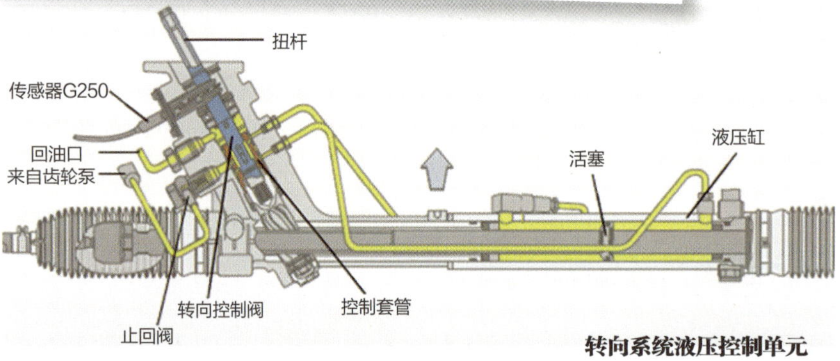

转向系统液压控制单元

汽车直线行驶时，扭杆处于转向控制阀和控制套管的中间位置，助力转向装置传感器测不出转向角速度。油液几乎是无压力地通过液压控制单元经回油通道流回储油罐。

转向控制阀和控制套管的控制槽位于中央位置，两者控制槽的相互作用使液压油可以进入液压缸的左、右两腔，并能相应地经控制套管的回油道回到储油罐。

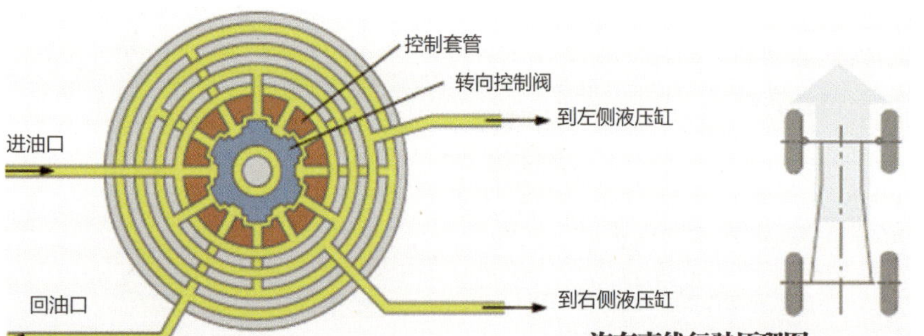

汽车直线行驶原理图

583. 电动液压式助力转向系统如何实现向左转弯功能？

转向控制阀通过扭杆的变形相对于控制套管旋转，转向控制阀的控制槽打开了通向液压缸右腔的高压油入口。高压油流入液压缸并协助完成转向运动，与此同时，转向控制阀关闭通往左腔的进油口并将与液压缸左腔接通的回油口打开。右腔的压力将油液从液压缸的左腔压回到回油道。当转向过程结束时，扭杆使转向控制阀及控制套管回转到中间位置。

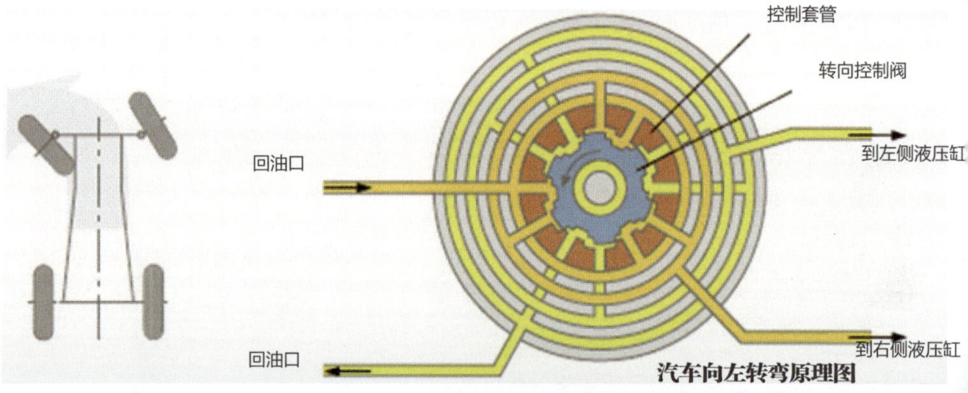

汽车向左转弯原理图

584. 如何诊断与排除液压式助力转向系统转向沉重故障?

（1）故障现象

装有液压助力转向系统的汽车，在行驶中突然感到转向沉重。

（2）故障原因

一般是液压转向助力系统失效或助力不足所造成的，其根本原因在于液压不足，引起转向系统油压不足的主要原因有：

1）储油罐缺油或油液高度低于规定要求。

2）液压回路中渗入了空气。

3）油泵驱动带过松或打滑。

4）各油管接头处密封不良，有泄漏现象。

5）油路堵塞或滤清器污物太多。

6）油泵磨损、内部泄漏严重。

7）油泵安全阀、溢流阀泄漏、弹簧弹力减弱或调整不当。

8）液压缸或转向控制阀密封损坏。

（3）故障诊断与排除

检查转向助力泵驱动部分的情况：

1）用手压下转向助力泵的驱动带，检查驱动带的松紧度，若驱动带过松，应调整。

2）起动发动机，使发动机处于怠速运转，突然提高发动机的转速，检查转向助力泵驱动带有无打滑现象，其他驱动形式的齿轮传动有无损坏，发现问题后应按规定更换性能不良的部件。

3）检查储油罐内的油液质量和液面高度，若油液变质则应重新更换规定油液。若只是液面低于规定高度，应加油使油面达到规定位置。

4）检查转向油液储油罐内的滤清器。

① 若发现滤网过脏，说明滤清器堵塞，应清洗。

② 若发现滤网破裂，说明滤清器损坏，应更换。

5）检查油路中是否渗入空气，如果发现储油罐中的油液有气泡时，说明油路中有空气渗入，应检查各油管接头和接合面的螺栓是否松动，各密封件是否损坏，有无泄漏现象，油管是否破裂等。对于出现故障的部位应进行修整和更换，并进行排气操作，最后重新加入油液。

6）检查各油管接头等处有无泄漏，油路中是否有堵塞，查明故障后按规定力矩拧紧有关接头或清除污物。

7）对转向助力泵进行输出油压检查，如果助力泵输出压力不足，说明助力泵有故障，此时应分解助力泵，检查助力泵是否磨损或内部泄漏严重，安全阀、溢流阀是否泄漏或卡滞，弹簧弹力是否减弱或调整不当，各轴承是否烧结或严重磨损等。对于叶片泵还应检查转子上的密封环或油封是否损坏，对于齿轮泵应检查齿轮间隙是否过大等，查明故障予以修理，必要时更换转向泵。

585. 如何诊断与排除液压式助力转向系统噪声故障?

（1）故障现象

汽车转向时，转向系统有不太大的噪声是正常现象，但当噪声过大或影响汽车的转向性能时，必须对转向系统进行检查，并排除故障。

（2）故障原因

1）储油罐中液面太低，助力泵在工作时容易渗入空气。

2）液压系统中渗入空气。

3）储油罐滤网堵塞，或液压回路中有过多的沉积物。

4）油管接头松动或油管破裂。

5）助力泵严重磨损或损坏。

6）转向控制阀性能不良。

（3）故障诊断与排除

1）当转向盘处于极限位置或原地慢慢转动转向盘时，转向器发出“嘶嘶”声，如果这种异响严重则可能为转向控制阀性能不良，应更换转向控制阀。

2）当转向助力泵发出“嘶嘶”声或尖叫声时，应进行以下检查：

① 检查储油罐液面高度，液面高度不够时应查明泄漏部位并修理，然后按规定加足油液。

② 检查转向助力泵驱动带是否打滑，若打滑应查明原因，更换驱动带或调整驱动带张紧度。

③ 查看油液中有无泡沫，若有泡沫，应查找漏气部位并予以修理，然后排除空气。若无漏气，则说明油路有堵塞处或助力泵严重磨损及损坏，应予以修复或更换。

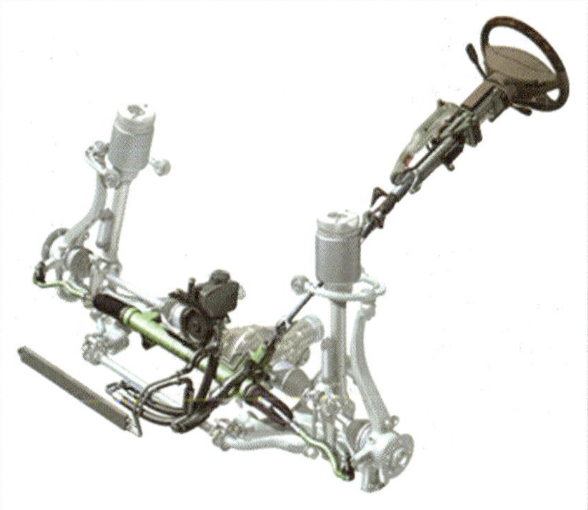

586. 如何诊断与排除液压式助力转向系统左、右轮转向轻重不同故障?

（1）故障现象

汽车行驶时，向左和向右转向操纵力不相等。

（2）故障原因

1）转向控制阀阀芯（或滑阀）偏离中间位置，或虽然在中间位置但与阀体槽肩的缝隙大小不一致。

2）控制阀内有污物阻滞，使左、右转动阻力不同。

3）液压系统中液压缸的某一油腔渗入空气。

4）油路漏损。

（3）故障诊断与排除

这种故障多是油液脏污所致，应按规定更换新油后再进行检查。

1）如果油质良好或更换新油后故障没有消除，应对液压系统进行排气并检查系统有无油液泄漏，液压系统中出现泄漏时，应更换泄漏部位的零部件。

2）如果故障仍不能排除，则可能是由于控制阀定中不良造成的。滑阀式转向控制阀可在动力转向器外部进行排除，通过改变转向控制阀阀体的位置来实现。如果滑阀位置调整后仍不见好转，应拆检滑阀测量其尺寸，若偏差较大，应更换滑阀；对于转阀式转向控制阀必须通过分解检查来排除故障。

587. 如何诊断与排除液压式助力转向系统直线行驶转向盘发飘或跑偏故障?

（1）故障现象

汽车直线行驶时，难以保持正前方向而总向一边跑偏。

（2）故障原因

1）油液脏污、转向控制阀回位弹簧折断或变软，使转向控制阀不能及时回位。

2）转向控制阀阀芯（或滑阀）偏离中间位置，或虽在中间位置但与阀体槽肩的缝隙大小不一致。

3）流量控制阀卡滞使助力泵流量过大或油压管路布置不合理，造成油压系统管路节流损失过大，使液压缸左、右腔压力差过大。

（3）故障诊断与排除

1）首先检查油液是否脏污。对于新车或大修以后的车辆，由于不认真执行走合维护的换油规定，使油液脏污。

2）对于使用较久的车辆，则可能是转向控制阀回位弹簧失效所致，此时可在不起动发动机的情况下转动转向盘，凭手感判断控制阀是否开启运动自如，若有怀疑一般应拆卸检查。

3）最后检查转向助力泵流量控制阀是否卡滞和油压管路布置是否合理，发现故障予以修理。

588. 如何诊断与排除液压式助力转向系统转向时转向盘发抖故障？

（1）故障现象

发动机工作时转向，尤其是在原地转向时，转向盘抖动。

（2）故障原因

1）储油罐液面低。

2）油路中渗入空气。

3）转向助力泵驱动带打滑。

4）转向助力泵输出压力不足。

5）转向助力泵流量控制阀卡滞。

（3）故障诊断与排除

1）首先检查储油罐液面是否符合规定，否则按要求加注转向油液。

2）排放油路中渗入的空气。

3）检查转向助力泵驱动带是否打滑或其他驱动形式的齿轮传动等有无损坏，发现问题后应按规定调整驱动带张紧度或更换性能不良的部件。

4）对转向助力泵输出压力进行检查。压力不足时应分解助力泵，检查助力泵是否磨损或内部泄漏严重，安全阀及流量控制阀是否泄漏或卡滞，弹簧弹力是否减弱或调整不当，各轴承是否烧结或严重磨损等。对于叶片式转向助力泵还应检查转子上的密封环或油封是否损坏。对于齿轮式助力泵应检查齿轮间隙是否过大等。查明故障予以修理，必要时更换助力泵。如果泵轴油封泄漏也应更换转向助力泵。

589. 如何诊断与排除液压式助力转向系统转向盘回正不良故障？

（1）故障现象

汽车完成转向后，转向盘不能回到中间行驶位置（直线行驶位置）。

（2）故障原因

1）转向助力泵输出油压低。

2）液压回路中渗入空气。

3）回油软管扭曲阻塞。

4）转向控制阀或转向液压缸发卡。

5）转向控制阀定中不良。

（3）故障诊断与排除

1）对液压系统进行排气操作，排气后按规定加足转向油液。

2）检查转向助力泵输出油压，若油压不足应拆检转向助力泵，检查助力泵是否磨损或内部泄漏严重，安全阀及流量控制阀是否泄漏或卡滞，弹簧弹力是否减弱或调整不当，各轴承是否烧结或严重磨损等。查明故障予以修理。必要时更换助力泵。如果泵轴油封泄漏也应更换转向助力泵。

3）检查回油软管是否阻塞，如有应更换回油软管。

4）拆检转向控制阀或转向液压缸，查明故障原因，然后视情况进行修复，对于损坏的零件应更换。

590. 什么是可变齿比转向？

可变齿比转向系统与传统齿轮齿条式转向系统上疏密一致的齿条构造有所不同，而是采用两边稀疏、中间细密的齿比结构。这样转向盘转向时，齿轮与齿距不相等的齿条啮合，转向比就会发生变化。中间位置的齿距较密，齿条在这一范围内的位移较小，在小幅度转向时（例如变线、方向轻微调整时），车辆会显得沉稳。而齿条两侧远端的齿距较疏，在这个范围内，转动转向盘，齿条的相对位移会变大，所以在大幅度转向时（如泊车、掉头等），车轮会变得更加灵活。它的优势也很明显：完全的机械结构，可靠性较高，耐用性好，结构也非常简单。

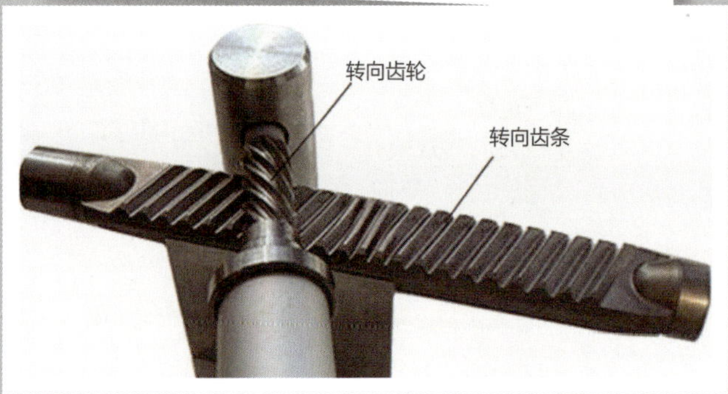

591. 什么是可变助力转向？

可变齿比转向仍然只是少数品牌车型才能够享受到的“高级装备”，相比之下，可变助力转向要离我们更近一些，普及程度也非常高。

所谓可变助力转向说白了就是随速助力转向系统，其助力大小可以随车速的变化而变化。在泊车等低速行驶状态下，转动转向盘更加轻盈省力，对臂力较小的女性尤为方便。而当车辆高速行驶时，则能够减小助力，使转向盘转动阻力增大，路感清晰，手上的方向感强，不再像低速时那样灵敏，车辆的方向会变得更容易控制，提升了车辆的高速行驶稳定性和安全性。

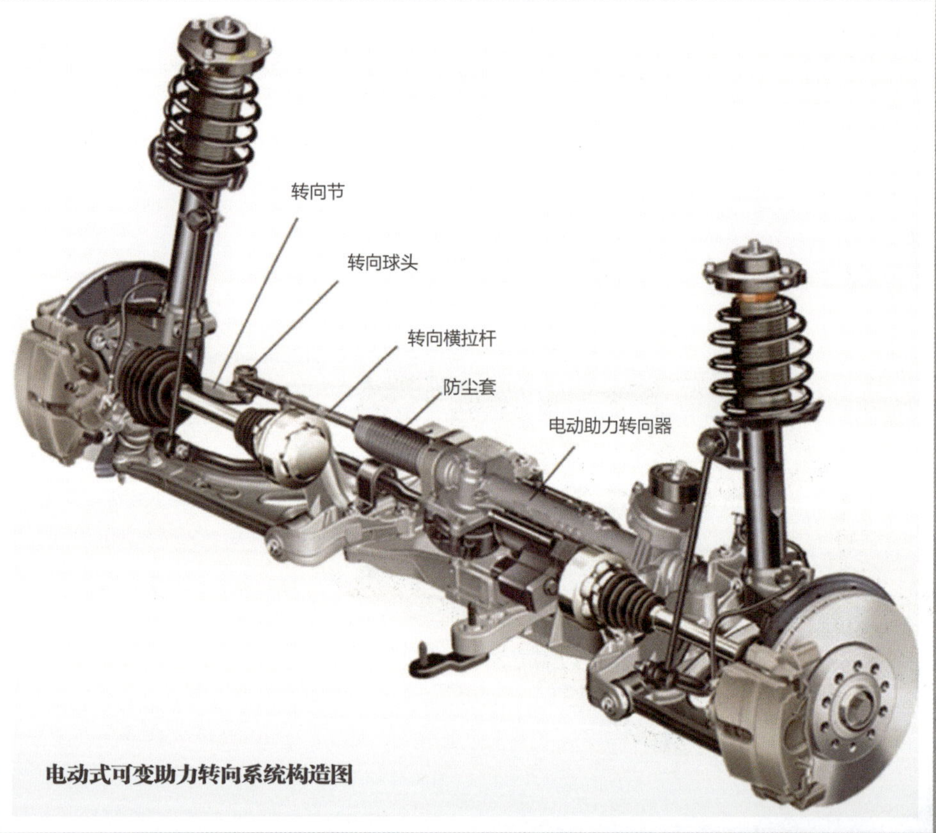

电动式可变助力转向系统构造图

第五章 制动系统

592. 制动系统有什么作用?

为了确保汽车在复杂多变的道路交通情况下能够高速安全行驶，提高其运输效率，行驶中需要随时控制车速。这就需要有一个能使汽车及时减速以至停车，确保汽车稳妥停放的系统，这套系统就是制动系统。其作用是：根据需要使汽车减速或在最短的距离内停车，使已停驶的汽车在各种道路条件下稳定驻车，使下坡行驶的汽车速度保持稳定。

593. 制动系统有哪些类型?

（1）按功用分类

行车制动系统、驻车制动系统、应急制动系统、辅助制动系统。

1）行车制动系统是由驾驶人用脚来操纵的，故又称脚制动系。它的作用是使正在行驶中的汽车减速或在最短的距离内停车。

2）驻车制动系统是由驾驶人用手来操纵的，故又称手制动系。它的作用是使已经停在各种路面上的汽车驻留原地不动。

3）应急制动系统是用独立的管路控制车轮的制动器作为备用系统。其作用是当行车制动系统失效时保证汽车仍能实现减速或停车。在许多国家的制动法规中规定，应急制动系统也是汽车必须具备的。

4）辅助制动系统是指经常在山区行驶的汽车以及某些特殊用途的汽车，为了提高行车的安全性和减轻行车制动系性能的衰退及制动器的磨损，用以在下坡时稳定车速的制动系统。其中，利用发动机排气制动应用最广。

（2）按制动能量传输分类

机械式、液压式、气压式、电磁式、组合式。

（3）按回路多少分类

单回路制动系统、双回路制动系统。

（4）按能源分类

人力制动系统、动力制动系统、伺服制动系统。

1）人力制动系统是以驾驶人的肌体作为唯一制动能源的制动系统。

2）动力制动系统是完全靠由发动机的动力转化而成的气压或液压形式的势能进行制动的制动系统。

3）伺服制动系统是兼用人力和发动机动力进行制动的制动系。

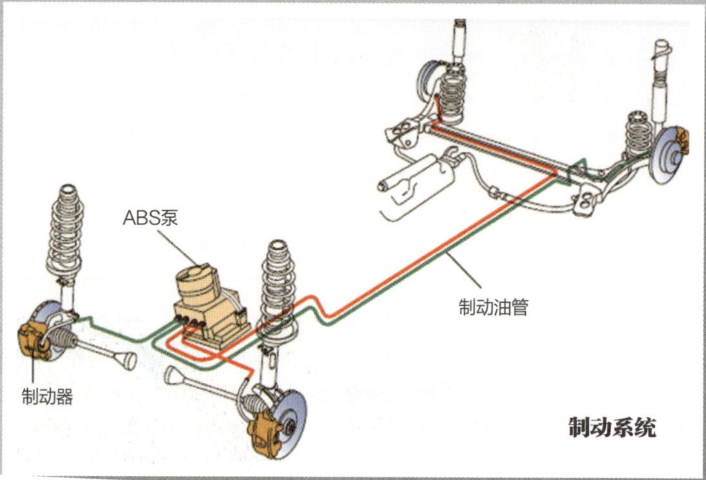

制动系统

594. 制动系统由哪几部分组成？

汽车上设置有彼此独立的制动系统，它们起作用的时刻不同，但它们的组成却是相似的。它们一般由以下几个组成部分：

1）供能装置：包括供给、调节制动所需能量以及改善传能介质状态的各种部件。如气压制动系统中的空气压缩机、液压制动系统中的液压油泵、人的肌体等。

2）控制装置：包括产生制动动作和控制制动效果的各种部件，如制动踏板等。

3）传动装置：包括将制动能量传输到制动器的各个部件，如制动主缸、制动轮缸及连接管路等。

4）制动器：产生阻碍车辆的运动或运动趋势的力（制动力）的部件。

较为完善的制动系统还具有制动力调节装置、报警装置、压力保护装置等附加装置。

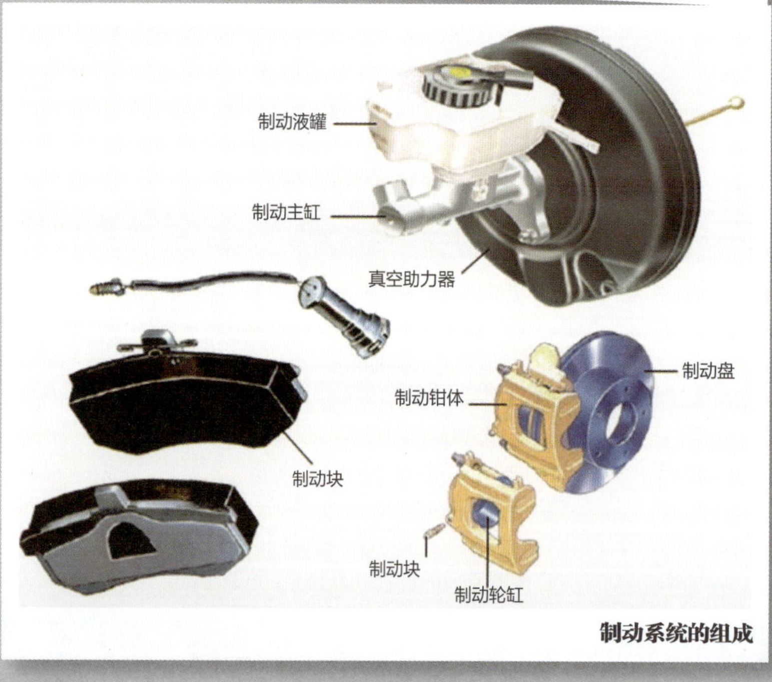

制动系统的组成

595. 对制动系统有哪些要求？

1）具有良好的制动性能。包括制动效能、制动效能的恒定性、制动时的方向稳定性三个方面。制动效能的评价指标有制动距离、制动减速度、制动力和制动时间。制动效能的恒定性指抗“热衰退”和抗“水衰退”能力。制动时的方向稳定性是指制动时保持原有行驶方向的能力。而在实际使用过程中，往往用制动效能中的制动距离来衡量整车的制动性能。制动距离是以某一速度开始紧急制动，从驾驶人踩制动踏板起直至停车为止，汽车所走过的距离。

2）操纵轻便。即操纵制动系统所需的力不应过大。对于人力液压制动系统最大踏板力不大于500N（轿车）和700N（货车）。踏板行程货车不大于150mm，轿车不大于120mm。

3）制动平顺性好。制动力矩能迅速而平稳地增加，也能迅速而彻底地解除。

4）散热性好。连续制动时，制动鼓和制动蹄上的摩擦片因高温引起的摩擦系数下降要小；水湿后恢复要快。

5）对挂车的制动系统，还要求挂车的制动作用略早于主车；挂车自行脱挂时能自动进行应急制动。

596. 哪些因素对制动系统的影响最大？

1）热衰退。汽车长距离下坡行驶时，如果一直使用行车制动系统（不用发动机制动），由于摩擦的热量，制动器摩擦片表面的摩擦系数（物体对滑动的阻力数值，系数越高，则阻力越大）会急剧下降。即使用力踩下制动踏板，制动器产生的制动力也较小。

2）气阻。气阻指的是制动器管路中的制动液达到沸点而产生气泡的情况。在很长的下坡路上，如果不使用发动机制动，而一直使用行车制动系统，制动鼓或制动蹄便会由于摩擦而变得很热。由于气体易于压缩，踩下制动踏板所产生的压力，首先用于压缩气体，结果使制动效率降低。

597. 制动距离与哪些因素有关？

制动距离是指车辆在时速百公里的状态下紧急制动，直到车辆达到静止状态时的距离。影响制动距离的主要因素是车速，车速越快肯定制动距离越长。而在百公里时速下评价一辆汽车的制动距离，那么这个距离的长短与制动器、路面摩擦力、轮胎及ABS防抱死制动系统等都有直接关系。

再者，制动距离不单单与车辆因素有关，还与驾驶人的驾驶方法及反应等人为因素有关。所以，尽可能地保证安全车距、谨慎驾驶才是安全之道。

598. 确保制动力达标的条件是什么？

1）制动力要足够大。

2）制动力要同时施加在四个车轮上。

3）任何一个车轮都不能存在制动拖滞现象。

4）实施制动时不能产生过大的振动和车身抖动。

5）定期更换制动液：制动液的沸点根据其质量及所含水分的不同而有很大差别。制动液易于吸收水分，使其沸点下降，从而降低制动性能。

599. 鼓式制动器与盘式制动器有何区别？

目前，汽车用的车轮制动器可分为鼓式和盘式两种。它们的区别在于：前者的摩擦副中的旋转元件为制动鼓，其工作表面为圆柱面；后者的旋转元件则为圆盘状的制动盘，以端面为工作表面。旋转元件固装在车轮上，即制动力矩直接作用于两侧车轮上的制动器称为车轮制动器。

600. 什么是鼓式制动器？

鼓式制动器主要由制动轮缸、制动蹄、制动鼓、支承销等组成。鼓式制动器应用在汽车上已有近一个世纪的历史了，但是由于它的可靠性以及强大的制动力，使得鼓式制动器现在仍配置在许多车型上（多使用于后轮）。

鼓式制动器制动鼓的内圆柱面就是制动装置产生制动力矩的位置。在获得相同制动力矩的情况下，鼓式制动器的制动鼓直径可以比盘式制动器的制动盘还要小许多。因此，载重用的大型车辆为获取强大的制动力只能在轮圈有限的空间中安装鼓式制动器。

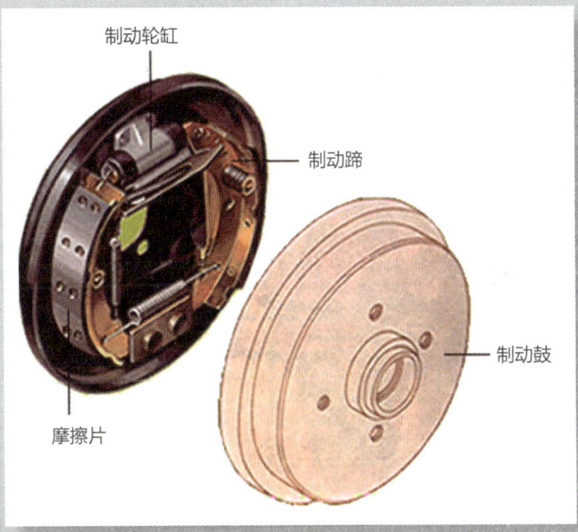

鼓式制动器

601. 鼓式制动器是什么原理?

简单地说，鼓式制动器就是利用制动器内静止的制动蹄去摩擦随着车轮转动的制动鼓，以产生摩擦力使车轮转动速度降低的制动装置。在踩下制动踏板时，脚的作用力会使制动主缸内的活塞将制动液往前推并在油路中产生压力。压力经制动液传送到每个车轮的制动轮缸活塞上，制动轮缸活塞再推动制动蹄向外，使制动蹄和制动鼓的内圆柱面发生摩擦，并产生足够的摩擦力去降低车轮的转速，以达到制动的目的。

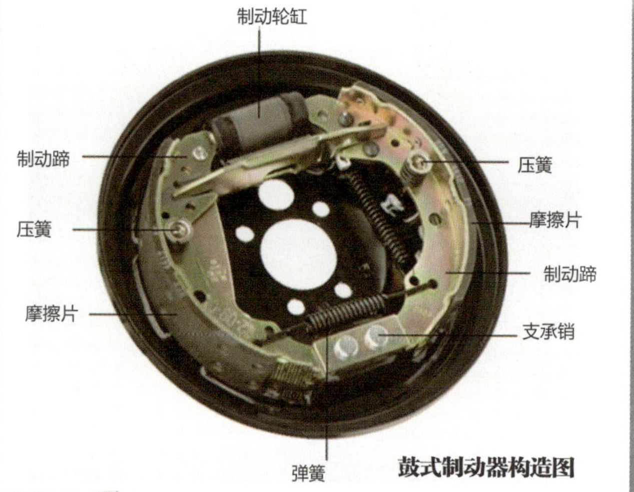

鼓式制动器构造图

602. 鼓式制动器有何优点?

1）有自动制动作用，使制动系统可以使用较低的油压，或是使用直径比制动盘小很多的制动鼓。

2）驻车制动装置的安装容易，有些后轮装有盘式制动器的车型，会在制动盘中心部位安装鼓式制动器的驻车制动装置。

3）零件的加工与组成较为简单，有较为低廉的制造成本。

603. 鼓式制动器有何缺点?

1）鼓式制动器的制动鼓在受热后直径会增大，而造成踩下制动踏板的行程加大，容易发生制动反应不如预期的情况。因此，在驾驶采用鼓式制动器的车辆时，要尽量避免连续制动造成制动蹄因高温而产生热衰退现象。

2）制动系统反应较慢，踏板的踩踏力不易控制，不利于做高频率的制动动作。

3）构造复杂零件多，制动间隙需做调整，使得维修不易。

604. 鼓式制动器有哪几种形式?

根据制动过程中两制动蹄产生制动力矩的不同，鼓式车轮制动器可分为领从蹄式、双领蹄式、双向双领蹄式、双从蹄式、单向自增力式和双向自增力式等几种形式。

605. 什么是领从蹄式制动器?

汽车前进时，如果制动鼓逆时针旋转，制动蹄的支承点在前端，制动轮缸所施加的促动力作用于其后端，因而该制动蹄张开时的旋转方向与制动鼓的旋转方向相同，具有这种属性的制动蹄称为领蹄。与此相反，制动蹄的支承点在后端，促动力加于其前端，其张开时的旋转方向与制动鼓的旋转方向相反，具有这种属性的制动蹄称为从蹄。当汽车倒车时，即制动鼓反向旋转时，领蹄变成从蹄，而从蹄变成领蹄。这种在制动鼓正向旋转和反向旋转时，都有一个领蹄和一个从蹄的制动器即称为领从蹄式制动器。

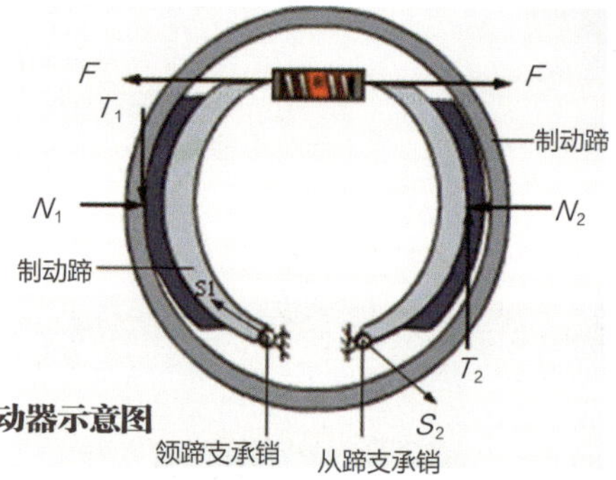

领从蹄式制动器示意图

606. 什么是双领蹄式制动器?

在制动鼓逆时针旋转时，两蹄均为领蹄的制动器称为双领蹄式制动器。双领蹄式制动器与领从蹄式制动器在结构上主要有两点不同：一是双领蹄式制动器的两制动蹄各用一个单活塞式制动轮缸，而领从蹄式制动器的两蹄共用一个双活塞式制动轮缸；二是双领蹄式制动器的两套制动蹄、制动轮缸、支承销在制动底板上的布置是中心对称的，而领从蹄式制动器中的制动蹄、制动轮缸、支承销在制动底板上的布置是轴对称布置的。双领蹄式制动器在汽车前进制动时，两制动蹄都是领蹄；当汽车倒车时，两制动蹄又都是从蹄，导致前进制动效能提高，倒车制动效能降低。

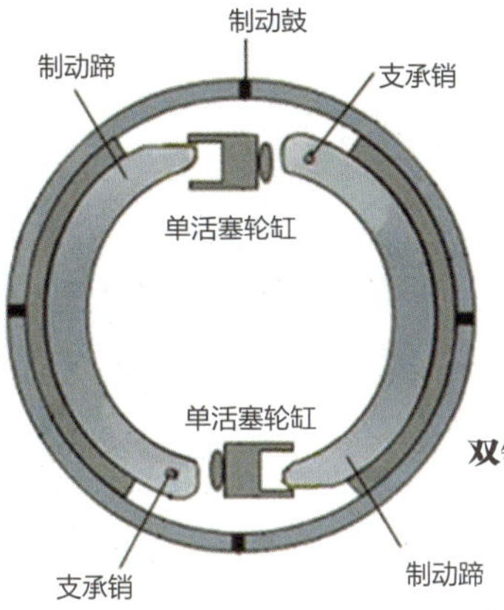

双领蹄式制动器

607. 什么是双向双领蹄式制动器?

无论是汽车前进制动还是倒车制动，两制动蹄都是领蹄的制动器称为双向双领蹄式制动器。与领从蹄式制动器相比，双向双领蹄式制动器在结构上有三个特点：一是采用两个双活塞式制动轮缸；二是两制动蹄的两端都采用浮式支承，且支点的周向位置也是浮动的；三是制动底板上的所有固定元件，如制动蹄、制动轮缸、回位弹簧等都是成对的，而且既按轴对称，又按中心对称布置。

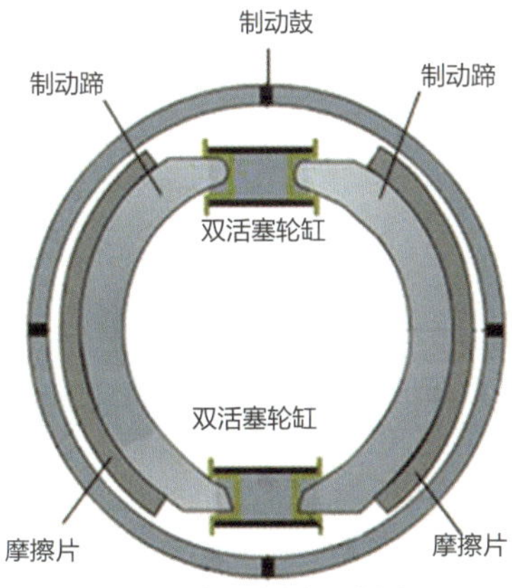

双向双领蹄式制动器

608. 什么是双从蹄式制动器?

汽车前进制动时两制动蹄均为从蹄的制动器称为双从蹄式制动器。这种制动器与双领蹄式制动器结构很相似，二者的差异只在于固定元件与旋转元件的相对运动方向不同，即每个制动蹄的支承销和单活塞轮缸互换位置。虽然双从蹄式制动器的前进制动效能低于双领蹄式和领从蹄式制动器，但其效能对摩擦系数变化的敏感程度较小，即具有良好的制动效能稳定性。

609. 什么是单向自增力式制动器?

制动蹄 1 和制动蹄 2 的下端分别浮支在浮动的顶杆两端。制动器只在上方有一个支承销。不制动时，两蹄上端均靠各自的回位弹簧拉靠在支承销上。

汽车前进制动时，单活塞式轮缸只将促动力 F_1 施加于制动蹄 1，使其上端离开支承销，整个制动蹄绕顶杆左端支承点旋转，并压靠在制动鼓上。显然，制动蹄 1 是领蹄，并且在促动力 F_1、法向合力 N_1、切向（摩擦）合力 T_1 和沿顶杆轴线方向的 S_1 作用下处于平衡状态。由于顶杆是浮动的，自然成为制动蹄 2 的促动装置，而将与力 S_1 大小相等、方向相反的促动力 F_2 施加于制动蹄 2 的下端，故制动蹄 2 也是领蹄。正因为顶杆是完全浮动的，不受制动底板约束，作用在制动蹄 1 上的促动力和摩擦力的作用没有如一般领蹄那样完全被制动鼓的法向反力和固定于制动底板上的支承件反力的作用所抵消，而是通过顶杆传到制动蹄 2 上，形成制动蹄 2 的促动力 F_2。对制动蹄的受力分析可知 $F_2 > F_1$。此外，F_2 对制动蹄 2 支承点的力臂也大于 F_1 对制动蹄 1 的力臂。因此，制动蹄 2 的制动力矩必然大于制动蹄 1 的制动力矩。由此可见，在制动蹄尺寸和摩擦系数相同的条件下，这种制动器的前进制动效能不仅高于领从蹄式制动器，而且高于双领蹄式制动器。

汽车倒车制动时，制动蹄 1 上端压靠支承销不动。此时，制动蹄 1 仍是领蹄。且促动力 F_2 仍可能与前进制动时的相等，但其力臂却大为减小，因而制动蹄 1 此时的制动效能比一般领蹄的制动效能低得多；制动蹄 2 则因未受促动力而不起制动作用。故此时整个制动器的制动效能甚至比双从蹄式制动器的制动效能还低。

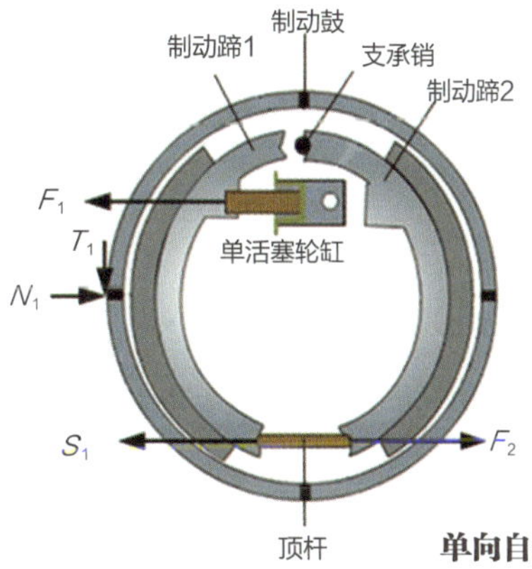

单向自增力式制动器

610. 什么是双向自增力式制动器？

汽车前进制动时，两制动蹄在促动力 F 的作用下张开，压向制动鼓。此时，两制动蹄的上端均离开支承销，沿逆时针方向旋转的制动鼓对两蹄产生摩擦力矩，带动两蹄沿旋转方向转过一个不大的角度，直到制动蹄 2 又顶靠到支承销上为止。此时，制动蹄 1 为领蹄，但其支承为浮动的推杆。制动鼓作用在制动蹄 1 上的摩擦力和法向力的一部分对推杆形成一个推力 S，推杆又将此推力完全传到制动蹄 2 的下端。制动蹄 2 在推力 S 的作用下也形成领蹄，并在轮缸液压促动力 F 的共同作用下进一步压紧制动鼓。推力 S 比促动力 F 大得多，从而使制动蹄 2 产生的制动力矩比制动蹄 1 更大。汽车倒车制动时，作用过程与此相反，与前进制动时具有同等的自增力作用。

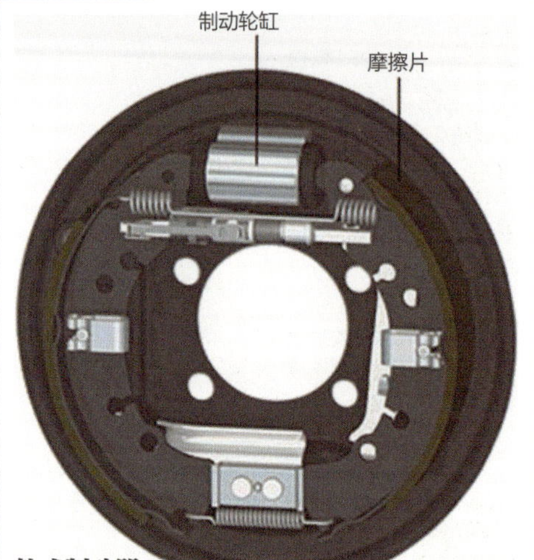

鼓式制动器

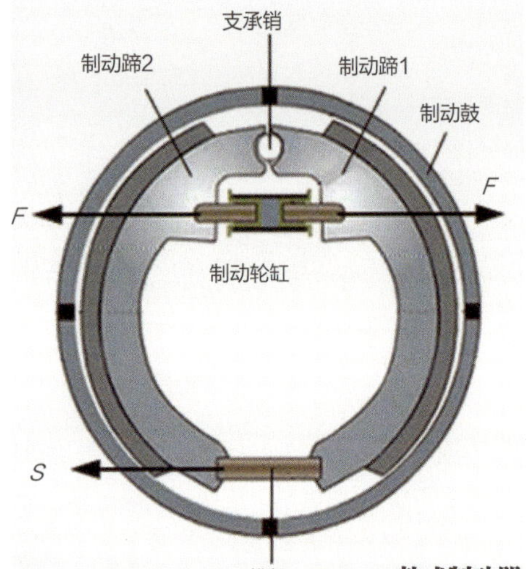

鼓式制动器

611. 如何检查制动蹄片的磨损情况？

1）制动蹄片又称刹车片，属于消耗品，在使用中会逐渐磨损，当磨损到极限位置时，必须更换，否则将降低制动效果，甚至造成安全事故。

2）汽车在正常行驶条件下每行驶 5000km 时，应对制动蹄片检查一次。不仅要检查剩余的厚度，还要检查蹄片磨损的状态、两边磨损的程度是否一致及回位是否自如等，发现不正常情况必须立即处理。

3）检查时，可从制动钳体上的检查孔中查看制动蹄片厚度。若有必要，可以使用刻度尺进行测量。一些车辆带有制动蹄片报警功能，一旦达到了磨损极限，仪表会报警提示更换制动蹄片。

612. 如何检查制动鼓？

检查制动鼓的磨损和圆度误差。一般情况下，制动鼓在直径方向磨损成椭圆，在轴向磨损成锥形。同时，制动鼓摩擦表面与轮毂的旋转轴线，即同轴度产生偏差，都会影响制动效能。制动鼓测量时，首先，把带有制动鼓的轮毂总成擦拭干净，平整地放在工作台上，把中心杆用两个夹板固定在轴承内圈上。然后，把百分表支架通过锁紧装置固定在中心杆上，在支架的端部安装百分表，并使百分表的触头抵住制动鼓内表面。缓慢而均匀地推动百分表，使百分表在制动鼓内转动一周，百分表指针摆动的最大值与最小值之差，即为制动鼓与轮毂轴承的同轴度误差。

613. 如何调整鼓式制动器间隙？

随着制动磨损、制动间隙的增大，可导致踏板行程加长、各制动器间隙不一致、制动响应时间延长、车轮跑偏、车辆甩尾甚至制动失效。为解决以上问题，需要定期检查并对制动器制动间隙进行手动调节，并使之保持一致。

1）自动调整式。制动器自动调节该间隙。执行驻车制动或行车制动时，自动间隙调整装置工作，通过调整杆调整制动间隙。

2）手动调整式。转动制动器间隙调节器来调节制动蹄片的外径，使其大约比制动鼓的内径小 1mm。具体操作方法是用螺钉旋具拨动调节螺母，向外扩展制动蹄片，直到制动鼓锁住为止，然后把调节螺母拨回规定的槽口数。

614. 什么是盘式制动？

在现实生活中，应用更多更值得信赖的制动方式是盘式，也就是我们经常听到的“碟刹”。由于车辆的性能与行驶速度与日俱增，为增加车辆在高速行驶时制动的稳定性，盘式制动器已成为当前制动系统的主流。由于盘式制动器的制动盘暴露在空气中，使得盘式制动器有优良的散热性。当车辆在高速状态做紧急制动或在短时间内多次制动时，制动性能较不易衰退，可以让车辆获得较佳的制动效果，以增进车辆的安全性。并且由于盘式制动器的反应快速，有能力做高频率的制动动作。因此，现代车型采用盘式制动器与 ABS 系统、ESP 系统等搭配，以满足此类系统需要快速动作的需求。

盘式制动器的工作原理就类似于自行车上的刹车，在制动过程中，制动钳将制动块挤压到制动盘上，随着制动盘和衬块之间的摩擦逐渐的将速度降下来。

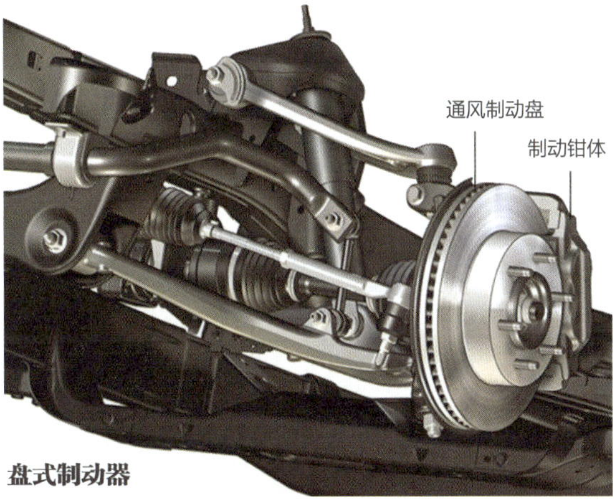

盘式制动器

615. 盘式制动器有何优点？

1）盘式制动器散热性较鼓式制动器好，在连续踩踏制动时一般不会出现制动衰退而使制动失灵的现象。

2）制动盘在受热之后尺寸的改变并不会使踩制动踏板的行程增加。

3）盘式制动器的反应快速，可实现高频率的制动动作，因而较为符合 ABS 系统的需求。

4）盘式制动器没有鼓式制动器的自动制动作用，因而左、右车轮的制动力比较平均。

5）因制动盘的排水性较佳，可以降低因为水或泥沙造成制动不良的情形。

6）与鼓式制动器相比较，盘式制动器的结构简单，且容易维修。

616. 盘式制动器有何缺点？

1）因为没有鼓式制动器的自动制动作用，所以盘式制动器的制动力较鼓式制动器低。

2）盘式制动器的制动片与制动盘之间的摩擦面积比鼓式制动器的面积小，故制动的力量也比较小。

3）为改善盘式制动器的上述缺点，需要较大的踏板力量或是油压。因而必须使用直径较小的制动盘，或是提高制动系统的油压，以提高制动的力量。

4）驻车制动装置不易安装，有些后轮使用盘式制动器的车辆为此而加设一组鼓式制动的驻车机构。

5）制动片磨损较大，致使更换频率较高。

617. 盘式制动器有哪些部件？

盘式制动器主要由制动钳体、制动盘、活塞、制动块和放气螺钉等组成。

盘式制动器摩擦副中的旋转元件是以端面工作的金属圆盘，被称为制动盘。其固定元件则有着多种结构形式，大体上可分为两类：一类是工作面积不大的摩擦块与其金属背板组成的制动块，每个制动器中有 2 个。这些制动块及其促动装置都装在横跨制动盘两侧的夹钳形支架中，总称为制动钳体。这种由制动盘和制动钳组成的制动器称为钳盘式制动器。另一类固定元件的金属背板和摩擦片也呈圆盘形，制动盘的全部工作面可同时与摩擦片接触，这种制动器称为全盘式制动器。钳盘式制动器过去只用作中央制动器，但目前越来越多地被各级轿车和货车用作车轮制动器。全盘式制动器只有少数重型汽车将其作为车轮制动器。

钳盘式制动器又可分为两种：一种是定钳盘式制动器，另一种是浮钳盘式制动器。

盘式制动器结构图

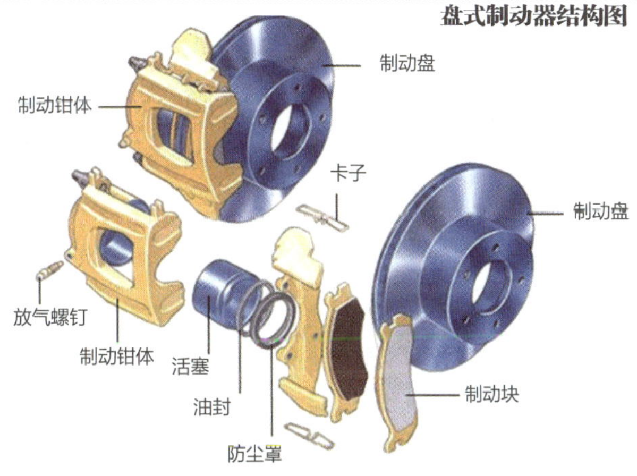

618. 什么是定钳盘式制动器?

跨置在制动盘上的制动钳体固定安装在车桥上，它既不能旋转也不能沿制动盘轴线方向移动，其内的两个活塞分别位于制动盘的两侧。汽车制动时，制动主缸内的制动液经进油口进入钳体中两个相通的油缸，将两侧的制动块压向与车轮固定连接的制动盘，从而产生制动力。

619. 定钳盘式制动器有何缺点?

定钳盘式制动器中油缸的结构和制造工艺与一般制动轮缸相近，故在 20 世纪 50 年代中期，盘式制动器问世时即采用了这种结构，直到 20 世纪 60 年代末仍然盛行。但是，这种制动器存在着以下缺点：油缸较多，使制动钳结构复杂；油缸分置于制动盘两侧，必须用跨越制动盘的钳内油道或外部油管来连通，这必然使得制动钳的尺寸过大，难以安装在现代化轿车的轮辋内；热负荷大时，油缸和跨越制动盘的油管或油道中的制动液容易受热汽化；若兼用于驻车制动，则必须加装一个机械促动的驻车制动钳。这些缺点使得定钳盘式制动器难以适应现代汽车的使用要求，故自 20 世纪 70 年代以来，逐渐让位于浮钳盘式制动器。

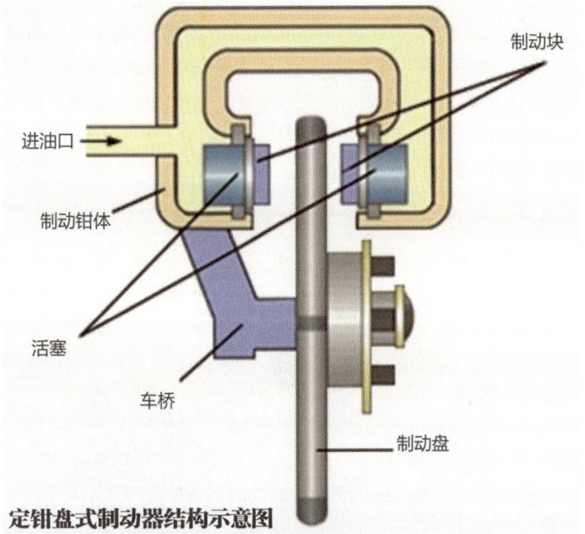

定钳盘式制动器结构示意图

620. 什么是浮钳盘式制动器?

制动钳体通过导向销与车桥相连，可以相对于制动盘轴向移动。制动钳体只在制动盘的内侧设置油缸，而外侧的制动块则附装在钳体上。制动时，来自制动主缸的制动液通过进油口进入制动油缸，推动活塞及其上的制动块向右移动，并压到制动盘上，于是，制动盘给活塞一个向左的反作用力，使得活塞连同制动钳体整体沿销钉向左移动，直到制动盘右侧的制动块也压到制动盘上。此时，两侧的制动块都压在制动盘上，夹住制动盘使其制动。

621. 浮钳盘式制动器有何优势?

与定钳盘式制动器相反，浮钳盘式制动器轴向和径向尺寸较小，而且制动液受热汽化的机会较少。此外，浮钳盘式制动器在兼充行车和驻车制动器的情况下，只须在行车制动钳油缸附近加装一些用以推动油缸活塞的驻车制动机械传动零件即可。因此，浮钳盘式制动器逐渐取代了定钳盘式制动器。

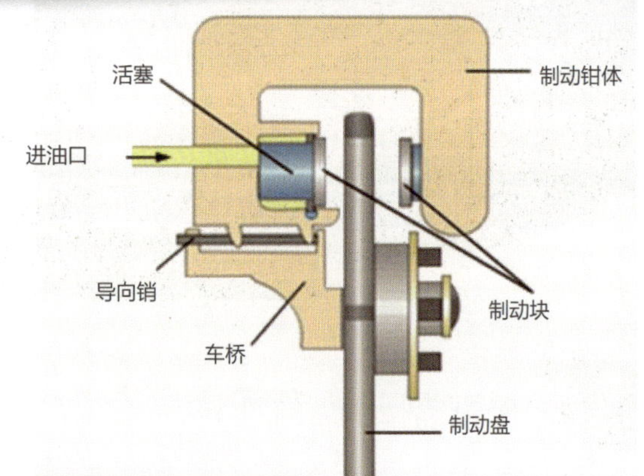

浮钳盘式制动器结构示意图

622. 盘式制动好于鼓式制动吗?

目前，车辆一般都采用“前盘后鼓”式的制动配置或“四轮盘式制动”的制动配置。盘式制动和鼓式制动，二者由于结构不同，所以在不同领域发挥着不同的作用。单就制动力来说，鼓式制动的制动力较强，但散热性差，如果是货车、重型载货汽车等重量大的车采用鼓式制动效果好，制动距离短。如果是家用轿车，要在相对安全的情况下保持稳定的制动性能，则多数采取盘式制动，盘式制动散热性好，能够提高车辆的制动性能。但总的来讲，盘式的制动效果好于鼓式，特别是通风盘或打孔盘的效果更佳。

623. 如何检查制动盘？

1）检查制动盘摩擦面是否有粗糙裂纹或剥落。

2）使用百分表测量其端面圆跳动。

至少使用两个螺母将制动盘紧固在轮毂上，测量前确认车轮轴承轴向间隙应在规定值以内，其最大圆跳动应为0.07mm。若圆跳动超出规定应检查原因，如是制动盘原因，则需更换。

表面修整、更换制动鼓或制动盘后以及更换制动蹄或制动块后，或在行驶很少里程就出现制动发软时，都应磨合制动结合面。

625. 为什么会有通风制动盘？

制动的过程实际上就是利用摩擦力将动能转化为热能的过程，如果能将热能尽快地散发到大气中去，就会使汽车尽快失去动能而产生制动。由于盘式制动器的散热性能较好，它可以使制动系统快速散热。对于一些高性能车型，实心盘式制动器还是不能满足要求，于是厂家又在制动盘上动起脑筋。因此，通风式制动盘应运而生。

通风制动盘

打孔通风制动盘散热示意图

624. 盘式制动器的间隙如何自动调整？

盘式制动器具有间隙自动调节的功能，它是利用矩形密封圈的弹性变形来实现的。

矩形密封圈嵌在制动钳体油缸的矩形槽内，密封圈内圆与活塞外圆配合较紧。制动时活塞被压向制动盘，密封圈发生弹性变形。解除制动时，密封圈要恢复原状，于是将活塞拉回原位。当制动盘与制动块磨损后引起的制动间隙增大超过活塞的设置行程时，活塞在制动液压力作用下克服密封圈的摩擦阻力而继续前移，直到实现完全制动为止。活塞与密封圈之间这一不可恢复的相对位移便补偿了由于磨损而产生过量的间隙，即对制动间隙进行了自动调整，始终保持制动间隙的正常数值，保证了制动的可靠性。这是盘式制动器使用最简单的间隙自动调整方式。

626. 什么是通风制动盘？

通风制动盘顾名思义就是内部是中空的，冷空气可以从中间穿过进行降温。从外表看，它在圆周上有许多通向圆心的空洞，它利用汽车在行驶中产生的离心力能使空气对流，达到散热的目的。

既然可以给制动盘"通风"，聪明的设计人员进一步想到了给制动盘降温的更好方法，于是打孔通风制动盘也应运而生。打孔通风制动盘是在通风制动盘的基础上对盘面进行打孔，最大程度地保证空气流通，降低热衰退。

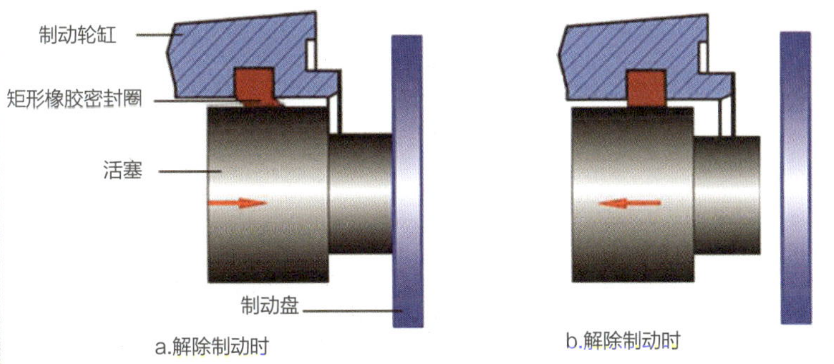

制动间隙自动调整原理图

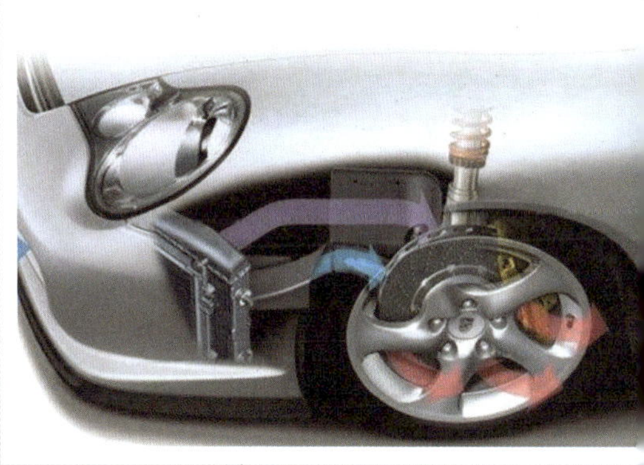

打孔通风制动盘通风示意图

627. 什么是前盘后鼓制动系统?

盘式制动器已广泛应用于轿车，但除了在一些高性能轿车上用于全部车轮外，大都只用作前轮制动器。它与后轮鼓式制动器配合，以保证汽车制动时有较高的方向稳定性，即我们平时所说的前盘后鼓制动系统。

628. 什么是陶瓷制动盘?

对于那些唯快不破的超跑们来说，“身上”多余的重量还是让它们夜不能寐，陶瓷制动盘应运而生。

陶瓷制动盘并非普通陶瓷，而是在 1700℃的高温下碳纤维与碳化硅合成的增强型复合陶瓷，陶瓷式制动盘的重量只有普通铸铁制动盘的一半不到。更轻的制动盘就意味着簧下质量的减轻，这令悬架系统的反应更快，因而能够提升车辆整体的操控水平。铸铁制动盘容易在全力制动下因高温产生热衰退，而陶瓷制动盘能有效而稳定地抵抗热衰退，其耐热效果比铸铁制动盘高出许多倍。另外，陶瓷制动盘有非凡的耐用性，如果正常使用是终生免更换的，而普通的铸铁制动盘一般用上几年就要更换。

尽管陶瓷制动盘的制动性能十分优异，但是它的价格却十分昂贵，如保时捷和奥迪的高性能跑车上选装的陶瓷制动盘价格都在 10 万元以上。

629. 陶瓷制动盘有何优势?

更轻的制动盘就意味着簧下质量的减轻，这令悬架系统的反应更快，因而能够提升车辆整体的操控水平。另外，普通的制动盘容易在全力制动下因高温产生热衰退，而陶瓷制动盘能有效而稳定地抵抗热衰退，其耐热效果比普通制动盘高出许多倍，还有，陶瓷制动盘在制动最初阶段就能产生最大的制动力，因此，甚至无需制动辅助系统，而整体制动比传统制动系统更快、距离更短。为了抵抗高温，在制动活塞与制动片之间有陶瓷来隔热，陶瓷制动盘有非凡的耐用性，如果正常使用是终生免更换的，而普通的铸铁式制动盘一般用上几年就要更换。

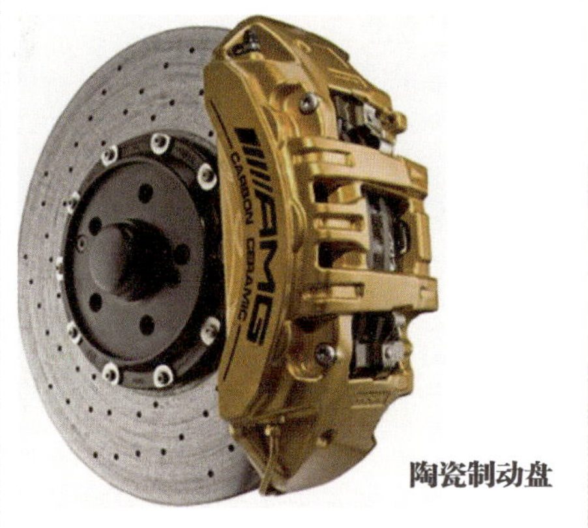

陶瓷制动盘

陶瓷制动盘

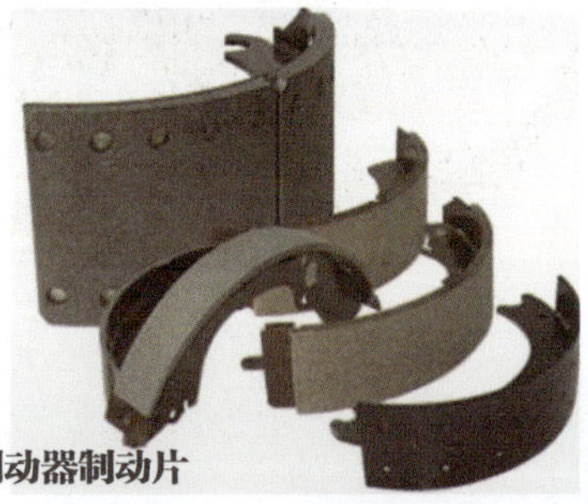

鼓式制动器制动片

630. 什么是制动块?

制动块也叫制动片，在汽车制动系统中，制动块是最关键的安全零件。所有制动效果的好坏都是制动块起决定性作用。所以说好的制动块是人和汽车的保护神。

制动块一般由钢板、黏接隔热层和摩擦块构成，其中隔热层是由不传热的材料组成，目的是隔热。摩擦块由摩擦材料、黏合剂组成，制动时被挤压在制动盘或制动鼓上产生摩擦，从而达到车辆减速制动的目的。由于摩擦作用，摩擦块会逐渐被磨损，一般来讲，成本越低的制动块磨损得越快。摩擦材料使用完后要及时更换制动块，否则，钢板和制动盘就会直接接触，最终会丧失制动效果并损坏制动盘。

盘式制动器制动片

631. 制动块有几种报警形式?

制动块的报警形式基本上分两种：欧、美车型制动块磨穿报警线搭铁报警，此时，仪表板上指示灯会亮；日、韩车型制动块基本上都有报警片，磨到一定程度报警片刮制动盘而发出响声报警，提示车主更换制动块。

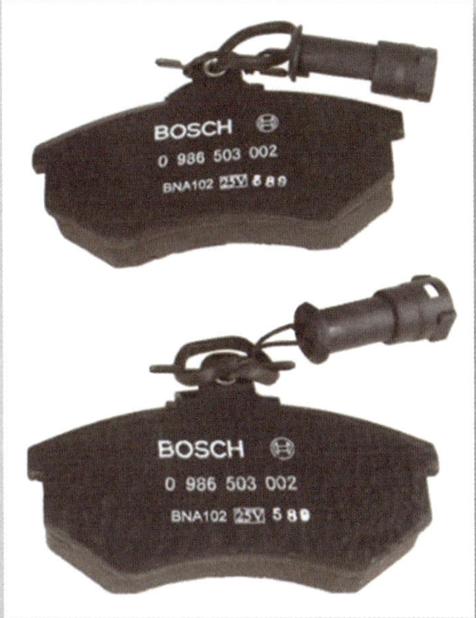

报警线搭铁报警

刮磨报警片报警

632. 驻车制动器有什么作用?

驻车制动器又称手制动器，其作用是车辆停驶后防止滑溜；坡道上顺利起步；行车制动效能失效后临时使用或配合行车制动器进行紧急制动。

633. 驻车制动器有哪些类型?

驻车制动器按其安装位置可分为中央制动式和车轮制动式两种。中央制动式通常安装在变速器的后面，其制动力矩作用在传动轴上；车轮制动式通常与车轮制动器共用一个制动器总成，只是传动机构是相互独立的，由于其结构简单紧凑，已在轿车上得到普遍应用。

按操纵方式不同，驻车制动器分为两种：手操纵式驻车制动器和脚踏式驻车制动器。

按控制方式不同，驻车制动器分为两种：机械控制式驻车制动器和电子控制式驻车制动器。

电子控制式驻车制动器按钮

634. 如何检查驻车制动器的性能?

汽车每行驶 12000km 左右时，应对驻车制动器的性能进行检查。驻车制动器应满足以下性能：

1）在空载状态下，驻车制动装置应能保证车辆在坡度为 20%，轮胎与路面间的附着系数不小于 0.7 的坡道上正、反两个方向保持固定不动的时间不小于 5min。

2）拉紧驻车制动器操纵手柄时，空车在平整路面用二档应不能进行起步。

3）驻车制动器操纵手柄的工作行程不能超过全行程的 3/4。

4）放松驻车制动器操纵手柄，变速器处于空档时，支起一只驱动轮，制动鼓应能用手转动且无摩擦声。

635. 手操纵式驻车制动器如何工作?

汽车制动时，将操纵手柄上端向后拉，作用力通过拉索将两制动蹄张开，并压紧制动鼓产生制动作用。此时，棘爪和齿扇将操纵手柄锁止在制动位置。

解除制动时，按下操纵手柄上端的按钮，使下端的棘爪脱离齿扇，然后将制动操纵手柄推向最前端位置，各机件的运动方向与制动时方向相反，从而使制动蹄与制动鼓恢复原来的间隙，制动解除。

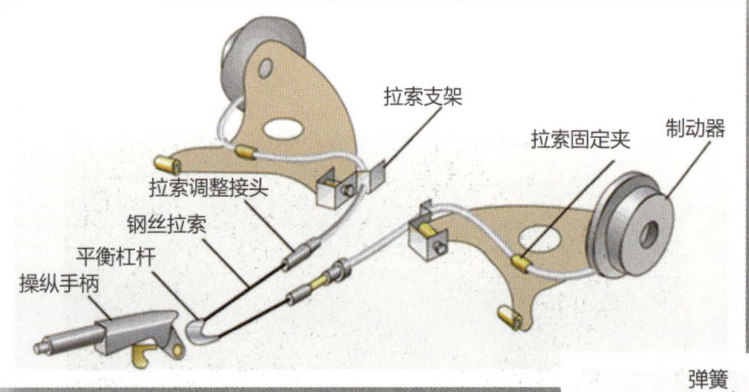

手操纵式驻车制动器

636. 如何检修驻车制动器传动装置?

传动机构中的拉索通常是涂有塑料材料的钢丝索。拉紧或松开驻车制动器操纵手柄时，拉索既不能松弛也不能受阻滞。因此，拉索不得有磨损或腐蚀，不得有扭结或卡住现象。

锁止机构中的棘爪和扇形齿不得有磨损或断齿。

637. 途锐脚踏式驻车制动器如何工作?

脚踏式驻车制动器的制动踏板位于脚舱内，安装在 A 柱附近。操纵脚踏式驻车制动器踏板时，所施加的力通过一条拉索传送到拉杆机构上。此时，该力分配到两条制动拉索上，该拉索作用在后轮驻车制动器的操纵机构上。

该驻车制动器是双向自增力鼓式制动器。驻车制动功能通过安装在制动鼓内的制动蹄实现。用于松开脚踏式驻车制动器的释放手柄和释放拉索集成在仪表板内。

638. 途锐驻车制动踏板如何工作?

1）制动：扇形齿轮和脚踏式驻车制动踏板以旋转方式支撑，且彼此牢固地固定在一起。操纵驻车制动踏板即可操纵制动拉索。止动爪插入扇形齿轮内即可实现驻车制动功能。止动杆弹簧的压力可防止止动爪弹出，同时会压下缓冲器。制动拉索被拉紧，通过后轮驻车制动器实现制动功能。

2）释放：操纵释放拉杆时，止动杆使止动爪抬起并放开扇形齿轮。操纵后张紧的释放拉杆弹簧使其重新回到初始位置。压下的缓冲器通过弹力和阻尼作用慢慢地使驻车制动踏板回到初始位置。

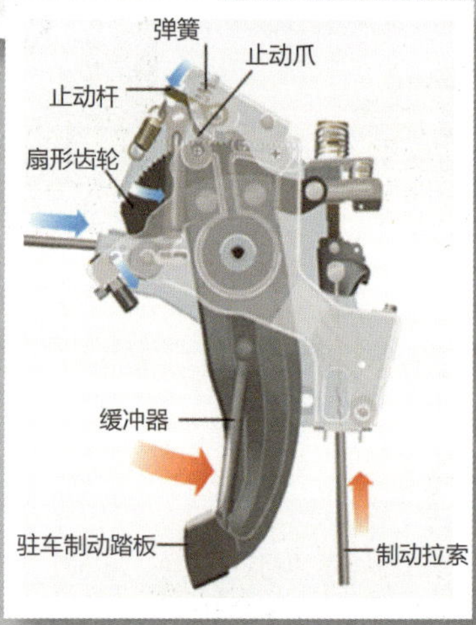

驻车制动踏板制动状态示意图

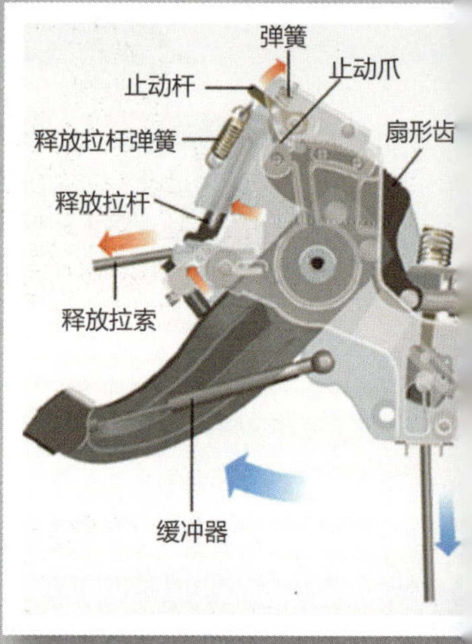

驻车制动踏板释放状态示意图

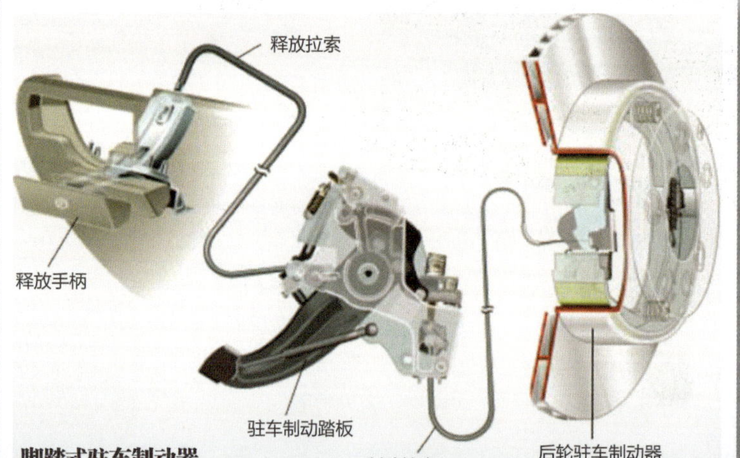

脚踏式驻车制动器

639. 途锐驻车制动功能是如何工作的？

脚踏式驻车制动器的制动功能通过安装在双向自增力鼓式制动器内的制动蹄实现。

1）制动状态：踩下脚踏式驻车制动踏板时，制动拉索拉紧并因此带动膨胀销的拉杆。制动蹄通过膨胀销彼此压开并压到制动鼓内侧。这样即可在各种坡路上稳稳地停住车辆

2）释放状态：松开脚踏式驻车制动踏板时，制动拉索上不再有拉力。弹簧将制动蹄拉回，也就是说制动蹄不再压在制动鼓内侧，膨胀销回到初始位置。

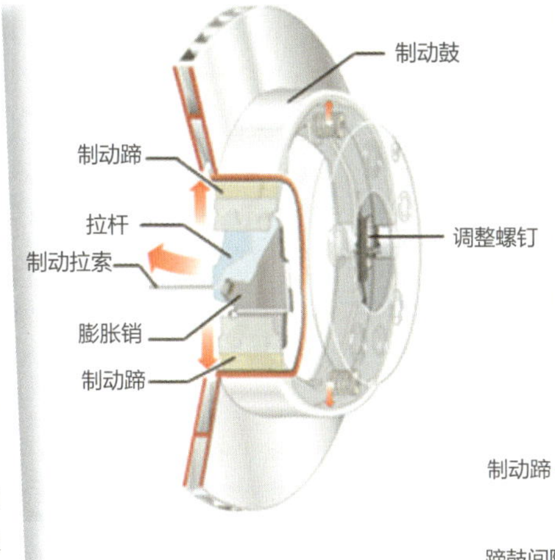

制动状态示意图

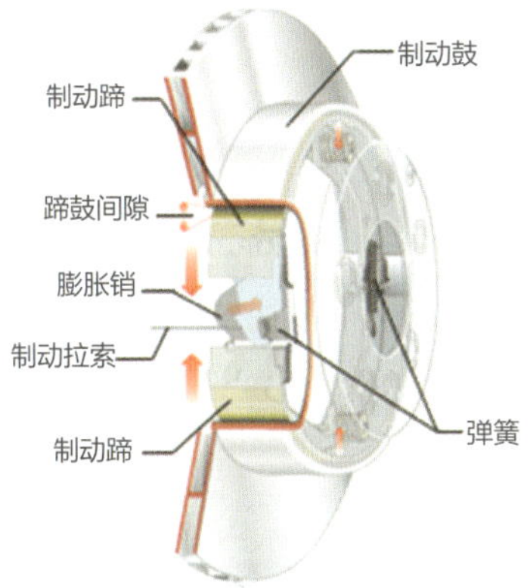

释放状态示意图

640. 如何调整驻车制动手柄的行程？

如果在使用中发现驻车制动手柄行程变大，驻车制动器不灵敏，可以通过调整驻车制动拉索来解决。

1）首先拆卸驻车制动手柄的装饰盖，然后举升车辆使后轮悬空。

2）反复拉紧、放松驻车制动手柄 10 次后，将驻车制动手柄拉至第 4 ~ 6 齿（响）处。

3）拧紧驻车制动调整螺母直到后轮不能转动、完全抱死为止。

4）放松和用力拉驻车制动手柄 4 ~ 5 次，检查后轮是否抱死，否则重复以上操作。

5）松开驻车制动手柄，确保用手可以转动后轮。

驻车制动手柄

641. 如何正确操纵驻车制动？

1）进行驻车制动时，向下踏住制动器踏板，向上全部拉出驻车制动手柄。欲松开驻车制动，向下踏住制动器踏板，将驻车制动手柄向上稍微拉动，用拇指按下手柄上的按钮，然后将驻车制动手柄放低到原始的位置。

2）对装备有自动变速器的汽车而言，一定要先施加驻车制动，再将变速杆移动到 P（驻车）位。在倾斜地面停车时，如果先换档到 P 位，然后才进行驻车制动，车身的重量将使驾驶人在准备开动汽车时难于从 P 位换出来。在准备开动汽车时，应在松开驻车制动之前先将变速杆从 P 位换出来。

3）不得在开动汽车时拉紧驻车制动器，否则会因过热，使后轮制动作用下降，制动器寿命缩短或产生永久性制动器损坏。

642. 如何诊断与排除驻车制动不良故障？

（1）故障现象

汽车停在坡路上时，因驻车不良而自行滑移。

（2）故障原因

1）驻车制动自由行程过大。

2）制动鼓工作表面磨损、起槽、裂纹，摩擦片与制动鼓贴合不良或摩擦片与制动鼓配合间隙过大。

3）摩擦片表面有油污、泥水，磨损过薄或焦化。

4）制动蹄片在支承底板中卡住，或支承底板变形致使制动蹄轴歪斜。

5）汽车起步时，操作失误，未拉驻车制动操纵杆导致摩擦片烧蚀。

（3）故障诊断与排除

1）将变速手柄置于空档位置，拉紧驻车制动器操纵手柄，支起后轮，这时用手转动传动轴，如能转动，则说明驻车制动不良。

2）检查驻车制动器操纵手柄的自由行程是否过大，当把驻车制动器操纵手柄从放松的极限位置上拉起，应听到两声响，则为合适。否则进行调整，或检查各连接处是否松动。

3）用塞尺检测摩擦片与制动鼓配合间隙是否符合技术标准，否则应进行调整。

4）上述良好，则检测驻车制动器制动鼓圆度误差，查看摩擦片是否有油污，与制动鼓贴合状况及制动底板是否变形，检查制动蹄轴是否锈蚀。否则应维修或换用新件。

变速杆

643. 如何诊断与排除驻车制动拖滞故障？

（1）故障现象

变速器挂低速档，松离合器踏板，放松驻车制动器手柄，汽车难以起步，或虽然起步，但稍减供油，汽车急速降速，或行驶一般路程后，驻车制动鼓发热。

（2）故障原因

1）制动蹄摩擦片与制动鼓间隙过小，局部有黏连接触，制动蹄回位弹簧弹力小、过软或折断。

2）制动蹄与制动蹄轴装配过紧，转动困难或锈蚀，导致制动蹄回位缓慢或不回位。

3）由于齿板上限位片丢失或未装，手柄向前放松时，造成制动凸轮反向转动，将蹄片张开与制动鼓接触。

（3）故障诊断与排除

1）若汽车在离合器良好状态下不能起步，车辆行驶无力，驻车制动鼓发热，则说明驻车制动拖滞。

2）先检查齿板上的限位片是否丢失或未装。

3）用塞尺检测摩擦片与制动鼓间隙是否符合技术标准，否则应调整。

4）若以上良好，应拆检驻车制动器。

驻车制动手柄

644. 什么是电子驻车制动系统？

电子驻车制动系统俗称电子手刹，英文缩写为EPB（Electrical Park Brake）。电子驻车制动系统是指将行车过程中的临时性制动和停车后的长时性制动功能整合在一起，并且由电子控制方式实现停车制动的技术。

电子驻车制动系统展现给我们最大的不同就是把传统驻车制动系统的拉杆变成了一个触手可及的按钮。它比传统的拉杆驻车制动系统更安全，不会因驾驶人的力度而改变制动效果。

645. 电子驻车制动器系统如何工作?

电子驻车制动系统通过内置在其电脑中的纵向加速度传感器来测算坡度，从而可以算出车辆在斜坡上由于重力而产生的下滑力，电脑通过电动机对后轮施加制动力来平衡下滑力，使车辆能停在斜坡上。当车辆起步时，电脑通过离合器踏板上的位移传感器以及加速踏板踩下的程度来测算需要施加的制动力，同时通过高速 CAN 与发动机电脑通信来获知发动机牵引力的大小。电脑自动计算发动机牵引力的增加，相应地减少制动力。当牵引力足够克服下滑力时，电脑驱动电动机解除制动，从而实现车辆顺畅起步。

电子驻车制动按钮

646. 什么是视觉驻车辅助系统?

新型视觉驻车辅助系统（OPS）是一种 8 通道系统。除了已有的声音传感器分析外，还在 MMI 显示屏上向用户显示图像，以视觉方式显示每个驻车辅助传感器与障碍物之间的当前距离。

挂入倒车档时，驻车辅助系统自动激活，并向驾驶人发出声音和图像反馈。如果在报警区域内识别到一个障碍物，将会发出距离报警。随着与障碍物距离的减小，脉冲报警声的时间间隔也缩短，直至达到临界距离时发出持续音。视觉驻车辅助系统（OPS）除声音警告外还会在 MMI 显示屏上显示驻车辅助传感器的当前距离测量值。为此，每个传感器都分配一个扇区，对于 8 通道系统来说，车前有 4 个扇区和车后有 4 个扇区。每个扇区内用一个红色线段表示障碍物至汽车或至测量传感器的当前距离。如果障碍物与汽车间的距离减少，那么图像中的线段也会靠近汽车。

647. 制动传动装置有何作用?

汽车制动传动装置是将驾驶人或其他动力源的作用力传到制动器，同时控制制动器工作，从而获得所需要的制动力矩。

648. 制动传动装置如何分类?

制动传动装置按传力介质的不同可分为液压式、气压式和气－液综合式。

按制动管路的套数不同可分为单管路式和双管路式。

由于交通法规的要求，现代汽车的行车制动系统必须采用双管路制动传动装置，单管路制动传动装置已被淘汰。现代轿车广泛采用双管路式液压制动系统。

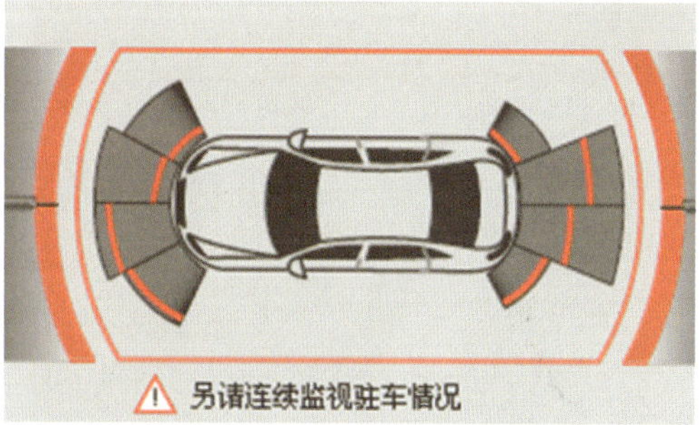

视觉驻车辅助系统

控制电脑安装在行李箱地板下面右后部

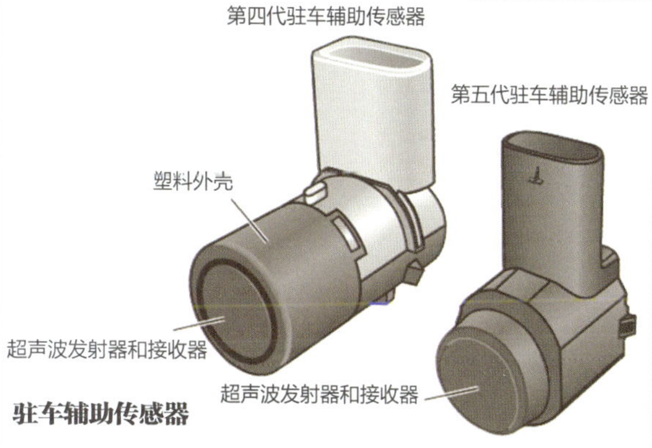

驻车辅助传感器

649. 液压式制动传动装置是何原理？

液压式制动传动装置是利用制动液作为传力介质，将驾驶人施于制动踏板上的力转换为油液压力，并通过管路传至车轮制动器，推动制动蹄或制动块产生制动作用。

液压式制动传动装置的特点是：制动柔和灵敏，结构简单，维护方便，不消耗发动机功率。但操纵较费力，制动力不太大，制动液受温度变化而降低其制动效能，液压制动传动装置已广泛应用在轿车和重型汽车上。

车轮制动器

650. 双管路液压制动传动装置有什么特点？

双管路液压制动传动装置是利用彼此独立的双腔制动主缸，通过两套独立管路，分别控制两桥的车轮制动器。其特点是若其中一套管路发生故障而失效时，另一套管路仍能继续起制动作用，从而提高了汽车制动的可靠性和行车安全性。

651. 双管路液压制动传动装置有哪两种形式？

双管路的布置力求当一套管路发生故障而失效时，只引起制动效能的降低，但其前、后桥制动力分配的比值最好不变，以保持汽车良好的操纵性和稳定性。双管路的布置方案应用最广泛的是以下两种形式：前后独立式（Ⅱ形）和交叉式（X 形）。

652. 什么是前后独立式制动传动装置？

由双腔制动主缸通过两套（一轴对一轴）独立管路分别控制车轮制动器，它主要用于对后轮制动依赖性较大的发动机后置后轮驱动的汽车。

制动时，踩下制动踏板，推杆推动双腔制动主缸的前、后活塞前移，使主缸前、后腔油压升高，制动液分别同时流至前、后车轮制动轮缸。轮缸的活塞在制动液压力的作用下向外移动，进而推动制动蹄张开压向制动鼓产生制动效能。当松开制动踏板时，制动蹄和轮缸活塞在回位弹簧作用下各自回位，并将制动液压回制动主缸，从而解除制动。

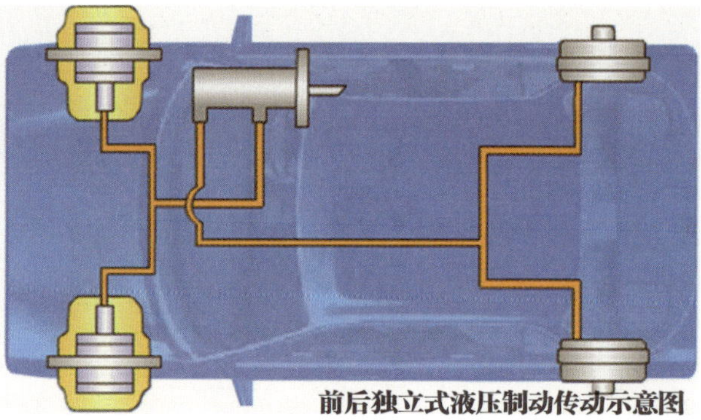

前后独立式液压制动传动示意图

653. 什么是交叉式制动传动装置？

由双腔制动主缸通过两套独立（交叉）管路分别控制车轮制动器，它主要用于对前轮制动力依赖性较大的发动机前置前轮驱动的汽车。

这种双管路对角线布置的特点是，每套管路连接一个前轮和对角线上的一个后轮。当制动系统中任一回路失效，剩余制动力仍能保持正常总制动力的 50%。当汽车在高速状态下制动时，均能保证后轮不抱死或者前轮比后轮先抱死，避免制动时后轮失去侧向附着力，造成汽车失控，确保行车安全。

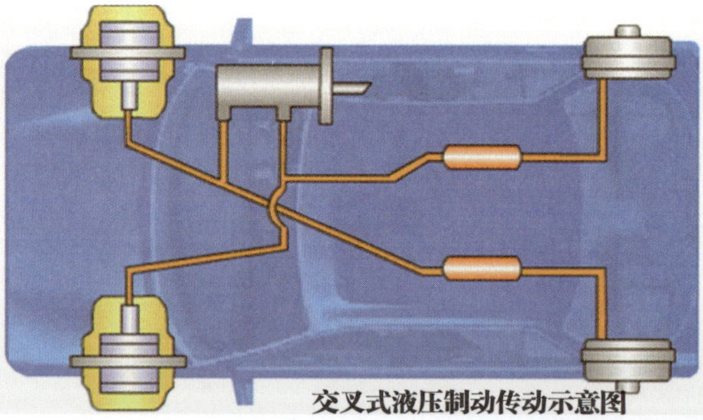

交叉式液压制动传动示意图

654. 什么是制动踏板？

制动踏板顾名思义就是限制制动力的踏板，即脚刹（行车制动器）的踏板，制动踏板用于减速停车。它是汽车驾驶五大操纵件之一，使用频率非常高。驾驶人对其掌控如何直接影响着汽车的行驶安全。

655. 制动踏板自由行程多大？

对于制动踏板一般有踏板力和踏板行程两方面的要求，如轿车的踏板力要小于 500N，踏板行程小于 120mm；载货车的踏板力要小于 700N，踏板行程小于 150mm。另外，汽车行驶时，制动踏板要有合适的路感。所谓制动踏板路感是指在轮胎和路面间的附着力足够的情况下，汽车所受到制动力与踏板力成线性关系的性能。在不制动时，制动主缸的推杆与活塞之间应保持一定间隙，以保证活塞能够在回位弹簧的作用下退到极限位置时皮碗不致堵住旁通孔。制动时，为了消除这一间隙所需的踏板行程称为制动踏板自由行程，一般为 5 ~ 20mm。

制动踏板

656. 为什么不要空档踩制动踏板？

在雨雪低温、地面湿滑的天气，交通事故频发，主要是因为路面结冰后许多驾驶人不会正确制动造成的。在冰冻的积雪道路上，轮胎与路面间的摩擦系数极小，因此，制动距离要比干燥路面大得多。

若车速在 50km/h，在干燥路面上的制动距离为 12m，而在积雪路面上制动距离则将近 50m，操作不慎，极易出现车祸。因此，结冰路面行驶应与前车拉开正常行驶距离的 2 倍以上。

除了要停车的时候，驾驶人千万不要空档踩制动踏板，不论有没有 ABS，挂低档制动可以借助发动机的制动作用更快地降低车速。对于没有 ABS 的车辆，空档制动很容易导致轮胎抱死，如果前轮抱死则对行进方向失去控制能力，车辆会向惯性方向移动，即便是挂档踩制动踏板，在没遇到突发情况时也不要一下将制动踏板踩死，应采用点制动的方式。如果车辆速度较高或需要尽快制动时，驾驶人可以通过直接减档并频繁拉驻车制动器手柄来制动。

657. 对制动液有何要求？

汽车制动液是液压制动系统采用的非矿物油型传递压力的介质。制动液的质量是保证液压系统工作可靠的重要因素。对制动液的要求是：高温下不易汽化，否则，将在管路中产生气阻现象，使制动系统失效；低温下有良好的流动性；不会使与之经常接触的金属（铸铁、钢、铝或铜）腐蚀，橡胶件发生膨胀、变硬或损坏；能对液压系统的运动件起良好的润滑作用；吸水性差而溶水性良好，即能使渗入其中的水汽形成微粒而与之均匀混合，否则，将在制动液中形成水泡而大大降低汽化温度。

制动液

658. 制动主缸有何作用？

制动主缸也称为制动总泵，其作用是将制动踏板输入的机械能转换成液压能。制动主缸有的与储液罐铸成一体，也有二者分制而装合在一起或用油管连接的。

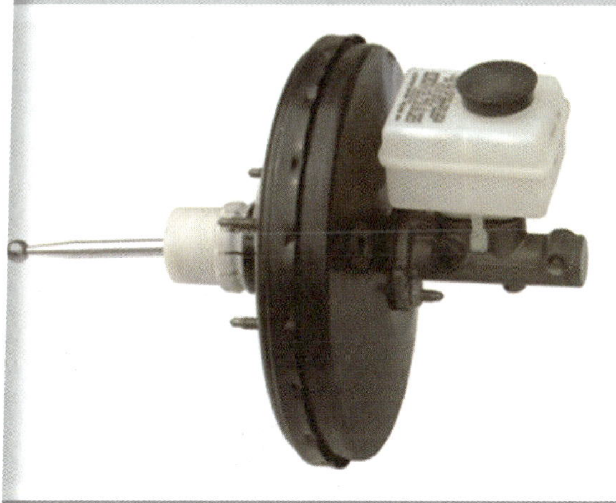

制动主缸与真空助力器

659. 制动主缸如何工作?

缸体呈筒形，内有两个活塞。前活塞位于缸筒的中间位置，将主缸分成前、后两个工作腔。每个工作腔内产生的液压经各自的油管分别传至前、后轮制动器。每个工作腔分别通过补偿孔和进油孔与储液罐相通。前活塞两端都承受弹簧力，当主缸不工作时，前活塞处在正确的中间位置，使各腔的补偿孔和进油孔都与储液罐相通。后活塞在弹簧的作用下压靠在限位环上，使其处于后工作腔的补偿孔和进油孔之间。每个活塞上都有轴向小孔，皮碗的端部通过垫片压在小孔的一侧，以便两腔建立油压并保持密封。

当驾驶人踩下制动踏板时，真空助力器推动后活塞左移，直到皮碗盖住补偿孔后，后工作腔中液压升高，制动液一方面通过腔内后出液口进入右前和左后制动管路，一方面又推动前活塞左移。在后腔液压和弹簧的作用下，前活塞向左移动，前工作腔压力也随之提高，制动液通过腔内前出液口进入右后和左前制动管路。当继续踩下制动踏板时，前、后工作腔的液压继续提高，使前、后轮制动器制动。

解除制动时，活塞在弹簧作用下复位，制动液自制动油管流回制动主缸。如活塞复位过快，工作腔容积迅速增大，油压迅速降低，制动管路中的制动液由于管路阻力的影响，来不及充分流回工作腔，使工作腔中形成一定的真空度，于是储液罐中的制动液便经补偿孔和活塞上的轴向小孔推开垫片及皮碗进入工作腔。当活塞完全复位时，补偿孔开放，制动管路中流回工作腔的多余制动液经补偿孔流回储液罐。

660. 制动油管漏油时制动主缸怎样工作?

若与前工作腔连接的制动管路损坏漏油，则在驾驶人踩下制动踏板时只有后工作腔中能建立液压，前工作腔中无压力。此时，在压力差的作用下，前活塞迅速移到其前端顶到主缸缸体上。此后，后工作腔中液压方能升高到制动所需的值。

若与后工作腔连接的制动管路损坏漏油，则在驾驶人踩下制动踏板时，起先只是后活塞前移，而不能推动前活塞，因而后工作腔中不能建立液压。但在后活塞直接顶触前活塞时，前活塞便前移，使前工作腔建立必要的液压而制动。

制动主缸

661. 如何检修制动主缸?

1）检查缸体，不得有任何性质的裂纹、缺口及破损等损伤。轻微损伤应予以焊修，严重损伤应予以更换。

2）检查储液罐是否破损，若出现破损应更换。

3）检查缸体内孔和活塞表面，其表面不得有划伤和腐蚀。

4）检查制动主缸皮碗、密封圈是否老化、损坏与磨损，否则应更换。

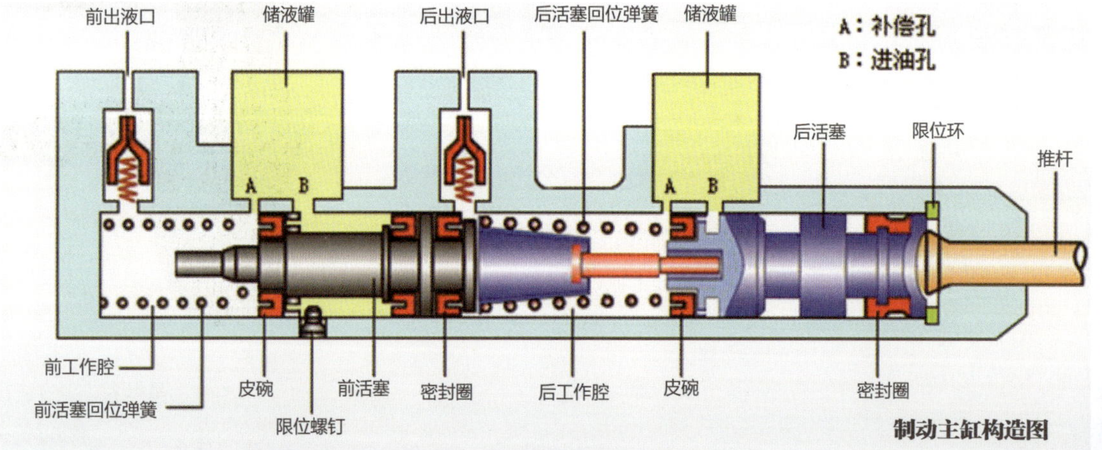

制动主缸构造图

662. 制动轮缸有何作用？

制动轮缸俗称制动分泵，其作用是把油液压力转换为轮缸活塞的推力，推动制动蹄或制动块压靠在制动鼓或制动盘上，产生制动作用。制动轮缸有双活塞式和单活塞式两种。

663. 制动轮缸如何工作？

缸体用螺栓固定在制动底板上，缸内有两个活塞，二者之间的内腔由两个皮碗密封。汽车制动时，制动液自油管接头和进液孔进入，活塞在液压作用下外移，通过顶块推动制动蹄。弹簧保证皮碗、活塞、制动蹄紧密接触，并保持两活塞之间的进油间隙。防护罩除防尘外，还可防止水分进入，以免活塞和轮缸生锈而卡住。在轮缸缸体上方还装有放气螺钉，以便放出液压系统中的空气。

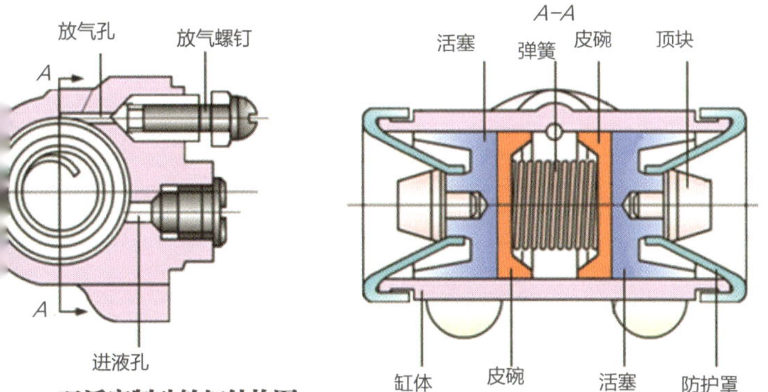

双活塞制动轮缸结构图

664. 如何检修制动轮缸？

1）同一车桥上两只轮缸的内径必须相同，以保证得到相等的制动力，防止制动跑偏。

2）检查制动轮缸皮碗、密封圈是否老化、损坏与磨损，否则应更换。

3）检查防护罩是否破损。

双活塞制动轮缸

665. 制动油管有几种类型？

制动主缸装在发动机舱内，与装在车轮附近的制动轮缸之间用油管互相连通。串联双腔制动主缸的前后工作腔分别用各自的管路连接前后轮制动器，管路中还有各种管接头。油管一般采用金属管（铜管）制成，由于车轮是通过弹性悬架与车架相连的，位于减振器或车架上的金属油管与车轮的位置经常变化。因此，连接油管除用金属管外，部分有相对运动的区段还用高强度的橡胶软管连接。

666. 如何检修制动油管？

检查制动油管有无裂纹或破损，损坏的一律更换，更换时同一轴的两根软管内径必须相等。

667. 储液罐有什么作用？

储液罐一般装在制动主缸上方，与制动主缸工作腔相通。制动前整个系统充满了制动液。当系统制动液不足时，可通过储液罐进行补充。储液罐盖上一般装有液位报警开关，当液面高度过低时，报警开关将点亮位于仪表板内的制动警告灯以警示驾驶人。

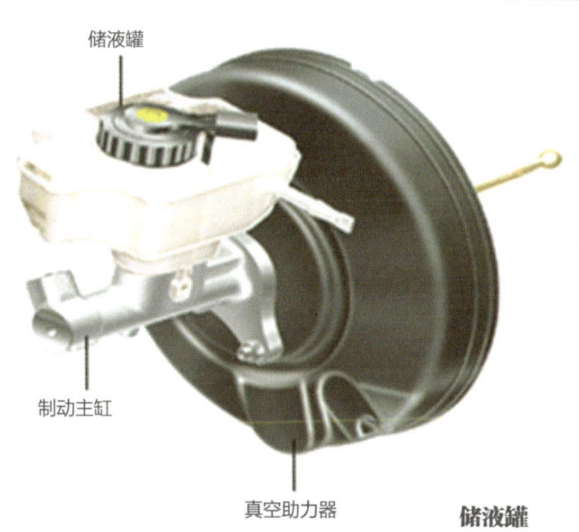

储液罐

668. 真空助力器有什么作用?

真空助力器是把发动机进气产生的真空度与大气压力差转变为机械推力，将制动主缸输出的制动液进行增压后输人各轮缸，从而增大了制动力，减轻了驾驶人的操纵力。

669. 真空助力器怎样助力?

真空助力器右端通过螺栓与车身前围板固定，并通过推杆和调整叉与制动踏板机构连接，左端与制动主缸连接。膜片及控制阀体将加力气室分为前、后两个腔室，前腔经真空单向阀与发动机进气管相连。控制阀体上真空通道连通前腔和控制阀腔，大气通道连通后腔和控制阀腔。外界空气可经滤环滤清后通过真空阀、大气通道进入加力气室的后腔。

驾驶人未踩下制动踏板时，弹簧将控制阀体推至右极限位置，真空阀与空气阀紧密贴合，真空阀开启，空气阀关闭。发动机运转后，真空单向阀被吸开，加力气室前、后两腔内都有一定的真空度。

驾驶人刚踩下制动踏板时，加力气室尚未起作用，控制阀体固定不动，来自踏板机构的控制力可以推动制动踏板推杆和空气阀相对于控制阀体左移，当与橡胶式反作用盘之间的间隙消除后，控制力便经反作用盘、推杆传给制动主缸。此时，主缸内的制动液以一定压力流入制动轮缸。与此同时，真空膜片也在弹簧作用下左移，直至与控制阀体上的真空阀接触，使真空通道和大气通道隔断。然后，制动踏板推杆继续推动空气阀左移到其后端面离开真空阀一定距离。于是，外界空气经过滤环、控制阀腔和大气通道进入助力器室的后腔，使其中真空度降低，在加力气室前、后腔之间产生一个压力差，推动制动主缸活塞增加制动压力。

670. 如何拆卸真空助力器?

1）从真空助力器上分离真空软管。

2）拆卸制动主缸。

3）从制动踏板上拆卸扣环和叉杆销。

4）拆卸真空助力器和制动踏板零部件上的螺母。

5）从发动机舱侧面的隔离板上拆卸真空助力器。

671. 如何检测真空助力器性能?

检查真空助力器时，将发动机熄火。首先，用力踩几次制动踏板，以消除真空助力器中残留的真空度。确认踏板高度无变化时，踩住踏板，然后起动发动机，使真空系统重新建立起真空，并观察制动踏板。如踏板位置有所下降，说明真空助力器性能良好。

672. 如何检测真空助力器密封性?

起动发动机并运转 1 ~ 2min，在不熄火的情况下踩下制动踏板。在保持踏板力不变的情况下，关闭发动机，在 30s 内踏板的高度若无变化，表示真空助力器密封良好，若踏板升高则为密封性不好。

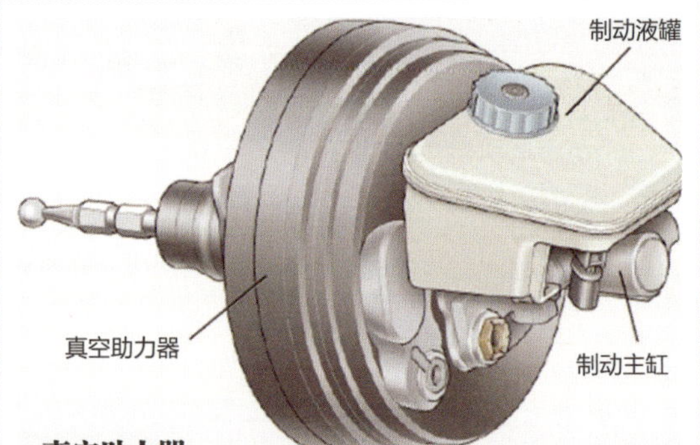

真空助力器

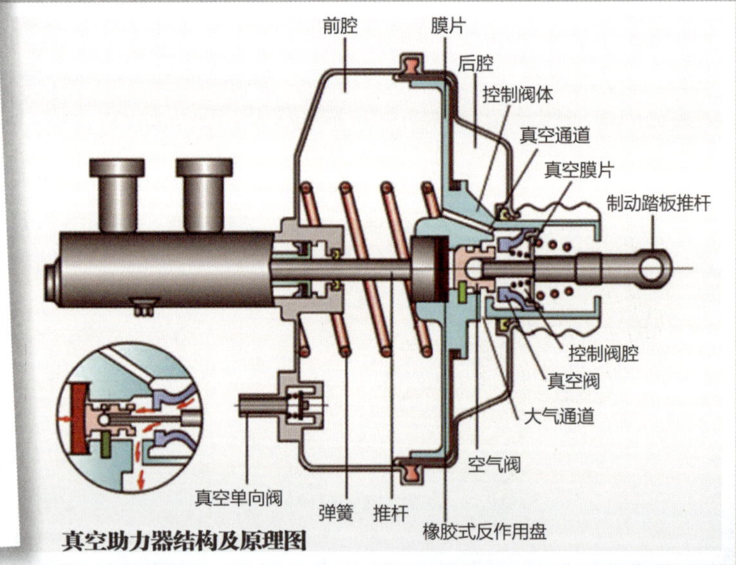

真空助力器结构及原理图

673. 液压式制动系统如何排气?

在维修过程中，由于拆检液压制动系统、接头松动或制动液不足等原因，造成空气进入管路时，应及时将系统中的空气排出。排气从离制动主缸最远的轮缸开始，具体操作程序如下：

1）取下放气螺钉的护套，将一根胶管装在放气螺钉上，另一端插入一个玻璃瓶内。

2）一人坐在驾驶室内，连续踩下制动踏板，直至踏板一次比一次增高，且踏不下去时为止，这时要保持踏板不动。

3）另一个人在车下把轮缸放气螺钉稍旋松，此时，空气随制动液一起从胶管喷入玻璃瓶内，然后，尽快将放气螺钉旋紧。

4）在排出制动液的同时，踏板高度会逐渐降低，在未旋紧放气螺钉之前，绝不可将踏板抬起，以免空气再次进入。

5）一个轮缸应反复排气几次，直到将空气完全排出（制动液中无气泡）为止。

6）按照由远及近的原则：应按右后轮、左后轮、右前轮、左前轮的顺序将各制动轮缸逐个排气完毕。

7）在排气过程中，应及时向储液罐内添加制动液，保持液面的规定高度。

车轮盘式制动器

674. 如何诊断与排除制动不良故障?

（1）故障现象

汽车在行驶过程中，迅速将制动踏板踩到底，汽车不能立即减速、停车，制动减速度小，制动距离长。

（2）故障原因

1）制动主缸的原因：

① 主缸内制动液不足，补偿孔堵塞，储液罐盖通气孔堵塞。

② 主缸内皮碗破损、老化、变形或踏翻。

③ 主缸活塞与缸体磨损过量、松旷而漏油。

④ 主缸内密封圈密封不良。

2）制动轮缸的原因：

① 轮缸皮碗老化、破损或顶翻。

② 轮缸活塞卡滞，活塞与缸体磨损过量，松旷漏油，活塞的回位弹簧过软或折断。

3）制动器的原因：

① 制动蹄制动块的摩擦片磨损过量，制动间隙过大或调整失误，摩擦片接触面积小。

② 制动鼓失圆、起槽或鼓面磨损过甚。

③ 制动蹄或制动块的摩擦表面沾有油污、泥水，铆钉外露或表面烧焦硬化。

4）其他原因：

① 制动踏板自由行程过大。

② 某机械连接部位脱落、断开、失效等。

③ 制动液中渗入空气或湿度过高形成气阻。

④ 油管凹瘪，接头松动渗油，制动软管老化、破裂或堵塞。

（3）故障诊断与排除

先连续踩下制动踏板，根据踏板高度进行诊断。

1）若制动踏板不升高，始终到底且无力，应先检查主缸是否缺少制动液，主缸进油孔与储液罐通气孔是否堵塞。再检查油管接头有无破损之处或严重漏油，有漏油则应修理或换用新件，若无漏油之处，应检查各机械连接部位有无脱开之处。

若以上检查均好，则进一步检查主缸及轮缸皮碗是否破裂、顶翻或破损。

2）若制动踏板能升高，这时踩住踏板进行检查。踩动踏板，踏板能升高且制动效能有好转，则检测踏板自由行程和车轮制动器的间隙，应符合技术标准，否则进行局部调整。

若踩住踏板后踏板缓慢下降，应检查管路是否有破损或接头漏油。若无漏油应检查主缸、轮缸的皮碗密封是否良好，检查主缸、轮缸的回位弹簧是否过软或折断，否则换用新件。

若踩制动踏板有弹性感，则液压系统内有空气或制动液汽化，应排出空气。

3）若踩一次制动踏板高度适中，但感到硬而且制动效能差，则个别车轮制动器不良，应检查制动软管是否老化、堵塞。否则检查该车轮制动器。

若各车轮制动均不良，应先检查主缸皮碗、密封圈是否良好，活塞是否卡滞，否则检查各车轮制动器工作状况。

675. 如何诊断与排除制动跑偏故障？

（1）故障现象

汽车制动时，左、右车轮制动力不相等或制动生效时间不一致，导致汽车向制动力较大或制动较早一侧行驶。

（2）故障原因

1）左、右车轮制动器制动间隙大小不一样，摩擦片与制动鼓或制动盘的接触面积相差太大，或摩擦片材料、质量、规格不一样。

2）左、右制动鼓内径相差过多，或回位弹簧弹力相差太大，或轮胎气压大小不一样。

3）个别车轮摩擦片有油污、硬化或铆钉外露；轮缸内活塞卡滞、皮碗发胀；油管堵塞；制动鼓失圆。

4）车架变形，前轴外移，前后轴不平行，两前轴钢板弹簧弹力不一样。

（3）故障诊断与排除

1）汽车行驶过程中制动，若汽车向左倾斜，则为右轮制动性能差；反之为左轮制动性能差。

2）汽车制动后，查看轮胎在路面上的拖印情况，拖印短或没有拖印的车轮，为制动有故障的车轮。

3）查出有故障车轮后，先检查该车轮制动管路是否漏油，轮胎气压是否达到技术标准。若正常，再检测制动间隙是否符合技术标准，否则予以调整。若仍无效，应拆下制动鼓，逐一检查各件，特别是制动鼓的尺寸要严格检测。

4）经上述检修后，各车轮拖印基本符合要求，但制动时仍跑偏，则故障不在制动系，应检测车架或前轴的技术状况，若出现忽左忽右的跑偏现象，则应检查前束或纵横拉杆球头销是否松旷。

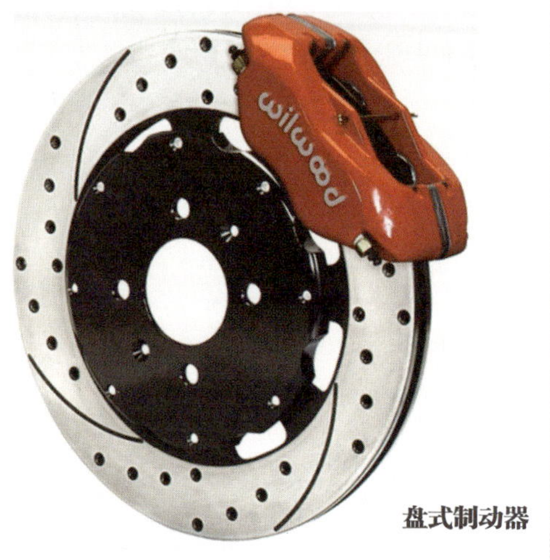

盘式制动器

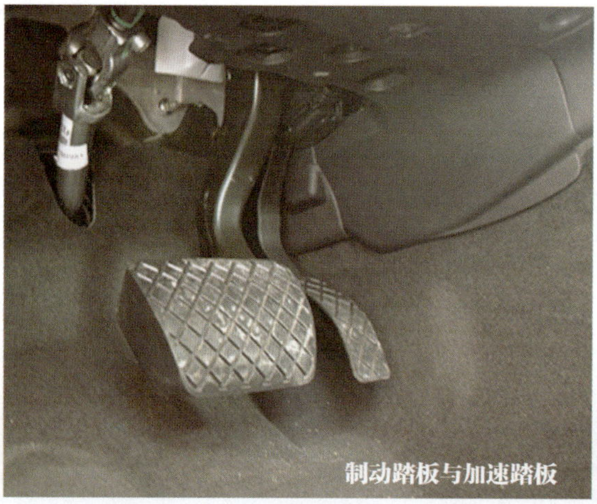
制动踏板与加速踏板

676. 如何诊断与排除制动拖滞故障？

（1）故障现象

在行车制动中，当抬起制动踏板时，全部或个别车轮仍有制动作用，致使车轮起步困难，行驶无力，制动鼓或制动盘发热。

（2）故障原因

1）制动踏板没有自由行程或回位弹簧过软、折断，踏板轴锈滞、发卡，回位困难。

2）主缸活塞变形，回位弹簧过软或折断。

3）制动间隙过小，制动蹄回位弹簧过软、失效，制动蹄在支承销上不能自由转动。

4）制动轮缸皮碗胀大，活塞变形。

5）制动油管凹瘪、堵塞，导致回油不畅。

（3）故障诊断与排除

1）汽车行驶一段路程后，用手抚摸各制动鼓或制动盘。若全部发热，说明故障在制动主缸。若个别制动鼓或制动盘发热，则故障在该车的制动轮缸。

2）若故障在制动主缸，应先检查踏板自由行程。如果无自由行程，则主缸推杆与活塞间隙过小或没有间隙，应进行调整。若自由行程符合标准，则拧下主缸储液罐盖，踩下踏板慢回位，看其回油状况，若不回油则为回油孔堵塞；若回油缓慢则为皮碗、皮圈发胀或回位弹簧无力或油液太脏，黏度太大。经检查不符合技术标准，一律更换。

3）若故障在制动轮缸，把有故障的车轮顶起，旋松制动轮缸的放气螺钉，如制动液随之急速喷出，车轮也立即旋转自如，说明管路堵塞。轮缸不能回油，此时应疏通油管。若旋转车轮仍有拖滞，可检查制动间隙和回位弹簧，若正常，应更换制动轮缸。

4）若以上良好，应拆检驻车制动器。

677. 为什么采用电动制动助力装置?

如果节气门被稍微打开，进气歧管中的真空度就较高。因此，在制动助力装置真空接头处的真空度也较高；如果节气门的开度较大并且发动机在低速运行，进气歧管上制动助力装置真空接头处的真空度就较低。

为此，在所有安装自动变速器且符合 EU4 废气排放标准的汽油机车辆上采用了电动制动助力装置，即配置了一个电子真空泵，它有助于改善发动机在冷起动以及当变速杆位于行驶档并且踩下制动踏板而节气门开度特别大时提供给制动助力的真空度不足。电子真空泵可以在发动机管理系统的控制下，独立地给制动提供足够的真空，它起着加强制动力的作用。

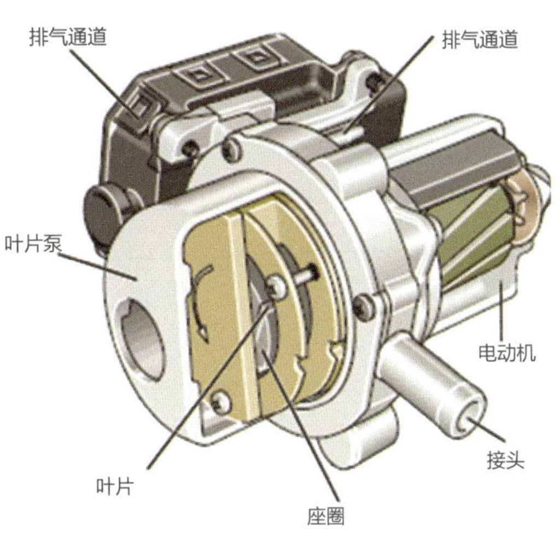

电子真空泵构造图

678. 什么是 BAS？

事故统计表明，在 2012 年双节长假期间，全国发生交通事故 68422 起，这其中就有多起事故是由于驾驶人的原因而发生的。其中，诸如不注意让道、行错车道、速度不当或车距不足等原因造成的许多事故都可以通过改善制动过程避免。

目前，交通事故已经成为"世界第一害"。这意味着什么？研究表明，许多驾驶人由于缺乏经验，在紧急情况下未能采取足够的制动措施。这就是说，因为驾驶人未能将制动踏板踩到足够的位置，制动器未起到所能达到的最大制动作用。由于这个原因，人们开发出了制动辅助系统，英文为 Brake Assist System，简称为 BAS。它的作用是在紧急情况下对驾驶人的制动进行加强，在保持车辆操纵性的前提下达到最短的制动距离。

无 BAS 系统

有 BAS 系统

679. 什么是自动驻车?

自动驻车英文名称为 AUTO HOLD，是一种自动实现驻车制动的功能，启动该功能以后，比如在停车等红绿灯的时候，就不用驻车制动了，这个功能特别适应于上下坡以及频繁起步停车的时候。

使用传统的驻车制动系统，车辆在斜坡起步时需要依靠驾驶人通过释放驻车制动或者熟练地利用油离配合来起步。而自动驻车功能通过坡度传感器由控制器给出准确的驻车力。在起步时，驻车控制单元通过计算离合器距离传感器、离合器啮合速度传感器、加速踏板位置传感器等提供的信息，当驱动力大于行驶阻力时，自动释放驻车制动，从而使汽车能够平稳起步。

自动驻车功能可使车辆在等红灯或上下坡停车时自动启动四轮制动，即使是在 D 档位或 N 档位，你也无需一直脚踩制动踏板或使用驻车制动，车子始终处于静止状态，当需要解除静止状态，也只需轻点加速踏板即可解除制动。

自动驻车按钮

680. 什么是 ABS？

汽车在制动时，应防止车轮抱死在路面上滑拖，以提高汽车制动过程中的方向稳定性、转向控制能力和缩短制动距离，使汽车制动更为安全有效。因此，现代轿车广泛采用了主动安全装置——ABS。ABS 是英文 Anti-lock Braking System 的缩写，中文意思是防抱死制动系统，它能防止车轮制动时抱死，通过在制动过程中自动控制和调节制动压力的大小，消除制动过程中的跑偏、侧滑、丧失转向能力等非稳定状态，它已经成为现代轿车的标配。

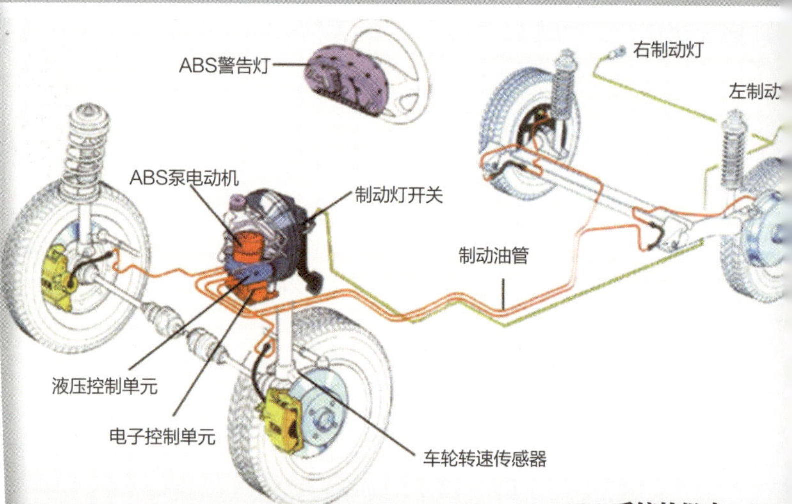

ABS 系统的组成

681. ABS 有什么优点?

1）缩短制动距离。在同样紧急制动条件下，ABS 系统可以将滑移率控制在最大附着系数范围内，从而可获得最大的纵向制动力。

2）改善轮胎的磨损状况。ABS 系统可以防止车轮抱死，从而避免了因制动车轮抱死造成的轮胎局部异常磨损，延长了轮胎的使用寿命。

3）提高了汽车制动时的稳定性。ABS 系统可防止车轮在制动时完全抱死，能将车轮侧向附着系数控制在较大的范围内，使车轮具有较强的侧向支承力，以保证汽车制动时的稳定性。

4）使用方便、工作可靠。ABS 系统的运用与常规制动装置的运用几乎没有区别，制动时驾驶人踩下制动踏板，ABS 系统就根据车轮的实际转速自动进入工作状态，使车轮保持在最佳工作状态。

ABS 泵总成

682. 什么是滑移率?

汽车正常行驶时，车速 v（即车轮中心的纵向速度）与车轮速度 v_w（即车轮圆周速度）相同，可以认为车轮在路面上做滚动运动。当驾驶人踩下制动踏板时，由于地面制动力的作用，使车轮速度减小，车轮处在既滚动又滑动的状态，实际车速与车轮速度不再相等，人们将车速和车轮速度之间出现的差异称为滑移。随着制动系压力的增加，车轮滚动成分越来越小，滑移成分越来越大。当车轮制动器抱死时，很明显地看出，车轮已不转动，汽车车轮在地面上做完全滑动。

为了表述滑移成分所占比例的多少，常用滑移率 S_b 表示，其定义表达式为：

$$S_b = (v - v_w)/v \times 100\% = (v - r\omega)/v \times 100\%$$

式中 S_b——滑移率；

v——车轮中心的纵向速度；

v_w——车轮圆周速度；

r——车轮的滚动半径；

ω——车轮转动角速度。

由上式可知：当车轮在地面上纯滚动时，$v = v_w$，车轮滑移率 $S_b = 0$；车轮抱死时即在地面上纯滑动时，$\omega = 0$，车轮滑移率 $S_b = 100\%$；车轮在地面上边滚动边滑动时，$v > v_w$，则车轮滑移率 $0 < S_b < 100\%$。车轮滑移率越大，说明车轮在运动中滑移成分所占的比例越大。

683. 附着系数和滑移率有何关系?

车轮滑移率的大小对车辆与地面间附着系数有很大影响。附着系数随地面性质不同而大幅度变化。一般来说，干燥地面附着系数大，潮湿地面附着系数小，冰雪地面附着系数更小。在各种地面上，附着系数都随滑移率的变化而变化。

在汽车的制动过程中，附着系数的大小随着滑移率的变化而变化。在干地面或湿地面上，当滑移率在15%～30%范围内时，车轮具有最大的纵向附着系数，此时可产生的车轮制动力最大，制动距离最短，制动效果最佳。在雪路或冰路面上时，最佳滑移率在20%～50%的范围内。当滑移率为零，即车轮处于纯滚动状态时，其侧向附着系数最大，此时，汽车保持转向和防止侧滑的能力最强。随着滑移率的增加，侧向附着系数下降。当滑移率为100%，即车轮抱死滑动时，侧向附着系数变得极小，轮胎与路面之间的侧向附着力接近于零，车轮将完全丧失抵抗外界侧向力作用的能力。稍有侧向力干扰（如路面不平产生的侧向力、汽车重力的侧向分力、侧向风力等），汽车就会产生侧滑而失去稳定性。

刘总监提示：在汽车的制动过程中，若能将滑移率控制在最大附着系数所对应的滑移率范围，汽车将处于最佳制动状态。

684. 如何控制滑移率?

要控制滑移率就要对作用于车轮上的力矩进行瞬时的自适应调节。防抱死制动系统（ABS）就是通过电控单元、车轮转速传感器和制动压力调节器对作用于制动轮缸内的制动液压力进行瞬时的自动控制（每秒约10次），从而控制制动车轮上的制动器压力，使制动车轮尽可能保持在最佳的滑移率范围内运动，从而使汽车的实际制动过程接近于最佳制动状态成为可能。

685. 为什么会出现滑转现象?

有经验的驾驶人都有这样的体会，当驾驶汽车在低附着系数的路面（例如泥泞或有冰雪的路面）上快速起步或加速行驶时，驱动车轮会发生滑转（俗称车轮“打滑”）。这种现象是什么原因造成的呢?

想一想，我们已经知道了汽车在制动过程中，制动器制动力与地面制动力之间的不和谐关系造成了制动车轮的抱死滑移。而在车轮的驱动过程中，车轮的驱动力与地面所提供的最大附着力之间是否也存在这种不和谐的关系？正是由于存在这种不和谐，使发动机传递给车轮的驱动力大于驱动车轮与地面的附着力时，车轮就会出现滑转的现象。

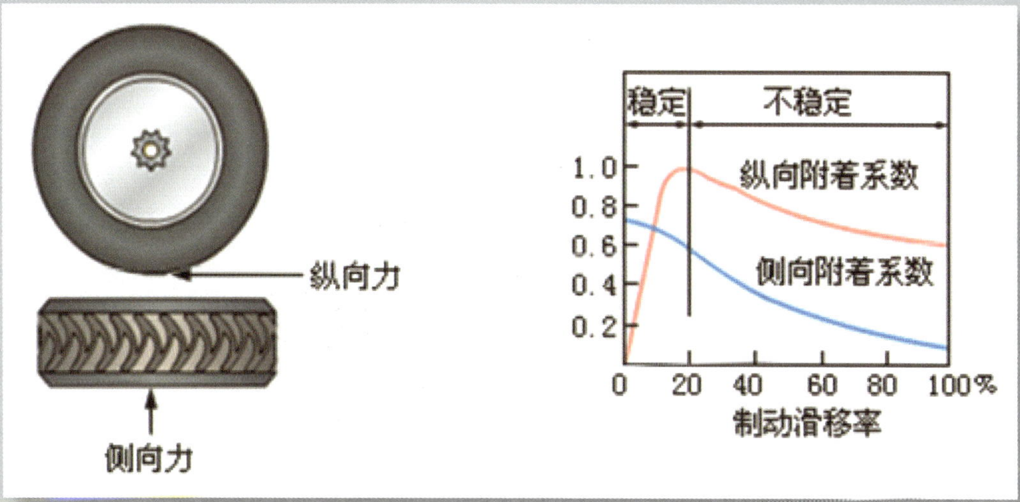

附着系数与滑移率的关系曲线

686.ABS 有哪几种控制形式?

(1)按控制参数不同进行分类

1)以车轮滑移率 S_b 为控制参数的 ABS

电子控制单元根据车速和轮速传感器的信号计算车轮的滑移率作为控制制动压力的依据。当计算滑移率 S_b 超过设定值时，电子控制单元就会输出减小制动力的信号，通过液压控制单元减小制动压力，使车轮不被完全抱死；当滑移率 S_b 低于设定值时，电子控制单元输出增大制动力的信号，液压控制单元使制动压力增大。通过这样不断地调节制动压力，控制车轮的滑移率 S_b 在设定的最佳范围。

通过直接以滑移率 S_b 为控制参数的 ABS，需要得到准确的车速信号和轮速信号。轮速信号容易得到，但取得车速信号则较难。已有用多普勒(Doppler)雷达测量车速的 ABS。但到目前为止，此类 ABS 应用还是很少。

2)以车轮转动角速度为控制参数的 ABS。控制单元根据轮速传感器信号计算车轮转动角速度作为控制制动压力的依据。制动时，当车轮减速度达到限定值时，电子控制单元输出减小制动力的信号；当车轮转速升至加速度限定值时，电子控制单元输出增加制动力的信号。通过液压控制单元不断地调整制动压力，使车轮不被抱死。目前，汽车上使用的制动防抱死系统(ABS)基本上都是此种形式。

(2)按控制方式不同进行分类

1)预测控制方式。预测控制方式是预先规定控制参数和设定值等条件，然后根据检测的实际参数与设定值进行比较，对制动过程进行控制。

2)模仿控制方式。模仿控制是在控制过程中，记录前一控制周期(从制动减压到增压中)的各种参数，再按照这些参数值规定出下一个控制周期的控制条件。此类控制方式在控制时需要准确和实时测定汽车瞬时速度，其成本较高，技术复杂，已较少使用。

687.ABS 有哪些生产厂家?

1)博世(Bosch)ABS，由德国博世公司生产。

2)德福斯(Teves)ABS，由德国德福斯公司生产。

上述两种是欧、美、日、韩轿车上采用最多的 ABS。

3)德尔科(Delco)ABS，由美国德尔科公司生产。在美国通用等轿车上采用。

4)本迪克斯(Bendix)ABS，由美国本迪克斯公司生产。在美国克莱斯勒公司生产的汽车上采用最多。

以上四种 ABS 在轿车上应用最为广泛，而且每种 ABS 都在不断发展、更新和换代，因此，即使同一厂家，生产年代不同，装用车型不同，ABS 的形式也可能不一样。还有一些国家的生产厂家也生产其他形式的 ABS，其中，有的则是从上述厂家技术引进并在此基础上进行单独开发或合作开发生产，有相当部分 ABS 属于上述四种的某一变形。另外，还有德国伟布科(Wabco)公司，英国卢卡斯·格林(Lucas Girling)公司、日本本田·住友(Honda Sumitomo)公司和美国凯尔塞·海斯(Kelsey Hayes)公司生产的 ABS 数量也较大，它们当中有相当部分是在载货汽车或大型客车上广泛采用。

中国上海汽车制动系统有限公司生产的 ABS 是从德福斯(Teves)公司引进并合资生产的。

车尾 ABS 标识

688.ABS 如何工作?

1）建压阶段。制动时，通过主缸/助力器建立制动压力，此时，常开阀和常闭阀均处于断电状态，则常开阀打开，常闭阀关闭。此时，制动主缸与制动轮缸相通，制动主缸的高压制动液进入制动轮缸，车轮速度迅速降低，直到 ABS 电子控制单元通过轮速传感器的信号识别出车轮有抱死的倾向时为止。

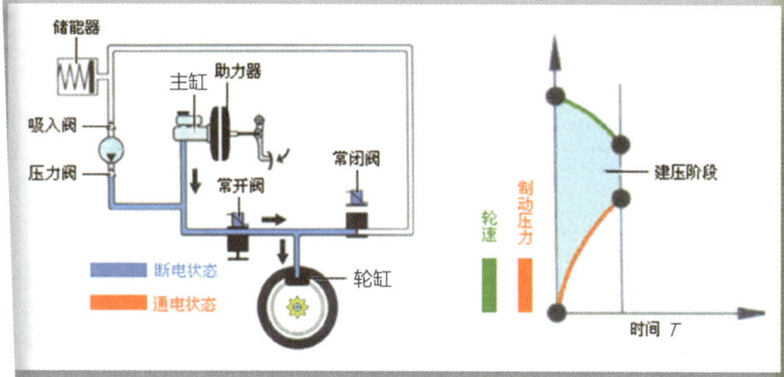

建压阶段原理图

2）保压阶段。ABS 电子控制单元通过轮速传感器得到的信号识别出车轮有抱死倾向时，ABS 电子控制单元控制常开阀处于通电状态，则常开阀处于关闭状态。常闭阀仍处于断电状态，则常闭阀此时仍关闭。此时，制动主缸、制动轮缸和回油孔相互隔离，轮缸中的制动压力保持一定。

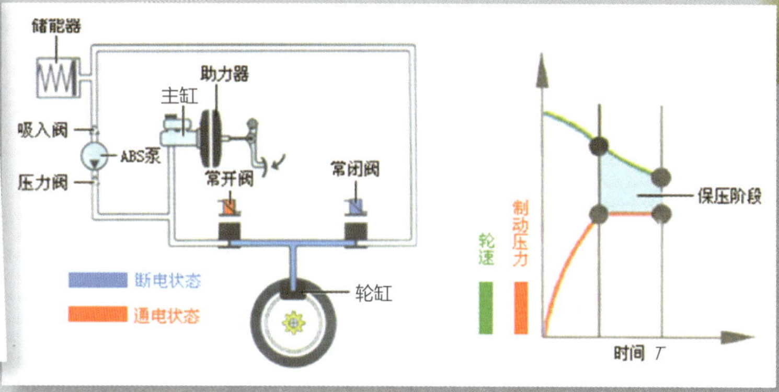

保压阶段原理图

3）降压阶段。如果在保压阶段，车轮抱死倾向进一步加大，则进入建压阶段。此时，ABS 电子控制单元控制常开阀和常闭阀均处于通电状态，则常开阀关闭，常闭阀打开，ABS 泵开始工作，制动液经储能器被送回制动主缸和储液罐，为下一个制动周期做好准备。此时，制动压力降低，制动踏板出现抖动，车轮抱死程度降低，车轮转速增大。

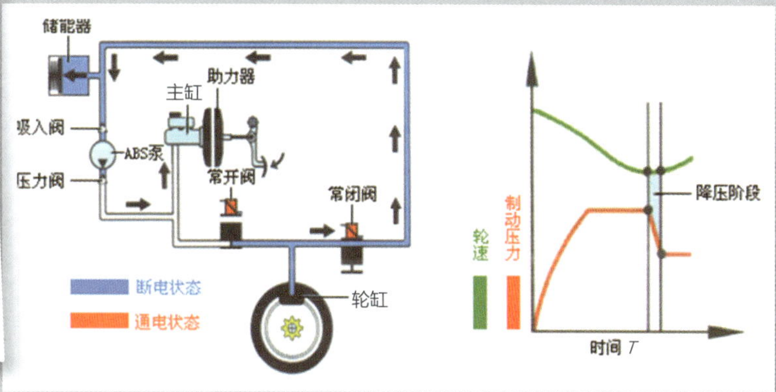

降压阶段原理图

4）增压阶段。当制动压力下降后，车轮的转速增加，当 ABS 电子控制单元检测到轮速增加太快时，ABS 电子控制单元控制常开阀和常闭阀均处于断电状态，则常开阀打开，常闭阀关闭。此时，制动主缸与制动轮缸再次相通，制动主缸的高压制动液再次进入制动轮缸，制动压力增加。随着制动压力的增加，车轮再次被制动和减速。

汽车制动时，上述过程反复进行，直到解除制动为止。

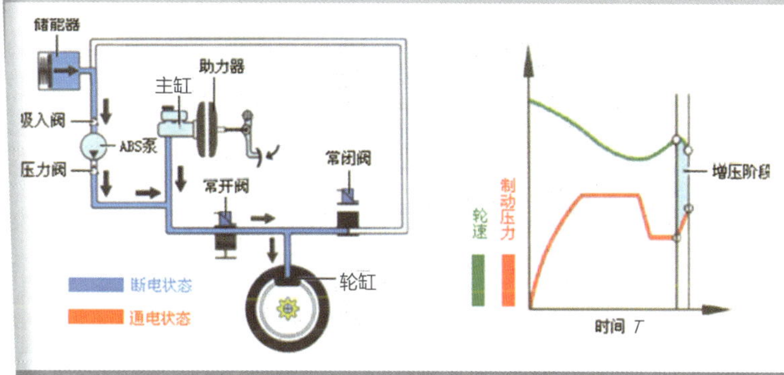

增压阶段原理图

689. 检修 ABS 时应注意哪些问题？

1）在点火开关处于 ON 位置时，不要拆装系统中的电器元件和线束插头，以免损坏电子控制单元。

2）在车上用外接电源给蓄电池充电时，要先断开蓄电池正、负极柱上的电缆线，然后对蓄电池充电，以免损坏电子控制单元。

3）电子控制单元对高温环境和静电都很敏感，为防止其损坏，在对汽车进行烤漆作业时，应将电子控制单元从车上拆下；在对车体进行电焊之前，应拔下电子控制单元的插接器，并戴好防静电器。

4）在拆卸制动管路或与其关联的部件之前，应首先释放 ABS 蓄压器内的压力，防止高压制动液喷射伤人。

5）在更换 ABS 的制动管路或橡胶件时，应按规定使用标准件（高压耐腐蚀件），以免管路破损而引起制动突然失灵。

6）为保证维修质量，应保持维修场地和拆卸器件的清洁干净，防止尘埃物进入压力调节器或制动管路中。

7）制动液侵蚀油漆能力较强，因此，在维修液压部件和加注制动液时，应防止制动液溅污油漆表面而使油漆失去光泽和变色。

8）在维修轮速传感器时，应防止碰伤齿圈的轮齿和传感器头。也不可将齿圈作为支点撬动。否则，将造成轮齿变形，致使轮速传感器信号不正常，影响 ABS 的正常工作。

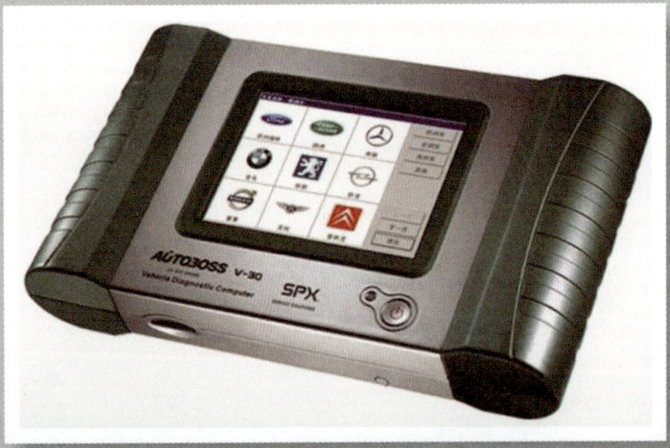

690. ABS 故障诊断的一般程序是什么？

不同车型，甚至同一系列不同年代生产的汽车，由于装用的 ABS 型号不一样，其具体诊断方法与步骤均不尽相同。

1）汽车进厂。

2）询问客户：故障现象发生的条件、时机；是否检修过、检修的部位。

3）直观检查：驻车制动器能否完全释放；制动液位是否正常；各管路接头是否有渗漏；导线、插接器连接是否可靠；熔断器是否可靠；蓄电池电压是否正常。

4）读取故障码。如果有故障码，使 ABS 工作后，先清码再读码，其目的是排除历史性故障码，若故障码仍然存在，则根据故障码的提示进行检修；如果无故障码，根据 ABS 的基本原理，结合电路图，利用万用表、示波器等逐一对各元件的性能进行检查。

691. ABS 常规检查包括哪几个方面？

做好常规检查，发现比较明显的故障，可以节省时间，提高效率。常规检查主要包括以下几个方面：

1）检查制动液面是否在规定范围内。

2）检查所有继电器、熔丝是否完好，插接是否牢固。

3）检查电子控制单元导线插头、插座是否连接良好，有无损坏，搭铁是否良好。

4）检查下列各部件导线插头、插座和导线的连接是否良好：ABS 泵、液压控制单元、四个轮速传感器、制动液面指示灯开关。

5）检查传感器头与齿圈间隙是否符合规定，传感器头有无脏污。

6）检查蓄电池电压是否在规定范围内。

7）检查驻车制动器是否完全释放。

8）检查轮胎花纹高度是否符合要求。

刘总监提示：传统制动系统的元件出了故障，可能使 ABS 工作不正常。因而不要轻易地判定 ABS 电子控制单元等元器件损坏。

692. 如何更换与补充 ABS 的制动液？

制动液具有较强的吸湿性，当制动液中含有水分后，其沸点降低，制动时容易产生“气阻”，使制动性能下降。因此，一般要求每 2 年或 1 年更换制动液。

很多 ABS 具有液压助力，由于储能器可能蓄积有制动液。因此，在更换或补充制动液时应按一定的程序进行，更换或补充制动液的程序如下：

1）先将新制动液加至储液罐的最高液位标记处。

2）如果需要对制动系统中的空气进行排除，应按规定的程序排除空气。

3）将点火开关置于 ON 位置，反复踩下和放松制动踏板，直到 ABS 泵开始运转为止。

4）待 ABS 泵停止运转后，再对储液罐中的液位进行检查。

5）如果储液罐中的制动液液位在最高液位标记以上，先不要泄放过多的制动液，而应重复以上的 3）和 4）过程。

6）如果储液罐中的制动液液位在最高液位标记以下，应向储液罐再次补充新的制动液，使储液罐中的制动液液位达到最高标记处，但切不可将制动液加注到超过储液罐的最高标记，否则，当储能器中的制动液排出时，制动液可能会溢出储液罐。

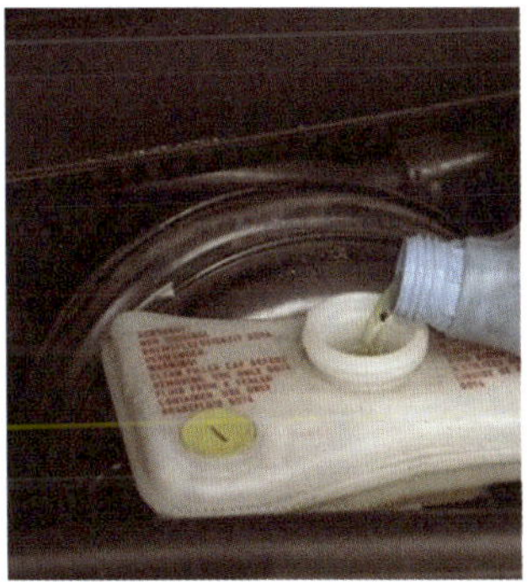

补充制动液

693. 如何对 ABS 排气？

液压式制动系统有空气渗入时，就会感到制动踏板无力，制动踏板行程过长，致使制动力不足，甚至制动失灵。当 ABS 的液压回路内混入空气后，同样会引起制动效能不良。因此，在空气渗入液压系统后，必须对制动液压系统排除空气。

ABS 的排气方法有仪器排气和手动排气等。应根据不同的车型和条件进行选择。

（1）仪器排气

1）将车辆停放在水平地面上，抵住车轮前后，将变速器置于驻车档。

2）松开驻车制动器。

3）安装 ABS 检测仪（具有排气的控制功能）或专用放气试验器的接线端子。用 ABS 检测仪器或专用放气试验器代替 ABS 电子控制单元对 ABS 泵等进行控制。

4）向储液罐加注制动液到最大液面高度。

5）起动发动机并以怠速运转几分钟。

6）稳稳地踩下制动踏板，使检测仪器进入排气程序，并且感到制动踏板有反冲力。

7）按规定顺序打开排气螺钉。

（2）手动排气

1）排气前的准备：

① 准备必要的工具、制动液容器、擦布和软管等，仔细阅读对应车型的维修手册中的相关内容。

② 清洗储液罐盖及周围区域。

③ 拆下储液罐盖，检查储液罐中的液面高度，必要时，加注到正确液面高度。

④ 安装储液罐盖。

2）制动主缸及制动轮缸的排气：

① 将排气软管装到后排气螺钉上，将软管的另一端放在装有一些制动液的清洁容器中。踩下制动踏板并保持一定的踏板力，缓慢拧开后排气螺钉 1/2 ~ 3/4 圈，直到制动液开始流出。关闭该排气螺钉后松开制动踏板。重复进行以上步骤，直到流出的制动液内没有气泡为止。

② 拆下储液罐盖，检查储液罐中的液面高度，必要时，加注到正确的液面高度。

③ 按规定的排气顺序，在其他车轮上进行排气操作。

刘总监提示：排气顺序通常为右后轮→左后轮→右前轮→左前轮。

694. 什么是 ASR？

驱动防滑控制系统英文为 Acceleration Slip Regulation，简称为 ASR，也称为牵引力控制系统 Traction Control System，简称 TCS 或 TRC。它是继防抱死制动系统（ABS）之后应用于轿车的主动安全装置。ASR 系统能在车轮开始滑转时，降低发动机的输出转矩，同时控制制动系统，以降低传递给驱动车轮的转矩，使之达到合适的驱动力，使汽车的起步和加速达到快速而稳定的效果。

695. ASR 的控制方式有几种？

汽车驱动防滑控制系统常用的控制方式有以下几种：

（1）发动机输出功率控制

发动机输出功率控制通常有以下几种方法：

1）调整进气量。如调整节气门的开度和辅助空气装置。

2）调整点火时间。如减小点火提前角或停止点火。

3）调整喷油量。如减少供油或中断供油。

（2）驱动轮制动控制

这种方法是对发生滑转的驱动轮直接加以控制。该方式响应时间最短，是防止滑转的最迅速的一种控制方式，但为了制动过程平稳，并考虑舒适性，其制动力应缓慢升高。该控制方式与调整进气量的控制模式组合，能达到较好的效果。

（3）发动机输出功率和驱动轮制动同时控制

控制信号同时起动 ASR 制动压力调节器和辅助节气门调节器，在对驱动轮施以制动的同时，减小发动机的输出功率，以达到理想的控制效果。

（4）控制差速器锁止程度

这是一种防滑差速器（Limited Slip Differential，简称 LSD）控制，这种差速器锁止范围可从 0 变化到 100%。当驱动轮单边滑转时，控制器输出控制信号，使差速器锁止装置动作，控制驱动轮的滑转率。

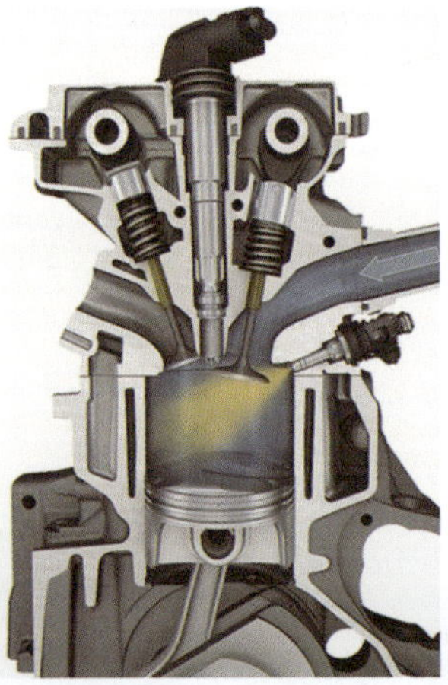

696. ABS 与 ASR 有何异同？

（1）ABS 和 ASR 的相同之处

1）ASR 和 ABS 采用相同的控制技术，都是通过控制车轮和路面的滑移率或滑转率来实现各自的控制功能。

2）ASR 和 ABS 密切相关，通常结合在一起使用，共享许多系统部件来控制车轮的转动，以更好地保证汽车的行驶安全。

（2）ABS 和 ASR 的不同之处

1）ABS 是防止制动时车轮抱死滑移，主要是用来提高制动效果，确保制动安全；ASR 则是防止驱动轮的滑转，主要是用来提高汽车在起步、加速及滑溜路面行驶时的驱动力，提高行驶性能，确保行驶稳定性。

2）ABS 对前后车轮都起控制作用，而 ASR 只对驱动轮起控制作用。

3）ABS 是在汽车制动时工作，在车轮出现抱死趋势时起作用，在车速很低（小于 8km/h）时不起作用，所以，装有 ABS 的车辆在制动时有可能在路面上留下一条黑色的拖印；ASR 则是在汽车的整个行驶过程中都工作，在车轮出现滑转时起作用，当车速高（80km/h ~ 120km/h）时不起作用。

ESP 工作状态示意图

697. 什么是 ESP？

据统计，在欧洲每年有 5 万人死于车祸，190 万人受伤。另据德国保险业公会前些年的研究表明，在涉及严重人身伤害的车祸中，有 1/4 由汽车侧滑引发，且 60%的致命车祸都是因为侧滑导致的侧面撞击。在国内每年死于交通事故的人数达到 10 万人之多，居世界第一。引起侧滑的主要原因有：路况突变，使轮胎失去侧向力从而失去操控；路面突现险情，驾驶人紧急避让时猛打转向盘过度等。

电子稳定程序控制系统英文为 Electronic Stability Program，简称为 ESP 系统，最早由德国博世公司于 1995 年推出，在大众、奥迪、奔驰车型上使用此简称。在其他车型上，相同或相近功能的系统采用了不同的名字，例如：

1）宝马、捷豹和路虎称为 DSC-Dynamic Stability Control，动态稳定性控制系统。

2）本田和讴歌称为 VSA-Vehicle Stability Assist，车辆稳定辅助系统。

3）丰田称为 VSC-Vehicle Stability Control，车辆稳定控制系统。

有 ESP 车辆躲避足球图一

有 ESP 车辆躲避足球图二

698.ESP 具有哪些功能?

ESP 系统综合了 ABS、BAS 和 ASR 三个系统，功能更为强大。例如：行驶车辆前方突然滚出个足球，ESP 系统能够帮助驾驶人避免车辆出现不稳定状态，并通过对制动系统、发动机管理系统和变速器管理系统实施控制，从而有针对性地弥补车辆滑动，做到防患于未然。但全神贯注地驾驶，注意路牌和交通警示，仍是驾驶人的首要职责。

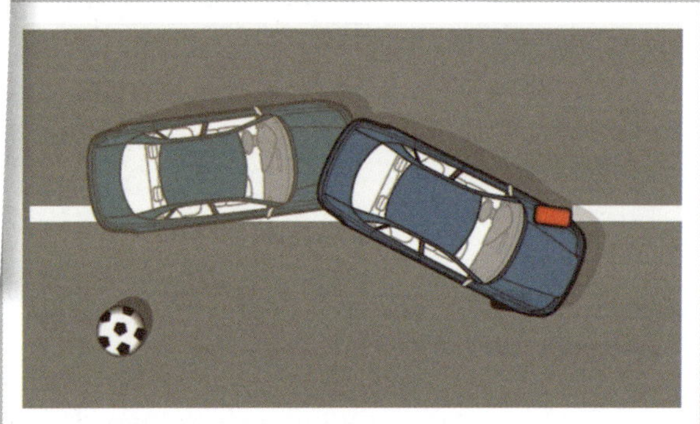

有 ESP 车辆躲避足球图三

有 ESP 车辆躲避足球图四

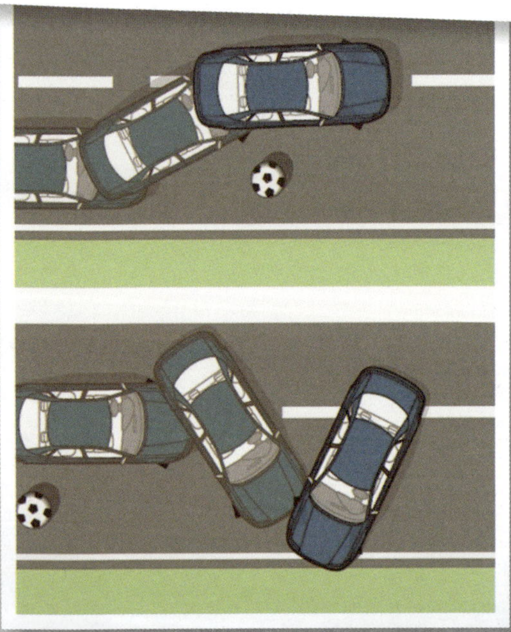

无 ESP 车辆躲避足球图

699.ESP 具有哪些特点?

ESP 系统是一个防离心力系统，它能识别出离心力危险，并校正车辆状态。它具有以下特点：

1）实时监控。ESP 系统能够实时监控驾驶人的操控动作、路面反应、汽车运动状态，并不断向发动机管理系统、变速器管理系统和制动系统发出指令，是汽车上的智能安全技术。

2）主动干预。ABS 等安全技术主要是对驾驶人的动作起干预作用，但不能调控发动机和变速器。ESP 系统则可以通过主动调控发动机的转速，并调整每个车轮的驱动力和制动力，来修正汽车的过度转向和转向不足。

3）事先提醒。当驾驶人操作不当或路面异常时，ESP 系统会用警告灯警示驾驶人。换句话说 ESP 实际上是一种牵引力控制系统，与其他牵引力控制系统比较，ESP 不但控制驱动轮，而且可以控制从动轮。

700.ESP 是 ABS 的升级吗?

ESP 以可靠的车轮滑移调节系统为基础。这个系统有一些关键的附加特征：该系统能较早识别和校正车辆的不稳定状况，如离心力。为此还需要一些附加部件。

在 ESP 系统中，相对于 ABS、ASR 的升级是加装了三个重要的附加部件：转向角传感器、横向偏摆率传感器和横向加速度传感器。

1）转向角传感器提供表示转向盘旋转角度的输出信号。

2）横向偏摆率传感器根据车辆绕其纵轴的旋转角度产生对应的输出信号电压，用来记录汽车转向行驶时偏摆角度即侧滑的方向是转向不足还是转向过度。

3）横向加速度传感器根据车轮侧向滑移量产生对应的输出信号电压，用来检测汽车转向行驶时横向滑移距离。

车辆转向不足

车辆转向过度